"十三五"国家重点出版物出版规划项目
面向可持续发展的土建类工程教育丛书
普通高等教育土建类新形态融媒体教材

工程索道

周新年 周成军 郑丽凤 等著

机械工业出版社

本书系统介绍了工程索道的基础理论、基本结构和架设技术，以及各种工程索道的配套装备与设计，主要内容包括绪论、工程索道的基础理论、架空索道设备和架设技术、客运索道装备与设计、滑索装备与设计、林业索道开发与设计、货运索道装备与设计、缆索起重机装备与设计、工程索道试验。

本书可以作为交通运输、土木工程、森林工程、采矿工程、冶金工程、水利水电工程、环境工程、农业建筑与能源工程等专业相关课程的教材，也可以作为从事工程索道相关专业技术人员的参考书。

图书在版编目（CIP）数据

工程索道/周新年等著. —北京：机械工业出版社，2020.8（2025.1重印）
（面向可持续发展的土建类工程教育丛书）
"十三五"国家重点出版物出版规划项目　普通高等教育土建类新形态融媒体教材
ISBN 978-7-111-66596-0

Ⅰ.①工… Ⅱ.①周… Ⅲ.①索道-交通工程-高等学校-教材　Ⅳ.①U18

中国版本图书馆 CIP 数据核字（2020）第 179560 号

机械工业出版社（北京市百万庄大街22号　邮政编码100037）
策划编辑：马军平　责任编辑：马军平
责任校对：陈　越　封面设计：张　静
责任印制：李　昂
北京捷迅佳彩印刷有限公司印刷
2025年1月第1版第3次印刷
184mm×260mm・21印张・516千字
标准书号：ISBN 978-7-111-66596-0
定价：59.00元

电话服务　　　　　　　　网络服务
客服电话：010-88361066　　机　工　官　网：www.cmpbook.com
　　　　　010-88379833　　机　工　官　博：weibo.com/cmp1952
　　　　　010-68326294　　金　书　网：www.golden-book.com
封底无防伪标均为盗版　　　机工教育服务网：www.cmpedu.com

前　言

　　工程索道包括货运索道、客运索道、建筑索道、矿山索道、坑道索道、旅游索道、滑雪索道、林业架空索道和缆索起重机等。我国自20世纪50年代引进索道以来，到现在有各类索道近3000条。

　　索道科学技术是一门涉及材料科学、机械学、电学与电子学、计算机科学、冶金及金属制品、化学、环境科学、系统工程学与安全人机工程学等诸多门类的应用学科。本书注重理论与实践的紧密结合，注重理论推导、工程设计和案例分析，在结合作者科研和教学实践的基础上，前两章介绍工程索道的基础理论和基本方法、基本结构和架设技术；后续章节主要介绍各种工程索道的配套装备与设计，以及工程索道试验。

　　本书为工程索道类课程的配套教材，2010年福建农林大学"工程索道"课程获国家级本科精品课程，2016年获首批国家级精品资源共享课，2018年获国家级精品在线开放课程，2019年"工程索道"慕课被收入全国"学习强国"学习平台。2018年"基于创新能力培养的工程索道类课程改革与实践"获高等教育国家级教学成果奖二等奖。

教学成果申报书与多媒体技巧

　　本书采用"纸质教材+数字课程资源"的出版形式，形成以纸质教材为核心，数字课程资源配合的综合知识体系。按各章顺序撰著人员为：周新年（绪论、第一、三章）；周成军（第二、六章）；张正雄和刘富万（第四章）；郑丽凤和冯辉荣（第五章）；沈嵘枫（第七章）；巫志龙（第八章）。周新年负责全书统稿，以及相关数字课程资源的统筹优化。

　　谨向为本书提供过指导和帮助的教授、专家及所有朋友表示衷心感谢。限于作者的理论和业务水平，书中不足之处，恳请读者批评指正。

周新年

目 录

前言
绪论　我国工程索道的发展与展望 … 1
　　思考题与习题 … 10
第一章　工程索道的基础理论 … 11
　　第一节　架空索道的基本类型及适用条件 … 11
　　第二节　悬索的基础理论 … 20
　　第三节　索道线路勘测设计 … 43
　　第四节　承载索安装拉力与张紧度的测定 … 48
　　思考题与习题 … 50
第二章　架空索道设备和架设技术 … 51
　　第一节　钢丝绳与索具 … 51
　　第二节　跑车及索道的附属装置 … 63
　　第三节　绞盘机 … 79
　　第四节　绞盘机使用维修技术 … 99
　　第五节　索道安装架设技术 … 117
　　思考题与习题 … 125
第三章　客运索道装备与设计 … 126
　　第一节　我国客运索道的开发与研究 … 126
　　第二节　单线循环吊椅式客运索道计算机辅助设计 … 130
　　第三节　单跨往复式客运索道设计 … 146
　　第四节　客运索道的线路与支架设计 … 160
　　第五节　客运索道的吊椅、吊篮、吊厢和客车 … 163
　　第六节　客运索道的驱动机 … 165
　　思考题与习题 … 167
第四章　滑索装备与设计 … 168
　　第一节　我国滑索的发展与展望 … 168
　　第二节　滑索的滑速理论 … 172
　　第三节　滑索的悬索设计数学模型 … 176
　　第四节　基于VB的滑索悬索计算机辅助设计系统 … 180
　　思考题与习题 … 183
第五章　林业索道开发与设计 … 184
　　第一节　悬链线理论单跨索道设计 … 184

第二节	无荷参数控制的抛物线理论多跨索道设计	195
第三节	有荷参数控制的抛物线理论多跨索道设计	207
第四节	林业索道优化设计	220
第五节	单跨架空索道脱钩工况自由振动分析	237
思考题与习题		243

第六章 货运索道装备与设计 ... 244

第一节	受限地段过河索道设计	244
第二节	水利吊装索道设计	249
第三节	特大桥双承载索吊装索道设计	255
第四节	特大桥可移动式承载索吊装索道设计	260
第五节	武当山特殊吊装索道设计	266
第六节	单索循环式货运索道	272
第七节	双线双索循环式货运索道	275
思考题与习题		279

第七章 缆索起重机装备与设计 ... 280

第一节	缆索起重机装备	280
第二节	缆索起重机设计	284
第三节	缆索起重机施工	301
思考题与习题		304

第八章 工程索道试验 ... 305

第一节	索道课程设计	305
第二节	索道钢丝绳试验	307
第三节	索道跑车试验	313
第四节	索道绞盘机试验	314
第五节	索道虚拟仿真试验	316

参考文献 ... 319

绪 论

我国工程索道的发展与展望

【导读】 工程索道包括货运索道、客运索道、林业索道和缆索起重机等,是在均匀重力场的作用下,以缆索承重和缆索传动为主体的机械化和半机械化运输通道。不同类别的工程索道具有相同的承重和传动的工作结构系统、相同的索道承载索与工作索的设计计算理论和方法,相同的安装架设技术基本要求,只是因其不同的运输对象而采用不同的运载工具和名称,选取不同的相关技术参数。

【提要】 工程索道的概念;架空索道的优越性和局限性;国内外索道发展与展望。客运索道与货运索道的相同点与不同点。

【要求】 熟悉工程索道的种类及其组成。

将一条钢丝绳悬挂在支点之间形成轨道,跑车(吊运车)或吊具(吊椅、吊篮、吊舱或车厢等)借此运送货物或乘客的一整套系统,称为工程索道[1]。

工程索道按其运输对象可分为货运索道和客运索道两大类。这两类还可以延伸出矿山索道、坑道索道、旅游索道、建筑索道、救援索道、滑雪索道、缆索起重机和林业架空索道等[2]。工程索道按其按牵引方式可分为循环式和往复式。循环式索道钢丝绳是闭合的绳环,套在两端的驱动轮及迂回轮上,形成首尾相接的闭合线路,运载工具(跑车或吊具)挂在钢丝绳上,循环运行;往复式索道上只有一个或一组运载工具,来回往复运行。

工程索道按索系繁简程度分为客运索道、货运索道、林业索道和缆索起重机4类。林业索道是将钢丝绳架设在空中作为轨道,跑车悬吊其上,借以运输木材;利用架空索支承和牵引客车运送乘客的机械运输设施,称客运架空索道,简称客运索道。林业索道采用动力绞盘机、点接触等径丝钢丝绳,而客运索道采用大圆盘驱动机、线接触异径丝钢丝绳,二者大多采用循环式和往复式索道索系[3]。与客运索道类似,货运索道全面移植了客运索道的技术装备,但输送能力和使用可靠性都得到了大大提高。缆索起重机载量大,通常使用4~6线索道索系,用于在地形较复杂的地方架设刚架拱或桁架拱类桥梁。这四类索道都是在均匀重力场的作用下,以缆索承重和缆索传动为主体的机械化和半机械化运输通道,它们承重和传动的工作结构系统、悬索理论及其设计方法、架设的技术基本要求相同,只是其运输对象、运载工具和名称、相关技术参数的要求和品种不同而已[4]。

一、工程索道的发展历史与现状

我国是世界上使用原始形式架空索道最早的国家。我国西南山区在5000多年前就出现了客运架空索道的原始形式——溜索，即借助绳索（竹索或藤索）通过河流或山壑。据考证，其历史可溯至春秋战国时期。公元前250年，蜀太守李冰已在四川建造了笮桥（竹索桥），当地人称之为"溜索度"。这种索道往往以竹藤编织缆索，架于两岸，索下悬吊盛具或持座，靠惯性和人力牵引到对岸，用来"溜人"或"溜物"，应用于高山运输与高空自救，后发展为军事突袭和体育竞技项目。

二维码0-1 上下求索，开拓悟道（1）

二维码0-2 架空索道的概念及特点

1644年，波兰格但斯克修建了第一条空中缆索。1868年，英国在苏格兰架设了世界上第一条采用钢丝绳的货运索道。19世纪末，锯齿状轨道爬山车问世，如香港1888年建成的太平山电力缆车，全程1300m，落差400m，8min就能从山脚驶抵山顶，至今尚在使用。1889年，美国芝加哥第一部自动电梯问世，从而解决了垂直登高问题。自动电梯的出现，为自动扶梯提供了条件，而自动扶梯的出现，又为电力索道提供了条件。

现代客运索道最早于1894年出现在意大利，此后在德国、奥地利、瑞士、日本和苏联等相继建成了客运索道。索道在世界范围内的开发建设始于第二次世界大战后，到1990年，欧洲共建造了20000条索道。目前，全球约有40000多条索道（包括登山索道和平行索道）在运行。现在每年还以约5%的速度在增长。而用于工矿生产、港口传送、军事用途的货运索道，要比客运索道多得多。美国的索道工程师们早在1986年便开始着手研究和设计用于月球采矿运输的所谓"太空索道"[5]。

我国近代货运索道发展开始于20世纪初。1906年，天津商会与当地十几位巨贾从德国引进了第一条双线循环式货运索道（两轮货车及重力抱索器）用于营运煤炭。1923年，个旧锡务股份有限公司引进了第二条由德国公司设计并供应设备的架空索道，作为个旧洗矿厂运矿索道。1928年，河北省张家口市下花园单线循环式货运索道建成并投产，该索道由荣少山与王幻章等人设计，由天津恒大铁工厂制造，是我国自行设计与制造的第一条单线循环式货运索道。1953年，云南锡业公司建成了新中国成立后国内自行设计、制造和安装的第一条双线循环式货运架空索道。

1955年，江西吉安县田河林场首先架设了一条竹索无动力集材索道。同年，苏联森工部赠送的BTY-1.5（即瑞士维仙）索道，在东北带岭林业实验局凉水林场进行了生产试验。1956年10月，这套设备调至四川马尔康森工局202伐木场试验，获得成功，这是我国林业索道发展的开端。20世纪50年代中期到60年代，以缆索增力式、双线往复式、松紧式、无动力控速索道、KJ$_3$索道、SJ-23索道为主。20世纪70年代索道发展较快，MS$_4$型和YS$_3$型拐弯索道、K$_2$-2简易索道、闽林GS$_3$拐弯索道、接力式索道、重力往复式拐弯索道和增力式索道被广泛应用。索道设计理论，除沿用苏联杜氏和日本加氏抛物线理论体系外，我国新创立的单跨悬链线、悬索曲线、摄动法、索道优化理论体系相继问世。20世纪80年代，福建、广东、湖南大力推广伐倒木集材单跨大挠度索道；中南林学院研制了SJKD-3/2无支架拐弯索道；四川研制了轻型绞盘机集材索道；福建、广东先后进行了曲线间伐材索道试验，获得满意效果；福建林学院研制了XJ-1.5绞盘机运行式索道、YP$_{2.5}$-A遥控索道；黑龙江研制了GS-3钢架杆集材索道、山东泰山长距离双线循环索道。20世纪90年代初，福建武夷山天然林择伐集材索道与福建林学院研制的轻型遥控索道，吉林SYZ-3型运行式集材索道等的出现，标志着我国林业索道技术的重大进步。

1945年5月通车的重庆望龙门缆车是我国近代自行设计与建造的第一条客运地面缆车。随着国民经济和旅游业的快速发展，索道工作重心由货运索道转向客运索道。1979年，我国第一条登山客运索道建立于辽宁铁岭市三岔子微波站，采用1次载客4人吊厢往复式索道，主要供该站职工上下山之用；1982年1月建成的重庆嘉陵江交通运输用索道是我国自己设计与制造的第一条单承载单牵引往复式客运索道，标志着我国大规模发展客运索道产业的开始。1996年初，黑龙江亚布力滑雪场完成了10条客运索道（国内自行设计与制造5条，日本索道公司2条，奥地利Doppelmayr公司3条）的建造，不仅保证了国内与国际大型冬运会的顺利举办，还对我国滑雪运动发展产生了深远影响。在2008年南方低温冰雪灾害和"5·12"汶川特大地震发生后，有关索道立即启动应急预案，成为保障人民群众生命安全的绿色通道，受到了社会各界的好评。为积极响应习近平总书记和党中央精准扶贫的重要指示，解决山区交通不便的困难，2017年6月在四川省雅安市汉源县大渡河峡谷1000多米绝壁之上的古路村建成了集旅客运输、旅游观光于一体的索道。索道通车后从根本上解决了古路村的交通瓶颈，助力旅游产业发展，为当地脱贫攻坚和乡村振兴做出了贡献。进入21世纪后，我国客运索道行业进入了高速发展阶段，客运索道的形式和种类不断增多。表0-1为我国历年建成运营的各种形式客运索道的年建成运营数、历年累计数与年增长速率。

二维码0-3 上下求索，开拓悟道（2）

二维码0-4 索道在工程中的应用

表0-1 我国客运索道年建成运营数、历年累计数与年增长速率

年度	1979	1980	1981	1982	1983	1984	1985	1986	1987	1988	1989	1990	1991	1992
年建成运营数	2	2	2	2	2	0	1	6	6	3	3	2	8	13
历年累计数	2	4	6	8	10	10	11	17	23	26	29	31	39	52
年增长速率(%)		100	50	33.3	25	0	10	54.5	35.3	13	11.5	6.9	25.8	33.3
年度	1993	1994	1995	1996	1997	1998	1999	2001	2003	2004	2005	2006	2007	2008
年建成运营数	25	26	25	34	18	17	24	43*	63*	38	23	30	55	29
历年累计数	77	103	128	162	180	197	221	264	327	365	388	418	473	502
年增长速率(%)	48	33.8	24.3	26.6	11.1	9.4	12.2	9.7	11.9	11.6	6.3	7.7	13.1	6.1
年度	2009	2010	2011	2012	2013	2014	2015	2020	2025	2030	2035	2040	2045	
年建成运营数	30	40	44	44	38	40	—	—	—	—	—	—	—	
历年累计数	532	572	616	660	698	738	747	1103	1225	1470	1764	2117	2540	
年增长速率(%)	6.0	7.5	7.7	7.1	5.7	5.7	—	—	—	—	—	—	—	

注：1. 1979—1998年的数字根据"中国客运索道一览表"（《中国索道》2001年第3期）统计。

2. 1999年、2001年、2003年、2004年的数字由"北京起重运输机械研究所索道工程部"提供，http：//www.chinaropeway.com，带"*"表示2年内建成运营数。拖牵式索道专门用于滑雪场，2004年起将此类列入客运索道的统计范围。

3. 2005—2015年的数字由中国索道协会《中国索道史》提供，2025—2045年5年增长率按20%得出。

二、工程索道的主要类型及其特点

1. 客运索道

（1）架空索道

1）往复式索道，是中外索道发展史上最早出现的索道形式。该类索道主要用于跨越大江、大河和峡谷，跨度可达1000m以上，并具有一定的抗风能力。但往复式索道索系复杂、造价较高、运输能力小，而且运输能力与线路长度成反比，限制了其使用。

2）单线循环固定抱索器吊椅式索道，一般能适应我国大多数景区的地形要求，具有结构简单、维护方便、投资较少与建设周期短等特点，但不适于复杂险峻地形和特大运输量条件。该类索道在我国已建客运索道中占有较大比例（约占60%）。

3）单线循环固定抱索器吊篮（厢）式索道，是一种吊具为成组吊篮（厢）式索道，适合沿线支架跨距较大、离地面较高的线路。该类索道乘客上下车方便、安全感和舒适程度更好一些，但是运行速度较慢，在相同条件下运输能力降低30%。

4）单线脉动循环车组式索道，能够适应较复杂地形，乘客上下车方便、舒适，索道运输能力适中，但线路不宜过长。

5）单线循环脱挂抱索器吊厢（椅）式索道，在线可高速行驶（7~8m/s），进站可停车上下乘客，具有运量大、适应线路长等特点，但设备复杂、投资较大。

（2）地面缆车　地面缆车的特点是采用钢轨替代承载索，利用钢丝绳牵引客车输送乘客。运量最大的地面缆车建在上海外滩过江观光隧道，单向运量达2500人/h。

（3）拖牵索道　该类索道是一种乘客在运行中不离开地面的小型、简易索道，广泛用于滑雪场、滑沙场等娱乐场所。这种索道投资少和建设周期短。

2. 林业索道

（1）集材索道　我国常用集材索道类型及性能见表0-2。

1）半自动和全自动集材索道，一般适用于多跨长距离集材，吸引木材范围较大，载重量也较大。

2）增力式索道，结构比较简单，工作可靠，能沿索道任意点横向集材，适应能力强，可以强迫落钩，吸引木材范围比较大。

3）松紧式索道，是一种简易、轻型与短距离集材索道，靠重力滑行，主要用于林木分散的伐区集材。

4）运行式索道，由于有回空索，集材范围比较大。

表0-2　我国常用集材索道类型及性能

索系类型 索系跑车型式	固定式（承载索固定不动）						松紧式	
	双索型（1条承载索，1条工作索）				三索	四索	单索	双索
	半自动跑车（带止动器）			遥控跑车	简易跑车		简易滑轮	
索道型式	K_2	MS_4	GS_3	$YP_{2.5}$-A	K_1、K_2-2	K_1、K_2-2	—	—
坡度/(°)	±11~20	±11~20	±0~30	±0~30	11~20	±0~20	7~17	5~45
牵引方向	单向	单向	双向	双向	单向	单向	人力回空	单向
索道绞盘机	J_3	SJ-23	SJ-23 闽林	SJ-23 闽林	双卷筒	SJ-23 闽林	单卷筒	双卷筒

(续)

索系类型 索系跑车型式	固定式(承载索固定不动)				三索	四索	松紧式	
	双索型(1条承载索,1条工作索)						单索	双索
	半自动跑车(带止动器)			遥控跑车	简易跑车		简易滑轮	
集材距离/m	800~1200	800~1200	1000以上	1500	300~800	300~800	200~300	200~300
单侧横向集距/m	50~70	<60	与承载索成45°	<60	<40	<40	10	10
起重量/t	3	4	3	2.5	3,2	3,2	1	1
台班产量/(m³/台班)	20~40	30~50	30~40	30~50	20~40	20~40	10~20	10~20
鞍座	直线	双拐	单拐	单拐	直线	直线	—	
蓄积量/m³	蓄积量多、材积大、资源集中(3000~5000)				蓄积量多、材积大、资源集中,3000以下		蓄积量小、资源分散、材积小	

(2) 运材索道

1) 单索曲线循环式运材索道,主要用于小径木林区或人工林抚育间伐、择伐林区。
2) 单线双索循环式运材索道,主要用于蓄积量小、分散且材积小的伐区。

3. 货运索道

多年来,国外货运架空索道的建设取得了突破性的技术成就,全面地采用了客运索道的新技术与新设备,从而使货运索道达到先进技术水平,实现高度的自动化和使用可靠性,使输送能力显著提高。货运索道可以分为单线循环式货运索道和双线循环式货运索道2大类型。常规货运索道的类型及特点见表0-3。

表0-3 常规货运索道的类型及特点

货运索道类型	水平长度	输送方向的高差	运行速度	输送能力	货车有效载质量/t	货车间距	牵引索直径/mm
单线循环式	较短	高	较低	低	1.08	长	38
双线循环式	长	较低	高	高	2.20	短	38

4. 缆索起重机

缆索起重机以柔性钢丝绳作为大跨距架空支撑构件,供悬吊重物的载重小车在索上往返运行,兼有垂直运输和远距离水平运输功能,可用来在较大空间范围内对重物进行起重、运输和装卸作业。缆索起重机若能配合使用无支架施工将会获得较好的经济效益。无支架施工法的主要优点是取消了直接支承于地面的支架,不仅避免了地形起伏、地质变化与支架压缩等对上部结构的不利影响,而且可大量节省搭设支架的周转材料。采用无支架施工法,必须对水平临时连杆和变形调节装置等的受力、刚度及稳定性进行充分的施工阶段计算[7]。

三、工程索道的适用性

1. 工程索道的合理性

1) 对自然地形适应性强。索道的爬坡能力大,能够适应险峻陡坡,最大坡度可达

100%，可直接跨越峡谷、河流等天然障碍，与建其他运输基础设施相比，具有破坏植被少、占地少、污染小和保护景观等优点，非常适应景区的环境保护要求。

2）两端站点运距最短。在地势险峻条件下，索道线路长度仅为公路的 1/30~1/10，步行盘道的 1/3~1/2。因此，可以大大节省游客行程时间，解决游客特别是老弱病残游客的登山难问题，增加了景点接待游客的能力。

3）受气候条件的影响较小。索道可在雨、雪、雾和小于 8 级风的恶劣天气情况下运行，为景区的建设和游客、职工的生活提供了极大的方便。

4）站房配置紧凑。索道占地面积小，支架占地更少。索道占地通常不足 2000m²，并且距离越长相对占地越少，而公路和盘道的占地则直接与其距离成正比。例如：泰山中天门到南天门的步行盘道占地多达 1.5 万 m²；如果修建汽车公路，其占地可达索道占地的百倍以上。

5）线路可随坡就势架设。无须修筑桥梁、涵洞，不需开挖大量土石方，对地形、地貌及自然环境的破坏小。索道建设造成的破坏是可恢复的，但公路和盘道所造成的破坏却是永久性的。

6）一般采用电力驱动。索道没有三废的排放及噪声的污染，符合景区对环保和生态的要求。公路和盘道不仅对自然环境形成人为分隔，影响动植物生活、生长，而且汽车的尾气及其形成的酸雨对区内动植物影响更大。

7）运输安全可靠。维护简单，容易实现机械化、自动化操作，劳动定员少。

8）投资少、能耗低。基建投资一般比汽车公路和步行盘道少，经营费用低，通常仅为汽车的 1/5~1/2，经济效益好，投资回收快。能耗一般为汽车的 1/20~1/10，节约能源。

9）实现碳达峰碳中和是一场广泛而深刻的经济社会系统性变革。党的二十大报告提出，要积极稳妥推进碳达峰碳中和。索道以其环保、高效、节约资源等特点，为"双碳"目标的实现提供了有力支持。索道采用电力驱动，与传统的燃油驱动交通工具相比，其碳排放量大大减少。索道跨障能力强，减少了对自然环境的破坏，这有助于保护生态系统，维持生态平衡，进一步增加碳汇。

2. 工程索道的安全性

安全性是任何一种运输工具必须考虑的问题。任何运输工具要完全杜绝事故是不可能的，只能采用各种安全措施，尽量防止或减少事故的发生。不可抗拒的自然条件、人为的错误动作对客运索道事故的发生有很大影响。脱索、乘客从吊椅上掉下的事故，占客运索道事故的较大比例（两者相加约占 50%），因此应加强对索道设备的维护检修，严格索道操作规程与乘客乘坐索道规范，使索道事故率进一步降低。

党的二十大报告指出，推进安全生产风险专项整治，加强重点行业、重点领域安全监管。在研究和处理不安全因素、在研究和处理不安全因素、预防客运索道发生人身伤亡、设备损坏事故方面，务必遵循以下 12 项原则[8]：

1）消除原则。严格按照设计施工验收规范执行，尽可能消除不安全因素和事故隐患。

2）预防原则。对客运索道运行中某些一时无法彻底消除的不安全因素和事故隐患，在设计时应提出周全可靠的办法，在客运索道开始运营前实施预防措施。

3）减弱原则。对不能或难以消除和预防的情况，应采取措施尽量减少危害。例如，行走小车端部设置缓冲器，高处作业使用安全带、安全帽、安全网。

4）隔离原则。对无法消除，也不能预防和减弱的情况，应使用安全罩、防护屏等设施，将人与高速运动器件或不安全电源等隔离开。使用醒目标志和有效设施，防止游客和无关人员进入控制室、驱动机房、支架和危险区域等。

5）连锁原则。应给有危险的设备或工艺环节安装连锁装置，一旦操作者违章作业或机器设备处于危险状态时，连锁装置可以使机器立即停止运转。

6）保险原则。设置保险装置，如保险丝和易熔塞，以及防止脱索事故的 U 形针等。

7）加强原则。对抱索器、托（压）索轮、吊架、吊厢、支架与钢丝绳等安全关系重大的零部件，设计时要加大安全系数。制造中从材料、工艺、装配与质检各方面严格保证质量，并加强检测力度。

8）科学原则。精密计算，正确选择索道型式与工艺线路，科学地配置驱动机构、液压站、防雷、加减速、制动与张紧等设备和支架托（压）索轮。

9）合理原则。安排有技术素质和文化道德修养、精力充沛、责任心强的人员在关键岗位上，并注意适当减少工作时间，改善工作环境，提高服务质量。

10）强化原则。各级工作人员要重视安全，强化管理，坚决执行安全法规标准，遵章守纪，狠抓安全措施的落实。

11）超前原则。抓源头，从设计、制造与安装层层把关，认真审查，确保质量，索道竣工时不遗留隐患。索道站工作人员先培训后上岗。

12）自控原则。实现机械化、自动化，代替人工操作，避免人受情绪和外界的影响引起失误。

3. 工程索道的经济性

索道经济效益好，可为景区建设积累资金。索道的基建投资回收期短，大型索道约为 4 年，小型索道约为 2 年。泰山无索道与有索道，每年上山游客从 20 万人上升至 300 万人，华山每年上山游客从 30 万人上升至 150 万人。目前，我国客运索道从业人数 2 万多人，每年经济效益超过 18 亿元，向国家缴税 4 亿多元，为景区的保护与发展提供了经济动力，带动了周边地区民众的创业增收。索道一条线，带动一大片，客运索道的建设，大大促进了我国旅游业的发展。

四、工程索道存在问题及其对策

架空索道的振动和共振问题，一直为工程索道设计和科研人员所关注。在货运索道中，振动会造成掉斗；在客运索道中，轻微振动会影响乘坐的舒适，共振则会酿成人身伤亡的重大事故。索道振动的随机因素很多，用一般分析方法很难揭示其内在的规律性，目前索道振动还停留在比较初级认识的阶段。由于货运索道驱动系统存在如轴承损坏、减速器过热、驱动轮对钢丝绳磨损大、起动和制动加速度不可控甚至失灵、运行打滑、大轮破裂等常见故障，制约了大运量货运索道的应用。因此，可以改进设计或直接引入其他行业成熟产品，提高货运索道整体安全性及其驱动系统的安全可靠性，促进索道向大运量发展，使其应用进一步推广。

由于我国客运架空索道起步晚、发展快，导致发生事故和留存事故隐患的原因很多，但是领导不重视安全，对索道专业知识、安全技术、国家法规、标准不熟悉，片面追求经济效益，不能正确处理安全与效益、安全与发展的关系有着直接联系。工程索道的建设条件恶劣，地形复杂多变，如处理不妥容易对环境造成重大影响、投资增大、质量低劣和潜在后患等特点。在工程索道项目的实施过程中，面临着经济风险、技术风险、管理风险、人员风险、安全风险、社会政治风险、自然环境风险和设备材料风险等各种风险，对这些风险应采取加强立法，加强检验，加大运营单位的责任，加强对操作人员的培训教育等对策，树立以乘客认可为准则的安全理念，建立以责、权、利有效结合的管理机制，健全以安全生产为轴心的保障体系。客运索道事故主要因素包括机械设备、电气设备、人为因素（设计不周、监管不力、素质不高等）、自然条件及其他意外因素等；要以安全教育、安全生产、安全管理与安全保护为目标，从把握设计环节、落实主体维护、健全目标管理、加强全民教育、细化隐患排查、严惩违规操作、深化理论研究及丰富监测检查装置等方面，提出客运索道事故的合理预防救护措施。

五、我国工程索道的发展趋势

1. 工程索道发展特点

（1）索道的安全和环保水平不断提高　随着政府监管力度的提高，行业规范和法规日益完善，安全知识的普及程度逐渐提高，我国客运索道的事故率逐年降低，并且索道的设计、制造、安装和运营向着环保节能的方向发展。现代架空索道正朝着大运量、长距离、高速度、高安全性和高舒适性，以及全自动化方向发展。在意大利和日本，索道已开始陆续进入城市，并成功地与公交和地铁相衔接，形成了"城市立体交通网络"。

索道钢丝绳无损检测技术、可编程序控制器在索道上的应用、索道设备防雷接地装置的安装与维护、索道行星齿轮减速机的检修，是目前讨论较多的热点。客运架空索道技术日趋成熟和完善，在提高输送能力、运行速度、研制新结构、自动控制与检测装置安全可靠等方面都有重大的技术进步。

生态环境保护是功在当代、利在千秋的事业。党的二十大报告指出："中国式现代化是人与自然和谐共生的现代化"，并强调，"尊重自然、顺应自然、保护自然，是全面建设社会主义现代化国家的内在要求。必须牢固树立和践行绿水青山就是金山银山的理念，站在人与自然和谐共生的高度谋划发展。"

（2）索道的经济和社会效益日渐显著　客运索道的快速发展在旅游景区、滑雪场与城市交通中的作用和影响日益显现。在景区建设客运索道可以改善景区的旅游条件和接待水平，改变了以往徒步旅游的登山方式，适应人们现代化的生活节奏和休闲旅游的观念，特别是解决了老弱病残游客登山难的问题，提高了景区的知名度和吸引力，拉动了内需和社会经济发展。由于人们生活水平的提高和国家双休日制度的实施，我国公民已把旅游列入消费领域而成为生活的一部分。人们消费观念的转变，促进了旅游索道的发展；旅游热与索道热互相推动，相得益彰。作为解决景区内部交通的现代化索道，今后相当长时间内仍是发展的重点，以旅游索道为主流的这一发展特点将会继续。随着滑雪运动的普及，滑雪旅游市场日益火爆，据中国滑雪协会不完全统计，21世纪以来滑雪场数量增至500多家，滑雪人次从30万人次发展到1000多万人次。索道在为游客提供服务的同时，也为景区和投资者创造了丰硕的经济利益，为景区的保护和发展提供经济动力，而且促进了当地居民就业增收。此外，由于客运索道运输快捷、舒适和安全，风景旅游区一旦发生紧急事件即可用其作为应急交通工具。索道还可以作为森林防火隔离带、防火通道和运送消防人员及装备的快捷交通工具。

（3）一门综合性科学　索道科学技术是一门涉及材料科学、机械学、电工电子学、计算机科学、冶金及金属制品、化学、环境科学、系统工程学与安全人机工程学等诸多门类的应用学科。

2. 工程索道发展展望

（1）客运索道发展　随着我国旅游业不断发展，客运索道逐渐成为在长期产业发展的热点，相对于基础工业，客运索道规模投资少、见效快、回收周期短[9]。我国客运索道产业已进入快速发展期，到2020年，我国客运索道总数近900条。客运索道发展总趋势是舒适、快捷、大运量和自动化程度高的脱挂抱索器客运索道，线路上运行速度吊厢式不宜超过6m/s，吊椅或吊篮式不宜超过5m/s。

我国索道发展与世界许多发达国家相比仍存在很大差距。法国、奥地利、瑞士与日本等国的国土面积都比我国的小，但索道数量却是我国的3~4倍。在客运索道中除国外应用已久的固定抱索器索道由国内设计、制造和架设以外，比较先进一些的单线循环脱挂式抱索器吊箱（吊椅）式索道，几乎全部从日本、意大利、法国和奥地利引进。国产索道的关键设备，也在依靠外国进口。我国的许多景区索道运量严重不足，影响了旅游质量，不能满足旅游业的发展。我国完全可以自主发展现代客运和货运索道的工程技术：

1) 科学规划，促进客运索道与旅游业协调发展。结合我国旅游资源分布及发展状况，统筹分析客运索道在旅游、滑雪和交通等领域的需求与发展前景，开展我国客运索道区域发展的中长期预测研究。

2) 增强自主创新能力，加强企业主导的产学研深度融合，强化目标导向，提高科技成果转化和产业化水平。加大客运索道科技投入，积极争取和提高科研经费。我国已有30余所索道研究（设计）所（室），它们的科技人员已经设计了大量的货运与客运索道，具有十分丰富的实践经验和相当数量的研究成果，已储备了一批很有开发价值的相关专利，千余条的客运和货运索道现场和工程技术人员，已经为我国工程索道的教学与科研工作提供了广阔的天地和发展空间及坚实的技术基础。

3) 完善培训教育体系。党的二十大报告指出，教育、科技、人才是全面建设社会主义现代化国家的基础性、战略性支撑。重视索道学科建设，提高教育水平，坚持教育优先发展、科技自立自强、人才引领驱动，全面提高人才自主培养质量，着力造就索道拔尖创新人才，聚天下英才而用之。实施客运索道管理人员、实施客运索道管理人员、科研人才、技能人才和全员素质4个层次人才战略，重视客运索道信息资源的沟通和利用，使行业人员及时掌握最新行业动态、法规标准和技术信息。

国家质量监督检验检疫总局先后颁布客运索道安全技术规范或索道标准20多项，形成了较为完整的客运索道安全技术规范和标准体系，客运索道设计、制造、安装、维修、改造、使用和检验各环节有明确的标准要求。由中华人民共和国住房和城乡建设部颁布修订的《架空索道工程技术标准》（GB 50127—2020）指导我国架空索道工程设计、施工及验收工作，使索道运输取得更好的经济效益、社会效益和环境效益具有重要意义。

（2）林业索道发展　林业索道需配置安装及转移的专业机械；用自动抓具代替人工使用捆木索，实现机械化工作，有利提高效率，改善劳动条件，保证作业安全，有利于森林生态环境保护；推动形成绿色低碳的集材和运材方式、发展轻型或微型索道；进一步完善索道结构，研究新型索道索系；应用新的科学技术，研究设备的新材料，改善索道附属装置；研究新理论，应用计算机技术进行优化设计。

新修订的《森林工程　林业架空索道　设计规范》（LY/T 1056—2012）、《森林工程　林业架空索道　使用安全规程》（LY/T 1133—2012）和《森林工程　林业架空索道　架设、运行和拆转技术规范》（LY/T 1169—2016）不仅能够满足在建架空索道对新技术、新设备和新工艺的要求，也符合我国林业可持续发展的基本要求。同时，在各相关行业中，架空索道正以其独特的优势而被越来越广泛的采用。

（3）货运索道发展　我国的货运索道必须采用客运索道的一些成果，不断研究适合于货运索道的要求，不断创新。加强索道的输送能力，提高运输经济效益，扩大使用范围，发展单线循环固定式抱索器货运索道。新型货运索道将向大倾角、长运距和大运量方向发展[10]。输送能力、运行速度与货车的有效载重量，分别向输送能力多、运行速度高与有效载量大的方向发展。

（4）缆索起重机发展　随着科学技术进步的加快，世界各国缆索起重机的生产有了较大的发展，从最初的小型单一产品、外形不美观、起重力矩小、技术水平低、品种少、产量低，安全装置不齐全，操作不方便，发展成大力矩、多功能、外形美观、操作简单和使用安全的产品，可以说缆索起重机的发展已进入了成熟期。在施工与装卸方面，缆索起重机具有技术成熟和使用灵活特点，正朝着大型化、多功能化和智能化的方向发展。随着我国科学技术的发展和缆索起重机技术水平的不断提高及产量的扩大，今后小吨位缆索起重机必将被性能先进与功能齐全的大吨位缆索起重机所取代。

总之，我国的工程索道正向美观、安全、舒适、简单、快速，应用新材料，全部实现自动控制的方向发展。它不仅有利于提高生产率及作业质量，降低劳动强度和生产成本，改善劳动条件，而且能够带动社会经济的发展。

二维码 0-5　国内外索道发展与展望

思考题与习题

1. 查阅相关资料，试从索道类型、索道设备国产化、使用技术普及性和年承担集材任务的作用等方面说明我国林业索道的发展情况。
2. 查阅相关资料，试述山地林区集材技术发展的两大途径，并列述其内容和需解决的问题。
3. 增力式索道分几种？它们的应用条件如何？
4. 如何根据不同的条件选择最适宜的集材索道？
5. 对于客运索道，如何在景区建设中处理好保护和开发的关系？

第一章

工程索道的基础理论

> 【导读】 悬索理论有悬链线理论、抛物线理论、悬索曲线理论和摄动法理论四种；人们公认采用悬链线理论计算架空绳索最接近实际情况的理论，后三种皆为代数函数法，用以替代悬链线理论做近似计算。悬链线理论和抛物线理论为架空索道基础理论的两大主流。
>
> 【提要】 客运索道类型及其工作原理；林业索道的基本类型及其适用条件。承载索计算：无荷与有荷悬索的线形与拉力计算，升角计算，承载索的耐久性、安全系数与承载索规格的确定。工作索计算：牵引索运行中的阻力，工作索的拉力计算，安全系数与工作索规格确定。索道选线步骤和原则，索道侧型设计原则，弯折角、弯挠角、安全靠贴系数。安装拉力及张紧度的测定：振动波法、倾角法与索长法等。
>
> 【要求】 熟悉工程索道的工作原理和应用范围；掌握索道侧型设计，能完整地进行索道设计理论计算；掌握索道线路勘测设计的基本知识和技能。

第一节 架空索道的基本类型及适用条件

林业索道目的是为了集运木材，索系比较复杂，所以从货运索道单列出来。缆索起重机是应用于起重运输工程中的架空索道，具有直接起重、升降重物的能力，用在林业中被称为增力式集材索道。货运索道的索系比较简单，采用了客运索道的技术与设备。本节重点介绍客运索道和林业索道的基本类型、工作原理和适用条件。

一、客运索道

1. 客运索道的分类

客运索道在我国交通业、旅游业等得到日益广泛应用。架空索道由于能适应复杂地形、跨越山谷、克服地面障碍物，因而在山区和平原、城市和乡村、风景区和滑雪场均能发挥作用。客运索道可用来接送游客，也可服务于城市公共交通。将它建在旅游区，可运送乘客登山浏览，还可用于滑雪运动。客运索道还有许多有趣的说法，游客以索道为背景，命名了许多新的景观：把往复式索道两个车厢，一上一下的相对运行并翱翔于云雾、缭绕天际之中，命名为"二仙对酒"；当运行的车厢，忽而在云海之下，忽而又从云海中浮

二维码 1-1 客运索道的分类

起，被称为"海鳌虚浪"等。客运索道的分类见图1-1。

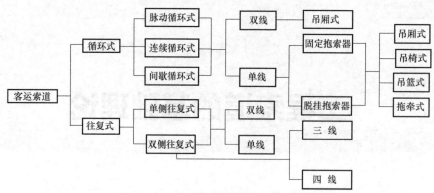

图1-1 客运索道的分类

2. 各类客运索道的工作原理和适用条件

为了适应不同地形条件和运输量的要求，客运索道在发展过程中逐步形成5种基本形式：单线循环吊椅（吊篮）式、单线脉动循环吊舱组式、单线自动循环吊舱式、往复式、拖牵式。其他类型基本上是这5种形式派生出来的，以下对5种客运索道的特点做一简要介绍。

（1）单线循环吊椅（吊篮）式客运索道 单线循环吊椅（吊篮）式客运索道是在一根无极连续循环运行的牵引且支撑吊椅的运载索上，按一定的间距悬挂一个固定吊椅，乘客坐在吊椅上做空中旅行。其工作原理见图1-2。这种索道传动区段的长度主要取决于当地具体条件，一般在1km以内，最大不超过2km为宜。一个传动区段的长度能够克服的高差主要取决于运载索直径和强度，一般为100～300m，最大可达500m。吊椅允许的最大爬坡角与抱索器对运载索的夹紧力有关，建议设计不超过45°，常取20°～30°。这种索道一般能适应我国大多数景区的地形要求，具有结构简单、维护方便、投资较少、建设周期短等特点。

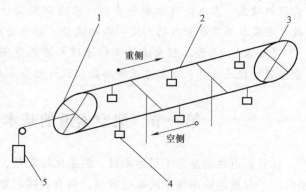

图1-2 单线循环吊椅式客运索道的工作原理
1—下站拉紧装置 2—运载索
3—上站驱动装置 4—吊椅 5—重锤

（2）单线脉动循环吊舱组式客运索道 单线脉动循环吊舱组式客运索道是在一根循环运行的运载钢丝绳上，按一定间距集中挂结几组封闭式载人吊舱。当车组进站时，索道减速运行，乘客上下车；车组出站时，索道加速在线路上运行。这种索道适合沿线支架跨距大、距地面较高的线路，具有上下车方便的特点。其工作原理见图1-3。

（3）单线自动循环吊舱式客运索道 单线自动循环吊舱式客运索道的客厢是用活动抱索器夹紧钢丝绳，由钢丝绳带动客车在线路上高速运行。进站时，活动抱索器通过站口安装的

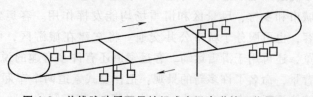

图1-3 单线脉动循环吊舱组式客运索道的工作原理

脱开器打开抱索器，使客车与钢丝绳脱离，并由抱索器上的滚轮转移到站内轨道上运行。这样，客车就实现了在站内以低速运行，方便乘客上下，而在线路上客车又可高速运行的目的。客车在出站时，抱索器通过挂结咬合钢丝绳，由钢丝绳高速带动行驶在线路上客车，等距发车，等距连续进出站而形成循环系统作业。其工作原理见图1-4。

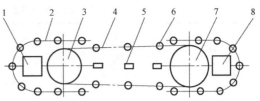

图1-4 单线自动循环吊舱式客运索道的工作原理
1、8—站房 2—轨道 3—驱动机 4—运载索
5—支架 6—吊厢 7—迂回轮

（4）往复式客运索道 往复式索道在我国应用最早，主要用于跨越大江、大河和峡谷，跨度可达1km以上，并具有一定的抗风能力往复式客运索道有以下3种形式：承重与牵引分开的单客厢往复式索道，可分为双线、三线、四线往复式索道，根据承载索和牵引索的数量又可分为单承载单牵引往复式索道、双承载单牵引往复式索道、单承载双牵引往复式索道、双承载双牵引往复式索道；承重和牵引分开的车组往复式客运索道，简称双线车组往复式索道；承重和牵引合一的单线车组往复式客运索道，简称单线往复式索道。往复式客运索道在线路左右两侧各有一个车厢，两个车厢在同一根牵引索的牵引下沿各自的承载索上、下往复运行。当其中一辆车由下站开往上站时，另一辆车则由上站开往下站。其工作原理见图1-5。近年来索道技术发展较快，过去需由往复式索道解决的技术问题（如爬坡角度、跨度、人员救护等），其他形式索道基本也能解决。此外这种形式的索道要求站房体量过大，和自然景观难于协调。因而往复式索道面临着挑战，虽然在特定条件下还有一定应用价值，然而在我国今后客运索道发展中不会成为主流，预期建设数量也会逐渐减少。

（5）拖牵式客运索道 拖牵式客运索道是一种乘客在运行中不离开地面的小型、简易索道，主要用来运送滑雪者或游览者。最简单的情况是滑雪者站在滑雪板上沿着雪地滑动，并用手握住一段辅助索末端的拖牵器，这段辅助索可以由分离的夹钳与连续运动着的牵引索接合在一起，当放松辅助索时，夹钳由于弹簧的作用而张开并降落于地面上。拖牵式客运索道的工作原理见图1-6。

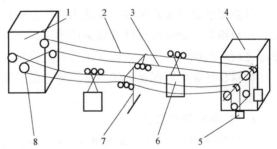

图1-5 往复式客运索道的工作原理
1—上站 2—承载索 3—牵引索 4—下站
5—平衡锤 6—车厢 7—支架 8—驱动机

常见各种客运索道适应性、经济性和主要技术参数的比较见表1-1。

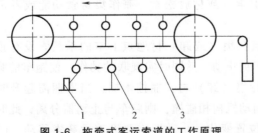

图1-6 拖牵式客运索道的工作原理
1—游客 2—拖牵器 3—运载索

二维码1-2 客运索道
主要类型

表 1-1　常见各种客运索道主要技术参数的比较

项目	单线循环吊椅式	单线脉动循环吊舱组式	单线自动循环吊舱式	承重和牵引分开的单客箱往复式	承重和牵引分开的车组往复式	承重和牵引合一的单线车组往复式
运行速度/(m/s)	1.0~1.3	站内 0.3~0.4 站外 3~4	站内 0.2~0.4 站外 3~7	最高达 12	最高达 12	2~5
运载工具定员/人	1、2、4	6	4、6	8+1~100+1	(17+1)×3	6×3
单向小时客运量/(人/h)	300~700	300~500	700~1000	300~1100	200~900	200~300
结构	简单	较简单	较复杂	复杂	复杂	较简单
投资	小	中	大	大	大	小
候车时间	短	较长	短	长	长	较长
是否便于上下车	否	是	是	是	是	是
客运量与索道长度关系	无关	有关	无关	有关	有关	有关
支架数	多	较多	较多	少	少	少
救护难度	小	大	大	小	小	较大
维护难度	小	较大	大	小	小	小
技术难度	低	较高	高	较高	较高	较低
安全性	较高	高	较差	高	高	高
乘坐舒适性	好	好	好	差	较好	好
对地形适应性	差	较好	好	好	好	好

二、林业索道

林业架空索道形式很多，其适用的作业条件和用途也各有差异。由于索道是由架空钢丝绳、运载跑车、驱动绞盘机及索道的附属装置等组成，其结构组合形式不同，工作原理和索系因之而有所区别，所以索道在国外有人称之为"没有固定形状的组合设备"。

根据在林业生产作业中的用途，林业架空索道主要分为集材架空索道和运材架空索道两大类型。

（一）集材架空索道

集材架空索道的特点是跑车具有拖集、提升、运输、降落能力，能够直接抓（提）取索道线下任意一点及两侧横向集距一定范围（一般单侧 50~80m）内木材，从采伐地一次集运到林道旁的楞场（堆头、集材场），其基本形式如下。

二维码 1-3　林业索道索系与工作原理

1. 全自动和半自动集材索道

这类索道包括 KJ_3、MS_4、GS_3 及 $YP_{2.5}$-A 遥控索道等，其索系较简单，基本是单线双索型，即具有一条固定承载索和一条牵引索（或称放松索，兼作集材索功能或者是闭式牵引索），见图 1-7~图 1-9。

半自动跑车具有集材能力，其特点在集（或卸）材地点上空的承载索设有止动器。当运行的跑车和止动器相碰撞时，则跑车被止动，并同时实现联动动作，使跑车的载物钩放下或提升；当跑车的载物钩降落则可进行集（卸）材、捆挂木捆；当木捆需起升时，载物钩上部的托盘上升到与跑车夹紧机构或制动机构相碰撞，则跑车与止动器分离，此时跑车则可以重（空）载运行。随着集材地点的位置变化，止动器需要沿着承载索移动，以适应集材位置的变化。

第一章 工程索道的基础理论

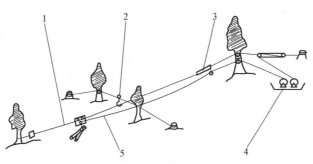

图 1-7 KJ$_3$ 架空索道

1—承载索 2—直线鞍座 3—集材止动器 4—绞盘机 5—牵引索

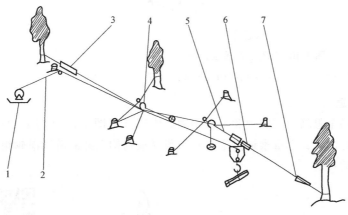

图 1-8 MS$_4$ 架空索道

1—绞盘机 2—牵引索 3—集材止动器 4—拐弯鞍座 5—承载索 6—跑车 7—卸材止动器

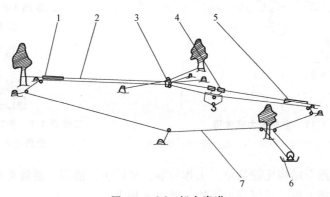

图 1-9 GS$_3$ 架空索道

1—集材止动器 2—承载索 3—拐弯鞍座 4—跑车 5—卸材止动器 6—绞盘机 7—闭式牵引索

全自动跑车取消了止动器，跑车上装有无线电接收机，地面人员由发射机发出指令，则运行的跑车就可以按指令的要求，沿着承载索上任意一点停止、落钩、集（卸）材或起钩运行，完成全部作业的动作，见图 1-10。

二维码 1-4 GS$_3$、接力式与抓钩式索道

15

这类架空索道一般适用于多跨长距离集材，吸引范围较大，载重量也较大。这类架空索道对于地形的适应能力要求各不相同，一般 KJ_3 与 MS_4 索道依靠木捆重力滑行，因而要求索道线路必须具有足够的坡度；GS_3 与 $YP_{2.5}$-A 遥控索道由于是闭式牵引索牵引，因此可适应于全部地形。除 KJ_3 为直线索道外，上述其他索道均具有拐弯的性能。

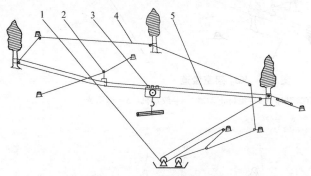

图 1-10　$YP_{2.5}$-A 遥控索道

1—绞盘机　2—拐弯鞍座　3—带握索器遥控跑车　4—闭式牵引索　5—承载索

二维码 1-5　遥控索道集材

2. 增力式索道

这类索道包括全悬增力式索道和半悬增力式索道（见图 1-11 和图 1-12）。其特点是在跑车下部装有两个定滑轮，起重索通过定滑轮与集材载物钩上部的游动滑轮组成滑轮组，从而达到起重时省力的目的。

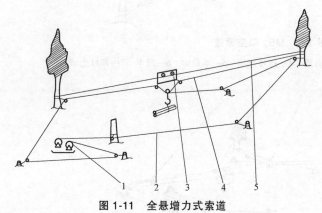

图 1-11　全悬增力式索道

1—绞盘机　2—回空索　3—跑车　4—起重索　5—承载索

二维码 1-6　全悬增力式索道集材

二维码 1-7　多功能便携式采集机+全悬增力式索道集材

增力式索道的跑车结构比较简单，工作可靠，故障少，能顺、逆坡集材，能沿索道任意点横向集材，适应能力强，可以强迫落钩，吸引面积大。

这类索道索系复杂，多为三索型和四索型，即一条固定式的承载索、一条牵引索、一条起重索、一条回空索组成四索型，三索型将牵引-起重合为一条索。

图 1-13 所示为天然林择伐集材索道。它除具有常规索道的功能外，还具有定向运行、侧向抽集的特殊功能，集材中对地表的破坏小，能满足择伐设计的要求，适用于复层异龄林、防护林、次生林、竹木混交林的择伐，也适用于人工林的间伐、带状皆伐，特别适用于坡度大、地形复杂的天然林大径材的择伐集材。

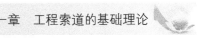

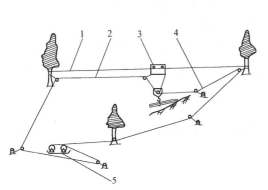

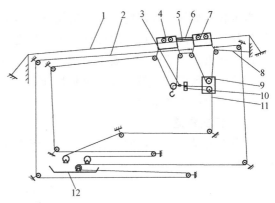

图 1-12　半悬增力式索道

1—承载索　2—牵引索　3—跑车
4—回空索　5—绞盘机

图 1-13　天然林择伐集材索道

1—承载索　2—闭式牵引索　3—小耳环　4—跑车　5—大耳环
6—限位器　7—定位跑车　8—起重索　9—双轮托索器
10—隔离器　11—回空索　12—绞盘机

这种索道的集材工艺为：定位跑车定位→回空→落钩→捆挂→起重提升→重载运行→卸钩。该索道的工作原理如下：

1）定位跑车定位。开动摩擦卷筒移动定位跑车，选择适当的定位点。定位跑车定位后与地面集材滑轮形成的直线即为木捆运行的固定线路。

2）回空、落钩、捆挂。开动回空卷筒把跑车和载物吊钩拖至预定的集材点后，捆挂木材。捆挂完毕后，要先指挥机手收紧回空，以免在起升的过程中不能很好地控制木材的走向。

3）起重提升。开动起重卷筒提升木材时，应先刹住回空卷筒，随着起重索的收紧，木材在原地逐渐起升，此时机手应随着木捆升高，徐徐放松回空索，使木捆在升高的同时，又逐渐向承载索下移动。由于双轮托索器的作用，木捆提升时，回空索也随之升高，当木捆提升到承载索下时，双轮托索器也把回空索上升到定位跑车下。

4）重载运行、卸钩。当木材运行至承载索下的林地上空时，刹住起重索，徐徐放松回空索，木捆靠自重便滑行至楞场卸钩。

3. 松紧式索道

木材的起吊和运输是依靠绞盘机放松降落，或张紧升起承载索来实现的，见图 1-14 和图 1-15。

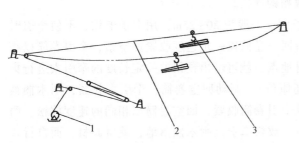

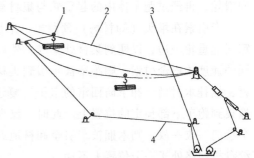

图 1-14　单索型松紧式索道

1—绞盘机　2—承载索　3—简易跑车

图 1-15　双索型松紧式索道

1—简易跑车　2—承载索　3—绞盘机　4—回空索

当承载索放松时降落跑车载物钩挂材，当承载索张紧时升起跑车悬挂木材运行。承载索每放松和张紧一次即完成一次集材，所以称之为松紧式索道。

这种索道索系简单，一般多为双索型，即有一条承载索和一条回空索。其承载索为半固定式，即一端固定，而另一端可控制其升降。它是一种简易、轻型、短距离集材索道，靠重力滑行，主要用于林木分散的伐区集材。

4. 运行式索道

这类索道是没有专设的承载索，因而索系非常简单，有单索型和双索型之分，见图1-16和图1-17。

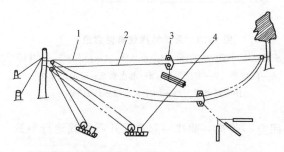 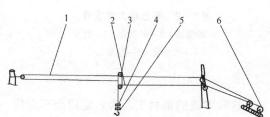

图1-16 与集材拖拉机配合使用的运行式索道
1—回空索 2—牵引索 3—跑车 4—集材拖拉机

图1-17 与双卷筒自走式绞盘机配合使用的运行式索道
1—回空索 2—牵引索 3—跑车 4—吊钩止动器
5—夹索卡子（原位） 6—自走式绞盘机

集材拖拉机只有一个改装的摩擦卷筒，采用闭式牵引运行，即卷筒将钢丝绳缠绕数圈后，钢丝绳的一端通过集材架杆的导向滑轮穿过跑车行走轮的下部，再经过上支点的导向滑轮，转回固结在跑车壳体上，钢丝绳的另一端经集材架杆上的另一个导向滑轮，再经跑车体内的起重轮引出与载物钩连接，进行集材作业。

当拖拉机前进时，闭式牵引索的回空索被张紧，并驱动卷筒，同时收缩集材端（闭合索紧边——牵引边），这样木捆由集材点被牵引到卸材地点；拖拉机后退，牵引索则松弛下垂，即可卸材。

具有两个卷筒的自行式绞盘机可以采用双索型运行式索道，即一个卷筒控制一条回空索，另一个卷筒控制一条牵引索。回空索通过集材架杆的导向滑轮，经跑车行走轮的下部，再经过上支点的导向滑轮转回与跑车体壳连接固定；另一条牵引索经集材架杆上的另一个导向滑轮，再经过跑车体内的起重轮与集材载物钩连接。

牵引索在堆头（卸材场）预留出一定长度，一般为20~25m，用卡子卡住，不使牵引时窜回起重轮一边，以便到集材处集材，然后回空卷筒以一定速度收紧回空索，牵引卷筒以相同的速度放松牵引索，则跑车被牵引到集材地点，就可牵出预留的一定长度的牵引索进行集材，捆挂木材后，卸下防窜的卡子（复还原位），制动回空卷筒，牵引索收紧，则木捆被拖集到跑车下部预定的位置上。此时，操纵牵引卷筒收紧，回空卷筒以相同的速度放松，两个卷筒一收一放，则木捆被牵引至卸材地点，放松牵引索则木捆落地，就可卸材，而自行式绞盘机始终处于一个位置上不动。

SJY-3运行式集材索道见图1-18。它是由绞盘机、CB-1跑车、回空索、牵引索和转向滑车等组成。

绞盘机是根据集材距离的长短来选取的。集材距离在 300m 以内可用 HJ-3 绞盘机,超过 300m 可用闽林 821、SJ-23 型绞盘机。CB-1 跑车是与 SJY-3 索道相配套的专用跑车。回空索在集距 300m 以内用 φ12.5 的钢丝绳,超过 300m 的集距可选 φ15.5~18.5 的钢丝绳。它的一端缠绕在绞盘机的副卷筒上,另一端经跑车行走轮下方后,穿过转向滑车,再折回拴在跑车的联索器上。牵引索是选用 φ15.5~18.5 的钢丝绳,它的一端缠绕在绞盘机的主卷筒上,另一端经过

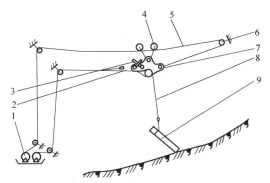

图 1-18　SJY-3 运行式集材索道
1—绞盘机　2—牵引索　3—开闭器　4—CB-1 跑车　5—回空索
6—转向滑车　7—联索器　8—游动索　9—木捆

跑车的承载轮上方引出后成为游动端;游动索端头不连集材钩,只插一个回头索套。根据横向集距的大小,在距游动索端头 30m、40m 处各插一小索套,小索套至牵引索端头的回空索套一段,称为游动索。小索套是用来在跑车回空前把索套套在跑车的开闭器上,当跑车回空时,把牵引索拖向集材点。由于有了游动索,跑车返回集材点后,捆木工只拖动松弛的 30~40m 的游动索,捆挂待集木材。

当跑车回空时,先放松主卷筒,同时开动副卷筒,牵引跑车回空,此时要适当制动主卷筒,使回空索张紧到一定程度,以便跑车悬起,以免撞地,也减少了跑车的运行阻力。当跑车回空至集材点时,不要马上停车,还要继续向上回空 30~40m 后再停车,然后开动主卷筒,适当放松副卷筒,使跑车下牵到 30~40m,目的是使游动索在集材点处于自由状态,捆木工可以不费力地牵拉游动索索端去捆挂待集木材。

捆木工捆挂好木捆后,打开开闭器,制动副卷筒,开动主卷筒,牵引索拖集木捆直至木捆小头抬起适当高度,主卷筒继续工作,同时使副卷筒处于半自动状态。在整个重载运行过程中,使两条钢丝绳基本同步运行,保持木捆小头抬起一定高度,防止运行时卡阻,保证木捆顺利越过障碍物。根据索道线路上障碍物的高低,可视具体情况调整回空索张紧程度,以调整木捆小头抬起高度,适应地面情况,保证木捆平稳运行。

当跑车运行至山下楞场时,主卷筒停车,放松主卷筒,卸材工把索套套在开闭器上,再开动主卷筒使跑车向下运行一小段,使游动索松弛,便于卸材工卸材。卸材后把捆木索挂在游动索上,再使跑车回空。

(二) 运材架空索道

运材索道仅具有运输能力,而不具备拖集、提升、降落木材的功能。木材的装卸需要专门装卸设施或进行定点装卸,适用于木材的第二次运输,跑车由闭式循环索牵引运输,不受卷筒容绳量的限制,可以长距离运材,多荷重连续发送。

1. 单索曲线循环式运材索道

这类索道多为单索型,没有专门的承载索,只有一条循环牵引索,主要用于小径木林区或人工林抚育间伐、择伐林区。

线路可以任意拐弯,适应坡度为 10°左右,跑车间隔约 40m,单钩载质量为 50~130kg,循环索由齿形滑轮承托导向,齿形滑轮支架间隔为 40~50m,用钢丝绳系在活立木上即可。循环

索在齿形滑轮上转折角为20°~30°，钢丝绳运行速度为1m/s左右，木材用吊钩吊于循环牵引索上，索道以一定的拉力张紧后，由绞盘机的摩擦卷筒驱动，循环牵引运行，见图1-19。

2. 单线双索循环式运材索道

这种运材索道主要由一条固定的承载索、一条循环牵引索、鞍座和托索星轮、跑车及索道的附属装置等组成，见图1-20。

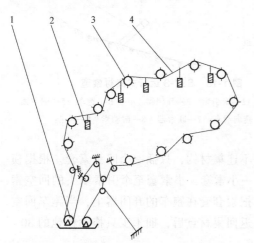

图1-19 单索曲线循环式运材索道
1—带摩擦卷筒绞盘机 2—木捆
3—齿形滑轮 4—循环牵引索

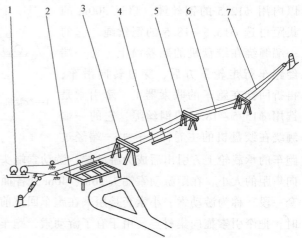

图1-20 单线双索循环式运材索道
1—绞盘机 2—卸车台 3—鞍座 4—跑车
5—托索星轮 6—循环牵引索 7—承载索

载重跑车吊运木材由循环索牵引，沿着承载索上运行，回空跑车夹紧在循环索的另一边，运回到装车场的装车台，如此循环连续多荷重运输。

当索道线路具有一定坡度（8°~30°）时，木材可以靠其自重而不需动力牵引运行。为了控制木材的运行速度，常用控速器，又称之为"无动力控速循环式运材索道"。当索道线路坡度不足（低于8°）时，常用绞盘机摩擦卷筒牵引，此时称为"动力循环式运材索道"。

二维码1-8 林业索道生产现状与创新技术

单线双索循环式运材索道，循环索的一边要运回空跑车，因而承受有一定重量。此外，还有一种双线三索循环式运材索道，即架设两条承载索，一条供重车运行，另一条供空车回空运行，载重跑车和回空跑车由一条循环索牵引，而该索不承受载重。这种索道跑车运行较慢，一般为1.5~2.5m/s。

第二节 悬索的基础理论

架空钢丝绳是索道设备的主要组成部分。架空钢丝绳力学是索道设计上不可缺少的基础知识。关于架空索道的理论已经有很多研究，其中有应用双曲线函数的悬垂曲线理论和应用代数函数的抛物线理论作为理论基础的两大主流。20世纪70年代末以来，国内有关学者提出了应用代数函数的悬索曲线理论和摄动法。在实际工程上采用抛物线理论作为林业索道架空索的基础理论较为合适方便。因此，本节主要以抛物线理论作为基础进行介绍，悬垂曲线、悬索曲线和摄动法的悬索理论的详细介绍可参考有关文献。

一、悬垂曲线

悬垂曲线也称为悬链曲线，简称悬链线。

钢丝绳具有相当的刚性，截取一极小段则呈铁棍状态。一般绳索和锁链可以自由地弯曲，较长的钢丝绳悬挂在空中所呈现的曲线形状与一般绳索和锁链的情况相同。因此，可以将钢丝绳看成是可挠的。

将同一直径的可挠钢丝绳悬挂在 A、B 两点之间时所呈现的线形，如图 1-21 中的曲线 ACB 所示，此时钢丝绳所承受的荷载只是其自重，它是沿曲线均匀分布的垂直荷载，在此荷载作用下，钢丝绳的轴向方向产生拉力，并在 A、B 两支点上作用着支反力。钢丝绳在这些力的相互作用下保持平衡而处于静止状态时，钢丝绳所形成的线形称为悬垂曲线。现取曲线的最低点 C 作为坐标原点，以 E 为 CB 间的任意点，对钢丝绳 CE 部分进行力的平衡条件分析。因 C 点为最低点即悬垂曲线与水平 x 轴的切点，所以作用在 C 点上的拉力是水平的。换言之，在 C 点上作用着水平拉力 H_0，在曲线上 E 点的切线方向作用着拉力 T_0。设 E 点的切线与 x 轴成 θ 角，并以 S 代表 CE 部分的曲线长，以 q 表示钢丝绳

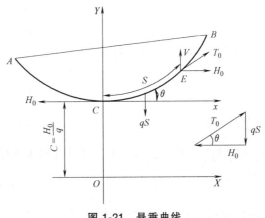

图 1-21 悬垂曲线

单位长度的重力，CE 部分的悬索自重则为 qS，它是沿重力方向（与 y 轴平行的方向）作用的。由此可知，作用在 CE 部分的外力有 T_0、H_0 及 qS，除此以外再无其他外力。根据力的平衡条件知，悬索上任一点拉力 T_0 的水平分拉力等于一定常数 H_0，而 T_0 的垂直分力等于悬索最低点到该点之间的悬索自重，即

$$T_0 \cos\theta = H_0 \tag{1-1}$$

$$T_0 \sin\theta = qS \tag{1-2}$$

将上两式相除可得悬垂曲线的方向系数，则

$$\tan\theta = \frac{qS}{H_0} \tag{1-3}$$

令 $\dfrac{H_0}{q} = C$，则

$$\tan\theta = \frac{S}{C} \tag{1-4}$$

现以函数 $y = \varphi(x)$ 表示悬垂曲线 ACB，则

$$\frac{dy}{dx} = \tan\theta \tag{1-5}$$

$$\frac{dS}{dx} = \sqrt{1 + \left(\frac{dy}{dx}\right)^2} \tag{1-6}$$

由式（1-4）、式（1-5）可得

$$\frac{dS}{dx} = \sqrt{1 + \left(\frac{S}{C}\right)^2} = \frac{\sqrt{S^2 + C^2}}{C}$$

从而得悬垂曲线微分方程式

$$\frac{dS}{\sqrt{S^2 + C^2}} = \frac{dx}{C} \tag{1-7}$$

积分上式，则

$$\operatorname{arsinh} \frac{S}{C} = \frac{x}{C} + C_1$$

因 $x = 0$ 时，$S = 0$，则 $C_1 = 0$，故

$$\frac{S}{C} = \sinh \frac{x}{C} \tag{1-8}$$

因而由式（1-4）、式（1-5）、式（1-8）得

$$\frac{dy}{dx} = \sinh \frac{x}{C}$$

再积分，则

$$y = C \cosh \frac{x}{C} + C_2$$

由 $x = 0$ 时，$y = 0$，得 $C_2 = -C$，则悬垂曲线方程式为

$$y = C \cosh \frac{x}{C} - C \tag{1-9}$$

将坐标原点沿 y 轴下移距离为 C，以 O 为原点，建立 XOY 坐标系则式（1-9）便改为

$$Y = C \cosh \frac{X}{C} \tag{1-10}$$

这就是常用的悬垂曲线一般式，式中 $C = \dfrac{H_0}{q}$，为补助函数。

悬垂曲线的无荷悬索长度及拉力可由下列各式计算

$$\begin{cases} \text{悬索长} & S = C \sinh \dfrac{x}{C} \\ \text{拉力的水平分力} & H_0 = Cq \\ \text{拉力的垂直分力} & V = qS \\ \text{拉力} & T_0 = \sqrt{H_0^2 + V^2} \end{cases} \tag{1-11}$$

然而这些基本式是以双曲线函数表示的，计算上很不方便，如以代数函数对式（1-10）进行展开，则为

$$Y = C \cosh \frac{X}{C} = \frac{C}{2}\left(e^{\frac{x}{2}} + e^{-\frac{x}{2}}\right) = C\left[1 + \frac{\left(\frac{X}{C}\right)^2}{2!} + \frac{\left(\frac{X}{C}\right)^4}{4!} + \cdots\right] = C + \frac{X^2}{2C} + \frac{X^4}{24C^3} + \cdots \tag{1-12}$$

如果式中的 C 值较大，则展开后的式子从第 3 项起其数值是很微小的，所以可以略去，从而得到悬垂曲线的近似式

$$Y = C + \frac{X^2}{2C} \tag{1-13}$$

将曲线的坐标原点从 O 点移回 C 点，则悬垂曲线的近似式为

$$y = \frac{x^2}{2C} \tag{1-14}$$

式（1-14）成了以曲线的顶点为原点的抛物线方程式，因为它是一般的二次代数函数，所以计算方便。

二、悬索曲线

如图 1-22 所示，将钢丝绳绷起，两端分别固接于两支架的端点 A、B，当 A、B 两点间的水平距离足够大时，钢丝绳被视为可挠的，在自重的作用下，必然形成一条下凹曲线。假定其自重自曲线的顶点开始，沿水平方向递增分布，可导出一条代数函数曲线，此曲线称为悬索曲线。

按图 1-23，在图 1-22 所示的 AB 索上任取一微段 dL 进行受力分析。当悬索平衡静止时，若用 T_x 和 T'_x 分别表示悬索微段 dL 两端的拉力，并用 V_x 和 V'_x 分别表示两拉力的垂直分量，根据力的平衡条件，应有

$$V'_x = V_x + qdL \tag{1-15}$$
$$H_x = H'_x = H_0 \tag{1-16}$$

式中 H_0——悬索拉力的水平分量，也可称为悬索的水平拉力。

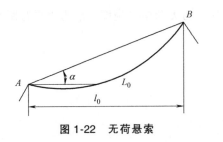

图 1-22 无荷悬索

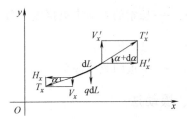

图 1-23 悬索曲线

式（1-16）表示悬索平衡静止时悬索各处的水平拉力相等。按图 1-23，根据力的平衡方程有

$$T'_x \sin(\alpha + d\alpha) = qdL + T_x \sin\alpha \tag{1-17}$$
$$T'_x \cos(\alpha + d\alpha) = T_x \cos\alpha = H_0 \tag{1-18}$$

式（1-17）和式（1-18）相除，又因 $\dfrac{dy}{dx} = \tan\alpha$，有

$$H_0 \frac{d^2 y}{dx^2} = \frac{qdL}{dx} \tag{1-19}$$

若用 w_x 表示索之单位长度重力 q 折合在 ox 轴上的单位长度自重，即

$$w_x = \frac{qdL}{dx} \tag{1-20}$$

于是式（1-19）可写成

$$H_0 \frac{d^2 y}{dx^2} = w_x \tag{1-21}$$

由于该理论认为悬索自重自曲线的顶点开始，沿水平方向递增分布，可假设

$$w_x = q + \rho x^2 \tag{1-22}$$

式中 ρ ——递增系数。

则式（1-21）写成

$$H_0 \frac{d^2 y}{dx^2} = q + \rho x^2 \tag{1-23}$$

设索的线密度均匀，并视近似为一常数，据边界条件（当 $x=0$ 时，$y=0$，$\frac{dy}{dx}=0$），得

$$y = \frac{q}{2H_0} x^2 + \frac{\rho}{12H_0} x^4 \tag{1-24}$$

式（1-24）即为悬索曲线方程式。因此，悬索曲线是一条四次代数函数曲线。

悬索曲线的无荷悬索长度 L_0 及水平拉力 H_0，由下列各式计算

$$\begin{cases} L_0 = l_0 \sqrt{D_\alpha^2 + \frac{16}{3} S_0^2} \\ H_0 = \frac{q l_0}{16 S_0} \sqrt{D_\alpha + \frac{16}{3} S_0^2} + D_\alpha \\ D_\alpha = 1 + \frac{9(\sec\alpha + 1)}{4(\sec\alpha + 2)^2} \tan^2\alpha \end{cases} \tag{1-25}$$

式中 S_0 ——悬索的无荷中央挠度系数，$S_0 = \frac{f_0}{l_0}$（f_0 为无荷中央挠度，l_0 为水平跨距）；

D_α ——倾斜因子；

α ——索道的弦线倾角。

三、摄动法

摄动法是求解非线性微分方程的方法。

考虑钢丝绳在沿曲线均匀分布的自重作用下，有微分方程式

$$\frac{d^2 y}{dx^2} = \frac{1}{C} \sqrt{1 + \left(\frac{dy}{dx}\right)^2} \tag{1-26}$$

采用 x 轴向右和 y 轴向上的笛卡儿直角坐标系。引用以下量纲为一量

$$\xi = \frac{x}{l_0}, \quad \eta = \frac{y}{l_0}, \quad \mu = \frac{l_0}{C} = \frac{q l_0}{H_0} = \frac{1}{\lambda_0}, \quad C = \frac{H_0}{q}, \quad \lambda_0 = \frac{H_0}{q l_0} \tag{1-27}$$

式（1-26）可改写成

$$\frac{d^2 \eta}{d\xi^2} = \mu \sqrt{1 + \left(\frac{d\eta}{d\xi}\right)^2} \tag{1-28}$$

将式（1-28）右边根号展成 $(\eta')^2$ 的幂级数，方程有摄动法解，即为摄动法的曲线方程为

$$\eta = u_0(\xi) + \mu u_1(\xi) + \mu^2 u_2(\xi) + \mu^3 u_3(\xi) + \cdots \tag{1-29}$$

取 μ 的 3 次幂项作为近似解，得

$$\eta = \delta \xi + \mu \frac{c_1}{2} \xi(\xi - 1) + \mu^2 \frac{c_1 c_2}{12} (2\xi^3 - 3\xi^2 + \xi) +$$

$$\mu^3\left[\frac{c_1^2c_3}{24}(2\xi^4-4\xi^3+3\xi^2-\xi)+\frac{c_1c_2^2}{24}(\xi^4-2\xi^3+\xi^2)\right] \quad (1\text{-}30)$$

$$c_1=\sec\alpha,\quad c_2=\sin\alpha,\quad c_3=\frac{1}{2}\cos^3\alpha,\quad \delta=\frac{h}{l_0}\tan\alpha$$

式中 h——悬索上、下支点高差。

从而导得无荷中央挠度系数 S_0 为

$$S_0=\delta\xi-\eta_{\xi=\frac{1}{2}}=\frac{\sec\alpha}{8\lambda_0}\left(1+\frac{\cos2\alpha}{48\lambda_0^2}\right) \quad (1\text{-}31)$$

摄动法的无荷悬索长度 L_0 及最大张力 T_{0m} 计算式为

$$\begin{cases} L_0 = l_0\sec\alpha\left(1+\dfrac{\cos^2\alpha}{24\lambda_0^2}\right) \\[2mm] T_{0m} = H_0\left[\sec\alpha+\dfrac{\tan\alpha}{2\lambda_0}+\dfrac{1}{\lambda_0^2}\left(\dfrac{\cos\alpha}{8}+\dfrac{\sin\alpha\tan\alpha}{2}\right)\right] \end{cases} \quad (1\text{-}32)$$

四、抛物线

当悬空架设钢丝绳的无荷中央挠度系数较小时，沿悬索曲线的均布荷载与沿弦线的均布荷载两者之间的误差是极微小的。此时，设悬索自重沿弦线均匀分布，即可导出以代数函数法表示的抛物线。

如图 1-24c 所示，设 A、B 两点间架设的悬索长度为 L_0，悬索自重 $W=qL_0$，将悬索自重看成均匀分布在弦 AB 上，以 l_0 代表 A、B 两点间的水平距离，则倾斜均布荷重可换算为水平均布荷重 w，则

$$w=\frac{W}{l_0}=\frac{qL_0}{l_0} \quad (1\text{-}33)$$

图 1-24a 为受均布荷载作用的悬索。设 T_{01}、H_{01}、V_{01} 为 A 点的拉力及各坐标分力；T_{02}、H_{02}、V_{02} 为 B 点的拉力及各坐标分力；T_{0x}、H_{0x}、V_{0x} 为悬索上任意点 C 的拉力及各坐标分力。

根据静力平衡条件，当 $\sum H=0$，则

$$H_{01}=H_{02}=H_{0x}=H_0 \quad (1\text{-}34)$$

式（1-34）说明悬索的水平分拉力是一个定值。

当 $\sum M_B=0$，则

$$V_{01}=H_0\tan\alpha-\frac{wl_0}{2} \quad (1\text{-}35)$$

当 $\sum M_A=0$，则

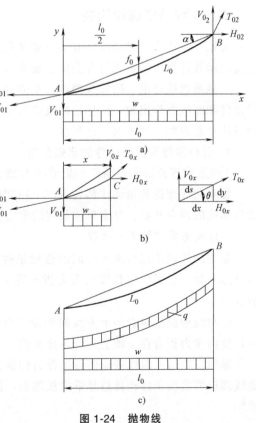

图 1-24 抛物线

工程索道

$$V_{02} = H_0 \tan\alpha + \frac{wl_0}{2} \tag{1-36}$$

由图 1-24a 在曲线上任意点 C 截断,以 C 点的左边线段为研究体,见图 1-24b。由力多边形关系,得任意点 C 的垂直分力为

$$V_{0x} = H_0 \frac{dy}{dx} = H_0 \tan\theta_x \tag{1-37}$$

由 $\sum V = 0$,得

$$H_0 \frac{dy}{dx} - wx - V_{01} = 0$$

将式(1-35)代入上式,得

$$H_0 \frac{dy}{dx} - wx - H_0 \tan\alpha + \frac{wl_0}{2} = 0$$

从而得微分方程式

$$\frac{dy}{dx} = \tan\alpha - \frac{wl_0 - 2wx}{2H_0} \tag{1-38}$$

$$y = x\tan\alpha - \frac{w(l_0 - x)x}{2H_0} \tag{1-39}$$

式(1-39)为以 A 点为原点的抛物线方程式。

五、4 种悬索理论比较

大家一致认为,悬链线是真实反映实际悬挂钢丝绳的线形,故按悬链线函数计算出的悬索各有关量被视为真值。

二维码 1-9 悬索理论:术语与 4 种悬索理论比较

从悬垂曲线理论、抛物线理论、悬索曲线理论和摄动法各自的假设条件和曲线方程出发,以悬垂曲线的假设条件及其曲线方程作为衡量各法的标准,定性分析各法对悬垂曲线理论的逼近程度。

1. 各悬索理论假设条件的比较分析

4 种悬索理论的假设条件汇集成图 1-25。

悬垂曲线理论和摄动法都包含两个相同的假设条件:①悬索自重沿曲线均匀分布 (q);②自曲线的顶点开始,悬索单位长度的重力折合在 x 轴(即水平轴)上是递增分布的(w_x、w_{x_3}),且递增系数为无穷级数。

悬索曲线理论包含两个方面的假设条件:①悬索自重沿曲线均匀分布 (q);②自曲线的顶点开始,悬索单位长度的重力折合在 x 轴上是递增分布的(w_{x_2}),而递增系数为一常数 ρ。

抛物线理论也包含两个方面的假设条件:①悬索自重沿曲线均匀分布 (q);②悬索单位长度的重力折合在 x 轴上是均匀分布的(w_1)。

显然,以悬垂曲线理论假设条件为标准,摄动法的假设条件与悬垂曲线理论相同;悬索曲线理论的假设条件较接近悬垂曲线理论;抛物线理论的假设条件与悬垂曲线理论有一定的差距。

2. 各悬索理论曲线方程的比较分析

各悬索理论的曲线方程是在各自的假设条件下推导出来的。

悬垂曲线理论的曲线方程为

$$y = C\cosh\frac{x}{C} \tag{1-40}$$

用悬垂曲线理论来衡量其他理论作为标准，将上式等号右边展成级数，将 $C=\dfrac{H_0}{q}$ 代入

$$y = \frac{q}{2H_0}x^2 + \frac{q^3}{24H_0^3}x^4 + \frac{q^5}{720H_0^5}x^6 + \cdots \tag{1-41}$$

将上式进行二次微分并令等于 w_x，得

$$H_0\frac{\mathrm{d}^2 y}{\mathrm{d}x^2} = q + \frac{q^3}{2H_0^2}x^2 + \frac{q^5}{24H_0^4}x^4 + \cdots = w_x \tag{1-42}$$

抛物线理论的曲线方程为

$$y = x\tan\alpha - \frac{w_1(l_0-x)x}{2H_0} \tag{1-43}$$

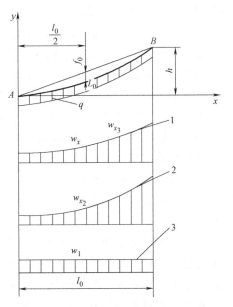

图 1-25　4 种悬索理论假设条件图汇

1—双曲余弦曲线　2—抛物线　3—水平直线

w_x、w_1、w_{x_2}、w_{x_3}—悬垂曲线、抛物线、悬索曲线、摄动法的索重折合在 x 轴上的单位长度重力

L_0—悬垂曲线长度　l_0—跨距　h—悬索两支点高差

q—悬索单位长度重力　f_0—无荷中央挠度，$f_0 = S_0 l_0$

将式（1-43）进行二次微分并令等于 w_1 常数，得

$$H_0\frac{\mathrm{d}^2 y}{\mathrm{d}x^2} = \frac{W}{l_0} = w_1 = 常数 \tag{1-44}$$

式中　W——悬索的自重。

比较式（1-44）、式（1-42）可知，抛物线理论是对式（1-42）等号右边取第 1 项进行改造后的近似计算。它是比悬垂曲线理论简单得多的代数函数理论。

悬索曲线理论的曲线方程为

$$y = \frac{q}{2H_0}x^2 + \frac{\rho}{12H_0}x^4 \tag{1-45}$$

将式（1-45）进行两次微分，并令等于 w_{x_2}，得

$$H_0\frac{\mathrm{d}^2 y}{\mathrm{d}x^2} = q + \rho x^2 = w_{x_2} \tag{1-46}$$

比较式（1-46）、式（1-42）可知，悬索曲线理论是对式（1-42）等号右边取前 2 项，并对第 2 项进行改造后的近似计算，它也是比悬垂曲线理论来得简单的代数函数理论。

摄动法的曲线方程为

$$\eta = u_0(\xi) + \mu u_1(\xi) + \mu^2 u_2(\xi) + \mu^3 u_3(\xi) + \cdots \tag{1-47}$$

取 μ 的 3 次幂项作近似解，得

$$\eta = \delta\xi + \mu\frac{c_1}{2}\xi(\xi-1) + \mu^2\frac{c_1 c_2}{12}(2\xi^3 - 3\xi^2 + \xi) + \mu^3\left[\frac{c_1^2 c_3}{24}(2\xi^4 - 4\xi^3 + 3\xi^2 - \xi) + \frac{c_1 c_2^2}{24}(\xi^4 - 2\xi^3 + \xi^2)\right] \tag{1-48}$$

上式实际上可化为一般式

$$\eta = A\xi^4 + B\xi^3 + C\xi^2 + D\xi \quad (A、B、C、D 为系数)$$

很显然，摄动法解是 η 对 ξ 的四次代数函数。

摄动法解和悬索曲线方程所反映的悬索线形都是四次曲线，但两者在假设条件、边界限制及确定近似解所采用的方法上都有很大的不同。两者的假设条件前面已做了比较。摄动法解的边界条件（限制2点）为：$\xi=0$，$u_0=u_1=u_2=u_3=0$；$\xi=1$，$u_0=\delta=h/l_0$，$u_1=u_2=u_3=0$；而悬索曲线的边界条件（仅限制1点）为 $x=0$，$y=0$，$y'=0$。摄动法是从悬链线微分方程出发导出含有摄动法解的曲线方程（1-47），并对式（1-47）取 μ 的3次幂项进行近似解；而悬索曲线是将悬垂曲线级数展开式取其前2项，并对其第2项进行改造的近似计算理论。所以摄动法解的假设、边界及取舍条件皆比悬索曲线理论来的严格。

综上所述，以悬垂曲线理论的假设条件和曲线方程作为衡量各法的标准，摄动法最逼近悬垂曲线，其次是悬索曲线，抛物线误差较大。

考虑各种取代法设计计算过程的繁简程度、精度和适用范围，建议在有电算设备的地方，或对索道计算要求较严格的场合，采用较逼近悬垂曲线的摄动法或悬索曲线法进行索道设计。在无电算设备的地方，或只对索道做现场校核计算的场合，可采用抛物线法。

六、无荷悬索

1. 无荷悬索线形

（1）无荷悬索线形方程　假设悬索的自重沿水平轴（或弦线）均匀分布时抛物线方程式为

二维码 1-10　悬索理论：单跨无荷悬索线形及拉力

$$y = x\tan\alpha - \frac{w(l_0-x)x}{2H_0} \tag{1-49}$$

（2）无荷悬索挠度　挠度是悬索曲线上任意点与弦线之间的铅直距离。设 f_{0x} 为无荷悬索的任意点挠度，则

$$f_{0x} = x\tan\alpha - y = \frac{w(l_0-x)x}{2H_0} \tag{1-50}$$

最大的无荷悬索挠度 $f_{0\max}$ 的位置可由 $\dfrac{df_{0x}}{dx}=0$ 求得。根据式（1-50）可知在跨距的中点，即 $x=\dfrac{l_0}{2}$ 处，f_{0x} 的值最大。设 f_0 为 $f_{0\max}$，则

$$f_0 = f_{0\max} = f_{0x}\Big|_{x=\frac{l_0}{2}} = \frac{wl_0^2}{8H_0} \tag{1-51}$$

设此无荷悬索挠度 f_0 与水平跨距 l_0 的比值 S_0 为无荷中央挠度系数（简称无荷中挠系数），即

$$S_0 = \frac{f_0}{l_0} \tag{1-52}$$

以此作为衡量悬索张紧强度的尺度。

（3）无荷悬索线形系数　任意点无荷悬索挠度 f_{0x} 与无荷中央挠度 f_0 的比值 m_0 称无荷

线形系数，即

$$m_0 = \frac{f_{0x}}{f_0} = \frac{\dfrac{w}{2H_0}(l_0-x)x}{\dfrac{wl_0^2}{8H_0}} = \frac{4(l_0-x)x}{l_0^2}$$

令 $k = \dfrac{x}{l_0}$ 为距离系数，则

$$m_0 = \frac{4(l_0 x - x^2)}{l_0^2} = 4(k - k^2) \tag{1-53}$$

距离系数 k 与无荷线形系数 m_0 间的关系见表 1-2。

表 1-2　距离系数 k 与无荷线形系数 m_0 间的关系

k	m_0	k	m_0	k	m_0	k	m_0	k	m_0
0.01	0.036	0.11	0.391	0.21	0.664	0.31	0.856	0.41	0.967
0.02	0.079	0.12	0.423	0.22	0.685	0.32	0.870	0.42	0.975
0.03	0.115	0.13	0.452	0.23	0.707	0.33	0.885	0.43	0.980
0.04	0.154	0.14	0.481	0.24	0.729	0.34	0.898	0.44	0.985
0.05	0.190	0.15	0.510	0.25	0.750	0.35	0.910	0.45	0.990
0.06	0.226	0.16	0.537	0.26	0.770	0.36	0.922	0.46	0.994
0.07	0.260	0.17	0.564	0.27	0.788	0.37	0.932	0.47	0.996
0.08	0.294	0.18	0.580	0.28	0.806	0.38	0.942	0.48	0.998
0.09	0.327	0.19	0.615	0.29	0.824	0.39	0.951	0.49	0.999
0.10	0.360	0.20	0.640	0.30	0.840	0.40	0.960	0.50	1.000

（4）无荷悬索曲线方向系数　由式（1-38）可得

$$\tan\theta_x = \tan\alpha - \frac{w(l_0-2x)}{2H_0} \tag{1-54}$$

由式（1-51）得 $H_0 = \dfrac{wl_0}{8S_0}$，将其代入式（1-54）得

$$\tan\theta_x = \tan\alpha - \frac{4S_0(l_0-2x)}{l_0} \tag{1-55}$$

$$\begin{cases} x=0, & \tan\theta_1 = \tan\alpha - 4S_0 \\ x=l_0, & \tan\theta_2 = \tan\alpha + 4S_0 \\ x=\dfrac{l_0}{2}, & \tan\theta = \tan\alpha \quad (\theta = \alpha) \end{cases} \tag{1-56}$$

式中　θ_1——下支点 A 悬索曲线的切线与水平线的夹角；

θ_2——上支点 B 悬索曲线的切线与水平线的夹角。

2. 无荷悬索长度

设 AB 间的悬索长度为 L_0，则

$$L_0 = \int_0^{l_0} \sqrt{1+\left(\frac{\mathrm{d}y}{\mathrm{d}x}\right)^2}\,\mathrm{d}x = \int_0^{l_0} \sqrt{1+\left[\tan\alpha - \frac{4S_0(l_0-2x)}{l_0}\right]^2}\,\mathrm{d}x$$

用换元法积分，令 $u = -\dfrac{4S_0(l_0-2x)}{l_0}$，上式变为

$$L_0 = \int_{-4S_0}^{4S_0} \dfrac{l_0}{8S_0}\sqrt{1+(\tan\alpha+u)^2}\,du = \int_{-4S_0}^{4S_0} \dfrac{l_0\sec\alpha}{8S_0}\sqrt{1+2u\sin\alpha\cos\alpha+u^2\cos^2\alpha}\,du$$

将上式采用麦克劳林级数展开，并整理得

$$L_0 = l_0\sec\alpha\left(1+\dfrac{8}{3}S_0^2\cos^4\alpha\right) \tag{1-57}$$

由于 AB 间的距离（弦线长）$l = l_0\sec\alpha$，则式（1-57）可写成

$$L_0 = l\beta = l\left(1+\dfrac{8}{3}S_0^2\cos^4\alpha\right) \tag{1-58}$$

式中　β——索长比。

3. 无荷悬索的拉力

由图 1-26 可知

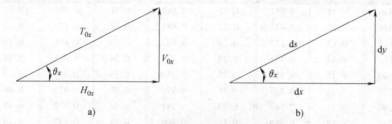

图 1-26　无荷悬索任意点受力关系

$$T_{0x} = \dfrac{H_{0x}}{\cos\theta_x} = H_0\dfrac{ds}{dx} = H_0\sqrt{1+\left(\dfrac{dy}{dx}\right)^2} = H_0\sqrt{1+\tan^2\theta_x} = H_0\sqrt{1+\left[\tan\alpha-\dfrac{4S_0(l_0-2x)}{l_0}\right]^2}$$

$$= H_0\sqrt{1+\left[\tan\alpha-\dfrac{wl_0-2wx}{2H_0}\right]^2} \tag{1-59}$$

式（1-59）即为无荷悬索的任意点拉力。

$$\begin{cases} x=0, & T_{0A} = H_0\sqrt{1+(\tan\alpha-4S_0)^2} \\ x=l_0, & T_{0B} = H_0\sqrt{1+(\tan\alpha+4S_0)^2} \\ x=\dfrac{l_0}{2}, & T_0 = H_0\sqrt{1+\tan^2\alpha} = H_0\sec\alpha \end{cases} \tag{1-60}$$

通常若 Δ 是一个远小于 1 的值时，可有如下关系式成立

$$\sqrt{1+(\tan\alpha+\Delta)^2} = \sec\alpha+\Delta\sin\alpha+\dfrac{1}{2}\Delta^2\cos\alpha \tag{1-61}$$

因此，将式（1-61）代入式（1-60），可求得上、下支点的拉力差 ΔT_{0BA}

$$\Delta T_{0BA} = T_{0B} - T_{0A} = H_0 \cdot 8S_0\sin\alpha = \dfrac{qL_0}{8S_0} \cdot 8S_0\sin\alpha = qL_0\sin\alpha$$

设 $L_0 \approx l$，则上式变为

$$\Delta T_{OBA} = ql\sin\alpha = qh \tag{1-62}$$

式中 h——上、下支点的高差。

同理，无荷悬索上任意两点间的拉力差 ΔT_0 为

$$\Delta T_0 = qy$$

式中 y——无荷悬索上任意两点间的高差。

4. 多跨的无荷悬索线形

图 1-27 所示的多跨无荷悬索，若安装架设完毕之后悬索相对于支点 A、B、C、D 没有产生窜移，则各支点间的水平拉力保持如下关系

$$H_{01} = H_{02} = H_{03} = H_0 \tag{1-63}$$

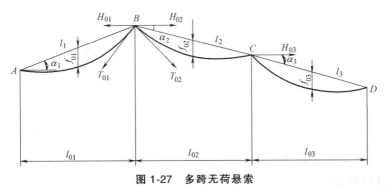

图 1-27 多跨无荷悬索

设各跨的弦长为 l_1、l_2、l_3，水平跨距为 l_{01}、l_{02}、l_{03}，无荷中央挠度为 f_{01}、f_{02}、f_{03}，无荷中挠系数为 S_{01}、S_{02}、S_{03}，则

$$S_{01} = \frac{f_{01}}{l_{01}}, \quad S_{02} = \frac{f_{02}}{l_{02}}, \quad S_{03} = \frac{f_{03}}{l_{03}}$$

由 $H_0 = \dfrac{wl_0}{8S_0}$，可得悬索在各点上的水平分拉力

$$H_{01} = \frac{w_1 l_{01}}{8S_{01}}, \quad H_{02} = \frac{w_2 l_{02}}{8S_{02}}, \quad H_{03} = \frac{w_3 l_{03}}{8S_{03}}$$

因 $L_0 \approx l$，$w = \dfrac{qL_0}{l_0} \approx \dfrac{ql}{l_0} = q\sec\alpha$，则

$$H_{01} = \frac{ql_{01}\sec\alpha_1}{8S_{01}} = \frac{ql_1}{8S_{01}}, \quad H_{02} = \frac{ql_{02}\sec\alpha_2}{8S_{02}} = \frac{ql_2}{8S_{02}}, \quad H_{03} = \frac{ql_{03}\sec\alpha_3}{8S_{03}} = \frac{ql_3}{8S_{03}}$$

从而可得各跨无荷中挠系数的关系式为

$$S_{02} = \frac{l_2}{l_1}S_{01}, S_{03} = \frac{l_3}{l_1}S_{01}, \cdots, S_{0i} = \frac{l_i}{l_1}S_{01} \tag{1-64}$$

七、有荷悬索

1. 一个集中荷载作用下的悬索线形

在无荷悬索上的任意点 D 处作用一个集中荷载 P，则有荷悬索的状况，见图 1-28。

二维码 1-11 悬索理论：单跨有荷悬索线形及拉力

设任意荷载点 D 距 A 点的水平距离为 kl_0（$k=\dfrac{x}{l_0}$ 称为荷重位置系数），由静力平衡条件，当 $\sum M_B = 0$ 时，则

$$V_1 = H_1\tan\alpha - \left[\dfrac{wl_0}{2} + (1-k)P\right] \quad (1\text{-}65)$$

将 AD 在距 A 点 x 处截断，取 AE 段为研究体，由 $\sum M = 0$ 的条件得 $H_1 = H_x =$ 常数，又因为 $T_x = H\dfrac{\mathrm{d}S}{\mathrm{d}x}$，$V_x = H\dfrac{\mathrm{d}y}{\mathrm{d}x}$ 所以由 $\sum V = 0$，得

$$\dfrac{\mathrm{d}y}{\mathrm{d}x} = \dfrac{V_1 + wx}{H_x}$$

将式（1-65）代入，则

$$\dfrac{\mathrm{d}y}{\mathrm{d}x} = \tan\alpha - \dfrac{1}{2H_x}\left[wl_0 + 2(1-k)P - 2wx\right]$$

$$(1\text{-}66)$$

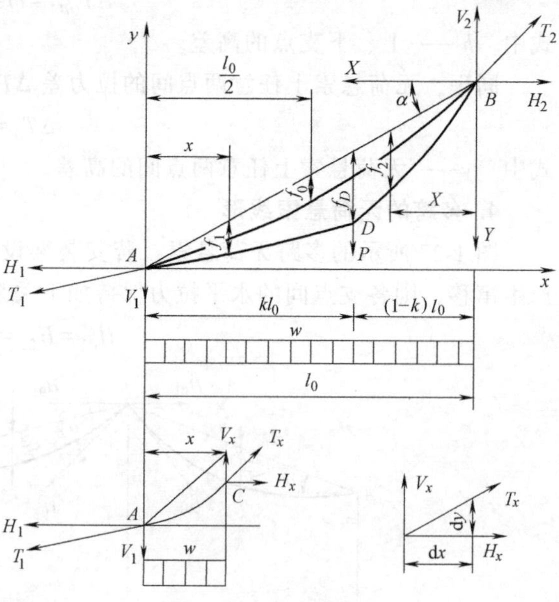

图 1-28 有荷悬索

以 A 点为坐标原点，解此微分方程，得 AD 的曲线方程式

$$y = x\tan\alpha - \dfrac{1}{2H_x}\left\{\left[wl_0 + 2(1-k)P\right]x - wx^2\right\} \quad (1\text{-}67)$$

以荷载比

$$n = \dfrac{P}{W} = \dfrac{P}{wl_0}$$

对上式进行整理得

$$y = x\tan\alpha - \dfrac{wl_0\left[1 + 2n(1-k)\right]x - wx^2}{2H_x} \quad (1\text{-}68)$$

设 f_1 为由直线 AB 到曲线 AD 间 x 处的铅直距离时，得

$$y = x\tan\alpha - f_1 \quad (1\text{-}69)$$

$$f_1 = \dfrac{wl_0\left[1 + 2n(1-k)\right]x - wx^2}{2H_x} \quad (1\text{-}70)$$

取以 B 点为原点的 XY 坐标系，根据与前述相同的方法求得曲线 DB 的方程式

$$Y = X\tan\alpha + f_2 \quad (1\text{-}71)$$

$$f_2 = \dfrac{wl_0(1+2nk)X - wX^2}{2H_x} \quad (1\text{-}72)$$

在式（1-70）中设 $x = kl_0$，或在式（1-72）中设 $X = (1-k)l_0$，则可得荷载点 D 的挠度 f_D

$$f_D = \dfrac{wl_0\left[1 + 2n(1-k)\right]kl_0 - wk^2l_0^2}{2H_x} = \dfrac{wl_0(1+2nk)(1-k)l_0 - w(1-k)^2l_0^2}{2H_x}$$

$$= \dfrac{wl_0^2(1+2n)(k-k^2)}{2H_x} \quad (1\text{-}73)$$

继续设 $x=k_1 l_0$,$X=k_2 l_0$,并代入式(1-70)、式(1-72),则有

$$f_1=\frac{wl_0[1+2n(1-k)]k_1 l_0 - wk_1^2 l_0^2}{2H_x}=\frac{wl_0^2\{[1+2n(1-k)]k_1-k_1^2\}}{2H_x} \quad (1-74)$$

$$f_2=\frac{wl_0(1+2nk)k_2 l_0 - wk_2^2 l_0^2}{2H_x}=\frac{wl_0^2[(1+2nk)k_2-k_2^2]}{2H_x} \quad (1-75)$$

于是由 f_1、f_2 与 f_D 的比值可得在一个集中荷载作用下的悬索线形系数。

$$m_1=\frac{f_1}{f_D},\quad m_2=\frac{f_2}{f_D}$$

$$m_1=\frac{[1+2n(1-k)]k_1-k_1^2}{(1+2n)(k-k^2)},\quad m_2=\frac{(1+2nk)k_2-k_2^2}{(1+2n)(k-k^2)} \quad (1-76)$$

式(1-76)中的 k、k_1、k_2 的意义见图 1-29。当知各荷载点的挠度 f_D 时,根据式(1-76)的线形系数,可求得 AD、BD 的曲线线形为

$$f_1=m_1 f_D,\quad f_2=m_2 f_D \quad (1-77)$$

2. 荷载点的挠度增加系数

以挠度表示水平分拉力时,由式(1-73)可写出

$$H_x=\frac{wl_0^2(1+2n)(k-k^2)}{2f_D} \quad (1-78)$$

曲线 AD 的方向系数

$$\frac{dy}{dx}=\tan\alpha-\frac{f_D\{wl_0[1+2n(1-k)]-2wx\}}{wl_0^2(1+2n)(k-k^2)}$$

(1-79)

曲线 BD 的方向系数

$$\frac{dY}{dX}=\tan\alpha+\frac{f_D[wl_0(1+2nk)-2wX]}{wl_0^2(1+2n)(k-k^2)} \quad (1-80)$$

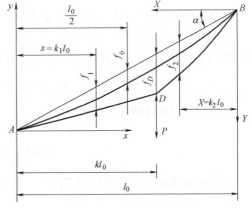

图 1-29 荷载点挠度

现设 L_0 为无荷载时的悬索曲线长,L_1 为有荷载时 AD 的曲线长,L_2 为有荷载时 BD 的曲线长,并假定悬索在受荷前后均无伸缩,则有

$$L_1+L_2=L_0 \quad (1-81)$$

$$L_1=\int_0^{kl_0}\sqrt{1+\left(\frac{dy}{dx}\right)^2}dx,$$

$$L_2=\int_0^{(1-k)l_0}\sqrt{1+\left(\frac{dY}{dX}\right)^2}dX \quad (1-82)$$

将式(1-57)、式(1-79)、式(1-80)、式(1-82)代入式(1-81),进行积分和整理

可得

$$f_D = \frac{4(1+2n)(k-k^2)}{\sqrt{1+12(n+n^2)(k-k^2)}} \cdot f_0 \tag{1-83}$$

由式（1-53）可知，$f_{0x} = 4(k-k^2)f_0$，因此荷载点 D（设 $x = kl_0$）的挠度可由该点无荷悬索挠度 f_{0x} 乘以挠度增加系数 γ，即

$$f_D = \gamma f_{0x} = \frac{1+2n}{\sqrt{1+12(n+n^2)(k-k^2)}} \cdot f_{0x} \tag{1-84}$$

3. 一个集中荷载作用下的悬索拉力

将式（1-83）的 f_D 代入式（1-78）可求得有荷悬索的水平分拉力 H_x 为

$$H_x = \frac{wl_0^2(1+2n)(k-k^2)}{2f_D} = \frac{wl_0}{8S_0}\sqrt{1+12(n+n^2)(k-k^2)}$$

$$= H_0\sqrt{1+12(n+n^2)(k-k^2)} \tag{1-85}$$

式（1-85）说明，对于两端固定式悬索的有荷拉力的水平分力 H_x 是随着荷载的移动（随 k 的变化）而变化的。因为 k 在 $0 \sim 1$ 之间变化，当 $k = 1/2$ 时，$(k-k^2)$ 的值为最大，这就是说当集中荷载 P 位于跨距的中点时，有荷水平分拉力出现最大值，即

$$H_{\max} = H_{k=\frac{1}{2}} = H_0\sqrt{1+3n+3n^2} \tag{1-86}$$

有荷载时 AD 间的悬索拉力 T_I 为

$$T_\mathrm{I} = H\frac{dS}{dx} = H\sqrt{1+\left(\frac{dy}{dx}\right)^2} \tag{1-87}$$

有荷载时 BD 间的悬索拉力 T_II 为

$$T_\mathrm{II} = H\frac{dS}{dX} = H\sqrt{1+\left(\frac{dY}{dX}\right)^2} \tag{1-88}$$

很明显地看出，当 BD 段的 $X = 0$（上支点 B 处）时，$T_{\mathrm{II}\,X=0} = T_{\mathrm{II}\,\max}$，同时 H 最大即集中荷载 P 位于跨中点时，上支点的拉力 $T_{2\left(k=\frac{1}{2}\right)}$ 得最大值。

$$T_{\max} = T_{2\left(k=\frac{1}{2}\right)} = H\sqrt{1+\left(\frac{dY}{dX}\right)^2}_{\left(k=\frac{1}{2}\right)} \tag{1-89}$$

将式（1-80）、式（1-83）代入式（1-89），并令 $\sqrt{K_1} = \sqrt{1+3n+3n^2}$，则式（1-89）写成

$$T_{\max} = \frac{W}{8S_0}\sqrt{K_1}\sqrt{1+\left[\tan\alpha+\frac{4S_0(1+n)}{\sqrt{K_1}}\right]^2}$$

因 $n = \dfrac{P}{W}$，则 $\dfrac{W+P}{W} = \dfrac{W+nW}{W} = 1+n$，所以上式可改为

$$T_{\max} = \frac{(W+P)\sqrt{K_1}}{8S_0(1+n)}\sqrt{1+\left(\tan\alpha+\frac{4S_0(1+n)}{\sqrt{K_1}}\right)^2}$$

令 $\dfrac{1+n}{\sqrt{K_1}} = Z_1$，则

$$T_{max} = (W+P)\frac{\sqrt{1+(\tan\alpha+4S_0Z_1)^2}}{8S_0Z_1}$$

再令 $\dfrac{\sqrt{1+(\tan\alpha+4S_0Z_1)^2}}{8S_0Z_1} = \varPhi_1$,则

$$T_{max} = T_{2\left(k=\frac{1}{2}\right)} = (W+P)\varPhi_1 \tag{1-90}$$

式（1-90）说明最大拉力等于位于 $A \sim B$ 间的全部荷载（悬索自重和外加荷载）乘以系数 $\varPhi_1$,因此 $\varPhi_1$ 称为最大拉力系数。

4. 荷载点的轨迹曲线

由 $y = x\tan\alpha - f_D = kl_0\tan\alpha - f_D$ 可知，两端固定式悬索任意荷载点 D 的纵坐标值，见图 1-30。

将式（1-83）代入 y 式的 f_D,则得

$$y = kl_0\tan\alpha - \frac{4S_0l_0(1+2n)(k-k^2)}{\sqrt{1+12(n+n^2)(k-k^2)}}$$

$$\tag{1-91}$$

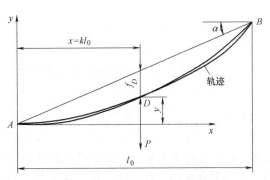

图 1-30 两端固定式悬索的荷载点轨迹

式（1-91）是在一个集中荷载作用下，两端固定式悬索的荷载点运行轨迹方程。

当荷载位于 $k=1/2$ 处时，两端固定式悬索的荷载点挠度为

$$f = f_{D\left(k=\frac{1}{2}\right)} = \frac{S_0l_0(1+2n)}{\sqrt{1+3(n+n^2)}} \tag{1-92}$$

将式（1-83）、式（1-92）代入两端固定式悬索的荷载点轨迹线形系数 m,即

$$m = \frac{f_D}{f} = \frac{4(k-k^2)\sqrt{1+3(n+n^2)}}{\sqrt{1+12(n+n^2)(k-k^2)}}$$

令 $3(n+n^2) = Q_1$,又因 $4(k-k^2) = m_0$,则上式可改写成

$$m = \frac{f_D}{f} = \frac{\sqrt{1+Q_1}}{\sqrt{1+Q_1m_0}}m_0 \tag{1-93}$$

由 $y = kl_0\tan\alpha - f_D$ 还可作出加平衡重悬索的任意荷载点 D 的纵坐标值，见图 1-31。这种形式架空悬索的悬索水平拉力具有如下特点

$$H_{Px} = H_{P\left(x=\frac{l_0}{2}\right)} = H_{0P} = Q \tag{1-94}$$

式中脚标 P 表示加平衡重的悬索。

对于平衡重为 Q 架设完毕的无荷悬索，其无荷水平拉力为 H_0,则当平衡重 Q 能自如地调整悬索拉力的前提下，悬索的水平拉力不因荷载而变化，而且也不因荷载移动而变化。

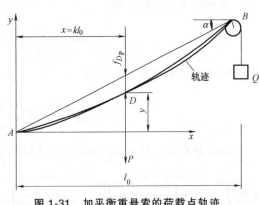

图 1-31 加平衡重悬索的荷载点轨迹

任意荷载点的挠度

$$f_{DP}=\frac{wl_0^2(1+2n)(k-k^2)}{2Q}=\frac{4S_0l_0(1+2n)(k-k^2)}{Q}H_0=4S_0l_0(1+2n)(k-k^2) \quad (1\text{-}95)$$

荷载位于 $k=1/2$ 处时，加平衡重悬索的荷载点挠度为

$$f_P=f_{DP\left(k=\frac{1}{2}\right)}=S_0l_0(1+2n) \quad (1\text{-}96)$$

则加平衡重悬索的荷载点轨迹线形系数 m_P

$$m_P=\frac{f_{DP}}{f_P}=4(k-k^2) \quad (1\text{-}97)$$

式（1-97）与无荷悬索线形系数 $m_0=4(k-k^2)$ 相同，这就是说加平衡重悬索的荷载点轨迹曲线也是一条抛物线。

5. 一个集中荷载作用下的多跨悬索拉力

图 1-32 所示的两端固定式多跨悬索，有荷跨 BC 因受外加荷载 P 的作用，悬索从 S_{02} 位置变化到 S_2 的位置，有荷跨的悬索水平拉力也从 H_{02} 变化成 H_{x2}，当悬索与支点 B、C 之间的摩擦阻力不足于抵消有荷跨的 H_{x2} 与无荷跨 AB、CD 的 H_0 的张力差时，悬索将相对于支点 B、C 产生窜移现象，于是无荷跨的悬索从 S_0 位置变化成 S 的位置。如忽略支点摩擦阻力及各跨的高差不一的影响，可以认为各跨的有荷水平拉力为

$$H_{x1}=H_{x2}=H_{x3} \quad (1\text{-}98)$$

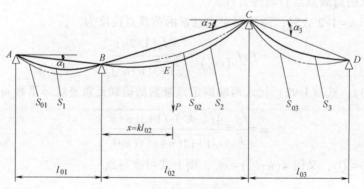

图 1-32　多跨有荷悬索

因单跨无荷悬索长度

$$L_0=\frac{l_0}{\cos\alpha}+\frac{8}{3}S_0^2l_0\cos^3\alpha=\frac{l_0}{\cos\alpha}+\frac{w^2l_0^3}{24H_0^2}\cos^3\alpha$$

则多跨的无荷悬索长度为

$$\sum_{i=1}^{n}L_{0i}=\sum_{i=1}^{n}\left(\frac{l_{0i}}{\cos\alpha_i}+\frac{w_i^2l_{0i}^3}{24H_0^2}\cos^3\alpha_i\right) \quad (1\text{-}99)$$

单跨悬索在任意点 kl_0 处承受一外加集中荷载 P，此时的悬索长度 L 为

$$L=\int_0^{kl_0}\sqrt{1+\left(\frac{dy}{dx}\right)^2}dx+\int_0^{(1-k)l_0}\sqrt{1+\left(\frac{dY}{dX}\right)^2}dX=\frac{l_0}{\cos\alpha}+\frac{w^2l_0^3}{24H_x^2}\cos^3\alpha[1+12(n+n^2)(k-k^2)]$$

多跨悬索的有荷悬索长度应是有荷跨的索长 L_h 与其余各无荷跨索长之和。

$$\sum_{i=1}^{n} L_i = L_h + \sum_{i=1}^{n-h} L_i$$

$$= \frac{l_{0h}}{\cos\alpha_h} + \frac{w_h^2 l_{0h}^3}{24H_x^2}\cos^3\alpha_h [1 + 12(n_h + n_h^2)(k_h - k_h^2)] + \sum_{i=1}^{n-h}\left(\frac{l_{0i}}{\cos\alpha_i} + \frac{w_i^2 l_{0i}^3}{24H_x^2}\cos^3\alpha_i\right)$$

$$= \sum_{i=1}^{n}\left(\frac{l_{0i}}{\cos\alpha_i} + \frac{w_i^2 l_{0i}^3}{24H_x^2}\cos^3\alpha_i\right) + \frac{w_h^2 l_{0h}^3}{24H_x^2}\cos^3\alpha_h [12(n_h + n_h^2)(k_h - k_h^2)] \quad (1-100)$$

式中脚标 h 表示有荷跨。

设悬索受荷前后其长度不变，则有如下关系成立

$$\sum_{i=1}^{n} L_{0i} = \sum_{i=1}^{n} L_i \quad (1-101)$$

将式（1-99）、式（1-100）代入式（1-101），并加以整理得 P 位于有荷跨 $k_h = x_h/l_{0h}$ 时，多跨索道无补正有荷悬索水平张力计算式为

$$H_x = H_0 \sqrt{1 + 12(n_h + n_h^2)(k_h - k_h^2)\frac{w_h^2 l_{0h}^3 \cos^3\alpha_h}{\sum_{i=1}^{n}(w_i^2 l_{0i}^3 \cos^3\alpha_i)}} = H_0 G_{\mathrm{II}} \quad (1-102)$$

当荷载位于 $k = 1/2$ 时，式（1-102）成为

$$H_{\max} = H_{k=\frac{1}{2}} = H_0 \sqrt{1 + 3(n_h + n_h^2)\frac{w_h^2 l_{0h}^3 \cos^3\alpha_h}{\sum_{i=1}^{n}(w_i^2 l_{0i}^3 \cos^3\alpha_i)}} \quad (1-103)$$

当跨数少到仅有 1 跨时

$$\frac{w_h^2 l_{0h}^3 \cos^3\alpha_h}{\sum_{i=1}^{n}(w_i^2 l_{0i}^3 \cos^3\alpha_i)} = \frac{w_h^2 l_{0h}^3 \cos^3\alpha_h}{w_h^2 l_{0h}^3 \cos^3\alpha_h} = 1$$

式（1-102）和式（1-103）分别成为

$$H_x = H_0\sqrt{1 + 12(n_h + n_h^2)(k_h - k_h^2)}$$

$$H_{\max} = H_{k=\frac{1}{2}} = H_0\sqrt{1 + 3(n_h + n_h^2)}$$

上述两式分别等同于单跨悬索的式（1-85）、式（1-86），从而说明式（1-102）、式（1-103）可以适宜于任意跨数的悬索拉力计算。

6. 悬索的补正计算

在两支点间的挠度系数为 S_0 的无荷悬索上作用 P，因张力的增大使悬索产生弹性伸长，此伸长对负荷索的张力、荷载点挠度等值的影响是不可忽视的。另外，由于两端支点位移使弦长缩短，悬索向有荷跨窜移；或温差变化引起悬索的伸缩，同样会影响负荷索的拉力、荷载点挠度等值。

如果使用进行了修正的负荷状态下的补正挠度系数 S_0' 替代原来的无荷中挠系数 S_0（$S_0' >$

S_0），就能求得考虑了受弹性变形及非弹性变形影响的各有关计算值。

现设补正挠度系数 S_0' 与原无荷中挠系数 S_0 的比值为

$$\varepsilon = \frac{S_0'}{S_0} \tag{1-104}$$

式中 ε——综合补正系数。

如在图 1-33 长度为 L_0 的无荷悬索上作用 P，悬索因承受荷载而产生弹性伸长量 ΔL_e，弦长缩短量 Δl，因温差而产生伸长量 ΔL_t，此时的有荷悬索长度 L 等于无荷悬索长 L_0 与诸变形引起的伸长量 ΔL_m 之和。

$$L = L_0 + \Delta L_m = L_0 + \Delta L_e + \Delta L_t - \Delta l \tag{1-105}$$

将受荷后的悬索理想化为一无荷悬索模型曲线，如图 1-33 中的虚线所示，则

由虚线所构成的理想化无荷中挠系数 S_0'，于是两端固定式单跨悬索的无荷索长与有荷索长关系可用下式表示

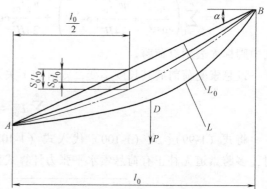

图 1-33 无荷悬索与有荷悬索

$$l\left(1 + \frac{8}{3}S_0^2\cos^4\alpha\right) = (l - \Delta l)\left(1 + \frac{8}{3}S_0'^2\cos^4\alpha\right) - \Delta L_e - \Delta L_t \tag{1-106}$$

根据图 1-32，可写出两端固定式多跨悬索的无荷索长与有荷索长的关系式为

$$\sum_{i=1}^{n}\left[l_i\left(1 + \frac{8}{3}S_{0i}^2\cos^4\alpha_i\right)\right] = \sum_{i=1}^{n}\left[(l_i - \Delta l_i)\left(1 + \frac{8}{3}S_{0i}'^2\cos^4\alpha_i\right) - \Delta L_{ei} - \Delta L_t\right] \tag{1-107}$$

$\Delta L_e = \lambda L_0 \Delta T_m = \lambda L_0 (T - T_0)$；$\Delta L_t = L_0(\omega_1 \Delta t)$；

$$\lambda = \frac{1}{E_K F}; \quad T_0 = \frac{WG_I \sec\alpha}{8S_0}; \quad T = \frac{WG_{II} \sec\alpha}{8S_0'}$$

式中 E_K——钢丝绳的弹性模量；

F——钢丝绳的金属截面积；

ω_1——钢丝绳的热膨胀系数，一般采用 $\omega_1 = 1.1 \times 10^{-5}/℃$；

Δt——承荷前后的温差（℃）。

对式（1-107）进行关于 S_{0i}' 为未知量的整理，可得

$$\left(\frac{S_{0h}'}{S_{0h}}\right)^3 + \left(\frac{G_I}{M_{SI}} - 1 - D_{SI}\right)\left(\frac{S_{0h}'}{S_{0h}}\right) - \left(\frac{G_{II}}{M_{SI}}\right) = 0 \tag{1-108}$$

式中 G_I——无荷悬索荷载因数，$G_I = 1$；

G_{II}——有荷悬索荷载因数，G_{II} 的计算见式（1-102）。

$$M_{SI} = \frac{64\sum_{i=1}^{n}(S_{0i}\cos^2\alpha_i)^3}{3\lambda q \sum_{i=1}^{n} l_{0i}}; \quad D_{SI} = \frac{3\delta}{8\sum_{i=1}^{n}(S_{0i}\cos^2\alpha_i)^2}; \quad \delta = \sum_{i=1}^{n}\left(\frac{\Delta L_i}{L_{0i}} + \frac{\Delta l_i}{l_i}\right)$$

由式（1-104），令 $\varepsilon = \frac{S_{0h}'}{S_{0h}}$，$a = \frac{G_{II}}{M_{SI}}$，$b = \frac{G_I}{M_{SI}} - (1 + D_{SI})$，则式（1-108）可写成

$$\varepsilon^3 + b\varepsilon - a = 0 \tag{1-109}$$

式（1-109）即为两端固定式多跨悬索在已知无荷状况求有荷状况时的综合补正系数计算式，该式同样适用于任意跨数的计算。

因此，进行有荷补正计算时，须用 $S'_0 = \varepsilon S_0$ 代替 S_0 进行计算，如式（1-86）的补正计算

$$H'_{max} = \frac{W}{8S'_0}\sqrt{1+3(n+n^2)} = \frac{W}{8S_0} \cdot \frac{S_0}{S'_0}\sqrt{1+3(n+n^2)} = H_0 \cdot \frac{1}{\varepsilon}\sqrt{1+3(n+n^2)}$$

当已知有荷状况求无荷状况时，式（1-108）的所有 S_{0h} 应改化成为 S'_{0h}，且 G_{I}、G_{II} 两者交换，即令

$$a = \frac{G_{\mathrm{I}}}{M_{S\mathrm{I}}}, \quad b = \frac{G_{\mathrm{II}}}{M_{S\mathrm{I}}} - (1+D_{S1})$$

此时的综合补正系数 ε 为

$$\varepsilon = \frac{S'_{0h}}{S_{0h}} \tag{1-110}$$

八、悬索理论中挠系数的荐用值与极限值

17 世纪，伽利略第一个研究了悬挂于两固定支架上，且不可伸长的索或链的曲线线形，并称之为"悬链曲线"，简称"悬链线"。悬链线的解是几何学家 Janes Bemall 等人于 1691 年开始建立的。但悬链线是超越函数，计算上的困难使之不能直接应用于悬索工程的设计计算，只能根据悬索工程的要求，采用不同的近似计算方法。1794 年，Fuss 在一次悬索桥的设计中发现荷载沿悬索的跨距均匀分布时形成"抛物线"，1862 年以后，抛物线理论才逐步形成体系。抛物线理论之所以被人们重视，不仅因为抛物线是简单的二次代数函数曲线，而且由于在许多情况下，悬索的荷载确实是沿着悬索跨距均匀分布的。到目前为止，比较公认的抛物线理论有日本的加藤诚平（简称加氏）、堀高夫（简称堀氏）和苏联杜盖尔斯基（简称杜氏）创立的三种计算方法，这三种计算方法已成为各国普遍采用的悬索工程设计计算的主要依据。

由于悬链线理论是真实反映悬索重力特性的理论，很多学者对单跨架空索道悬链线理论进行了研究和应用。倪元增通过无量纲变换和坐标变换导出了单荷载下的悬链线计算公式，建立了考虑弹性伸长、温度变化和支点位移的近似计算公式和荷载轨迹近似曲线，同时得出了荷载位于跨中时，有最大水平拉力的结论；张应春等建立了控制无荷中挠系数的悬链线数学模型，为了避免悬链线这一超越函数，采取了级数展开取前几项和弧长用弦长代替等一些近似算法；单圣涤利用无量纲计算法的基本原理，对悬链线展开级数取前两项进行改造做近似计算，创立了悬索曲线理论。

各理论的中挠系数荐用值与理论极限值见表 1-3。

表 1-3 各理论的中挠系数荐用值与理论极限值

设计理论	荐用值	理论极限值
悬链线法	$S_0 \leq 0.20$	$S_0 \leq 0.25$
抛物线法（加氏）	$0.03 \leq S_0 \leq 0.05$	$0.02 \leq S_0 \leq 0.08$
抛物线法（堀氏）	$S_0 \leq 0.06$	$S_0 \leq 0.10$
抛物线法（杜氏）	$0.05 \leq S \leq 0.065$	$S \leq 0.08$
悬索曲线法、摄动法	$0.05 \leq S \leq 0.08$	$S \leq 0.20$

注：S_0、S 分别为无荷、有荷中挠系数。

九、工作索的拉力概算

索道集材的回空、拖集、提升、运行、卸材等作业过程,大多是由索道的工作索的动作来完成的。工作索包括起重索、牵引索和回空索。有时一条索兼有两种功能,如起重牵引索便是。工作索的最大受力产生在提升、运行过程中。

二维码 1-12 悬索理论:多跨悬索线形拉力及工作索

1. 提升木捆时索的拉力

拉力组成:木捆重力产生的拉力 T_Q;工作索自重附加在跑车上的分力 T_q;惯性力 T_a;综合阻力 T_R;预张紧力 T_0(对闭合循环索而言)。

(1)非闭合索的提升拉力

$$T = T_Q + T_q + T_R + T_a \tag{1-111}$$

计算中通常认为木材是匀速上升,即 $T_a = 0$,其余各力求法如下:

1)木捆重力产生的拉力 T_Q

① KJ_3 索道(图1-34)

$$T_Q = 木捆重力 + 载物钩重力 \tag{1-112}$$

② GS_3 索道(图1-35)

起重索　　$T_{Q1} = Q$ $\tag{1-113}$

闭合索的有效牵引力

$$T_{Q2} = \frac{Q}{3.75\eta} \tag{1-114}$$

式中　η——齿轮的传动效率。

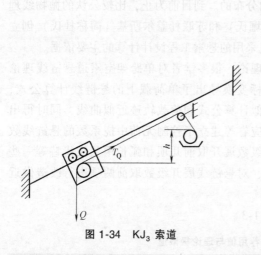

图 1-34 KJ_3 索道　　　　图 1-35 GS_3 索道

③ 增力式索道(图1-36)

$$T_Q = \frac{Q}{2\sin\frac{\theta}{2}} \tag{1-115}$$

式中　θ——起重索在游动滑轮上的包角。

式（1-115）推导（图1-37）如下

$$2T_Q \cos \frac{\alpha}{2} - Q = 0, \quad \frac{\alpha}{2} = 90° - \frac{\theta}{2}$$

$$T_Q = \frac{Q}{2\sin \frac{\theta}{2}} \tag{1-116}$$

欲求 T_Q 的最小值，需 $\sin \frac{\theta}{2} = 1$，此时 $\theta = 180°$，$T_Q = \frac{Q}{2}$，起重倍率为2；若不起增力作用，即 $T_Q = Q$，此时 $\theta = 60°$。常取 $120° \leq \theta \leq 180°$，则起重倍率为 1.732~2。

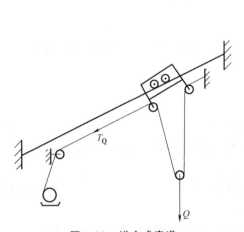

图1-36 增力式索道

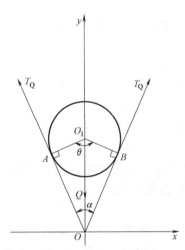

图1-37 增力跑车起重木材的作用力

2）工作索自重附加在跑车上的分力 T_q

$$T_q = \pm hq \tag{1-117}$$

式中 h——集材点与绞盘机位置的高度差，如图1-36所示，绞盘机位于集材点之上取正号，反之取负号；

q——进行计算的工作索单位长度重力。

3）综合阻力 T_R。工作索绕过滑轮、托索轮及贴地运行时所产生的摩擦阻力称为综合阻力。

$$T_R = (T_Q + W)f_0 \tag{1-118}$$

式中 W——工作索自重；

f_0——总摩擦系数，线路情况良好（跨距小于500m，工作索对每个滑轮的包角小）取 $f_0 = 0.06$~0.12；线路情况不好，取 $f_0 = 0.12$~0.20。

(2) 闭式牵引索的提升拉力（图1-38）

紧边 $\qquad\qquad\qquad T_1 = T_Q + T_{R1} + T_0 \tag{1-119}$

松边 $\qquad\qquad\qquad T_2 = T_0 - T_{R2} \tag{1-120}$

式中 T_Q——由荷载产生的索拉力；

T_{R1}、T_{R2}——紧边和松边牵引索运动时生的综合阻力；

T_0——闭合索的预张紧力，$T_0 = \dfrac{P'_0}{2}$，P'_0 为平衡锤重力或拉紧滑车的力。

P'_0 的大小是以牵引索在摩擦卷筒上不产生打滑现象为条件的，保证不打滑的条件为：

$$T_2 \geqslant T_1/e^{\mu\alpha} \quad (1\text{-}121)$$

式中 μ——牵引索与卷筒的摩擦系数，$\mu = 0.07 \sim 0.12$；

α——θ 包角。

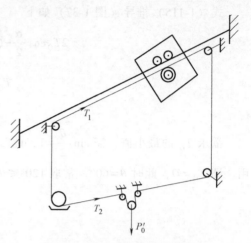

图1-38 闭式牵引索的提升拉力

2. 跑车运行时牵引索的拉力

拉力组成：线路坡度及重车产生的拉力（自滑力）T'_Q；工作索自重附加在跑车上的分力 T'_q；重车运行惯性力 T'_a；综合阻力 T'_R；预张紧力 T'_0（对闭合循环索而言）。

（1）非闭合索索道

$$T' = T'_Q + T'_R \pm T'_q + T'_a \quad (1\text{-}122)$$

如果是靠重力自滑的索道，则 $T'>0$ 时，跑车能自滑；$T'<0$ 时，跑车不能自滑。

1）自滑力 T'_Q

$$T'_Q = Q(\sin\gamma - f\cos\gamma) \quad (1\text{-}123)$$

式中 f——跑车运行阻力系数，$f = 0.008 \sim 0.012$；

γ——跑车运行角，也称为升角（车轮与悬索接触点的切线与水平线的夹角）。

2）运行惯性力 T'_a

$$T'_a = \dfrac{a}{g}(Q + W_1) \quad (1\text{-}124)$$

式中 a——加（减）速度：一般制动时，$a = 0.1 \sim 0.3 \text{m/s}^2$；紧急制动时，$a = 0.5 \sim 1.0 \text{m/s}^2$；

g——重力加速度；

Q——木捆及跑车重力；

W_1——工作索附加在跑车上的自重分力。

（2）闭合索索道

紧边 $\quad T'_1 = T'_0 + T'_Q + T'_{R1} + T'_a + T'_{q1} \quad (1\text{-}125)$

松边 $\quad T'_2 = T'_0 - T'_{R2} + T'_{q2} \quad (1\text{-}126)$

3. 跑车沿悬索运行时的升角 γ

$$\tan\gamma = \tan\alpha + \dfrac{2x - l_0}{2H_x}\left(\dfrac{P}{l_0} + \dfrac{q}{\cos\alpha}\right) \quad (1\text{-}127)$$

4. 工作索的安全系数

工作索不但承受拉力，还承受绕过滑轮时产生的弯曲力。本应根据强度和耐久性两方面来确定工作索的直径、抗拉强度和构造，但因前面的工作索拉力计算仅是一种概略计算，所以工作索的安全系数需大于承载索的安全系数。

林业索道工作索安全系数，起重索和牵引索 $N_1 \geq 5$；回空索 $N_2 \geq 4$；闭合牵引索 $N_3 \geq 5$。实际安全系数 N_t 为

$$N_t = \frac{T_p}{T_{\max}} \geq N_i \quad (i=1,2,3) \tag{1-128}$$

式中　T_p——工作索的破断拉力；

　　　$T_{\max}$——工作索可能出现的最大拉力。

第三节　索道线路勘测设计

索道线路勘测设计的目的，是在既定的伐区内选择出一条经济上合理，技术上先进的索道线路，并为索道的安装架设提供技术参数。

一、索道线路选择一般原则

索道线路的选择也称为"选线"，是索道设计的重要环节。线路选择合理与否，直接关系到生产运营和生产效率，以及其他作业的衔接配合，也关系到索道的安装架设与使用维修等方面是否方便。

二维码 1-13　索道线路勘测与设计

索道选线工作，是在伐区规划设计或已确定了的伐区采伐方式、集运材类型和木材流向的基础上进行的。

选线前应收集伐区资源资料（包括森林调查资料、林相图和伐区规划设计等）、地形图等，并对资料进行分析研究，了解林木分布情况，采伐方式及采伐量，林木的径级和树材种，集运材距离，集、装、运、卸的工序衔接，地形条件，企业的设备和技术条件等因素。在明确了上述问题的基础上，提出索道形式的初步方案，并将初拟的方案带到伐区现场踏勘，以选出合理的线路方案。

为了定出一条合理的索道线路，选线应注意以下几个原则：

1）线路应尽可能通过伐区木材最集中的地方，以提高索道生产效率。

2）应尽可能选择直线线路，只有在不可避免时才设置转弯，但每个转弯水平转角应以不超过 20° 为宜。

3）线路的起终点之间的平均坡度，应控制在 7°~24°（12%~45%），并尽可能按 11°~17°（20%~36%）设计，以避免出现过大的制动力和牵引力。

4）中间支架的位置。应按间距 300~500m 分布，并尽量做到各跨距相等。中间支架的高度尽可能使整个线路的纵断面保持在平均坡度内，并尽量使它成较缓的凸形，以避免发生支点飘起。中间支架两立木间的连接（鞍座吊索）最好垂直于索道线路轴线，两立木的高程也不宜相差太大。

5）起终点锚桩和中间支架木。应尽可能选择和利用径粗、根深的活立木，如无活立木可利用时，起终点可采用人工埋桩（立桩或地牛），中间支架也可采用人工支架。

6）楞场。山上楞场应设置在便于木材小集中的地方，一般选择在山谷或半山腰平缓地区，最好能肉眼看到终点，不然就要设置通信设备。山下楞场（卸车场），应选择在有较大面积的平缓处，能堆放一定数量的木材便于卸装作业，同时还应考虑到下道工序的衔接条件。

7）绞盘机。原则上应设置在山下，以便于搬运、管理和维修，并尽可能全线通视。

上述几点作为选线时一般原则，但由于伐区地形、企业的设备条件的差别，所以选线时应综合加以分析，以免造成不必要的返工而影响架设和生产。

二、索道的定测

定测是在踏勘和选线后，对已选定的线路进行具体测量工作，它的内容应包括：

1）线路中线纵断测量。利用经纬仪测定线路中线各点的距离和高程，对地形变化大的变坡点和预设支架点均应加桩测定，对于地形变化不大的地段，一般测点距离可控制为 100~150m，以便于得到必要的精确度（1/500）；对于短距离（500m 以内）索道，可用罗盘仪进行测量，其精度应为 1/200。

2）支架位置的横断测量。一般可用罗盘仪进行测量，以测定支架立木的位置和支点高度。

3）对于山上和山下装车的卸车场地进行一般地形测量，要求绘出地形图。

4）测量外业工作完成之后，应整理有关资料绘制线路纵断面图和平面图。

5）应对支架、起始点立木进行调查，并记录立木的树高、径级和树种。还应对支点绷索立木的位置、树种及径级进行记录。如果是人工埋桩时，还应对埋桩点进行地质土壤调查工作。

三、索道的设计

1. 索道型式及其性能参数的确定

根据定测资料和已定的集运材条件，确定索道的结构形式及其技术性能参数。索道主要技术性能参数：水平距离（跨距）；中间鞍座数（跨数）；高差（索道坡度）；货运种类；设计荷载；跑车形式及起重量；绞盘机型号及牵引力；承载索与工作索的规格及结构；台班产量或生产率。

2. 索道纵断面设计

索道纵断面设计也称索道侧型设计。索道侧型是指连接鞍座点的线型，即将承载索支撑在空中，所构成 2 个或多个相互联系的悬索曲线，又称索道纵断面。它既与地势侧型有关，又与支架的分布有关。所以，索道侧型设计合理与否直接关系到索道的使用价值。

（1）索道侧型设计的原则　为使索道集材能达到既不损害幼树（用于择伐或疏伐时），又不破坏地表的目的，索道侧型设计应遵循以下原则：

1）跨距要适宜（推荐用 300~500m）。全悬索道应保证不使跑车所吊运木捆碰地，木捆的最低点有 0.5m 以上的净空高；当索道跨越农田、道路或建筑物时，其净空高不应小于 4m。对于半悬空集材索道，木捆的一端与地面保持接触。

2）多跨索道鞍座支架分布均匀。保证承载索在鞍座上贴紧，侧型以略呈凸形为佳。凹形线路的承载索不允许在鞍座上有飘起现象。为此，安全靠贴系数 K 值应保证：集材索道为 $K \geq 1.05$，运材索道 $K \geq 1.2$。

3）索道线形力求平顺。弯折角的正切值应保证 $\tan\delta = 2\% \sim 8\%$；弯挠角的正切值应保证：集材索道 $\tan\beta = 10\% \sim 35\%$，运材索道 $\tan\beta = 10\% \sim 31\%$。要尽可能使各跨负荷均匀，避免承载索在支架上产生过大的弯挠角。

4）就地取材。如用活立木和伐根等作为承载索的起终点、鞍座支架等。

（2）索道侧型设计计算

1）弯折角 δ。弯折角是指相邻两跨弦线所构成的夹角。确切地说，是任意一跨的弦线与相邻弦线的延长线之间的夹角（锐角）。其计算式为

$$\delta = \overline{\alpha}_1 - \overline{\alpha}_2 \tag{1-129}$$

2）弯挠角 β。弯挠角是指承载索的悬垂曲线在支架鞍座左右两侧的切线与水平线间所形成的方向角的代数和，即是前一跨曲线在支点处切线与后一跨挠度曲线在同一支点处切线延长线的夹角（锐角）。用数学公式可表达为

$$\beta = \overline{\theta}_1 \pm \overline{\theta}_2$$

索道工程设计中，常采用下式计算

$$\tan\beta = \left[(\tan\overline{\alpha}_1 + \tan\overline{\alpha}_2) + \frac{q(l_{01}+l_{02})}{2H\cos\alpha_{CP}}\right] + \frac{P}{H} \tag{1-130}$$

式中　q——索单位长度重力；

l_{01}、l_{02}——相邻两跨水平距离；

P——设计荷载；

H——有荷时的水平张力；

α_{CP}——相邻两跨的索道弦倾角的平均值，即 $\alpha_{CP} = \dfrac{\alpha_1 + \alpha_2}{2}$。

3）安全靠贴系数 K。对于凹形线路，根据荷载的位置不同，由于荷载点挠度增大的影响，支架点（即鞍座处）的索拉力就会导致承载索有从鞍座脱出的趋势。为防止承载索的飘脱，就必须使鞍座的支承力大于索的脱出力。

当支架两边的水平张力 $H = T\cos\alpha_{CP}$ 彼此相等时，鞍座的支承力由相邻两跨承载索本身自重决定，其值为 $\dfrac{q(l_{01}+l_{02})}{2\cos\alpha_{CP}}$，而承载索的脱出力是由承载索的拉力所引起的垂直力来决定的，即 $H(\tan\overline{\alpha}_1 \pm \tan\overline{\alpha}_2) = T\cos\alpha_{CP}(\tan\overline{\alpha}_1 \pm \tan\overline{\alpha}_2)$。在支架处把承载索自重所产生的支承力与由于承载索弯曲而引起的脱出力的比值称为安全靠贴系数 K，其表达式为

$$K = \frac{\text{索的自重压力}}{\text{左跨悬索拉力的脱出力} \pm \text{右跨悬索拉力的脱出力}}$$

$$= \frac{q(l_{01}+l_{02})/2\cos\alpha_{CP}}{T_{max}\tan\overline{\alpha}_1\cos\alpha_{CP} \pm T_{max}\tan\overline{\alpha}_2\cos\alpha_{CP}} = \frac{q(l_{01}+l_{02})}{2T_{max}(\tan\overline{\alpha}_1 \pm \tan\overline{\alpha}_2)\cos^2\alpha_{CP}} \tag{1-131}$$

式（1-131）中采用了最大拉力 T_{max}，实际应为中间支架两侧的承载拉力 T，所以对于集材索道而言，K 值取 1.05，实践证明仍然是安全的。

4）计算中符号判断及简化。有关林业索道专著中，上述各计算式中由于存在矢量式，则符号规定不一。索道工程技术人员往往感到棘手，常作图进行受力分析判别。这样，设计计算耗时，容易出错。为了在索道侧型设计中，计算准确，使用方便，提出如下简便易行的符号规定方法。以测量数据为依据，按索道的承载索起点→各鞍座点（即各支点）→终点，从左至右绘草图。当索道的弦倾角是仰角时为正值，俯角时为负值。那么，上述各计算公式中的矢量号及"±"号均可去掉，相应换成代数式来表示，即

弯折角 $\qquad\qquad\qquad\delta=\alpha_1-\alpha_2 \qquad\qquad\qquad$ (1-132)

弯挠角 β 中 $\qquad\qquad\varepsilon_\beta=\tan\alpha_1-\tan\alpha_2 \qquad\qquad$ (1-133)

安全靠贴系数 K 中 $\qquad\varepsilon_K=\tan\alpha_2-\tan\alpha_1 \qquad\qquad$ (1-134)

换言之，式（1-132）~式（1-134）中：α_1、α_2 本身符号规定为：从左至右上坡为正值，下坡为负值代入计算。

由于索道侧型分凸形和凹形两大类，为清晰明了起见，将各计算式按规则判别符号，列表1-4。

表 1-4　索道侧型计算式符号

线形类型	$\delta=\alpha_1-\alpha_2$	$\varepsilon_\beta=\tan\alpha_1-\tan\alpha_2$	$\varepsilon_K=\tan\alpha_2-\tan\alpha_1$
凸形	>0	>0	<0*
凹形	<0	<0*	>0

注：1. 弦倾角 α_1、α_2 按自左至右仰角为正，俯角为负的规则代入。
　　2. 带*格计算时，凸形线路不考虑安全靠贴系数；凹形线路不考虑弯挠角。

5）设计准则。由表1-4可见，凸形线路安全靠贴系数 K 中，$\varepsilon_K=\tan\alpha_2-\tan\alpha_1<0$，则说明脱出力为负值，即有荷时承载索不可能从鞍座上飘起脱出鞍座板的索槽外。因此，提出索道侧型设计准则：弯折角 $\delta>0$，线形呈凸形，只要检查承载索的弯挠角的大小；当 $\delta<0$ 时，线形呈凹形，当脱出力向上作用时，有可能使承载索从鞍座上飘起，则一定要检查承载索在鞍座处的安全靠贴系数。

如果计算出的弯折角 δ、弯挠角 β 较大时，线路侧型不够平滑，跑车通过鞍座时则产生冲击，振动很大，运行也不平稳，引起鞍座座板两端支撑点处产生向上锤打承载索现象，承载索磨损加剧。当 δ、β 大于许用值时，可视具体情况采取以下措施：增设中间支架；降低计算支架高度；中间支架高度不变，将前后跨支点升高。

在凹形线路上，承载索在鞍座上有飘起的危险时，鞍座导板上的盖板受损后，承载索就会脱离导板索槽而造成事故。因此，对于凹形线路，当 K 小于许用值且大于零时，应根据具体线路情况采取下述措施：增设中间支架；升高中间支架或降低前后跨支点高度；增设承载索的压索装置。

上述不论采取何种措施，目的是在全面权衡的基础上，以求获得平滑的线型和保证在鞍座上的安全靠贴。

综上所述，在索道侧型设计中，可得出如下两点结论：

① 设计准则。按索道的承载索起点→各鞍座点（即各支点）→终点，以测量数据为依据，从左至右绘索道纵断面草图。当弯折角 $\delta>0$ 时，索道纵断面呈凸形，只需检查承载索的弯挠角 β 大小；当 $\delta<0$ 时，索道纵断面呈凹形，只需检查承载索在鞍座处的安全靠贴系数 K。

② 矢量符号判断规则。索道的弦倾角按自左至右仰角为正值，俯角为负值，代入式（1-132）~式（1-134），而后相应替代式（1-129）~式（1-131）矢量关系式。

经上述处理，计算简便，不易出错，提高了多跨索道侧型设计的工效。

(3) 承载索的安全性及耐久性

1）承载索拉力安全系数。承载索拉力安全系数为索的破断力 T_p 与索承受的最大拉力

$T_{\max}$ 之比，即

$$N_t = \frac{T_p}{T_{\max}} \geqslant 2.5 \qquad (1\text{-}135)$$

2) 承载索耐久性。当承载索处于工作状态时，它一方面由于张力的作用，索内部产生拉应力 σ_t；另一方面由于运行中的跑车车轮对索的横向力的作用，使索弯曲而产生弯曲应力 σ_b，因此承载索所承受的总应力 σ 为

$$\sigma = \sigma_t + \sigma_b \qquad (1\text{-}136)$$

$$\sigma_t = \frac{T}{F} \qquad (1\text{-}137)$$

式中　F——索的金属横断面面积。

设 δ 为钢丝的直径，n 为钢丝的数目，则

$$F = n \cdot \frac{\pi \delta^2}{4} \qquad (1\text{-}138)$$

$$\sigma_t = \frac{T}{n \cdot \dfrac{\pi \delta^2}{4}} \qquad (1\text{-}139)$$

σ_b 表示索由于跑车车轮轮压的作用而产生的弯曲应力。由于索与车轮的接触情况不同，σ_b 值的计算方法也不同。

索在滑轮和卷筒的弯曲应力　　$\sigma_b = \dfrac{3 E_k \delta}{8 D} \qquad (1\text{-}140a)$

承载索承受大拉力时的弯曲应力　　$\sigma_b = \dfrac{Q}{F} \sqrt{\dfrac{E_k}{\sigma_t}} \qquad (1\text{-}140b)$

式中　D——滑轮或卷筒直径；
　　　E_k——钢丝绳的弹性模量；
　　　Q——车轮轮压，其计算式为

$$Q = P/N_0 \qquad (1\text{-}141)$$

式中　P——设计荷载；
　　　N_0——跑车车轮数。

对于林业索道来说，承载索的 $T_{\max}/Q$ 值较多采用的是 20~30。

四、索道纵断面图的绘制

根据定测的结果与设计计算的数据，便可绘制出索道的纵断面图。在绘制时横坐标与纵坐标可取不同的比例尺，但要求做到图面布局合理。

在索道设计计算中，索道承载索线形的绘制，是在确定了各跨系数 S_0 后，由下式进行计算架空索的任意点挠度

$$f_0 = S_0 l_0; \quad f_{0x} = m_0 f_0 = 4(k - k^2) f_0, \quad k = x/l_0$$

如某索道承载索线形按抛物线作图，见图 1-39。

比例尺：水平：垂直 = 1:2

绘制方法：按比例尺绘出跨距 l_0，根据弦倾角 α，绘出跨间弦线 AB；将 l_0 进行 10 等分

或 20 等分，即确定距离系数 k，根据距离系数 k 就可以求出与其相应的线形系数 m_0 或 f_{0x}；再由弦线 AB 向下量出 f_{0x} 的长度，然后平滑连接这些点，即成图 1-39 的曲线。用 f_{0x} 值绘制出的曲线是无荷线形曲线。如果用 f_{Dx} 值绘出的曲线即为荷载点轨迹曲线。

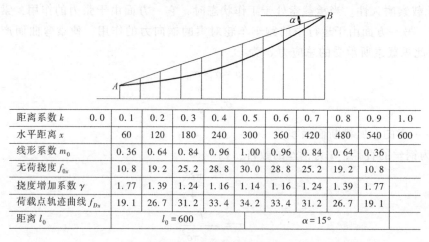

距离系数 k	0.0	0.1	0.2	0.3	0.4	0.5	0.6	0.7	0.8	0.9	1.0
水平距离 x		60	120	180	240	300	360	420	480	540	600
线形系数 m_0		0.36	0.64	0.84	0.96	1.00	0.96	0.84	0.64	0.36	
无荷挠度 f_{0x}		10.8	19.2	25.2	28.8	30.0	28.8	25.2	19.2	10.8	
挠度增加系数 γ		1.77	1.39	1.24	1.16	1.14	1.16	1.24	1.39	1.77	
荷载点轨迹曲线 f_{Dx}		19.1	26.7	31.2	33.4	34.2	33.4	31.2	26.7	19.1	
距离 l_0		\multicolumn{5}{c}{$l_0 = 600$}			\multicolumn{4}{c}{$\alpha = 15°$}	

图 1-39 抛物线曲线绘制

上述作图方法比较费时，下面介绍一种简便的作图方法来绘制无荷线形曲线。

因为无荷线形曲线是一条抛物线，如果在弦线 AB 的中点，作一条垂线，这条垂线与弦线 AB 相交于 C_1，量取 $C_1C = f_0$，再量取 $C_1C_2 = 2f_0$，连接 C_2A 与 C_2B，利用曲线规绘出通过 C 点，并在 A 和 B 点相切于 C_2A 与 C_2B 的曲线，即可得出所需要的无荷线形曲线，见图 1-40。

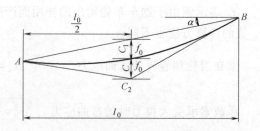

图 1-40 悬索无荷线形简便作图

第四节 承载索安装拉力与张紧度的测定

架空索道承载索架设完毕，必须对它的张力和松紧度进行检查，测定其张紧度是否达到设计要求。目前，常用的测定方法有振动波法（敲击法）、倾角法和索长法。

一、振动波法

被一定的拉力 T 架设在两个支点间的钢丝绳，可看成是一条完全弹性体的弦线，如果被敲击而产生振动时，该振动波沿着弦线传播，此时弦线的拉力 T 与波的传递速度 v 之间的关系，按振动学原理有

$$T = \rho v^2 \tag{1-142}$$

二维码 1-14 索道的安装架设和使用管理

式中　ρ——钢丝绳的密度，$\rho = q/g$，q 为钢丝绳的单位长度重力，g 为重力加速度；
　　　v——振动波的传递速度。

如图 1-41 所示，在架空索的一个支点附近用木棍用力敲击时，由钢丝绳引起的振动波

向另一端传出，当遇到障碍物后又反传回来。该波一直到渐渐衰弱消失为止，多次往返于该区间内。所以，利用秒表测定振动波在该区间往返 5~10 次所需的时间，然后求出往返一次所需要的时间 t，即可按下式计算出实际传播速度

$$v = \frac{2L}{t} \approx \frac{2l}{t} \quad (1\text{-}143)$$

式中 L——区间的钢丝绳长度；
l——该区间的弦线长度；
t——振动波一次往返所需时间。

由此，可得出计算钢丝绳拉力的实用式

$$T = \rho v^2 = \frac{qv^2}{g} = 0.102 v^2 \approx 0.408 q \frac{l^2}{t^2} \quad (1\text{-}144)$$

在实际应用中往往需要测定安装后的承载索是否达到设计要求的张紧度，可用下式进行计算

$$S_0 = \frac{0.306 t^2}{l_0} \quad (1\text{-}145)$$

式中 S_0——承载索的无荷中挠系数；
t——跨间振动波往返一次所需要的时间（s）；
l_0——跨间水平距离（m）。

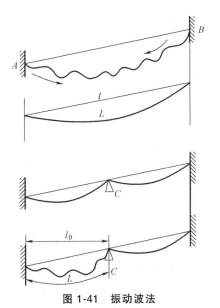

图 1-41 振动波法

二、倾角法

在已确定的跨距内，两个支点处的钢丝绳倾角大小与其张紧度的关系见图 1-42a。

$$\begin{cases} \tan\theta_1 = \tan\alpha - 4S_0 \\ \tan\theta_2 = \tan\alpha + 4S_0 \end{cases} \quad (1\text{-}146)$$

根据式（1-146）可以计算出 $\tan\theta$ 及 θ 角的数值，将倾角法所测得的数值与此对照比较。如果所测 θ 值偏大，说明张紧力太小，偏松；如果 θ 值偏小，说明张得太紧。

测定方法：

1) 用水准尺将其一端接触在钢丝绳上，见图 1-42b，使其保持水平状态，用刻有长度单位的尺子，量出垂直高度 h_1，水准尺长度为 l_1，则

$$\tan\theta = h_1 / l_1$$

2) 将钢丝绳表面油脂擦净，将手水准置于其上，即可读出倾角 θ，见图 1-42c。

三、索长法

为使承载索架设能迅速达到设计位置，采用各种拉力

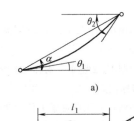

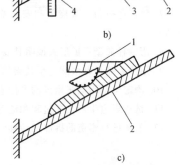

图 1-42 倾角法测定张紧度
1—手水准 2—承载索
3—水准尺 4—测定仪

器直接测定是最简捷的方法，但至今尚未有价廉且精度较高的测量仪器；利用振动波法，虽说只需一个秒表就可测定已架设的钢丝绳拉力且精度也能满足实际要求，但要使钢丝绳达到设计位置，就需要将钢丝绳进行多次的调整；倾角法使用工具简单，只要一个水准尺（仪）或手水准即可测定，但实践证明其测量误差较大。

索长法是根据设计算出无荷悬索的长度 L_0 来控制承载索架设的方法。该法既简便，精度也高，特别是 $300\sim500\text{m}$ 的单跨索道更为如此。因为只需一根皮尺（30m 或 50m）就可一次性使承载索安装达到预定设计位置。往往对某根钢丝绳而言（尤其是刚出厂的钢丝绳），其总长度 $L_总$ 是预先知道的，当然在放绳时能重新丈量其总长度更好。故绳索总长 $L_总$、跨距间设计的无荷索长 L_0 为已知，则只要在架索时，先在上支点把承载索一端固接，同时在固接前（后）进行丈量上支点的缠绕起点至索端长度 L_1，则下支点的索端至下支点缠绕起点的长度 L_2 可表示为

$$L_2 = L_总 - L_0 - L_1 \tag{1-147}$$

索道下支点在钢丝绳未固接前，丈量出按式（1-147）算出的 L_2，并做标记，标记方法可用细钢丝或麻绳在钢丝绳上绕扎几圈、涂红漆等，当标记达到下支点处时即可固接钢丝绳。

在索道设计时，无荷中挠系数 S_0 往往是预先给定的，而后求出 L_0 值。因此，安装完毕后可用振动波法来检验其张紧度是否满足既定设计要求。不论钢丝绳的类型如何，张紧度均可按式（1-145）求得。

思考题与习题

1. 绘制用 K_1 跑车、JS-23 绞盘机进行半悬空伐倒木顺坡集材的索道索系图，并标注该索道与绞盘机的标准与标记。

2. 绘制 K_2-2 跑车、闽林 821 绞盘机进行全悬空伐倒木逆坡集材的索道索系图，并标注该索道与绞盘机的标准与标记。

3. 如何计算无荷悬索上任意两点间的拉力差 ΔT_0？

4. 已知跨距 l_0，弦倾角 α，无荷中挠系数 S_0，无荷悬索单位长度重力 q，无荷平均拉力 T_0，绘图并求跨中拉力 T_0 中与上、下支点拉力 T_{0B}、T_{0A} 的表达式。

5. 索道选线要遵循哪些原则？具体要求怎样？

6. 索道线路设计的基本要求是什么？

7. 何谓弯折角、弯挠角和安全靠贴系数？多跨索道承载索在什么侧型情况下必须分别对它们进行限制？

8. 用一种典型索道形式说明其安装施工步骤。

9. 用什么简易办法测定承载索的安装张力？如何测定？

10. 测定架空钢索张紧度的方法有哪几种？它们的根据是什么？

11. 试述索道生产工艺过程和注意事项。

12. 怎样进行索道的拆卸和转移？

第二章

架空索道设备和架设技术

【导读】 工程索道技术装备包括钢丝绳、跑车、绞盘机、支架、鞍座、止动器和滑车等。重点分析绞盘机五大技术参数和跑车四大机构,以及在各种工程索道中的应用效果;工程索道技术装备在木材集运、水利水电、桥梁和土建施工吊装等工程中的应用前景。林业索道采用动力绞盘机、点接触钢丝绳,而客运索道采用大圆盘驱动机、线接触钢丝绳,二者大多采用循环式和往复式索系,悬索理论相同;货运索道全面移植客运索道的技术装备,使输送能力和可靠性大大提高。林业索道和货运索道的技术装备主要包括绞盘机、运载跑车及其附属装置等,由于其结构组合形式不同,所以工作原理和索道索系有所区别。

【提要】 钢丝绳的类型及标记;钢丝绳的机械性能;林业索道所用钢丝绳的选择。集材跑车与运材跑车结构要求、形式与结构;集材跑车四大机构分析和要求;客运索道的吊椅、吊篮、吊厢、客车及附件;索道的附属装置。索道绞盘机结构和性能要求,五大技术性能参数确定;曲面卷筒合理曲面分析;索道绞盘机结构与设计;客运索道驱动机结构与设计。绞盘机使用维修技术;索道安装架设技术。

【要求】 具有对索道机械选型,结构设计方案分析及局部创新的基本技能。在教学内容上确保"三基",注意本学科的国内外现代科技的发展,开拓学生视野,理论教学和实践教学相结合。

第一节 钢丝绳与索具

钢丝绳通常称作钢索,是由不同直径的钢丝材经热处理拉丝成细钢丝,再经捻绕而制成,具有强度高、使用寿命长、耐磨、抗冲击性能好、不怕潮湿、有挠性等优点。因此,钢丝绳得到了广泛的应用。

一、钢丝绳类型及标记

1. 钢丝绳的类型

钢丝绳是由数根钢丝或数股钢丝绕着一个索芯捻制

二维码2-1 林业索道类型与组成

二维码2-2 林业索道设备—钢丝绳

而成的。按捻绕方法的不同，钢丝绳可以分为：

(1) 单绕钢丝绳　单绕钢丝绳是直接由一层或数层钢丝依次围绕一个中心钢丝呈螺旋形捻绕而成，所以也称为螺旋式钢丝绳。

(2) 双绕钢丝绳　双绕钢丝绳又称多股钢丝绳。它先由数根钢丝围绕一根中心钢丝呈螺旋形捻成股，称作绳股，然后再由几个绳股围绕一根索芯捻绕而成钢丝绳。

按捻绕方向不同，双绕钢丝绳又可分为：

1) 顺绕钢丝绳，又称同向绕钢丝绳，即绳股在索中的捻绕方向与钢丝在绳股中的捻绕方向相同，包括顺右、顺左两种，见图2-1a。

2) 交绕钢丝绳，又称反向绕钢丝绳，即绳股在索中的捻绕方向与钢丝在绳股中的捻绕方向相反，包括交右、交左两种，见图2-1b。

3) 混合绕钢丝绳，即钢丝绳中相邻绳股的钢丝的捻绕方向相反，见图2-1c。

从外表上看，顺绕钢丝绳外层钢丝与钢丝绳轴线成斜交，交绕钢丝绳外层钢丝与钢丝绳轴线大体平行，混合绕钢丝绳是斜交与平行相间出现，所以它们是很容易区别的。

钢丝绳的左、右捻绕与钢丝绳的强度及性能没有关系，习惯上多用右绕钢丝绳，但在卷筒上缠绕钢丝绳时，必须注意左、右捻方向，以免产生回捻现象。

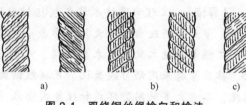

图2-1　双绕钢丝绳捻向和捻法

a) 顺绕　b) 交绕　c) 混合

由于绳股在索中的捻绕方向不同，其性能也不相同。顺绕钢丝绳表面钢丝长度较长，所以钢丝绳表面比较平滑，各钢丝磨损均匀，因而耐磨、挠性好、耐弯曲，但它容易回捻扭结，自转性比较大；交绕钢丝绳表面钢丝长度较短、钢丝绳表面不光滑，易于磨损，由于丝与股的捻向相反，因而扭结回捻现象少；混合绕钢丝绳的性能介于前两者之间。

(3) 多绕钢丝绳　多绕钢丝绳是由两层或多层绳股捻绕而成的钢丝绳。在多绕钢丝绳中，和相邻层绳股的捻向彼此相反，又称不旋转钢丝绳。

按绳股的断面形状不同，钢丝绳有圆形股、三角股和椭圆形股的区别；按钢丝绳的结构不同，钢丝绳有圆股钢丝绳、异形股钢丝绳、密封钢丝绳。此外，钢丝绳还可按其用途不同等进行分类。

2. 钢丝绳的标记

钢丝绳的规定标记（GB/T 8706—2017）示例如下：

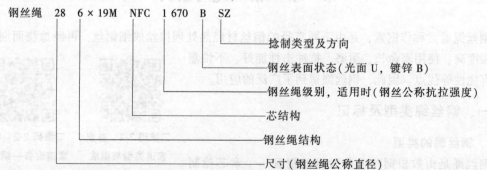

注：1. 本示例及本标准其他部分各特性之间的间隔在实际应用中通常不留空间。

2. 芯结构：天然纤维芯 NFC、合成纤维芯 SFC、钢丝股芯 WSC。

3. 捻制类型及方向：右捻 Z，左捻 S。第 1 个字母代表钢丝在股中的捻制方向，第 2 个字母代表股在钢丝绳中的捻制方向。

二、钢丝绳的机械性能

钢丝绳的机械性能是由制造钢丝绳的材料及制绳方法所决定的，但在使用过程中的方法恰当与否，也会影响其性能的改善与破坏。

1. 钢丝绳的抗拉强度

根据《钢丝绳通用技术条件》（GB/T 20118—2017）的规定，制造光面或 B 级镀锌钢丝绳的钢丝公称抗拉强度有 1370MPa、1470MPa、1570MPa、1670MPa、1770MPa、1870MPa、1960MPa 和 2160MPa 共 8 种，常用 1570MPa、1770MPa、1960MPa。在同一条钢丝绳的各绳股中，相同直径钢丝应为同一公称抗拉强度，不同直径的钢丝允许采用相邻公称抗拉强度，但它们的韧性号都应该相同。凡用于升降人员的钢丝绳应采用特号钢丝。

一般说来，钢丝的公称抗拉强度越大，所制成的钢丝绳所能承受的拉力也就越大，但公称抗拉强度值大的钢丝，其脆性也越大，所以对承受反复弯曲、扭转的索道用索来说，不能仅根据钢丝抗拉强度的大小来判断钢丝绳的优劣。

2. 钢丝绳的破断拉力

从理论上讲，钢丝绳的破断拉力，应等于钢丝的公称抗拉强度 σ_b 与其金属（索）截面积 F_k 的乘积。但是，在钢丝捻成钢丝绳时，由于捻绕与结构的缘故，钢丝绳的实际破断拉力 T_p 要比理论破断拉力低 10%~20%，把这种关系用钢丝绳破断拉力降低系数 C_T 来表示为

$$C_T = \frac{T_p}{\sigma_b F_k} \times 100\% \qquad (2-1)$$

从《重要用途钢丝绳》（GB/T 8918—1996）可查得，钢丝破断拉力总和 $\sigma_b F_k$；钢丝绳破断拉力降低系数（也称捻绕率），对 6×19 钢丝绳，$C_T = 0.85$，从而得到钢丝绳的破断拉力 $T_p = C_T \sigma_b F_k$。《钢丝绳通用技术条件》（GB/T 20118—2006）可直接查出钢丝绳最小破断拉力 T_p。二者的结果并非一致，这是不同钢丝绳标准的不同之处。

3. 钢丝绳的弹性伸长与弹性模量

当钢丝绳受拉力作用后即产生应力，并随之产生变形，当外力消除后，其变形消失，钢丝绳的这种变形称为弹性变形。它的弹性伸长量 ΔL，遵循胡克定律，即

$$\Delta L = \frac{TL}{E_k F_k} \qquad (2-2)$$

式中 T——钢丝绳所承受的拉力；

L——钢丝绳的长度；

E_k——钢丝绳的弹性模量。

由于捻绕的关系，钢丝绳在拉力作用下的伸长较之同样材料的直径钢丝来说要大得多，这是因为钢丝绳的弹性模量与钢丝的弹性模量不同而引起的。它们之间的关系为

$$E_k = \gamma E \qquad (2-3)$$

式中 γ——修正系数,单绕钢丝绳 $\gamma=0.65\sim0.85$,金属芯多股钢丝绳 $\gamma=0.5$,麻芯双绕钢丝绳 $\gamma=0.35\sim0.6$;

E——钢丝的弹性模量。

关于钢丝绳拉力的大小对 E_k 值的影响。当确定长度为 $600\sim800$m、两端固定的承载索张力时,所采用的 E_k 值根据安装张力 T_0 来确定。

$$T_0 = 80\sim100\text{kN}, \quad E_k = (0.8\sim0.9)\times10^5\text{MPa}$$
$$T_0 = 100\sim120\text{kN}, \quad E_k = (0.9\sim1.0)\times10^5\text{MPa}$$
$$T_0 = 120\sim140\text{kN}, \quad E_k = (1.0\sim1.1)\times10^5\text{MPa}$$

实际情况 E_k 并不是一个恒定值,它主要与钢丝绳的结构有关,即随着捻绕角的增加而减小外,E_k 值还随着钢丝绳工作时间的增长而增大。对于新钢丝绳在使用初期表现尤为明显。对于双绕钢丝绳,新钢丝绳可取 $E_k=(0.9\sim1.0)\times10^5$MPa,旧钢丝绳可取 $E_k=(1.0\sim1.1)\times10^5$MPa。

4. 钢丝绳的刚性

钢丝绳抵抗弯曲的力称刚性阻力。当钢丝绳绕过转动着的滑轮时,必须先弯曲,再伸直,在这个弯曲伸直过程中,由于钢丝弹性力和钢丝之间摩擦阻力作用而产生的阻力,称为钢丝绳的刚性阻力。所以,当钢丝绳绕进滑轮或卷筒时,刚性阻力阻止钢丝绳弯曲;当钢丝绳从滑轮或卷筒绕出时,刚性阻力又帮助弯曲的钢丝绳伸直。当钢丝绳所承受的拉力为 T 时,换算到滑轮圆周上的刚性阻力 P_z 为

$$P_z = fT \tag{2-4}$$

式中 f——钢丝绳的刚性系数,它由试验来确定。

双绕钢丝绳的刚性系数 f 可按下式确定

$$f = \frac{d^2(1+1200/T)}{10(D-10)} \tag{2-5}$$

式中 d——钢丝绳直径(cm);

D——滑轮直径(cm);

T——钢丝绳所承受的拉力(N)。

实际上,钢丝绳的刚性阻力也与其结构和制造条件有关。例如,顺绕钢丝绳的刚性大约比交绕钢丝绳低20%,镀锌丝钢丝绳比光面丝钢丝绳的刚性阻力也稍大一些。

5. 钢丝绳的旋转

钢丝绳在拉伸荷载的作用下,将产生使钢丝绳旋转的力矩,通过试验证明,其扭矩与钢丝绳的结构、钢丝直径、数量、捻距和捻向、荷载情况和钢丝绳的新旧程度等因素均有关系,对于圆形股钢丝绳可用下式进行计算

$$M = G_C T d \tag{2-6}$$

式中 G_C——钢丝绳的旋转系数,对于 6×19 钢丝绳:交绕钢丝绳 G_C 取 0.075,顺绕钢丝绳 G_C 取 0.144。

钢丝绳的机械性能与参数按《钢丝绳通用技术条件》选取,常用 6×19M 钢丝绳(交叉股点接触捻),见表2-1。

表 2-1　常用的 6×19M 钢丝绳机械性能与参数（GB/T 20118—2017）

钢丝绳公称直径/mm	参考质量/(kg/100m)		钢丝绳公称抗拉强度/MPa					
			1570		1770		1960	
			钢丝绳最小破断拉力 T_p/kN					
	纤维芯	钢芯	纤维芯	钢芯	纤维芯	钢芯	纤维芯	钢芯
3	3.16	3.6	4.34	4.69	4.89	5.29	5.42	5.86
4	5.62	6.4	7.71	8.34	8.69	9.4	9.63	10.4
5	8.78	10	12	13	13.6	14.7	15	16.3
6	12.6	14.4	17.4	18.8	19.6	21.2	21.7	23.4
7	17.2	19.6	23.6	25.5	26.6	28.8	29.5	31.9
8	22.5	25.6	30.8	33.4	34.8	37.6	38.5	41.6
9	28.4	32.4	39	42.2	44	47.6	48.7	52.7
10	35.1	40	48.2	52.1	54.3	58.8	60.2	65.1
11	42.5	48.4	58.3	63.1	65.8	71.1	72.8	78.7
12	50.5	57.6	69.4	75.1	78.2	84.6	86.6	93.7
13	59.3	67.6	81.5	88.1	91.8	99.3	102	110
14	68.8	78.4	94.5	102	107	115	118	128
16	89.9	102	123	133	139	150	154	167
18	114	130	156	169	176	190	195	211
20	140	160	193	208	217	235	241	260
22	170	194	233	252	263	284	291	315
24	202	230	278	300	313	338	347	375
26	237	270	326	352	367	397	407	440
28	275	314	378	409	426	461	472	510
32	359	410	494	534	556	602	616	666
36	455	518	625	676	704	762	780	843
40	562	640	771	834	869	940	963	1041
44	680	774	933	1010	1050	1140	1160	1260
48	809	922	1110	1200	1250	1350	1390	1500
52	949	1080	1300	1410	1470	1590	1630	1760

三、国外架空索道用钢丝绳

1. 美国架空索道用钢丝绳

美国钢公司是著名的线材制品企业。该公司生产的"虎牌"钢丝绳以其优秀品质、良好的使用性能和较长的使用寿命为世人所共识，是北美经营集团中重要用途钢丝绳的推介产品。美国"虎牌"钢丝绳用于大、巨型电铲提运，在我国霍林河、安太堡、准格尔等大型现代化煤矿成功应用。平衡价格和使用寿命综合因素，该公司钢丝绳被列为主选产品。

美国钢公司等国外著名的线材制品企业强调"合理用绳""优绳善用"的原则。

设计系数的确定,使得钢丝绳的初始强度对额定负载有一足够比例,从而允许钢丝绳在一定时期内安全使用,并且在钢丝绳被更换下来后仍保持足够的强度,以防断绳事故的发生。此外,确定设计系数还应考虑钢丝绳磨损的允许量、加速力的作用、绳轮直径和意外事故(如冲击负载)。承载索的固定的最小设计系数为3.0,运动的最小设计系数为2.5;牵引索的最小设计系数为5.0;平衡索的最小设计系数为6.0。

2. 日本东京制钢架空索道用钢丝绳

日本东京制钢株式会社、兴国钢线索株式会社、帝国产业株式会社都是日本标准钢丝绳制造厂商。针对中国索道行业特别是旅游客运索道行业可持续发展的潜在市场,这些企业多次来我国专题推介架空索道用钢丝绳。目前黄山、泰山、峨眉山等客运索道用钢丝绳均为日本产品。

东京制钢株式会社始建于1887年,其钢丝绳产量约占日本钢丝绳总产量的30%,居重要地位。东京制钢发展钢丝绳的特点:

1) 一切从"最佳值"目标出发,来研制和生产钢丝绳。
2) 密切关注,并着力研究大型起重机用钢丝绳及高扬程起重机用多层股、四层股、三层股钢丝绳等重要用途钢丝绳的发展动向。
3) 针对钢丝绳的不同使用条件,选用不同类型的油脂。
4) 重视对钢丝绳结构、品种的开发和研究工作。
5) 密切关注、了解、掌握钢丝绳的使用情况,重视研究、满足用户对钢丝绳的各种性能的专项要求。

3. 英国波来顿架空索道用钢丝绳

波来顿钢丝绳有限公司是世界著名的钢丝绳生产集团之一,制造的钢丝绳产品应用范围广泛。产品符合国际标准,包括BC、BSS、ISO、DIN、TOST、JIS及其他国际公认标准,在钢丝绳领域具有世界领先地位。

波来顿钢丝绳有限公司有百年以上生产架空索道钢丝绳经验。该公司生产的6×25Fi-36mm钢丝绳在我国四川峨眉山万年寺旅游客运索道中成功应用。

架空索道用钢丝绳是应用于情况复杂的工程材料,其直径和结构必须根据特定条件和安装需要而选择。

四、林业索道钢丝绳的选择

林业索道的钢丝绳,一般可分为承载索、牵引索、回空索、起重索、鞍座吊索、绷索及捆木索等。由于功用的不同,对钢丝绳的性能也有不同的要求。

1. 承载索的选择

承载索是架空索道的主要组成部分,它支承着索道的全部荷载(运行跑车及其荷载),承受巨大的张力。因而要求承载索具有很高的抗拉强度,抵抗冲击及横向压力的能力。同时,减少跑车车轮在运行过程中运行阻力和磨损,以及减少钢丝绳沿中间鞍座移动时的阻力,都要求承载索具有平滑的表面和耐磨性。

根据承载索的使用要求,选用密封式钢丝绳是最适宜的。但因密封式钢丝绳制造工艺复杂,价格高(一般为普通钢丝绳的3.5倍),柔性差,不能插接等原因,不太适应临时性、移动频繁的林业索道的要求,所以目前在林区很少被采用。用普通单绕钢丝绳作为承载索时，性能基本可以满足要求，价格便宜，只是不能插接，如果长度适宜，可选用单绕钢丝绳。目前，在林区仍然广泛采用 6×19+1 纤维芯交绕钢丝绳，对两端固定的承载索来说，其性能尚不如顺绕钢丝绳好。

2. 牵引索和回空索的选择

它们的作用都是牵引跑车沿承载索运行。当它们工作时，往往要经过多个导向滑轮和卷筒上的收放，除了要求承受拉伸、弯曲之外，还要承受横向挤压力，同时还得防止产生扭结，所以选用钢丝绳时，除要求有适当的抗拉强度外，应尽可能选用柔软、表面光滑的钢丝绳。对于闭合牵引式，选用顺绕麻芯钢丝绳为好；对于往复牵引式，选用交绕麻芯钢丝绳为佳。

3. 起重索的选择

用作起重索的钢丝绳，除了要求具有较大的抗拉强度外，还特别要求钢丝绳在工作过程中不产生回捻扭结和自转松散。因此，一般采用双绕交互捻钢丝绳比较经济实用。

4. 捆木索及其他用索的选择

捆木索、复式滑车用索及滑轮吊索，除了要求有一定的强度和柔软性能好之外，没有其他特殊要求，一般可选用报废的牵引索，截取其中较完好的部分作捆木索和滑轮吊索比较经济；绷索和鞍座吊索均在露天的环境中，既不需要移动，也没有磨损的影响，仅承受拉力，所以一般选用强度较高、有一定柔性的镀锌钢丝绳比较适宜。

五、钢丝绳的使用与管理

钢丝绳的使用期限及其工作时的安全性、可靠性，很大程度上与钢丝绳的使用管理有关。

1. 钢丝绳的搬运

成盘运输及质量 700kg 以下的卷筒运输的钢丝绳，在水平放置的情况下（即绳圈在水平面上）可以堆放若干层，质量 700kg 以上缠有钢丝绳的卷筒应竖直运输。

卸下缠有钢丝绳的木卷筒时，应避免损坏木卷筒，不可以从车上抛下。成盘装的钢丝绳不如木卷筒装的安全，所以对盘装钢丝绳，在装卸时应特别注意。

2. 钢丝绳的贮存管理

钢丝绳必须贮存在具有混凝土地板的室内，同时必须保持室内干燥、通风，在工地上要妥善地放置在工棚里，不允许多层堆压。

当钢丝绳在仓库里长期贮存时，必须定期检查绳盘和木卷筒。如钢丝绳出现锈痕，应重绕钢丝绳并涂上钢丝绳润滑油。

3. 钢丝绳的解卷

从绳盘或卷筒上解卷钢丝绳时，必须避免造成绳环（打结）。如果从绳盘或卷筒上解卷时，由于钢丝绳从绳盘端面或经卷筒圆盘抛出而引起张力造成绳环，见图 2-2，使得每圈长度的钢丝绳都受到扭转而产生扭转应力。绳环扭结将使绳股产生鼓起，绳股鼓起的截面中的钢丝绳强度下降，甚至失去使用能力。因此，只有将卷筒或绳盘置于垂直或水平转动，才能正确地将钢丝绳解卷，见图 2-3，才不会产生绳环。

4. 钢丝绳的剪切方法

钢丝绳因使用要求需要切断时，为避免绳头松开，必须用细铁丝捆扎需要切断部位的钢

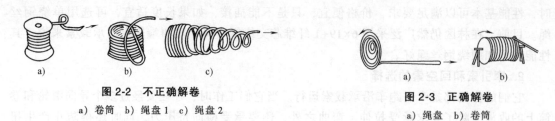

图 2-2 不正确解卷
a) 卷筒 b) 绳盘 1 c) 绳盘 2

图 2-3 正确解卷
a) 绳盘 b) 卷筒

丝绳,以保证切断后两个绳头不至于松开。两道捆扎细铁丝间的距离一般为钢丝绳直径的 2~6 倍。

5. 钢丝绳使用注意事项

为了延长钢丝绳的使用寿命,在钢丝绳使用上应采取适当的措施。

1) 用于导向的滑轮,安装位置必须正确,转动要灵活,以减少钢丝绳与轮的磨损。

2) 要尽量避免钢丝绳的强烈反复弯曲和大轮压的跑车通过,以减少因疲劳而断丝。

3) 缠绕钢丝绳的卷筒和滑轮直径应符合下式要求

$$D \geq d(e-1) \tag{2-7}$$

式中 D——卷筒或滑轮的直径;

d——钢丝绳直径;

e——工作类型系数,缠绕卷筒 $e \geq 20$,摩擦卷筒 $e \geq 30$,滑轮 $e \geq 16 \sim 20$。

4) 运动着的钢丝绳,不得直接与地面、岩石、金属及其他硬质材料相摩擦。因此,必须有良好的导向装置和托索装置。

5) 钢丝绳缠绕到卷筒上必须顺序分层排列,不得任意交错而互相挤压。

6) 索道投入木材生产运行一段时间后,为了使钢丝绳磨损均匀,延长使用寿命,牵引索可换头使用,承载索应转动 120°后再使用。

6. 钢丝绳的养护

钢丝绳在使用和贮存过程中,应进行良好的养护,其中钢丝绳的润滑是最主要的措施。良好的润滑使钢丝绳表面保持一层表面油膜,防止钢丝绳受潮及有腐蚀性介质的侵蚀而锈蚀,同时能改善钢丝绳内部的摩擦条件,从而减少钢丝绳的磨损,还能保护纤维芯不变质,为钢丝绳提供内部润滑源泉,使钢丝绳的弹性和柔性得以保证。

钢丝绳的润滑剂不得含有对制索材料有腐蚀的物质,具有适宜的浓度,使其有很大的附着力,既不易从钢丝绳中流失,又不会因干硬龟裂而脱落。过去所用的工业凡士林,质量不好,也不太适合钢丝绳的使用要求,目前制造厂采用的是钢丝绳表面脂和麻芯脂。

目前,常用的钢丝绳润滑方法有以下几种:

(1) 涂油法 涂油前,应先将钢丝绳浸入煤油中,洗去油污并刷净铁锈。如果是在运行着的钢丝绳可将润滑剂直接涂在卷筒或滑轮的钢丝绳上,使其在运动的过程中得到润滑。对于承载索,可将润滑剂包束在承载索的一端,然后由跑车拖带而达到涂油目的。

(2) 浇注法 浇注法是先将润滑剂加热到 60~70℃,然后直接浇注在洗刷过的钢丝绳上,一般用于大直径或成捆钢丝绳的润滑。对于承载索,可将稀释后润滑剂装在特制的注油器里,由跑车拖动沿承载索浇注润滑。

(3) 油浸法 油浸法即把洗刷后的钢丝绳浸泡在加热的润滑油中,浸油时间一般为

10~20h，使润滑剂有充分的时间侵入索芯。对于大直径的钢丝绳，可分段油浸。

浸煮钢丝绳的油脂推荐配方：机油 60%、2 号钙基润滑脂 35%、松香 2.5%、沥青 2.5%，其质量配比为 12∶7∶0.5∶0.5。缆索起重机主索保养用油，废齿轮油和（或）机油、锂基脂、松香、沥青的质量配比为（9~10）∶（1~1.5）∶（0.3~0.6）∶（0.5~1），废齿轮油与机油为任意配比。

7. 钢丝绳的损耗与报废

钢丝绳经过长期使用后，将会出现磨损、变形、断丝和疲劳等现象，随着使用时间的增长，这些情况也越来越严重，直至失去使用能力而报废。

（1）断丝 有表面断丝和内部断丝两种，表面断丝时刺短，内部断丝时刺长，并穿露在丝外。断丝是由超拉力、挤压、冲击、磨损、腐蚀及弯曲疲劳等因素所引起的。实践证明，钢丝绳的弯曲疲劳是其主要因素。

（2）磨损 磨损有外部磨损、内部磨损和变形磨损。外部磨损发生在钢丝绳的表面，主要是由于钢丝绳与滑轮或地面的岩石等外部物体的摩擦而产生的；内部磨损主要是由于钢丝绳的反复弯曲，使绳股内部的钢丝互相接触部分产生摩擦而出现的，点接触钢丝尤为明显；变形磨损是指钢丝绳被敲打或受强压力后钢丝产生塑性变形的状态。钢丝绳由于磨损减少了有效断面积，从而降低了钢丝绳所能承受的拉力。

（3）扭结 具有弹性的钢丝绳受到拧紧或松弛时产生扭结。扭结后的钢丝绳即使恢复到原来状态，其破断强度也要下降；不能消除扭结，可使钢丝绳完全失去工作能力。所以，在使用钢丝绳时，一定要细心防止扭结。

（4）腐蚀 主要是由于化学元素的侵蚀，使钢丝表面出现氧化锈斑。腐蚀后由于有效金属断面积的减少而降低了钢丝绳的强度。

（5）报废 为确保生产作业的安全，钢丝绳损耗达到一定程度后就不应继续使用，具体报废的标准应根据使用条件及强度的安全系数来确定。一般为：①对于交互捻钢丝绳，在一个节距内断丝总数不得超过 10%，钢丝绳每一节距允许断丝数见表 2-2；②对于磨损和腐蚀，虽无断丝，但达到或超过表面钢丝直径的 40%，或钢丝绳直径减少 10%；出现断丝，钢丝绳直径减少 7%；③有一整绳股折断时；④在使用过程中断丝数目迅速增加时。

为了充分利用旧钢丝绳，表 2-3 可作为选用时参考。

表 2-2 钢丝绳每一节距内允许断丝根数

安全系数	6×19		6×37		6×61、18×19	
	交捻	顺捻	交捻	顺捻	交捻	顺捻
≤6	12	6	22	11	36	18
6~7	14	7	26	13	38	19
≥7	16	8	30	15	40	20

表 2-3 旧钢丝绳的选用

编号	钢丝绳表面现象	使用程度(%)
1	各绳股钢丝位置正常，磨损轻微	100
2	绳股钢丝有微小变位，压扁及凸出，但未露出索芯	75
3	个别部位有轻微锈痕	
4	钢丝绳表面有断丝现象，但每米长度内断丝数不超过总钢丝数的 3%	

(续)

编号	钢丝绳表面现象	使用程度(%)
5	绳股有变位,但索芯未露出	50
6	个别部位有明显的锈痕	
7	钢丝绳表面有断丝,但每米长度内断丝数不超过总钢丝数的10%	
8	绳股有扭曲,钢丝与绳股均有明显不正常	40
9	钢丝绳全部均有锈痕,刮去锈痕后钢丝留有凹陷斑疤	
10	钢丝绳每米长度内断丝数不超过总钢丝数的25%	
11	损坏程度均超过上述者	不能使用

六、钢丝绳的连接与索具

1. 钢丝绳连接方法

钢丝绳由于受到制造和搬运条件的限制,其长度是有限的。为了适应使用要求,通常在施工现场要进行连接。钢丝绳的连接方法有插接法和套筒连接法两种。

(1) 插接法 即不需要特殊的接索工具,而只是在钢丝绳的一端把钢丝绳绳股打散开进行连接。插接方法有长接法和短接法两种。

1) 长接法也称不变直径插接法,是将接头部分(一般是量取 $400 \sim 500d$,d 为钢丝绳直径)的钢丝绳打散开,切去其纤维芯,并将绳股每隔一股切掉,再把留下的一半绳股按原来的捻向编插捻合起来,一边捻合,一边往钢丝绳内部互相插进去以代替索芯,其接头长度为 $800 \sim 1000d$。

2) 短接法也称变直径插接法,短插接法是在钢丝绳破头后切去麻芯,将绳股相对交错排列,并穿插到对方未打散部分的绳股中间去。接头长度为 $50 \sim 80d$(即"三刀半",21次绳股),接头处直径约为 $2d$,这种编插方法一般只用于插接环形索、捆木索等。

(2) 套筒连接法 将钢丝绳端部打散开,切掉麻芯,用煤油或汽油将打散开的端部洗净后套入分套筒内,见图 2-4,可用两种方法将钢丝绳端部与分套筒固接。套筒连接法有锥楔固接法和浇铸法两种。锥楔固接法即在分套筒内两层钢丝之间钉入环形锥楔,使钢丝向外张开与分套筒内壁贴紧,然后在环形锥楔间钢丝与钢丝的缝中打入小尖楔;浇注法即将钢丝绳端部铸成与分套筒形状相适应的倒圆锥形后,套入分套筒,或先将打散端部置于分套筒内,然后用低熔点的合金,熔化后浇入分套筒,最后两个分套筒用双头螺栓连接拧紧。套筒连接只用于不能插接的单绕钢丝绳和密封式的钢丝绳作为承载索时的连接。

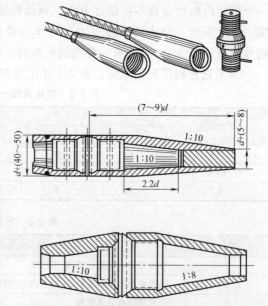

图 2-4 结合套筒结构

2. 钢丝绳的索端固定方法及索具

在使用钢丝绳时，必须将钢丝绳的末端与跑车或其他结构牢固地连接起来，下面介绍几种常用的固定钢丝绳的方法。

（1）卡接法　在架空索道中，它是一种最常见的固接方法。卡子的结构见图 2-5a。在使用卡子时，必须以卡子的盖板与主索相贴，而 U 形螺栓夹住短头部分（钢丝绳的折回部分），避免主索受到损伤，见图 2-5b。

卡接卡子时的拧紧用力，原则上以折回端起头一卡子到最后一个卡子用力逐渐增大，使各个卡子均受一定的拉力，卡紧程度以不明显的钢丝绳压扁为止，防止头一个或中间某一个卡子卡得太紧，造成应力集中，使钢丝绳在受力处产生破断的危险。

在松紧卡子时，两脚螺母同时拧松或拧紧，松紧工具以对号的梅花扳手为佳，若用活动扳手时应防止倒角或脱牙。为了防止两个卡子之间的钢丝绳鼓起，在卡后一个卡子前，应用手将鼓起部分的钢丝绳拉直，再卡紧卡子。

卡子的使用数量与钢丝绳拉力的关系，根据实验结果有

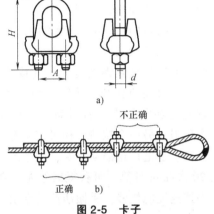

图 2-5　卡子
a）卡子结构　b）卡子固定法

$$i = \sqrt{TC} \tag{2-8}$$

式中　i——表示所需卡子数；
　　　T——钢丝绳拉力（t）；
　　　C——系数，查表 2-4。

表 2-4　系数 C

钢丝绳直径/mm	3.8~10	10.5~18.5	19~28.5	30~36.5
C	1.35	1.00	0.82	0.72

在还没有掌握到现场经验时，根据计算结果可以适当偏大，以确保安全。但过分地增加卡子数也将增加钢丝绳的损坏和材料不必要的浪费。卡子数及其间距的推荐值见表 2-5。

表 2-5　卡子数及其间距的推荐值

钢丝绳直径/mm	7.7	9.3	9.4~12.5	13~18.5	19~22.5	23~28.5	30~36.5
卡子数	2	3	3	4	5	6	7
卡子间距/mm	60	70	90	110	150	200	300

卡子的牢固性除了与卡子数直接相关外，还与两个卡子之间的距离是否适当有关，卡子的间距一般为 7~8d。如果间距太大，往往会造成另一条钢丝绳鼓起现象，从而削弱了第一个以后的卡子作用，使索与索之间摩擦力减少，容易打滑；若间距太小，则会造成应力集中，使钢丝绳易于破断。

（2）绳夹板（大夹头、大夹板）固接　绳夹板固接一般常用于承载索的张紧端，绳夹板由两块中间有槽的铁板组成，通过 10~20 个螺栓拧紧将钢丝绳夹住，见图 2-6。

(3) 其他索具

1) 套环（三角圈、鸡心环），一般装置在钢丝绳端头作固定连接用的附件，见图2-7a，它的作用是避免钢丝绳弯曲部分不产生死弯。

2) 卸扣（卸甲），一般装在钢丝绳与附件之间，作为连接用的一种附件，见图2-7b。

3) 紧索器（法兰螺栓、螺旋扣），用来拉紧钢丝绳，并起调节松紧作用，见图2-7c。

4) 手搬葫芦，用于安装绷索、吊索和牵引索等。GS_3 手搬葫芦的结构见图2-7d。它的内部有两对夹钳块，当其中的一对钳块夹紧钢丝绳往前（或往后用手把摇动）移动时，另一对夹块张开，让钢丝绳自由通过，交替进行，使钢丝绳能够向前或向后运动。设有3个手把，一个前进；

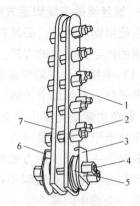

图2-6 绳夹板
1—上夹板 2、4—螺栓
3、6—耳板 5—滑轮 7—下夹板

一个后退，另一个拉簧手柄可使两对夹钳块同时张开，以便将钢丝绳从钳块中顺利穿过去或拿下来。手把往返摇动一次，钢丝绳的空载行程为35~40mm，重载行程为25~30mm。以摇动20次/min计算，可获得钢丝绳的牵引运动速度为0.5~0.6m/min，当然，这个速度决定于手摇速度的快慢。手搬葫芦的牵引力有51kN和30kN两种。

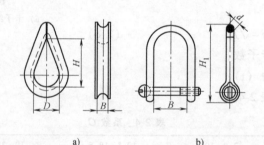

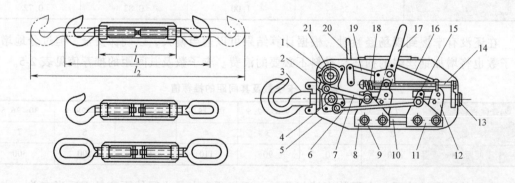

图2-7 索具

a) 套环 b) 卸扣 c) 紧索器 d) GS_3 手搬葫芦

1—前进轴 2、21—齿轮 3—吊钩 4—主轴 5—壳体 6—大拉杆 7—小拉杆 8—后框板 9—滚轮
10—导轨 11—前框板 12—控制板 13—导索孔 14—弹簧心轴 15—小控制板 16—连杆
17—倒退手柄 18—弹簧 19—拉簧杆 20—拉簧手柄

第二节　跑车及索道的附属装置

随着集运材索道的类型及其所需实现的作业要求的不同，跑车和索道的附属装置的结构也有所差异。

一、索道跑车

（一）跑车的功用和要求

在集运材架空索道上吊运木材的装置称为跑车（也称为吊运车）。它是集运材索道中重要设备之一，跑车的结构与索道的种类有着密切的关系，每种索道都有与其相应的跑车结构。

二维码 2-3　跑车与索道的附属装置（1）

由于集材索道需能直接抓（提）取木材，并且一次直接运输，因此跑车的结构必须符合其用途。

1) 要求跑车能适应地形，可直接或拐弯进行集运木材。

2) 结构要求紧凑，工作安全可靠，重量轻；拖钩容易，捆挂抓取木材简便，需要劳动强度小。

3) 能沿索道线路任意点停留，横向小集中的左右距离为 50~100m（目前为 50~80m）。

（二）集材索道跑车

1. 滑轮组合式跑车

这一形式跑车主要由数个滑轮组合构成，结构简单，使用故障少，具有增力作用，常见的是 K_1 型增力式自挂跑车和 K_2-2 型增力式跑车。

(1) K_1 型增力式自挂跑车　跑车结构见图 2-8a，跑车质量为 145kg，吊运承载能力为 3t。这种跑车是 SJ-23 索道的主要设备，适用单跨或多跨直线索道。

该跑车行走部分为 4 个行走轮，轮毂内装有滚动轴承，轮轴支承在两侧的壁板上，为防止作业或运行中弹跳掉车，在行走轮组下的壁板上设有单向开闭的挡块（翻板式锁索器）。当跑车通过中间鞍座时，挡块因受鞍座导板的推挤力，克服压紧弹簧而开启；当跑车通过鞍座后，挡块在弹簧作用下，又自动处于闭合状态。锁索器结构见图 2-8b。

吊梁 2 的上部与跑车行走轮部相连接，其下部装有悬架 3 和供导索滑轮 4 连接的吊环 7。吊梁两端头设有供不做强迫落钩时用牵引索连接的吊环。

导索滑轮 4 是用来支承通过起重索的。采用这种结构，可使导绳轮自动调位，保证起重索能正确地在导绳轮上通过。

运载滑车 5 的结构及工作情况见图 2-9，运载滑车上部有特制的挂钩 2，其头部呈斜面状，在工作过程中有 3 个不同位置，见图 2-9b、c、d。

当张紧起重索，运载滑车上升，挂钩斜面与吊梁下的悬架接触，见图 2-9b。

再缓缓上升，悬架沿着挂钩头部斜面滑入挂钩内，此刻运载滑车稍稍下降，即挂在悬架上。由于挂钩承担重量，则挂钩底部的长槽即脱开滑销的控制而呈悬吊状态，此时起重索即可松开不承受荷载，跑车可以重载运行，见图 2-9c。

落钩卸材时，开动绞盘机再张紧起重索，使运载滑车上升，挂钩因脱开滑销的控制，挂钩即成自由状态，由于其偏心的作用而自动倒向一侧，见图 2-9d。

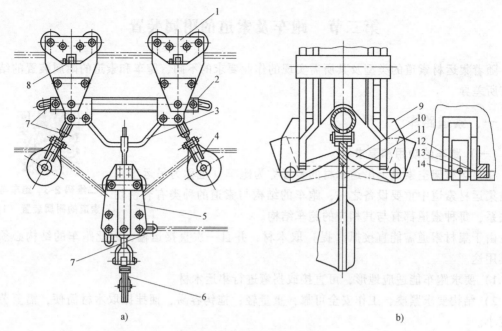

图 2-8 K_1 型增力式自挂跑车

a) K_1 跑车 b) 锁索器

1—行走轮 2—吊梁 3—悬架 4—导索滑轮 5—运载滑车 6—吊钩 7—吊环
8—挡块 9—支架 10—摇臂 11—鞍座导板 12—轴 13—弹簧 14—螺钉

放松起重索,运载滑车即可降落卸材。当卸材完毕,必须人工将滑销拉开,挂钩重新压入运载滑车主体上,使之处于直立位置,见图 2-9a,以便重复下次作业。运载滑车下部的两侧吊环,其一侧吊环即可供强迫落钩时连接回空索之用。

(2) K_2-2 型增力式跑车 跑车构造和工作原理与 K_1 型增力式自挂跑车相似,结构见图 2-10。

跑车质量为 129kg,与 K_1 型增力式自挂式跑车不同之处为:跑车的行走部为两个走轮,其载重能力为 2t,较 K_1 型增力式自挂式跑车的承载能力小,这是因为须保持轮压与拉力比值在一定限定范围内。由于设在壁板 2 上的挡块为固定式的,所以只适应于单跨索道的使用,不可能过鞍座。

跑车吊载重量后,其重量是由承载索和起重索共同承担,这种跑车可用于全悬集材,也可作半悬集材。若作半悬集材时,是将起重牵引索的一端直接固定在跑车一侧吊环 4 上。

2. 半自动跑车

这一类跑车的特点都带配套的止动器,利用二者结合时冲撞来实现其联动动作,结构比较复杂,常见的有 K_2 型和 GS_3 型两种。

(1) 杠杆弹簧式的半自动 K_2 型跑车 K_2 型跑车质量为 186kg,载重能力为 3t,为 KJ_3 索道的配套设备,适用单跨或多跨直线索道。该跑车的结构见图 2-11,主要由行走机构、壁板、联动机构、挂钩和钩体、导向轮等组成。

行走机构有 4 个装在两组摇轭式的行走轮上,行走轮均装有两个滚动轴承,可沿承载索上自由运行,各轮组分别装在悬架上,悬架轴螺栓固定在前上壁板 1 和后壁板 3 上,悬架可

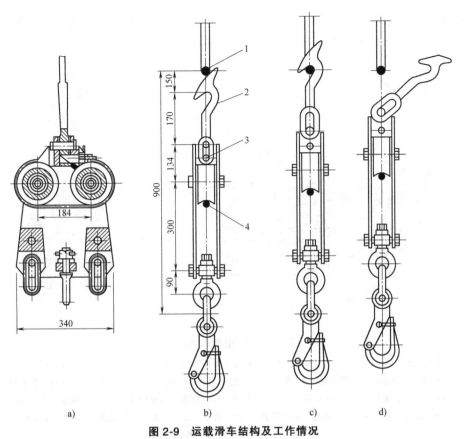

图 2-9 运载滑车结构及工作情况

a) 运载滑车剖视 b) 挂钩接触悬架状态 c) 挂钩挂上悬架状态 d) 挂钩离开悬架状态

1—悬架 2—挂钩 3—滑销 4—起重索

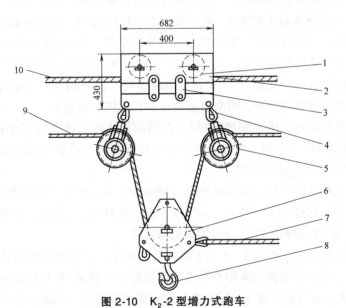

图 2-10 K_2-2 型增力式跑车

1—行走轮 2—壁板 3—挡板 4—吊环 5—导索滑轮 6—吊重轮 7—回空索 8—吊钩 9—起重索 10—承载索

以摆动，使跑车过鞍座平稳顺利，减少冲击力。行走轮是由车轮、车轮轴、前后壁板和支架组成，中间的一块由优质耐磨材料制成，两边的两块为轮缘。

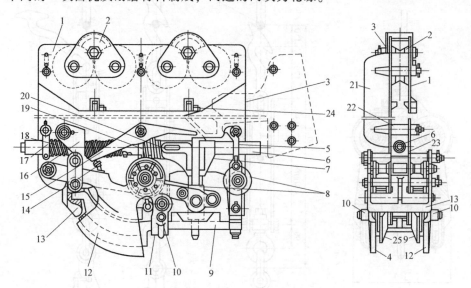

图 2-11　K_2 型半自动跑车

1—前上壁板　2—支架　3—后壁板　4—后开闭杠杆（斧臂杆）　5—挂钩（固定钩母）　6—缓冲管（冲击筒）
7—滑闩（开闭器）　8—导向轮　9—前夹杆（夹钳）　10—锁紧器　11—中间托架　12—前开闭杠杆
13—吊托（吊架）　14—回位弹簧　15—双臂杠杆　16—钩体（活动钩母）　17—止推器（左支架）
18—复原弹簧　19—缓冲弹簧（减振弹簧）　20—销子　21—立壁板（加强筋）　22—固定螺栓
23—前下壁板　24—挡块　25—后夹杆

为防止跑车从承载索上弹跳掉车，每一轮组下部壁板上轴、前后装有和前述相同的单向开闭的挡块24。壁板分有前上壁板1、前下壁板23和后壁板3，由钢板做成，用特制的螺栓连接。在前后壁板中间留有空隙，放置着跑车的全部零件。前上壁板和后壁板用以安装行走机构，前下壁板和后壁板是用来安装固定挂钩、钩体、联动机构和导绳轮的。

跑车内左侧的钩体（活动钩母）16和右侧的挂钩（固定钩母）5分别与止动器卡钩连接。当跑车与止动器冲撞结合时，用来与止动器相互钩住止动跑车。

右侧的挂钩是不动的（用于顺坡集材）；左侧的钩体可以转动（用于逆坡集材），它的正常位置是靠双臂杠杆15控制，当按逆时针方向转动而与止动器的卡钩分离后，靠其内部的回位弹簧14作用而返回原来位置。

联动机构（又称开闭机构）是由缓冲管（冲击筒）6、滑闩（开闭器）7、后开闭杠杆（斧臂杆）4、前开闭杠杆12、前夹杆（夹钳）9、后夹杆25、吊托（吊架）13、中间托架11等构件组成，用于控制跑车与止动器的联结与脱开。

缓冲管，见图2-12，安装在2、8、12共三个支承座上。当其与止动器相撞击后，随即压缩复原弹簧10，沿支承座向跑车中心移动，而后靠复原弹簧10使缓冲管复位。为减缓冲击，在缓冲管的两端设有橡皮塞1，缓冲管上套有缓冲弹簧7，以防止强力冲击下机件的损坏。此外在管上用销钉6固定着滑闩3，滑闩上的托杯5用螺钉和门形顶开滑板相连。

滑闩用途是当跑车和止动器接合时，由于随缓冲管一起移动，此时滑闩的托杯使夹紧载物钩的夹杆自动张开,载物钩即靠自重下落;当载物钩上升进入跑车时,滑闩的门形顶开滑板顶起止动器与跑车连接一起的钩头,跑车夹杆又自动的夹紧载物钩。此时,跑车立即与止动器分离而开始运行。

图 2-11 中前夹杆 9、后夹杆 25 的作用是用来托住载物钩的。其右端用螺杆连接,使夹杆可绕螺杆轴转动;左端具有较宽的板面用一块吊托 13 托住,夹杆可在这块吊托上左右滑动。夹杆的右端(靠近螺杆的一端)有楔形凸块,凸块的中央又有一半圆形座槽。图 2-12 中,当托杯 5 进入凸块座槽时,把前后夹杆左右分开,吊钩降落;当托杯抬起离开前后夹杆间的半圆形座槽时,两夹杆在中间托架的弹簧作用下重新合拢起来。

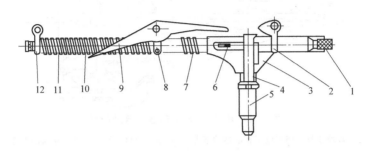

图 2-12 缓冲管及开闩器

1—橡皮塞 2—右支承座 3—滑闩(开闭器) 4—门形顶开滑板 5—托杯 6—销钉
7—缓冲弹簧 8—中间支承座 9—双臂杆 10—复原弹簧 11—缓冲管 12—左支承座

图 2-11 中的前、后开闭杠杆 12、4 是用来抬起托杯的。它们的左端用螺栓铰接在壁板上,右端用螺栓连接后,可使前、后开闭杠杆上下同时摆动。在前、后开闭杠杆右端的内侧安装有锁紧器 10。开闭杠杆的中部有一块像斧头一样的凸缘,所以开闭杠杆也称"斧臂杆"。当牵引的载物钩往跑车内运行时,载物钩的托盘接触凸缘,随后将开闭杠杆抬起,同时开闭杠杆即用锁紧器的销子抬起滑闩的托杯及门形顶开滑板,于是止动器的钩头即被顶开而与跑车分离,载物钩则被前后夹杆夹紧托住。跑车内部设有导向轮 8,是用来通过牵引索的。

顺坡集材(由山上集到山下)时,跑车位于止动器的下方,见图 2-13a。缓冲管右端突出,冲击后从右往左移动,滑闩的顶开滑板可以直接顶开止动器的钩头。

逆坡集材(从山下集到山上)时,跑车位于止动器上方,见图 2-13b,缓冲管左端突出,滑闩安装在夹杆凸块的左端,在缓冲管上的缓冲弹簧则改置于开闭器的右侧。冲击后从左往右移动,滑闩的顶开滑板首先顶起双臂杠杆的右端,使双臂杠杆转动,双臂杠杆左端压紧弹簧把左端钩体放开,止动器的钩头从钩体内滑出,跑车与止动器分离。而后,缓冲管在复原弹簧作用下,带着滑闩回位,钩体在回位弹簧的作用下恢复到原来的位置。

(2)星形齿轮传动的半自动 GS_3 型拐弯跑车 闽林 GS_3 拐弯索道跑车结构,见图 2-14。这种跑车常与闽林集材索道绞盘机配套使用,其行走轮组与跑车体采用螺栓连接,可做一定角度(30°内)的拐弯,开闭机构是采用翼形开闭板 1 通过鞍座和防止跑车弹跳掉车的。

跑车的起重卷筒 10 驱动,是借循环牵引索带动摩擦卷筒 14 转动和通过与其共轴的轴齿轮和星形齿轮传动,传给装有内齿圈的起重卷筒的。摩擦卷筒与起重卷筒的传动比为 1:3.75,借此获得减速增力的作用,故起落钩容易,人力拖钩省力。该跑车质量为 450kg,载重能力为 3t。

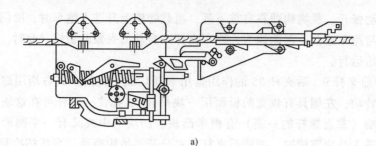

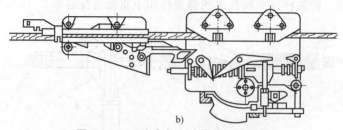

图 2-13 K_2 跑车与止动器的相对位置

a）顺坡集材：跑车位于止动器的下方　b）逆坡集材：跑车位于止动器的上方

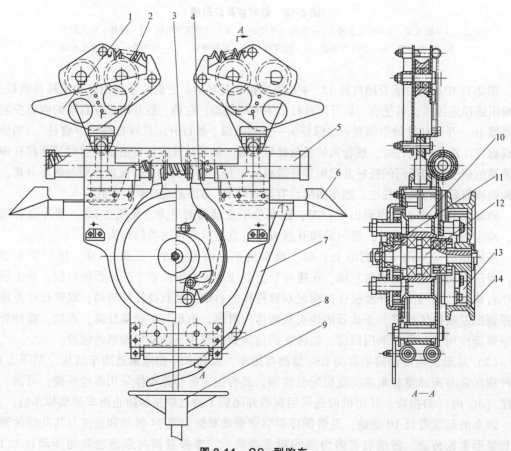

图 2-14 GS_3 型跑车

1—开闭板　2—弹簧　3—制动弹簧　4—制动杆　5—冲击筒　6—钩头　7—脱钩连杆　8—脱钩弯杆
9—吊钩　10—起重卷筒　11—齿轮　12—轴　13—制动蹄块　14—摩擦卷筒

摩擦卷筒采用常刹浮动内胀蹄式制动。只有当跑车和止动器冲撞后，装在冲击筒 5 上的制动弹簧 3 受到压缩，制动杆随之移动，才使制动蹄块松开。此时，摩擦卷筒才能转动，并带动齿轮减速机构和起重卷筒工作。也就是说，跑车运行时，摩擦卷筒处于制动状态而不转动，它随着循环牵引索和跑车一起运行；当跑车冲撞止动器后，冲击筒上制动弹簧处于压缩状态，制动蹄块松开，这时跑车停止不动，摩擦卷筒随着循环牵引索的继续运转而带动起重卷筒一起工作。止动机构与其他半自动跑车一样，也有分设的止动器和钩头。GS_3 拐弯索道卸材止动器见图 2-15。

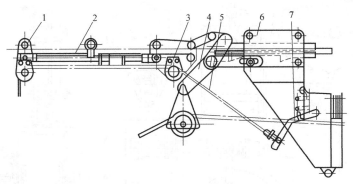

图 2-15　GS_3 拐弯索道卸材止动器

1—末端滑车　2—连接杆　3—中间滑车　4—摇臂杆　5—手动索　6—卸材场止动器　7—脱钩框架

图 2-14 中，钩头 6 在跑车内左右各一个。右侧钩头与集材止动器的分开靠吊钩的托盘托起脱钩弯杆 8，再通过脱钩连杆 7 把钩头 6 拉下；左侧钩头与卸材止动器的分离用手拉索。此外，卸材止动器的方向轮连接轴较长，以适应跑车内摩擦轮上的进索和出索与承载索轴线都有一定偏距的情况。

3. $YP_{2.5}$-A 型全自动遥控跑车

美国、日本、挪威、奥地利等国早已将遥控技术应用到索道木材生产上，各种形式的遥控跑车相继问世，在木材生产中发挥了很大的作用。

原福建林学院研制的 $YP_{2.5}$-A 型全自动遥控跑车，已发展到 $YP_{0.5}$-A、$YP_{3.0}$-A、$YP_{5.0}$-A 型等不同起重量系列。

该跑车的主要特点是：具有一个由无线电遥控，通过液压传动操纵的握索机构。它取代了现有半自动跑车索道线路中的止动器，使跑车可在索道沿线任意点停留、自动落钩，进行集运材生产作业；适应于长距离多跨单线双索闭合往复式索道；取消了电话、旗语，采用无线电遥控直接指挥绞盘机司机操作。遥控跑车改善了山场作业工人的劳动条件，确保了生产安全；实现了索道木材生产集、运、归、装联合作业，提高了生产效率，是目前长距离多跨索道比较理想的集运材跑车。

(1) 主要技术参数与性能　跑车型号：$YP_{2.5}$-A，起重量：2.5t，质量：450kg，吊钩重：10kg，外形尺寸（长×宽×高）：910mm×410mm×1350mm，起重卷筒容绳量：ϕ12.5×70m，握索时间：电动机起动<2s；蓄能器释放<1s，卸荷时间：握索块回位<1.5s，适应索道坡度：0°~30°，压力调整范围：6~25MPa，最大单侧横向集距：60m，遥控距离：1500m。

(2) 遥控跑车的主要结构　以 $YP_{2.5}$-A 型为例，遥控跑车由行走机构、起升机构（起重卷筒、摩擦卷筒、定轴轮系减速机构、制动器）、握索机构（工作油缸、握索块、夹索板）、液压传动系统（高压轴向柱塞泵、蓄能器及各液压元件、升压齿轮箱）、充电机构（充电机、增速机构、调节器）、无线电遥控设备（集材与卸材点各一台发射机，跑车与绞盘机房各一台接收机及信号指示器）和安全装置七大部分组成。这七大部分都设计成各自独立的整体，由油管、螺栓连成一体。$YP_{2.5}$-A型遥控跑车结构见图2-16。

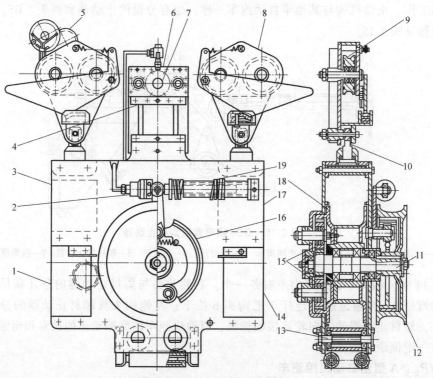

图2-16　$YP_{2.5}$-A型遥控跑车
1—减速机构　2—制动工作油缸　3—液压传动系统　4—握索块　5—充电系统　6—握索系统　7—握索工作油缸
8—行走机构　9—行走轮　10—连接杆　11—齿轮轴　12—摩擦卷筒　13—短滚筒轴　14—蓄电池
15—中间齿轮　16—制动蹄　17—无线电遥控设备　18—起重卷筒　19—制动弹簧

$YP_{2.5}$-A型跑车的外形、行走机构、起升机构的结构形式参考了GS_3型跑车。它是由摩擦卷筒12通过定轴轮系减速机构中间齿轮15，驱动起重卷筒18转动，起重卷筒的制动机构采用内胀式制动蹄16，布置在摩擦卷筒内壁上。摩擦卷筒与起重卷筒的传动比为1：3.333，以获得减速增力的作用。

握索机构是遥控跑车的核心，它决定了遥控跑车的先进性和工作的可靠性。根据性能参数要求：完成一次握索动作时间短；握索力大；动作要灵敏、可靠，不易发生故障。经综合分析，将其结构设计成：由两个左右对称的工作油缸7推动各自的握索块4；利用螺钉将工作油缸固定在马鞍形的支架上，再将支架用螺栓与跑车主体连接；握索块由回位弹簧复位。

液压传动系统：首先由人工用手摇手动齿轮或用电动机驱动高压油泵（电动机由蓄电池供电），在很短的时间内产生规定的油压，经两个油路进入三个工作油缸，一个制动工作油缸2顶开摩擦卷筒的制动弹簧19；两个握索工作油缸7，推动各自的握索块4握紧钢丝绳，手动或电动机即停止工作。摩擦卷筒在闭合牵引索作用下，通过传动机构继续驱动高压油泵，使压力迅速升至工作压力（不超过4s）使握索块紧紧握着钢丝绳，同时，蓄能器将一部分压力油蓄存起来。跑车作业完毕后，液压油路卸荷，握索块与摩擦卷筒制动蹄在各自弹簧的作用下回位。第二次，当跑车开始集材时，由蓄能器释放压力油，顶开摩擦卷筒制动弹簧。以后周而复始，手动操作或电动机就不再工作了，从而有效地保证了蓄电池的使用寿命，电动机也能在蓄能器出现故障时应急使用，完善了整个系统的结构设计。

选用北京遥控技术开发公司生产的遥控设备，与电子开关控制板组成了适应于山场使用条件的遥控接发射机，由两台接收机（分别装在绞盘机旁和跑车上），两台发射机（由山场的捆木工和卸材工操纵）组成。

跑车上各种电器均由蓄电池（电瓶）14供电，为保证蓄电池的使用寿命，跑车必须装有充电系统5。利用跑车在运行时，行走轮的转动，通过一组传动齿轮带动充电器工作，选用车用小型硅整流发电机。为防止当遥控设备失灵，或出现其他异常情况时，跑车上的握索块牢牢夹紧钢丝绳而无法卸荷开启时，由安全装置在绞盘机作用下强迫液压油路卸荷，使握索块4开启，将跑车拖回。

（3）遥控跑车的工作原理 YP$_{2.5}$-A型遥控跑车的工作原理见图2-17。

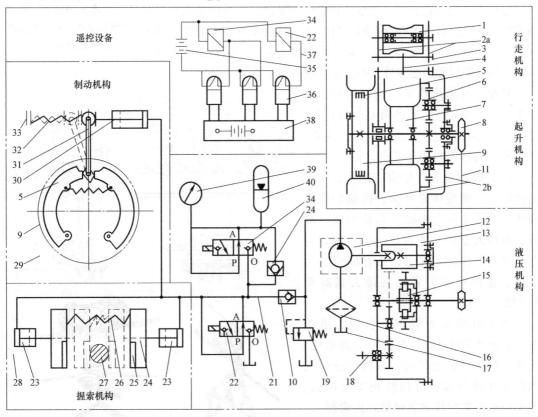

图2-17 YP$_{2.5}$-A型遥控跑车的工作原理

1—行走轮 2a—前后边板 2b—前后壁板 3—连接螺栓 4—连接座体 5—制动蹄 6—减速机构 7—起重卷筒 8—链轮 9—摩擦卷筒 10—单向阀 11—链条 12—高压泵 13—升压齿轮箱 14—转动齿轮 15—棘轮机构 16—滤清器 17—油箱 18—手动齿轮 19—溢流阀 20—单向阀 21—油管 22—球阀 23—握索油缸 24—夹紧板 25—夹索块 26—回位弹簧 27—承载索 28—握索机构 29—制动系统 30—制动油缸 31—凸轮推杆 32—制动弹簧 33—调整螺母 34—球阀 35—电源 36—继电器 37—接线 38—接收机 39—压力表 40—蓄能器

跑车由绞盘机牵引上行，到达集材地点时，由捆木工操纵的无线电发射机发出一个闭合指令，跑车上的接收机 38 按指令自动释放蓄能器 40 中的压力油（或起动电动机带动泵工作），压力油（按起重量和索道坡度任意调节）经液压油路传至三个工作油缸，握索油缸 23 即推动握索夹紧板 24 握紧承载索 27，跑车停止运行。同时，制动油缸 30 顶开制动弹簧 32，使摩擦卷筒 9 的制动蹄 5 松开。循环牵引索继续向上移动，使摩擦卷筒转动，使压力油迅速升至工作压力（20MPa 左右），这时握索夹紧板 24 将牢牢握紧承载索 27，并将部分压力油由蓄能器 40 蓄存起来。同时，通过定轴轮系减速机构 6，使摩擦卷筒 9 带动起重卷筒 7 转动，即可落钩；当重载起吊到达一定位置时，捆木工发出一个卸荷指令，跑车上的接收机 38 根据指令自动打开卸荷装置。此时，跑车握索机构的夹紧板 24 与摩擦卷筒的制动蹄 5 在制动弹簧 32 的作用下复位。循环牵引索就带动跑车重载下行；到达卸材点时，就由卸材工操纵无线电发射机指挥跑车继续工作，原理同上。

（三）运材索道跑车

运材索道是用于林区木材第二次运输，一般不具备拖集和提升能力，木材的装卸设有专门的场地。为获得较高的生产效率，常采用连续发送作业的循环式索系，其跑车和索道的驱动装置的构造随其作业用途较上述集材索道而有所不同，所以对运材跑车有如下要求：尽可能的小型轻便，运行阻力小，行走部分摩擦磨耗少；握索和脱索方便可靠，挂材卸材要迅速容易，不需要特殊的复杂装置。

二维码 2-4　跑车与索道的附属装置（2）

林业运材索道跑车结构较简单，国内多半采用单轮或双轮的简易运材跑车，结构见图 2-18，它主要由行走部、吊架、握索器、载物钩四部分组成。

图 2-19 所示为江华索道跑车，车轮为单轮，外侧轮缘直径大，内侧轮缘直径小，除在实际上可减少车轮掉轨事故外，可加大整体外侧重量，稍可起到对车体平衡的作用。夹钳钳口在闭合时为菱形，这样对牵引索的夹持力提高至 1.4 倍。

图 2-20 所示为湖南工农型索道跑车，质量约为 7.5kg。车轮为普通单轮，用钢板整体弯成的吊架，弯回部分最低点低于车轮外缘，可以防止车轮掉轨。跑车与牵引索的挂结靠螺旋式夹索器。

1. 行走部分

行走部分应根据荷载大小、轮压与承载索的拉力比值、运行速度等因素来确定。其车轮、轴和轴承由于所受轮压大、旋转速度高等原因，应采用优质材料。

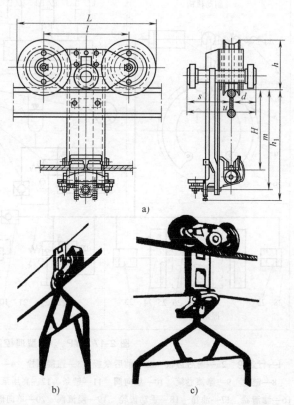

图 2-18　运材跑车
a) 运材跑车结构　b) 上部牵引式结构　c) 下部牵引式结构

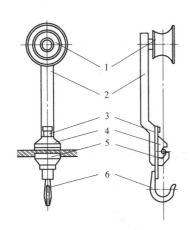

图 2-19 江华索道跑车
1—车轮　2—吊架　3—吊杆　4—夹钳上钳口
5—夹钳下钳口　6—载物钩

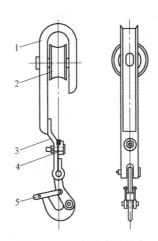

图 2-20 工农型索道跑车
1—吊架　2—车轮　3—固定夹钳
4—活动夹钳　5—载物钩与挂环

单轮组（由一个轮组成的）跑车，其载荷量一般为 5~8kN；双轮组（由两个轮组成的）跑车，其载荷量为 10~15kN。

单轮组跑车的行走轮直接与吊架铰接，也可与机架做成一体；双轮组跑车的行走轮轴承架由钢板焊接或钢铸成，与吊架铰接，以保持挂材部分始终铅直下垂。

车轮材料要求韧性强，耐磨性大，同时应考虑对承载磨耗小，一般采用冷模铸铁、球墨铸铁或铸钢，轮槽面应保证 40~50HS（即 265~340HBW）。车轮直径，林业运材索道一般采用 120~160mm。行走轮直径增大，虽然有利于降低钢丝绳的接触应力和提高耐久性能，但过于增大车轮直径会造成通过索道曲线困难和增加跑车的自重，恶化跑车整体的稳定性。

2. 吊架及载物钩

吊架铰接在行走轮的机架上，可以在垂直平面内自由转动。因此，当索道线路具有任何坡度时，它均能保持垂直状态。吊架一般采用扁钢制作，当承受大荷载时，可采用槽钢或角钢制作吊架。载物钩连接在吊架的下方，用于悬挂木捆。

3. 握索器

握索器也称夹索器、抱索器、挂结器，它是运材跑车上的一个重要部件，其作用是使跑车与循环牵引索连接在一起，带动跑车沿承载索移动。因此，握索器不但要保证跑车与循环牵引索间结合和脱离的可靠性、平稳灵活性，同时必须有足够的握索力，以克服线路中运行阻力，并能防止钢索在夹钳钳口中遭受损伤和过度磨损。

握索器有强制式和重力式两种。

（1）强制式握索器　用外力使握索器夹紧牵引索，夹持力保持一定，不依荷载大小和线路坡度的变化而改变。结构形式有以下几种：

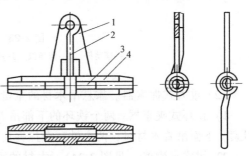

图 2-21 偏心式夹索器
1—连接座　2—手把　3—夹管　4—套筒

1）偏心式夹索器。图 2-21 所示偏心式夹索器的夹管套在套筒内，扳动手把，使夹管在套筒内转动 180°，由于槽底不同心，使槽内的钢丝绳被套筒与夹管夹紧。这种夹索器使用很方便，夹紧力也很大，但在夹管的两端处钢丝绳产生弯曲，容易损伤钢丝绳。一种规格的套筒只能适应相应直径的钢丝绳；当钢丝绳变形后，就不能保证有足够的夹持力。

2）楔式夹索器。结构见图 2-22，楔子的斜度以能保持自锁作用为准，锥度一般为 1：8.5。安装方向朝向牵引索运行方向，摩擦力可随牵引力的加大而增大。

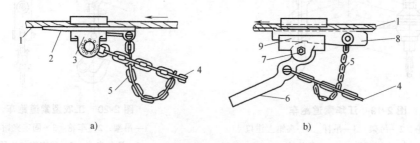

图 2-22 楔式夹索器
a）楔移动式夹索器 b）索楔不动式夹索器
1—钢丝绳 2、8—楔 3—接合器 4—链子 5—小链 6—杆 7—绞 9—接合器

3）螺旋式夹索器。结构见图 2-23，夹索器钳口夹紧和放开牵引索，是靠螺栓的旋进和退出来完成的。应用这类夹索器时，可利用机械之间的相对运动来控制螺栓的旋进和退出，故可以在牵引索运行的过程中实现握索和脱索，有利于机械化和自动化程度的提高。

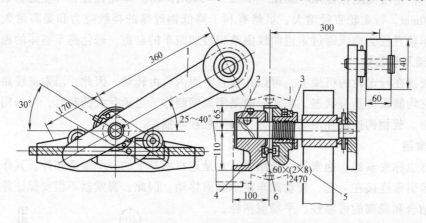

图 2-23 螺旋式夹索器
1—摆动杆 2—粗螺纹 3—细螺纹 4、5—钳口 6—可换垫块

（2）重力式握索器。靠悬吊木材的重量使夹钳夹紧牵引索。

1）铁环式夹索器。两个铁环的下部吊着木材，上部挂在吊架上，两个铁环中间夹紧牵引索，下面吊着木材时，两个铁环合拢夹住牵引索。

2）钳式夹索器（见图 2-24）。木材的重量使钳尾靠拢，钳尾的力通过钳的中轴传给钳口，钳口也向内移动而把牵引索夹住。

3）猪尾式重力夹索器，见图 2-25 所示，这是应用在单索轻便型索道的夹索器。

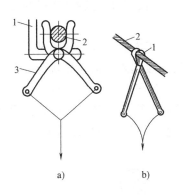

图 2-24　钳式夹索器
a）大载量跑车夹钳　b）小载量夹钳
1—跑车吊架　2—牵引索　3—夹钳
4—夹钳　5—承载-牵引索

图 2-25　猪尾式重力夹索器

二、鞍座

鞍座与支架配合来承托承载索，以保持索道跨距适当，下垂挠度不致过大，或适应地形，防止木捆碰地。它可分成直线鞍座、拐弯鞍座、接线鞍座、分岔鞍座等。

1. 直线鞍座

K_2 型跑车的直线鞍座质量为 36kg，结构见图 2-26。直线鞍座主要由吊轮 2、大挂钩（鞍座体）4 和鞍板 6 等组成。鞍座是用吊索穿过吊轮悬吊起来的。大挂钩做成弓形便于跑车通过，索盖压住承载索和鞍板连接，大挂钩下端承托鞍板，上端通过吊轮架 3 与吊轮 2 用螺栓 1 连接。

2. 拐弯鞍座

GS_3 型跑车的拐弯鞍座的结构见图 2-27。拐弯鞍座较直线鞍座复杂。因为不仅需要使放置承载索的鞍板按一定角度改变为曲线拐弯，而且鞍座的构造需要考虑牵引索的托索装置和鞍座体的平衡。GS_3 型跑车的拐弯鞍座除具有吊轮（小滑轮）1、吊架 2、鞍座体 5 和拐弯鞍板 6（分 10°、20°、30°）外，尚有循环牵引索的托索滚筒、滚筒架和供平衡用吊环 13 以便用拉索拉紧。这种拐弯鞍座的托索装置和鞍座体是采用刚性连接，适应性能不如铰接的灵活。

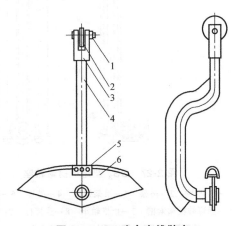

图 2-26　K_2 跑车直线鞍座
1—螺栓　2—吊轮　3—吊轮架
4—大挂钩　5—索盖　6—鞍板

3. 接线鞍座

索道线路较长时，要用两根承载索连接起来用。用接线鞍座可提高安装和拆转速度，组合性好。接线鞍座见图 2-28，左右承载索由鞍座两端分别导入中间部分，用螺栓夹紧在鞍板上。在鞍座体上面有一吊环，可以把鞍座吊在支架横梁上。承载索的余头，与承载索偏斜一定角度，从下方导出，固定在基桩上。当承载索的拉力较小时，利用这种鞍座极为方便。

4. 分岔鞍座

由 2 个作业小班往 1 个卸材点集运材时，采用分岔鞍座很方便。分岔鞍座见图 2-29，鞍座体用螺栓牢固地固定在同一鞍座体上，二者用活动导轨连接起来。活动导轨铰接在支线导板上，靠在主线导板上的一端可以沿着定位槽上下窜动。跑车 4 从支线上进入支线导板 6 后，经活动导轨 7 进入主线承载索 9。主线上的跑车在靠近主线导板时，行走轮把活动导轨 7 顶起，使跑车能顺利通过主线导板 8。这种分岔鞍座只允许跑车往一个方向运行。

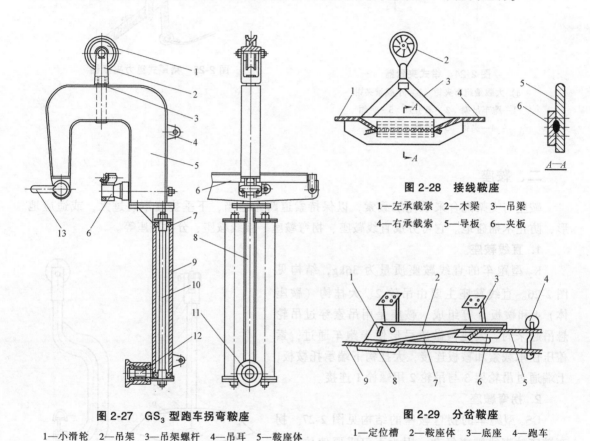

图 2-27 GS₃ 型跑车拐弯鞍座

1—小滑轮 2—吊架 3—吊架螺杆 4—吊耳 5—鞍座体
6—拐弯鞍板和索槽 7—止推轴承 8—连接杆 9—长滚筒
10—长滚筒轴 11—短滚筒轴 12—短滚筒 13—吊环

图 2-28 接线鞍座

1—左承载索 2—木梁 3—吊梁
4—右承载索 5—导板 6—夹板

图 2-29 分岔鞍座

1—定位槽 2—鞍座体 3—底座 4—跑车
5—支线承载索 6—支线导板 7—活动导轨
8—主线导板 9—主线承载索

除上述鞍座外，尚有适用于单线循环运行索道的星轮式鞍座和对轮式鞍座，见图 2-30。

三、滑轮及索道的附属装置

（一）滑轮

在架空索道上，由于用途不同而采用导向滑轮、复式滑车等多种滑轮装置。

1. 导向滑轮

用于牵引索转向之用，其结构见图 2-31。

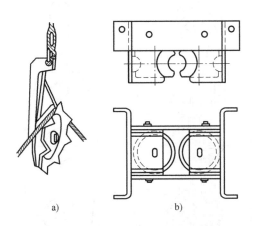

图 2-30 单索和单线循环式索道鞍座
a) 星轮式鞍座 b) 对轮式鞍座（适于上部牵引）

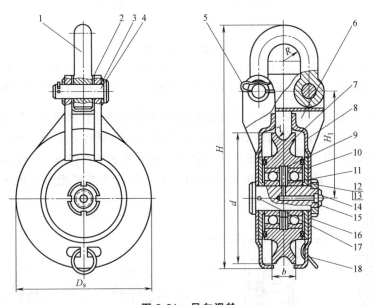

图 2-31 导向滑轮

1—吊环 2—挡板 3—加强圈 4—销轴 5—弹簧销 6—拉板 7—滑轮 8—滑轮端盖 9—孔用弹性挡圈 10—密封圈 11—定位圈 12—圆螺母 13—止退垫圈 14—油环 15—滑轮轴 16—单列向心球轴承 17—销 18—提环

2. 复式滑车

复式滑车主要用以张紧承载索，有时也用于张紧吊索或绷索，结构见图 2-32。

使用时是由一副（即两只）组成复式滑车组进行工作的，以此增大牵引力的倍率。其中一只是由钢索固定在伐根或立木上作为定滑轮组，另一只是与承载索的绳头夹板相连接作为动滑轮组。张紧索穿过二者的滑轮，将复式滑车组串联起来。

（二）载物钩

载物钩是跑车的附属件，用来吊挂木捆的，构造见图 2-33。半自动跑车的载物钩，除具有一般载物钩的构造外，尚有特殊用途的结构，如托盘、锥形头等。图 2-33c 中，套枷 10

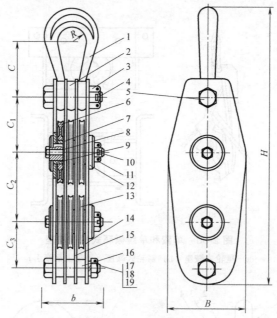

图 2-32 复式滑车

1—吊环　2—上垫管　3、11、18—螺母　4—开口销　5—吊轴　6—大轮　7—轴套　8、17—螺钉
9—定位销　10—轴　12—销　13—小轮　14—护板　15—隔板　16—下垫管　19—垫圈

保持折钩处于关闭状态,其端部有一凸出的把柄是卸材时打开套枑用的,锥形头和空心螺杆11套接在一起,互相间可以自动转动,托盘12可以沿空心螺杆自由上下移动。空心螺杆的螺纹拧入钩架9的上部,拧入的深度应保证锥形头和托盘的适当距离。起重索穿过锥形头和空心螺杆11、钩架9,最后固定在绳头楔14上;图2-33d为缆机增力式跑车的载物钩。为

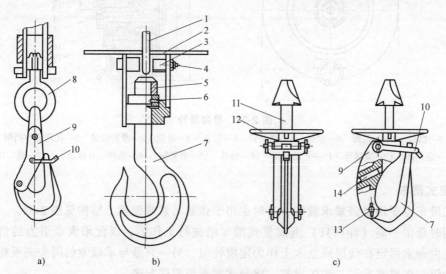

图 2-33 载物钩

a) K_1 载物钩　b) GS_3 载物钩　c) K_2 载物钩

1—起重索　2—吊钩座轮盘　3—绳套　4—轴销　5—圆螺母　6—单向推力轴承　7—吊钩　8—吊环　9—钩架　10—套枑
11—锥形头和空心螺杆　12—托盘　13—轴　14—绳头楔

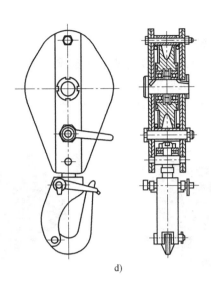

图 2-33 载物钩（续）

d）增力载物钩

了起到增力作用，上部有一动滑轮，起重索从中穿过，下部有一钩。钩有两个作用，一是挂木材，二是平衡上部动滑轮的重量，否则重心偏高，无负荷时动滑轮将在起重索上翻转。

（三）索道的通信设备

由于索道线路长，通视条件差，为了保证集材员与绞盘机司机之间的联系，必须设置通信联系设备。联系方式有旗语信号、手摇电话机、无线电收发报机、对话机、手机等。旗语联系，要在线路沿途设人，而且持旗人始终要集中精力全神贯注；手摇电话机联系可靠，但人必须靠近耳机，在卸材点和集材点需安置专职电话员传递信号，否则将影响索道生产效率；无线电联系虽好，但由于林区气候变化大、地形复杂、杂音大、影响传真度，目前尚未能推广使用；对话机仍靠导线传递信号，但集材员在离开扬声器 20~30m 距离处讲话即可传递，不需设置专职电话员，大大提高了索道的生产效率。目前在林区广泛使用的对话机有 DH-2 和 DH-3 型有线半导体对话机。前者用得较多，其主要技术性能为：最大对话距离：2000m，整机质量（1 套 3 个）：5.5kg，电源电压（直流）：12V，额定输出功率：5W，最大输出功率：6.4W，终端输出功率：3W，当输出 1000m 时：静态电流：<50mA，最大工作电流：<1.5A，失真度：<15%，频率响应：300~3000Hz±309Hz，输送导线（钢心绝缘双线）：16/0.5，杂声：50dB。

二维码 2-5 林业索道设备—跑车与绞盘机

第三节 绞 盘 机

一、绞盘机主要结构及基本参数

绞盘机在土木工程中称作卷扬机。绞盘机分索道绞盘机和装车绞盘机两

二维码 2-6 绞盘机（1）

大类。

(一)索道绞盘机主要用途与结构

索道绞盘机作为索道的驱动力,与架空索、运载跑车及索道的附属装置组合成为架空索道,用于山地林区集运木材。整机要求易于搬迁,组合性好。

索道绞盘机主要是由发动机、传动系、工作卷筒、操纵系及机架等部分所组成,见图2-34。

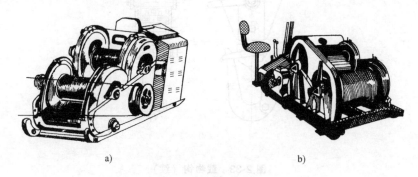

图 2-34 索道绞盘机外貌
a) 闽林 821 型绞盘机　b) SJ-23 型绞盘机

1982年制造的闽林821型绞盘机做了如下改进:以 $495Q_1$ 型柴油机代替 NJ70 型汽油机;前后卷筒容绳量由 700m 增至 1000m (ϕ12.5mm),卷筒长度增至 710mm。与闽林721型相比较,821型绞盘机大大降低了燃油的消耗量,从而降低了集材成本。

1984年,苏州林机厂在原有 SJ-23 型绞盘机的基础上进行较大改进:以 485 型和 $495Q_1$ 型柴油机代替 NJ70 型汽油机;变速箱速度档位增至 3 个,仍有正、反转;外形做了一些改进;增加悬臂式曲面摩擦卷筒。

(二)绞盘机的系列与基本参数

绞盘机的型号系列与基本参数,见表2-6。

表 2-6 绞盘机的型号系列与基本参数

绞盘机的型号系列	卷筒数	牵引力/kN	钢丝绳速度/(m/s)	容绳量/m(钢丝绳直径/mm)
JS2-0.4	2	4	0.2~2	80(ϕ7.7)
JS2-0.8	2	8	0.6~4	80(ϕ9.3)
JS2-1.5	2	15	0.6~6	600(ϕ11)
JS2-3	2	30	0.6~6	1000(ϕ12.5)
JS3-3	3	30	0.6~6	1000(ϕ12.5)
JS2-6	2	60	0.6~6	1000(ϕ18.5)
JS3-6	3	60	0.6~6	1000(ϕ18.5)
JZ2-1.5	2	15	0.4~2	120(ϕ11)
JZ2-3	2	30	0.4~2	120(ϕ12.5)

注:1. 卷筒额定牵引力为钢丝绳在主卷筒上中间层最大牵引力(低速档时)。
　　2. JS2-0.4,JS2-0.8 系列是以摩擦卷筒作为主卷筒形式时,其缠绕卷筒容绳量可做成 120m;其他型号以摩擦卷筒作为主卷筒形式时,其缠绕卷筒容绳量可做成 300m。
　　3. 底架形式有两种:爬犁式或自行式。
　　4. 有摩擦卷筒时,代号为 JSM;自行式为 JSX。

二、绞盘机的动力源选择及其要求

(一) 绞盘机动力源的选择

架空索道要求动力机可独立作业,具有承受超负荷能力,高山功率降少,起动容易等。

根据林区作业条件和作业地点的多变,要求具有独立工作能力,起动性能好的内燃机作为动力,可以是柴油机或汽油机。由于柴油机不仅燃油价格低,经济性好及过载性强,故障少,工作可靠,而且柴油的燃点高,也有利于林区作业的安全防火等。随着工业水平发展,目前索道绞盘机日趋采用柴油机取代汽油机。

(二) 绞盘机发动机功率的确定

当索道绞盘机主卷筒的钢丝绳中层最大牵引力 F (N) 和相应的中层牵引速度 v (m/s) 已知时,则该绞盘机所需的发动机功率 N (kW) 即可确定,其关系式为

$$N = \frac{Fv}{\eta_1 \eta_2} \times 10^{-3} \tag{2-9}$$

式中 η_1——绞盘机从发动机输出轴至卷筒轴之间的总传动效率,取 $\eta_1 = 0.6 \sim 0.7$;

η_2——内燃机高山功率效率,海拔每升高 1000m,柴油机功率降幅为 10%,取 $\eta_2 = 0.9$;汽油机功率降幅为 15%~20%,取 $\eta_2 = 0.8 \sim 0.85$。

三、绞盘机的工作机构

卷筒是绞盘机的工作机构,是用来缠绕和容纳钢丝绳的。动力经传动系把扭矩传到卷筒变为卷筒上钢丝绳的牵引力,并把发动机的旋转运动变为卷筒上钢丝绳的直线运动,以此牵引跑车拖集、提升和运输木材。

二维码 2-7 绞盘机 (2)

索道绞盘机要求工作机构适用于多种索系、多工序作业或联合作业,应不少于两个缠绕卷筒和一个摩擦卷筒。

(一) 绞盘机卷筒的构造形式

索道绞盘机卷筒的构造形式主要有平滑表面、圆柱形多层缠绕卷筒和闭式循环牵引的摩擦卷筒。

起升或牵引力最大且完成主要作业的卷筒,称为主卷筒(缠绕卷筒)。绕在缠绕卷筒上的钢丝绳的一端必须固定在卷筒上。多层缠绕(主)卷筒为了容纳一定容量的钢丝绳,卷筒的两端设有直径大于容绳量的端板,常采用圆柱形光面卷筒。

摩擦卷筒分整体式和对开式,整体式多用键紧固在卷筒轴的一端,如闽林 821 型绞盘机;对开式则制成两个对开的附件,需要时,用螺栓连接使之抱合在缠绕(主)卷筒上,如 SJ-23 型绞盘机。

(二) 主卷筒的基本参数及其尺寸

1. 主卷筒的结构尺寸与代号意义 (图 2-35)

2. 卷筒钢丝绳的牵引力 F

中间层牵引力为卷筒平均牵引力,并标定为绞盘机额定牵引力 F,单位为 N。

$$F = \frac{2000Ti\eta}{A + d + D - S} \tag{2-10}$$

内层(卷筒上第一层)牵引力为

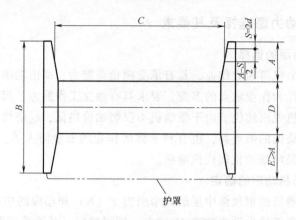

图 2-35 主卷筒的基本尺寸

D—卷筒直径 A—卷筒容绳深度 B—卷筒端板外轮缘直径，$B=D+2A$ C—卷筒端板的平均间距
（卷筒平均工作长度） E—护罩间隔 S—卷筒容绳安全距离 d—钢丝绳直径

$$F_1=\frac{2000Ti\eta}{D+d}$$

3. 卷筒钢丝绳的牵引速度 v

中间层牵引速度为卷筒平均牵引速度，并标定为绞盘机额定速度 v，单位为 m/s。

$$v=\frac{\pi n(A+d+D-S)}{60\times 1000 i}=\frac{n(A+d+D-S)}{19100 i} \tag{2-11}$$

内层牵引速度为

$$v_1=\frac{n(D+d)}{19100 i}$$

4. 卷筒容绳量 L

索道绞盘机主卷筒属于多层缠绕卷筒，设各层直径分别为 D_1、D_2、D_3、$\cdots$、D_Z，设缠绕层数为 Z，平均每层缠绕圈数为 C/d，则总容绳长度 L（单位为 m）为

$$L=\frac{C}{d}\pi(D_1+D_2+D_3+\cdots+D_Z)\times 10^{-3} \tag{2-12a}$$

式中 $D_1=D+d$，$D_2=D_1+2d=D+3d$，$D_3=D_2+2d=D+5d$，$\cdots$，$D_Z=D+(2Z-1)d$。

将 D_1、D_2、D_3、$\cdots$、D_Z 代入上式求得

$$L=\frac{C}{d}\pi\{DZ+d[1+3+5+\cdots+(2Z-1)]\}\times 10^{-3} \tag{2-12b}$$

式中方括号内各项差为 2，首项 $a_1=1$，末项 $a_Z=(2Z-1)$，此等差级数各项总和 S_Z 为

$$S_Z=\frac{a_1+a_Z}{2}Z=Z^2$$

则 $L=\frac{C}{d}\pi Z(D+dZ)\times 10^{-3}$。因 $Z=\frac{A-S}{d}$，故

$$L=\frac{C}{d^2}\pi(D+A-S)(A-S)\times 10^{-3} \tag{2-12c}$$

计及误差的影响，当均匀缠绕时，钢丝绳直径允许误差率为4%。实际上根据钢丝绳直径，考虑到钢丝绳在卷筒上缠绕不密实的影响，则上式可表达为

$$L=\frac{C\pi}{(1.04d)^2}(D+A-S)(A-S)\times 10^{-3} \tag{2-12d}$$

令 $K=\dfrac{\pi}{(1.04d)^2}$，K 称为钢丝绳直径误差的影响值（mm^{-2}），则

$$L=CK(D+A-S)(A-S)\times 10^{-3} \tag{2-12e}$$

为了计算方便，根据《重要用途钢丝绳》（GB/T 8918—2006），不同的钢丝绳规格，经电算将 K 值列于表2-7。

表2-7 钢丝绳直径误差的影响值 K

d/mm	K/mm^{-2}	d/mm	K/mm^{-2}	d/mm	K/mm^{-2}	d/mm	K/mm^{-2}
3.8	0.20115	12	0.02017	22.5	0.00574	34.5	0.00244
4.7	0.13149	12.5	0.01859	23	0.00549	35	0.00237
5.6	0.09262	13	0.01719	23.5	0.00526	36.5	0.00218
6.2	0.07556	13.5	0.01594	24	0.00504	37	0.00212
6.5	0.06875	14	0.01482	24.5	0.00484	37.5	0.00207
7.5	0.05164	14.5	0.01381	25.5	0.00447	38	0.00201
7.7	0.04899	15	0.01291	26	0.00430	40	0.00182
8	0.04538	15.5	0.01209	27	0.00398	41	0.00173
8.4	0.04116	16	0.01135	28	0.00370	43	0.00157
8.8	0.03751	17	0.01005	28.5	0.00358	44.5	0.00147
9.2	0.03432	17.5	0.00948	30	0.00323	46	0.00137
9.3	0.03358	18.5	0.00849	30.5	0.00312	48.5	0.00123
9.4	0.03287	19	0.00805	31	0.00302	52	0.00107
10	0.02905	19.5	0.00764	32	0.00284	56	0.00093
10.5	0.02635	20	0.00726	32.5	0.00275		
11	0.02400	20.5	0.00691	33.5	0.00259		
11.5	0.02196	21.5	0.00628	34	0.00251		

5. 卷筒规格尺寸

由 $A-S=Zd$ 对式（2-12e）进行变换，得

$$C=\frac{1000L}{K(D+Zd)Zd} \tag{2-13}$$

从上式可知，卷筒规格尺寸与其容绳量 L、缠绕层数 Z 及选择的钢丝绳直径 d 有关，它

们是相互制约的，各参数确定依据如下：

（1）卷筒容绳量 L　根据规定，设计的实际容绳量 $L \geqslant 1000m$，设计时预定 $L=1000m$。

（2）卷筒直径 D　为了延长钢丝绳使用寿命，减少钢丝绳由于弯曲而产生的弯曲应力，卷筒的直径不能太小，它根据需缠绕在卷筒上的钢丝绳直径 d 来确定：计算式 $D \geqslant (e-1)d$，e 为工作类型系数，缠绕卷筒取 $e \geqslant 20$，设计时预定 $e=20$。

（3）卷筒长度 C　卷筒长度应根据卷筒受力情况、材料等确定。光面多层缠绕卷筒主要承受扭转、弯曲及挤压应力。实践证明，当卷筒长度 $C \leqslant 3D$ 时，扭转应力和弯曲应力造成的影响不大，计算时，只需校核压应力强度。故在设计中取 $C \leqslant 3D$。

（4）钢丝绳直径 d　由钢丝绳的强度、绞盘机卷筒的牵引力来确定。目前主卷筒用得最多的是 $\phi 12.5$ 的钢丝绳，还有用 $\phi 11$ 和 $\phi 18.5$ 的钢丝绳。

（5）缠绕层数 Z　现有绞盘机在设计时，是先确定卷筒尺寸，然后计算出容绳量及缠绕层数，这样的做法是不适宜的。因为缠绕层数过多时，卷筒内外层钢丝绳的运行速度和牵引力差值太大，对卷筒壁和侧壁受力不利，同时，钢丝绳会因挤压严重而影响寿命。所以，缠绕层数也应该是预定的，并限制在一定的范围内。

根据现有绞盘机主卷筒尺寸，选用的主卷筒上的钢丝绳直径及容绳量，推算其缠绕层数，发现不同型号绞盘机主卷筒缠绕层数不一，$Z=6 \sim 16$，其中 Z 多为 $11 \sim 14$，故在下述计算时取 $Z \leqslant 14$。

卷筒规格除直径及长度外，还包括卷筒壁厚 δ。在额定荷载下，欲使卷筒不受破坏，其壁厚不至于过大，以节省材料、减轻重量、经济实用为佳。对于钢制卷筒，在实际中可取壁厚 $\delta = d$，再以 $\sigma_y = \dfrac{T_{max}}{\delta t} \leqslant [\sigma_y]$ 来校核。其中，T_{max} 为钢丝绳最大拉力，t 为钢丝绳缠绕在卷筒上的节距，一般取 $t=d$；$[\sigma_y]$ 为卷筒材料的许用压缩应力。

下面讨论卷筒直径 D 和长度 C 的设计，据上述分析，应同时满足

$$\begin{cases} L=1000 \\ D \geqslant (e-1)d, e=20 \\ C \leqslant 3D \end{cases} \tag{2-14}$$

设钢丝绳在卷筒上每层缠绕层数的工作圈数为 m，上述已导得的卷筒容绳量表达式

$$L = \dfrac{C}{d} \pi Z(D+dZ) \times 10^{-3}$$

从而可得：$m = \dfrac{C}{d} = \dfrac{1000L}{\pi Z(D+dZ)}$，即 $dZ^2 + DZ - \dfrac{1000L}{m\pi} = 0$，则

$$Z = \dfrac{-D + \sqrt{D^2 + \dfrac{4000Ld}{m\pi}}}{2d} \leqslant 14$$

当选择的卷筒尺寸不满足上式时，则令 $Z=14$，再由式（2-13），并结合方程组（2-14）求解。这样，就可求得卷筒规格尺寸，然后根据其计算结果进行圆整，并根据《林业机械　车载式绞盘机尺寸　性能和安全要求》（LY/T 1289—2008）的规定，得到绞盘机规格

尺寸，见表 2-8。

表 2-8 绞盘机卷筒规格推荐值

规格	$d=11\text{mm}$			$d=12.5\text{mm}$			$d=18.5\text{mm}$		
	D/mm	C/mm	L/m	D/mm	C/mm	L/m	D/mm	C/mm	L/m
推荐值	240	710	1034	250	750	1037	360	750	1021
	250	670	1000	260	710	1005	380	750	1054
	260	670	1025	280	710	1051	400	710	1029
	280	630	1011	300	670	1035	420	670	1000
	300	600	1007	320	630	1015	450	670	1030

在卷筒的规格尺寸设计中，应先确定容绳量 $L=1000\text{m}$，预定缠绕层数 $Z\leq 14$，并保留安全距离 $S=2d$，然后严格按设计规范进行，计算结果按表 2-8 进行圆整，使之符合有关标准规定。

（三）摩擦卷筒

摩擦卷筒是依靠摩擦力来驱动钢丝绳的。钢丝绳在卷筒上缠绕数圈后，两端由卷筒引出，使钢丝绳构成封闭状态，并张紧一定的预张力进行工作。

1. 摩擦卷筒有关尺寸的确定及要求

为了增加钢丝绳的使用寿命，减少由于钢丝绳在卷筒上弯曲而产生的应力，卷筒与钢丝绳的直径之间应保证有一定的比率，摩擦卷筒的最小直径应等于或大于 30 倍的钢丝绳直径。为磨损均匀，卷筒表面和钢丝绳的硬度应要求一致。

为增大摩擦力和保证钢丝绳在卷筒表面能作横向滑移，摩擦卷筒断面为变直径的曲面，见图 2-36。卷筒曲面由下式求出

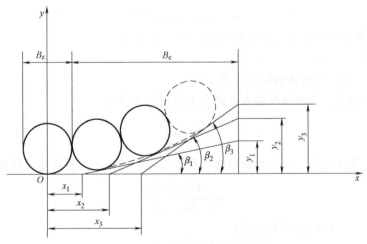

图 2-36 变直径曲面卷筒的半横断面

$$y=\frac{x^2}{ad} \tag{2-15}$$

式中　y——抛物线纵坐标；

x——抛物线横坐标；

a——实验系数，$a = 7\sim9$；

d——钢丝绳直径。

保证缠绕数圈的钢丝绳在曲面上横向滑移的条件为

$$\tan\overline{\beta} = \mu = \frac{\sum_{i=1}^{n}\tan\beta_i}{n} \tag{2-16}$$

式中 β_i——每圈钢丝绳所处变直径位置的曲线倾斜角；

$\overline{\beta}$——各圈钢丝绳的平均倾角；

μ——钢丝绳与曲面卷筒表面间的摩擦系数，对于钢制（或铸铁）卷筒与钢丝绳间的摩擦系数 μ 可取 $0.11\sim0.13$；

n——钢丝绳缠绕的圈数。

摩擦卷筒有效宽度 B 为

$$\begin{cases} B = B_z + 2B_c \text{ 或 } B = (8\sim9)d \\ B_z = 2d \\ B_c = (3\sim4)d \end{cases} \tag{2-17}$$

式中 B_z——曲面卷筒直线段宽度；

B_c——曲面卷筒曲线段宽度。

2. 摩擦卷筒的牵引力及所需功率计算

卷筒上钢丝绳的绕入端 F_1 和绕出端 F_2 之间的张力差，即为牵引力

$$F = F_1 - F_2 \tag{2-18}$$

F_1 和 F_2 关系可用欧拉公式表示

$$F_1 = F_2 e^{\mu\alpha} = F_2 e^{2\pi\mu n} \tag{2-19}$$

式中 α——卷筒上钢丝绳有效缠绕圈数的包角，$\alpha = 2\pi n$；

e——自然对数底，$e = 2.71828$；

μ——钢丝绳与卷筒曲面间的摩擦系数。

在额定牵引力下，保证钢丝绳在卷筒上不打滑的条件为

$$e^{2\pi\mu n} \geq \frac{F_1}{F_2} \tag{2-20}$$

将上式建立等式关系，并两边取对数，经整理可得保证不打滑所需工作圈数为

$$n = \frac{\lg F_1 - \lg F_2}{2\pi\mu\lg e} \tag{2-21}$$

由式（2-20）可得松边张力 F_2 为

$$F_2 = \frac{F_1}{e^{2\pi\mu n}} \tag{2-22}$$

将式（2-22）代入式（2-18），得

$$F = F_1\left(1 - \frac{1}{e^{\mu\alpha}}\right) \tag{2-23}$$

摩擦卷筒所需功率 N 为

$$N \approx \frac{FV}{\eta_1 \eta_2} = \frac{F_1\left(1-\dfrac{1}{e^{\mu\alpha}}\right)V}{\eta_1 \eta_2} \qquad (2-24)$$

式中　V——摩擦卷筒钢丝绳速度；
　　　η_1——摩擦卷筒轴到发动机输出轴之间的传动机构总效率；
　　　η_2——内燃机高山功率降。

四、绞盘机的传动系统

索道集材作业，如拖集、提升、重载运行、降落和回空各工作环节，对绞盘机牵引力和牵引速度要求各不相同，运转方向也有差异。因此，要求索道绞盘机的传动系具有一定的速度变化范围。可以通过降低速度来加大扭矩（增大牵引力），也可减小扭矩（降低牵引力）来加快速度。方向也可以正反转。通常设有变速箱和正倒齿轮箱以适应其变化。根据索道集材生产工艺要求，索道绞盘机的传动机构一般需要正反各三个档位，并要求传动效率高、保证所要求的传动比，且坚固耐用。

目前，国产索道绞盘机的传动系统常有以下两种形式：一种是由变速箱→正倒齿轮箱（或减速箱）→开式齿轮传动，再传到卷筒工作。此类有闽林 821、闽林 721、工农 781、红旗绞盘机等。如闽林 821 型绞盘机传动系统，见图 2-37。另一种是由联合变速箱→开式齿轮（或圆锥齿轮）传动，再传给卷筒。如 SJ-23 型绞盘机传动系统，见图 2-38。

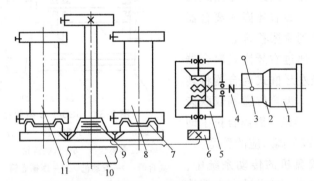

图 2-37　闽林 821 型绞盘机传动系统
1—发动机　2—主离合器　3—变速箱　4—链式联轴器　5—正倒齿轮箱　6—小齿轮
7—锥形离合器　8—后卷筒　9—片式离合器　10—摩擦卷筒　11—前卷筒

福建农林大学研制的 JS2-0.4 自行到位绞盘机、JS-0.4 便携式绞盘机和 JS3-1.5 型绞盘机等系列轻型绞盘机较适合于人工林资源条件的新型集材设备。

JS3-1.5 型绞盘机主要技术性能参数如下：额定功率：8.8kW，额定牵引力：13948N，额定牵引速度：0.51m/s，起重卷筒容绳量：868m（ϕ9.3mm），档位：进6倒2，整机质量：650kg，外形尺寸：2150mm×1528mm×1040mm，摩擦卷筒牵引力：16794N，摩擦卷筒牵引速度：0.42m/s，回空牵引力：2166N，回空速度：3.38m/s，回空卷筒容绳量：1133m（ϕ7.7mm）。

绞盘机结构由主机和制动器两大部分组成，其中主机包括发动机、传动系、操纵系、工

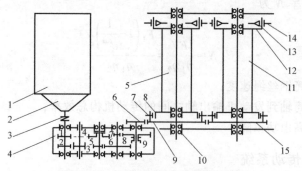

图 2-38　SJ-23 型绞盘机传动系统

1—发动机　2—主离合器　3—弹性圆柱销联轴器　4—联合变速箱　5—后卷筒　6—变速箱输出齿轮　7—带式离合器　8—离合轮　9、15—开式大齿轮　10—卷筒轴轴承　11—前卷筒　12—制动轮毂　13—内胀蹄式制动　14—外带式制动

作装置和机架五部分，见图 2-39。发动机动力经以下路线传递：发动机→主动带轮→主离合器（外壳为被动带轮）→变速箱（右牙嵌式离合器）→摩擦卷筒；变速箱（左牙嵌式离合器）→主动齿轮→双联齿轮 Z_{37}→锥形离合器→起重卷筒；双联齿轮 Z_{104}→从动齿轮→锥形离合器→回空卷筒。

摩擦卷筒单独工作。通过左牙嵌式离合器切断左半轴动力，经右牙嵌式离合器使右半轴的转矩传递到摩擦卷筒上。

缠绕卷筒工作。通过右牙嵌式离合器切断右半轴动力，经左牙嵌式离合器将转矩，从左半轴上的主动齿轮传递到双联齿轮及从动齿轮 25 上，操纵卷筒离合拉手即可使锥形离合器结合或分离对应的卷筒。

在小型或轻型绞盘机的传动系统中，除具有上述传动机构外，尚增设有皮带传动，如 QJ-20 绞盘机；有的增设链传动，如 J_3、J_3-B 型绞盘机。

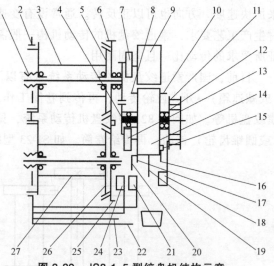

图 2-39　JS3-1.5 型绞盘机结构示意

1—螺套　2—外带式制动器　3、27—卷筒　4—主动齿轮　5、26—锥形离合器　6—双联齿轮　7—带轮　8、10—牙嵌式离合器　9—发动机　11—摩擦卷筒　12—内胀蹄式制动器　13—主离合器　14—变速箱　15—油门　16、20—前置离合拉手　17—主离合拉手　18、21、24—脚制动踏板　19—变速杆　22、23—卷筒离合拉手　25—从动齿轮

（一）传动系统的传动比

传动系统的总传动比 i 是发动机转速 n 与工作卷筒转速 $n_筒$ 的比值，即 $i=n/n_筒$。

由于牵涉发动机的额定转速、功率、扭矩等，常见绞盘机发动机的技术性能见表 2-9。

表 2-9　常见绞盘机发动机的技术性能

型　号	NJ-70	495	新 2105	新 1105	FD295	S195	495Q$_1$
气缸数	6	4	2	1	2	1	4
额定功率/kW	51.5	36.8	17.7	11.0	17.7	8.8	51.5
额定转速/(r/min)	2800	2000	1500	2000	2000	2000	2800

(续)

最大扭矩/N·m	201	193	126	63	89	47	197
最大扭矩时转速/(r/min)	1600	1700	1400	1400	1650	1800	1960
外形尺寸/(长/mm×宽/mm×高/mm)	984×599×917	842×520×806	580×550×880	950×485×735	666×536×874	770×480×620	944×652×1005
整机质量/kg	225	320	235	190	250	130	320
产地	南京	山东潍坊	南昌	南昌	福州动力厂	龙溪机器厂	山东潍坊

绞盘机传动系统的总传动比是由各分传动机构传动速比的连乘积。几种国产绞盘机传动系统的传动速比分配见表 2-10。

表 2-10 几种国产绞盘机传动系统的传动速比分配

绞盘机型号	总传动比 i	变速箱 $i_{变}$（Ⅰ档时）	正倒齿轮箱 $i_{正倒}$	开式齿轮传动 $i_{开齿}$
闽林 821	51.2	6.4	2	4
闽林 721	56	6.4	2	4.377
SJ-23	99.4	15.91	—	6.25
工农 781	40	8	—	5

在绞盘机的传动系统中，变速箱到开式齿轮传动是国产自行设计的绞盘机基本形式，其传动速比分配为

$$i = i_{变} \, i_{开齿} \tag{2-25}$$

为了使变速箱尺寸小，必须使开式齿轮传动的传动比尽可能增大。但考虑到绞盘机的尺寸和机架高度及整机的重心不至于过高，开式齿轮传动的速比荐用值为 $i_{开齿} = 4 \sim 7$。

若开式齿轮传动比 $i_{开齿}$ 选定后，变速箱的传动比就可由下式确定

$$i_{变} = \frac{i}{i_{开齿}} \tag{2-26}$$

由于采用标准变速箱（如汽车变速箱 NJ130），原设计条件与使用用途是为汽车服务的，不能适应绞盘机所要求的牵引力和反向（倒转）运转速度等需要，而增设具有减速和换向的正倒齿轮箱，其速比分配为

$$i = i_{变} \, i_{正倒} \, i_{开齿} \tag{2-27}$$

（二）绞盘机的变速箱

1. 变速箱的功用

1）在发动机转速不变情况下，改变卷筒速度和牵引力，以适应各种不同条件下作业的要求。
2）在发动机旋转方向不变的情况下，可以使卷筒正反转，增加绞盘机的灵活性。
3）挂上空档，发动机能顺利起动，并能保证在发动机不熄火的情况下卷筒不工作。
4）能引出动力输出轴，使发动机带动其他机械进行工作。

2. 变速箱的类型

按传动比变化的特性分为两大类：

（1）无级变速 即在一定范围内可获得任何传动比。根据做功原理无级变速分为液力式、摩擦式和电力式。

（2）有级变速 这种变速有一定的排档数，在使用中逐级地由一个档位换到另一个档位。目前林用绞盘机的变速箱大多仍采用有级变速。

3. 齿轮变速箱的基本原理

齿轮变速箱是由若干对齿轮和轴组合而成的，用来传递平行轴、相交轴、相错轴之间传动的齿轮机构。通过操纵机构，改变不同齿数的齿轮啮合，就可得到不同的传动比，常使传动比增大，速度降低，扭矩增大，从而改变绞盘机的速度和牵引力。

4. 变速箱实例

我国索道绞盘机常采用跃进牌 NJ130 汽车变速箱，如闽林 721、YJ_3、J_3、J_3-B 等绞盘机。NJ130 变速箱是标准产品，其各档位的传动比见表 2-11。

表 2-11　NJ130 变速箱各档位的传动比 $i_变$

档位	I	II	III	IV	倒档
$i_变$	6.4	3.09	1.69	1	7.82

（三）绞盘机的正倒齿轮箱

正倒齿轮箱功用是把变速箱传来扭矩再增大，同时用于改变旋转方向，然后把扭矩传给卷筒。

正倒齿轮箱主要由小圆锥齿轮（输入）、两个大圆锥齿轮、接合器和小开式齿轮及花键轴等零件组成。

图 2-40 所示是闽林型绞盘机的正倒齿轮箱，箱内装有三个常啮合的圆锥齿轮，动力由双排链式联轴器的链轮 8 传至小圆锥齿轮 7，再传给空套在输出轴上的两个大圆齿轮 2、4，在两个大圆锥齿轮中间有一个结合子（接合器）5，结合子靠花键与输出轴连接，当结合子分别与左右两个大圆锥齿轮接合时，输出轴即可获得不同方向的转动。通过输出轴末端小开式齿轮 1，将动力传给摩擦卷筒轴上的开式齿轮，再通过卷筒离合器传给前后卷筒，结合子的移动靠拨叉杆拨动。

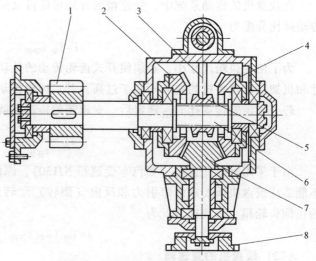

图 2-40　闽林 821 型绞盘机正倒齿轮箱
1—输出齿轮　2、4—大圆锥齿轮　3—拨叉轴　5—结合子
6—花键轴　7—小圆锥齿轮　8—链式联轴器链轮

工农 781 绞盘机是通过输出轴末端小开式齿轮，将动力传给一个中间齿轮，再通过卷筒离合器传给前后卷筒的。

闽林 721 绞盘机正倒齿轮箱传动速比为

$$i_{正倒}=\frac{i}{i_变\ i_{开齿}}=\frac{56}{6.4\times4.37}=2 \qquad i_{正倒}=\frac{Z_大}{Z_小}=\frac{40}{20}=2$$

闽林 821 绞盘机 $i_{正倒}$ 则为

$$i_{正倒}=\frac{i}{i_变\ i_{开齿}}=\frac{51.2}{6.4\times4}=2 \qquad i_{正倒}=\frac{Z_大}{Z_小}=\frac{30}{15}=2$$

正倒齿轮箱的齿轮受力较大，制造工艺要求高，为了增强它的强度和延长使用寿命，南方正倒齿轮箱圆锥齿轮模数应在 6 以上，北方应选 7 以上为宜。

五、绞盘机的离合器

(一) 离合器的作用

1. 绞盘机的离合器

绞盘机的离合器分主离合器和卷筒离合器，主离合器的作用是把发动机的动力平稳柔和地与变速机构接合或迅速彻底地分离；卷筒离合器的作用是原动机经过变速后，将动力传给卷筒轴端的开式齿轮，平稳地与卷筒接合或分离。

2. 离合器对传动系统有超载保护作用

如绞盘机在工作中，突然遇到过大的阻力，卷筒离合器便发生打滑，以免传动系统的零部件因过载而损坏。

(二) 离合器的分类

1. 主离合器

（1）片式摩擦离合器　包括：单片摩擦式，如闽林 721、闽林 821、红旗、J_3、SJ-23 绞盘机等；双片摩擦式，如湘林双卷筒绞盘机等；多片摩擦式，如 J-23A（2-1A）型绞盘机等。

（2）离心式离合器　包括：三蹄块离心式，如 YJ_3（金沙江）绞盘机；五蹄块离心式，如 QJ-11 轻型绞盘机。

2. 卷筒离合器

为了使绞盘机工作卷筒和传动装置之间可以自由脱开或结合，以适应工作中频繁地停机和运转的需要，绞盘机大部分都设置了卷筒离合器。这种离合器是利用摩擦来传递扭矩的，所以又称为摩擦离合器。其主要种类有：圆锥式，分单圆锥式（如红旗牌卷筒离合器）、双圆锥式（如闽林型前后缠绕卷筒）；外带式，如 SJ-23 绞盘机；内胀蹄式，如 YJ_3 绞盘机；多片摩擦式，如闽林 821 型摩擦卷筒离合器；齿式接合式，如 QJ-11 轻型绞盘机。

(三) 卷筒离合器构造

1. 圆锥式卷筒离合器

圆锥式卷筒离合器结构较简单，脱开性能好，不要做经常和复杂的调整。离合器的结合靠移动卷筒向开式齿轮做轴向压紧结合，因此这种离合器都受有轴向力，应用较普遍。闽林绞盘机双圆锥式缠绕卷筒离合器见图 2-41。

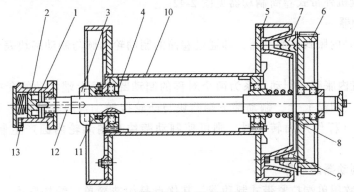

图 2-41　缠绕卷筒及其双圆锥离合器

1—工作油缸　2—活塞　3—冲板　4—轴套　5—制动轮毂　6—开式大齿轮　7—摩擦锥（外锥）
8—回位弹簧　9—锥形轮槽（内锥）　10—卷筒体　11—调整环　12—冲杆　13—工作油缸进油接头

双圆锥式离合器的摩擦锥（外锥）7镶在开式大齿轮6上，摩擦锥为木质的，两锥面镶以石棉带，靠螺栓紧固地连接在开式大齿轮6上。当圆锥体与卷筒制动轮毂5的圆锥形轮槽9脱离时，卷筒即与开式大齿轮6脱离。卷筒由于空套在卷筒轴上而空转，卷筒可实现制动或半制动（浮动），以适应工作的需要。

圆锥离合器的结合是靠轴端的离合工作油缸1的油压力，推动冲板3使卷筒做轴向移动，从而使装在卷筒上的锥形轮槽与齿轮上的摩擦锥相结合，其分离是借助回位弹簧8的张力，使卷筒回位，内外锥分离，卷筒的动力被切断。

2. 带式摩擦离合器

绞盘机卷筒采用带式摩擦离合器后，就无须再使卷筒（或齿轮）沿轴向移动做轴向结合或分离，这样简化了卷筒的各支承零件。因摩擦带对离合摩擦轮毂离程更为均匀，可减小带的径向离程及降低接合时的作用力。

其主要缺点是调节钢带和检修接合杠杆机构较为困难；当空气温度变化易产生钢带的伸长或缩短，施加于卷筒轴上的弯曲荷载较大，离合带与离合轮面径向间隙为1~2mm。

带式离合器有外带式和内带式两种，构造及装配使用上外带式较简单，因而外带式应用较广泛。

六、绞盘机的卷筒制动器

（一）制动器的作用、形式和原理

制动器的作用是使运动中的卷筒实现制动和控制其速度。其工作原理是施加附加阻力于卷筒，使其产生大于卷筒工作扭矩的制动力矩，实现制动调速的目的。

制动器是绞盘机的主要部件之一，关系到机械使用与安全，按其构造可分为外带式、闸瓦式、内涨式、蹄式等。不论其构造形式如何，制动器都要求制动灵活可靠、制动力大、散热性能好、便于调整维修等。

（二）制动器的构造

1. 外带式制动器

闽林型绞盘机三个卷筒均采用简单外带式制动器。每一个缠绕卷筒采用两个制动器，分别在卷筒的两端，能使制动力增大，制动时平稳。

SJ-23型绞盘机外带式卷筒制动器见图2-42。

2. 蹄式制动器

蹄式制动器是内胀式的制动器，即通过卷筒的制动轮内圆与制动蹄块表面产生摩擦来实现制动。

SJ-23绞盘机内胀蹄式制动器系为两个对称的制动蹄块，上端活动的套在偏心轴上，偏心轴固定于墙板（机架）上，制动蹄下端凸块与凸轮接触。当凸轮轴借助于工作油缸的油压顶出活塞推动杠杆作用而转动时，则可使制动蹄块与制动轮内圆产生制动与分离两个动作。

（三）带式制动器的计算

一般林业多数用单端拉紧带式制动器，其优点是构造简单、结构紧凑、维修调整方便。但在制动时制动毂的轴同时受到弯曲与扭转，当拉紧方向与制动轮旋转方向相反时，在制动带上的摩擦力有助于制动带拉紧；当拉紧方向与制动轮旋转方向相同时，在制动带上的摩擦

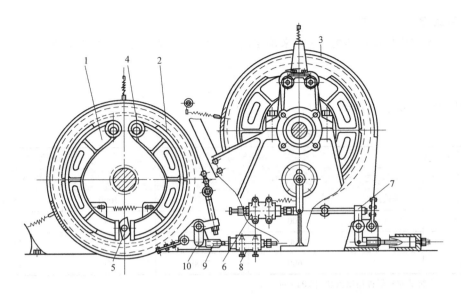

图 2-42　SJ-23 型绞盘机制动器

1—制动蹄　2—摩擦衬　3—带式制动器　4—偏心轴　5—凸轮　6—内制动蹄工作油缸　7—直摇杆　8—外制动带工作油缸　9—推杆　10—曲摇杆

力则阻碍制动带拉紧。要消除此弱点，建议采用双端拉紧式制动器。

1. 制动轮的制动力矩 T_z

不论采用何种结构的制动器，都需先求出制动力矩

$$T_z = KT \tag{2-28}$$

式中　K——制动安全系数，荐用值：集材绞盘机 $K = 1.2 \sim 1.4$，装车绞盘机 $K = 1.5$；

　　　T——卷筒在 I 档（或额定负荷低速档）时扭矩。

2. 制动轮的工作圆周力 P_z

$$P_z = \frac{2T_z}{D_z} = F_1 - F_2 \tag{2-29}$$

$$F_1 = \frac{P_z e^{f\alpha}}{e^{f\alpha} - 1}, \quad F_2 = \frac{P_z}{e^{f\alpha} - 1}$$

式中　D_z——制动轮直径；

　　　F_1——制动带紧边拉力；

　　　α——制动带轮上包角；

　　　f——摩擦系数，钢带附用石棉衬带为 $f = 0.2 \sim 0.4$；

　　　e——自然对数底，$e = 2.71828$。

3. 制动带最大的单位压力 p_{max}

制动带对制动轮的压力是随着拉力而变化的，在绕入端处为最大，在绕出端处为最小。

$$p_{max} = \frac{2F_1}{D_z B} \tag{2-30}$$

式中　B——制动带的宽度。

4. 带宽 B

带宽是根据许用单位压力 $[p]$ 来确定的，而制动轮毂宽度应比带宽大 5~10mm。

$$B = \frac{2F_1}{D_z[p]} \tag{2-31}$$

许用单位压力 $[p]$ 见表 2-12。

表 2-12 带式制动器 $[p]$ 与 $[pV]$

材料		停止制动		下降制动	
带式垫片	制动轮	$[p]$/kPa	$[pV]$/(kPa·m/s)	$[p]$/kPa	$[pV]$/(kPa·m/s)
钢带	铸铁或钢	1500	2500	1000	1500
石棉编织带	铸铁或钢	600	2500	300	1500
辊压带	铸铁或钢	800	2500	400	1500
木材	铸铁	600	2500	400	1500

注：$[pV]$ 为带式制动器许用摩擦功（kPa·m/s）。

为了保证带与带轮紧密贴合，制动带宽度应满足：当 $D_z \geq 100$cm 时，制动带宽 $B \leq 15$cm；当 $D_z < 100$cm 时，制动带宽 $B \leq 10$cm。

如果必须采用较宽的制动带时，建议装设两条平行的制动带。

5. 制动带最大单位压力和摩擦功的验算

$$p_{max} = \frac{2F_1}{D_z B} \leq [p] \tag{2-32}$$

验算单位比压 p 与摩擦速度（制动轮圆周速度）V 的乘积，以保证摩擦材料不会产生过热。则

$$pV = \frac{2F_1}{D_z B} \times \frac{\pi D_z n_z}{60 \times 100} \approx \frac{F_1 n_z}{1000B} \leq [pV] \tag{2-33}$$

式中 n_z——制动轮每分钟转速。

6. 制动带的厚度 δ

制动带的厚度由制动带的最大拉力 F_1，按其危险截面的拉伸验算确定的，即

$$\delta = \frac{F_1}{(B-id)[\sigma]} \tag{2-34}$$

式中 d——制动带与固接带的连接铆钉直径；

i——每排的铆钉数；

$[\sigma]$——许用拉应力，根据材料选择，见表 2-13。

表 2-13 制动带许用拉应力 $[\sigma]$

钢带材料	Q235	Q255、20、25	Q275、35(正火)	Q295、40(正火)
$[\sigma]$/MPa	70	80	100	120

制动带的厚度一般不大于 5mm，因太厚就难以保证制动带均匀地贴合到制动轮上。如果制动带厚度必须大于 5mm，建议把制动带做成两半，中间用铰链连接，制动带推荐尺寸见表 2-14。

表 2-14 制动带推荐尺寸

B/mm	25、30	40、50、60	80	100	140、200
δ/mm	3	3~4	4~6	4~7	6~10

7. 铆钉强度的验算

铆钉和带在铆钉孔中挤压强度条件为

$$\sigma_{jy} = \frac{F_1}{Zd\delta} \leqslant [\sigma_{jy}] \qquad (2-35)$$

式中　Z——铆钉数量，常 $Z \geqslant 4$；
　　　d——铆钉直径；
　　$[\sigma_{jy}]$——铆钉许用挤压应力，见表 2-15。

表 2-15　铆钉的 $[\sigma_{jy}]$ 和 $[\tau]$

铆钉材料	$[\sigma_{jy}]$/MPa	$[\tau]$/MPa
Q215	110	50
Q235	130	60

铆钉的剪应力验算

$$\tau = \frac{F_1}{mZ\frac{\pi d^2}{4}} \leqslant [\tau] \qquad (2-36)$$

式中　m——1 个铆钉剪切面数；
　　$[\tau]$——铆钉许用剪应力，见表 2-15。

8. 制动轮推荐尺寸

根据带式制动器的制动力矩 T_z，制动轮直径 D_z 及其宽度 B_z 推荐尺寸见表 2-16。

表 2-16　制动轮推荐尺寸

T_z/N·m	700~900	1400~1600	1800~2100	2800~4000	6400~8000
D_z/mm	200~250	300~350	400~450	500~700	800~1000
B_z/mm	70	90	100	110	150

9. 制动带与制动轮摩擦面间的径向间隙 ε

当带式制动器松开时，带与带轮摩擦面间的径向间隙 ε 的推荐值见表 2-17。

表 2-17　带与带轮的径向间隙 ε 推荐值

D_z/mm	100、200	300	400、500	600、700、800
ε/mm	0.8	1.0	1.25~1.5	1.5

七、绞盘机的操纵系统

绞盘机的操纵系统是指对卷筒离合器和制动系的操纵控制系统，要求操纵省力，操纵件灵活可靠。操纵机构形式有多样，一般分为机械杠杆传动操纵与液压操纵两大类。

（一）机械杠杆传动操纵系统

1. 杠杆传动原理

利用杠杆杆件以不同比例的长度进行组合，并获得所需要的杠杆传动比，来达到其传动目的。

2. 结构特点

闽林、工农绞盘机的制动器均采用机械杠杆传动操纵。

闽林绞盘机的制动器的机械杠杆传动机构的构造，抱在制动毂上的制动带，一端空套在制动轴上，另一端通过联轴叉、拉杆传至制动踏板。当踩下自动踏板时，使拉杆往后拉，通过连接叉使制动轴转动，并使制动轴一端的扭力弹簧（回位弹簧）扭动，套在制动轴上与制动带活动端相连的连接叉摆动，使制动带紧抱在制动毂上，即起制动作用；当放松制动踏板时，靠扭力弹簧回位，使制动轴转回原位，制动带即与制动毂分离。

在踏板下安装有自锁机构将踏板固定在任何制动位置上，以便保持一定时间的制动。如不需制动时，可将自动踏板上的一块小板往下踩，制动踏板靠制动轴上的拉力弹簧的作用而返回原位。

制动器的调整：当踩下踏板于座齿形板上的第3、4齿时，调整制动带的连接叉，使制动带贴紧在制动毂上，然后调整拉杆，如有空行程，应适当调整空间上的调整螺钉。当制动带松开时，应保持 0.8～1.5mm 的径向间隙。

工农781绞盘机卷筒离合器也是采用机械杠杆传动操纵，是靠座位前面的两根手柄进行的。当手柄往前推或往后拉时，通过杠杆传动，使摆杆摆动，再使卷筒上的拨叉转动双头螺母，使双头螺母沿固定在卷筒体上的螺旋套做轴向移动，从而推动卷筒体内的推力轴承，使卷筒沿轴上的滑键做轴向移动，使圆锥离合器结合或分离。

3. 杠杆传动及其操纵力的计算

杠杆传动机构是由司机在座位上利用手柄或踏板来进行的。

杠杆操纵系的计算，根据人类工效学的关系，人工操纵手柄和踏板推荐值见表2-18。

表2-18 人工操纵手柄和踏板推荐值

操纵方式	转动角度/(°)	主要或经常使用		辅助或不常使用	
		工作力/N	工作行程/mm	工作力/N	工作行程/mm
手柄	<30	70	250	140	400
踏板	<60	110	150	220	250

双级杠杆系统的传动比 i 为

$$i = \frac{b}{a} \cdot \frac{b_1}{a_1} \tag{2-37}$$

式中　b、b_1——主动杆的长度；

　　　a、a_1——从动杆的长度。

制动带绕出端（松边）拉力 F_2，即为带和杠杆系统连接端的作用力，其计算式为

$$F_2 = Pi\eta \tag{2-38}$$

式中　P——司机操纵力；

F_2——制动带绕出端拉力,$F_2 = \dfrac{P_z}{e^{f\alpha} - 1}$;

η——杠杆系传动效率,$\eta = 0.9 \sim 0.95$,只有在润滑和铰链好的条件下才取高限。

考虑杠杆手柄和踏板的利用行程,不应大于总行程的 75%~80%,其余应留作补偿机构工作元件的磨损和操纵系的余隙。杠杆元件应有足够的刚度,在正常工作中最大变形量不得超过工作行程的 10%。

(二) 液压传动操纵系统

1. 液压传动原理

根据液体不可压缩的特性,通过液压传动将机械能转换成油液的压力能,应用液体压力来传递能量。动力带动油泵,产生压力油,经油管路及控制调节装置进入油缸,推动工作件运动。

2. 液压传动操纵的优缺点

(1) 优点 工作平稳、无冲击、无振动、动作灵敏、操作方便;安全阀有过载保护作用,安全可靠;体积小、重量轻、工作压力大;液压传动能在很大范围内实现无级变速,便于实现自动化。

(2) 缺点 要求液压件精度高,加工制造较难;使用、调整、故障排除要求的技术高;在低温或高温下工作有困难。

3. 液压传动系统的组成

1) 能源部分。油泵是将低压油改变为高压油的一种装置,有叶片泵、齿轮泵、柱塞泵等。

2) 执行部分。液压机,即油缸或马达。油缸使运动件做直线运动,油缸分柱塞式、活塞式和复合式三种;油马达使运动件做旋转运动。

3) 控制部分。各种阀起控制调节作用,如换向阀是改变压力油方向的,溢流阀是限定系统压力的,节流阀是改变压力油流量的。

4) 辅助元件。如油箱、滤油器、油管接头和油管,以及密封件等。

5) 液压油。

4. 闽林绞盘机的卷筒离合器液压操纵系统

闽林 821 型绞盘机液压操纵系统图 2-43。连接在变速箱上的取力箱 9,通过齿轮传动,从变速箱里取得动力,带动叶片油泵 8 转动,从机油箱 7 里吸油而产生压力油,此压力油(工作时油压达 3~5MPa) 通过三通管接头分成两路进入操纵阀 13。左路经单向阀 10 直接流入操纵阀 13 及压力阀的左边,右边通过三通管接头(不经单向阀)而进入压力阀的右边,左路的压力油通到各工作油缸,推动各卷筒做轴向移动,使卷筒接合或分离,并推动压力阀内的柱塞 3 和滑阀 4,左右两路通常保持平衡。当三个操纵阀 13 都封闭时,压力阀左边的压力不断上升,推动了柱塞 3 和滑阀 4 向右移动,打开了压力阀内的回油孔,使单向阀前的压力油经压力阀回油孔流回油箱,从而得到卸载。通过改变操纵阀 13 的位置,使操纵阀内的压力油进入油缸或流回油箱,从而使卷筒得到结合或分离。通过调整压力阀调节螺钉 11,可使油路保持在一定压力下工作,超过此压力时,油路卸载,即可起安全保护作用。

闽林 821 绞盘机操纵装置共有五个手动杆和四个脚踏板。三个脚踏板控制三个卷筒的制动,另一个脚踏板控制主离合器;变速箱有一个变速杆,正倒齿轮箱有一个变向杆,另外三个手动杆控制三个卷筒的离合器。

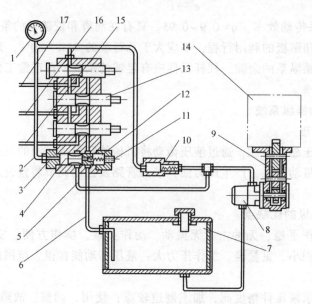

图 2-43　闽林 821 型绞盘机液压操纵系统

1—机油压力表　2—油管　3—柱塞　4—滑阀　5—旁通油管　6—回油管　7—机油箱
8—叶片油泵　9—取力箱　10—单向阀　11—压力阀调节螺钉　12—弹簧
13—操纵阀　14—油箱　15—至上卷筒油缸　16—至下卷筒油缸　17—至摩擦卷筒油缸

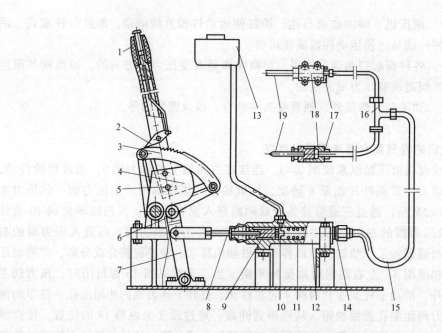

图 2-44　SJ-23 型绞盘机液压操纵系统

1—手把　2—棘齿　3—齿板　4—凸轮　5—螺栓　6—滚轮　7—摇杆　8、19—顶杆　9—活塞
10—皮碗　11—弹簧　12—主油缸　13—蓄油筒　14—油管接头　15—油管
16—三通接头　17—排气螺钉　18—工作油缸

5. SJ-23 型绞盘机制动操纵系统

SJ-23 型绞盘机采用外带式制动与内胀蹄式制动联合作用的结构，见图 2-44。

在操作过程中，要求两个制动器同时制动或分离。因此，由一个总油泵（主油缸）12 同时控制两个分泵（工作油缸）18，每一个分泵控制一个制动器。操作时手柄推动总泵活塞，总泵内油压增高，压力油通过油管流入两个分泵，使两个分泵活塞同时顶出，分别推动外带制动的曲摇杆和内胀制动蹄的直摇杆，来实现两个制动器同时制动或分离。

SJ-23 绞盘机共有七个操纵手柄和两个脚踏板，其中变速箱换档手柄两个，卷筒离合器手柄两个，卷筒制动手柄两个，起动手柄一个；发动机主离合器踏板一个，油门踏板一个。

八、绞盘机的机架

绞盘机的附属装置包括底架、卷筒支架、操纵座位、工具箱和防护罩等。

索道生产要求机架既牢固又轻巧，移动方便，通过性能好。底架采用槽钢拼焊而成，可分为爬犁式和设有行走装置两种形式。绞盘机的发动机、传动系统等都固定在底架上。闽林绞盘机的两侧为爬犁形式。爬犁两端各留两大孔作为吊运和固定绞盘机之用，爬犁底部各备有四个小孔，用以固定枕木之用。

卷筒支架（墙板）是用钢板冲压或焊接而成的，用螺栓与底架固定，卷筒装在支架上的轴承座内。

机架的结构尺寸根据绞盘机的作业要求和设计参数来确定。组件在机架上的布局要考虑：动力机及其他组件维修方便；司机作业安全；操纵机构比较集中；司机通视良好，能观察到卷筒收放索的情况。

自走式绞盘机的底盘可采用通用的拖拉机或汽车底盘，也可用森铁台车和汽车挂车，有履带式和胶轮式两种。由于自走式绞盘机不是作运输用的，因此它的速度不必太高，30km/h 即可，速度档位也不必太多。

第四节　绞盘机使用维修技术

为了用好绞盘机，必须熟悉绞盘机的结构和工作原理，正确掌握安全操作规程和技术，切实贯彻执行绞盘机的使用管理和维修保养制度。

一、绞盘机的验收

绞盘机的验收，是使用单位购买绞盘机时的第一项工作。每台绞盘机出厂前，都要经过合格检查，并附有一定数量的备用品、配件和必要的技术资料。因此，在提货时，必须根据说明书内规定的随机附件进行检查和验收。

二、绞盘机的磨合

新的绞盘机首先在较好的润滑条件和较周密的检查调整情况下，进行 30~40h 的空运转、负荷从小逐渐增大的试运转，然后才能以满负荷投入生产，这一工作称为绞盘机的磨合或试运转。

1. 绞盘机磨合的意义

新的或大修后的绞盘机，各配合件表面有不同程度的加工痕迹，如果不经磨合就投入满负荷工作，这些加工痕迹就会使磨损增大，降低使用期限。因此，新的或大修后的绞盘机一定要进行磨合，使各配合件在良好的条件下，将摩擦表面逐渐研磨平滑，形成能承受全负荷的良好光滑接合面，以延长绞盘机的使用寿命。

2. 绞盘机磨合的内容

绞盘机磨合包括发动机磨合和传动机构的磨合两大部分同时进行。

(1) 磨合前的准备工作

1) 擦净表面尘垢。

2) 检查并拧紧外部连接螺钉。

3) 检查发动机水箱水位、水箱接头紧固情况，风扇皮带的松紧度。

4) 检查发动机油盘内润滑油量、燃油量，以及供油系统有无漏油现象。

5) 检查蓄电池内电解液面、电器系统各接头紧固情况。

6) 检查气缸盖螺栓紧固情况。

7) 手摇转动发动机十几转，有无卡阻异声。

通过起动前的检查，确定绞盘机无异常情况，方可起动发动机。

(2) 发动机空转磨合

1) 按起动程序起动发动机。

2) 起动后，使发动机分别在小油门、中油门、大油门空转磨合。在这一过程中，应注意观察发动机有无漏水、漏油、漏气现象，各仪表工作是否正常。如有异常或故障，应立即停机检查并排除故障。

3) 发动机空运转时间为 0.5h，只有当发动机空运转完全正常时，才能继续整机磨合。

(3) 绞盘机的无负荷和带负荷磨合

1) 无负荷磨合：绞盘机各档应各进行无负荷空转 0.5h 磨合。

2) 轻负荷磨合：在绞盘机各档 1/3 的额定负荷下各进行 3h 的磨合，可利用起吊少量木材。

3) 重负荷磨合：在绞盘机各档 2/3 的额定负荷下各进行 4h 的磨合，可利用起吊较大量的木材。

绞盘机经过上述三个阶段磨合并清洗保养后，即可投入满负荷生产。

(4) 绞盘机磨合应注意事项

1) 磨合时，速度由低到高，观察发动机、传动系统运转情况，并检查制动是否灵活可靠。

2) 检查各仪表读数，观察离合器、制动器等操纵部分是否正常。

3) 在磨合时，如发现故障应立即停机排除。

(5) 绞盘机磨合后的工作 绞盘机磨合结束后，仍不能立即投入生产，因为磨合后绞盘机润滑系统中含有大量的金属粉末。因此，必须进行清洗、换油、保养和调整，其具体做法如下：

1) 停机后趁热放出变速箱、正倒齿轮箱内的全部润滑油，然后加入适量柴油，低速运转 2~3min 后，放出柴油，加入新的润滑油。

2）趁热放出发动机油底壳中机油，加入适量柴油，低速运转 1min 后，放出柴油，加入新机油。

3）清洗机油滤清器、柴油滤清器和空气滤清器，更换新机油。

4）放出冷却水，用干净水清洗冷却系统。

5）检查调整离合器和制动器、发动机调整器等。

6）检查并紧固全部螺钉、螺母。

三、绞盘机的操作方法

1. 绞盘机的安装

1）安装绞盘机的地面要平整并垫枕木，保证整机不发生前后、左右倾斜，预防变形。

2）绞盘机四角应用钢丝绳绷紧，钢丝绳直径大于 15.5mm，固定绷绳的伐根一定要牢固可靠，后绷绳张紧后和绞盘机纵向中心线夹角不大于 30°。前绷绳与绞盘机纵向中心线夹角不大于 45°。

3）起重索、回空索卷入卷筒时，其导入方向与卷筒轴垂直，使钢丝绳顺序地缠绕在卷筒体上，摩擦卷筒的钢丝绳的松边和紧边必须成 7°～10°夹角，不得平行出绳，减少钢丝绳间摩擦的机会。

4）绞盘机安装的位置应力求使绞盘机司机视野宽广，瞭望清晰。索道绞盘机位置一定要在承载索水平距离 20m 以外的安全位置。固定后搭好机房，并采取防火、防水、防塌等安全措施。

5）绞盘机上山时，可利用复式滑车，由本机牵引，在爬犁底下加滚杠或垫木。爬行时利用最低档，司机站在绞盘机较安全的一侧，保持一定的距离，跟着爬行，不许沿山坡横斜自爬，以防事故发生。

6）钢丝绳缠绕方向。闽林型绞盘机钢丝绳的缠绕方向见图 2-45。工农 781 型绞盘机的钢丝绳缠绕方向见图 2-46。

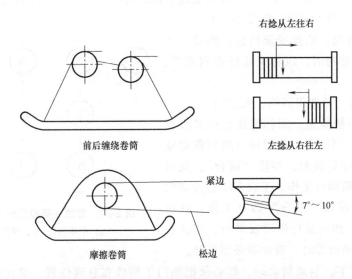

图 2-45　闽林型（带摩擦卷筒）绞盘机钢丝绳的缠绕方向

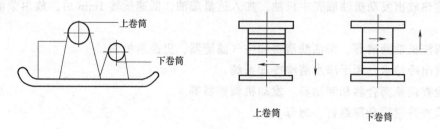

图 2-46　工农 781 型绞盘机钢丝绳缠绕方向

2. 绞盘机开机前的检查项目

1) 检查发动机水箱内是否充满水，油底壳是否按规定加足机油，燃油箱内有无充足的燃油，电气系统接线是否正确，各仪表是否完好齐全，各水管接头、燃油供给系接头是否固紧。

2) 检查变速箱内油面是否达到要求，开式齿轮内有无润滑油；液压油箱内是否充满机油，卷筒离合器螺旋套上有无润滑油。

3) 检查卷筒和制动器的操纵机构是否灵活可靠，各连接件（螺栓、开口销等）是否牢固。

4) 绞盘机上有无杂物。

3. 绞盘机的正常操作

1) 先将变速操作手柄置于空档位置，卷筒操作手柄放在分离位置。

2) 起动发动机后，检查仪表工作情况。机油压力应不低于 $5×10^4$ Pa，电流表指针应指向 "0" 或偏向 "+"，闽林型绞盘机的油压表压力应在 $3×10^6$ Pa 左右。

3) 变速时，先将卷筒制动，然后踩下主离合器踏板，使主离合器分离，敏捷地将变速手柄放在所需的档位。再缓慢放松踏板，使主离合器接合，动力即可传出。离合器分离时，应迅速彻底，不应施加冲击力；离合器结合时，应缓慢而平稳。当挂档困难时，可稍放松主离合器踏板，使变速齿轮略微转动，再扳动变速手柄到所需位置。切勿用力硬扳，以免损坏齿轮。变速手柄和正倒手柄的位置见图 2-47。

4) 根据负荷情况，选择变速档位，酌量加大油门。如需要起吊重物时，应将变速杆扳到低档，同时加大油门。

5) 跑车回空时，只选用高档、大油门。

6) 卷筒离合手柄操纵。闽林型绞盘机操纵阀手柄往前推，卷筒"分离"，此时即可进行制动或滑行；当操纵手柄往后拉时，卷筒"结合"，此时应将制动放松，卷筒即可工作。工农 781 型绞盘机操纵手柄往前推，卷筒"结合"即可工作；往后拉，卷筒"分离"，即可进行制动或滑行。应注意的是，当结合卷筒离合器时，制动器必须松开。

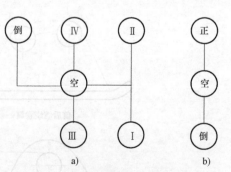

图 2-47　变速手柄和正倒手柄的位置
a) 变速挡位　b) 正倒挡位

7) 在任何情况下，卷筒制动时，都必须把油门手柄放在急速位置。禁止重载时，不扳动油门而使发动机怠速和不脱开卷筒离合器而紧急制动卷筒，这样容易造成机件损坏。

8）如遇重物滑降急需制动时，应迅速将制动踏板踩下，同时使卷筒离合器分离。

9）跑车下滑时，动力应熄火，可挂空档，利用制动器控制其下滑速度。切不可用分离卷筒离合器来进行滑行，也不可把脚放在主离合器的踏板上，以免引起摩擦片打滑，造成摩擦片快速磨损和分离轴承早期损坏。

10）跑车的滑行速度不得超过 6m/s，如发现超速时，切不可紧急刹车，应缓慢控制速度。

11）当绞盘机过载时，离合器打滑，应使卷筒离合器分离，同时制动卷筒，减轻载重或排除故障。

12）如需卷筒反转时，应先分离主离合器，扳动正倒齿轮箱手柄。

13）在使用中应注意听和观察发动机的变速箱、正倒齿轮箱及开式齿轮的响声，液压系统有无漏油，制动毂有无过热及各种仪表的指示情况，如有不正常情况，应立即停机维修。

4. 绞盘机停机时的结束工作

1）工作结束后，应使变速箱、正倒齿轮箱都处于空档位置。

2）将卷筒离合器放在分离位置，制动器放在制动位置并固定。

3）发动机熄火，关闭油门。

4）拔出电门锁或起动手柄。

5）拆下一根电瓶线。

6）在严冬时应将水箱和气缸体的水放尽。

7）将工具放进工具箱。

8）填写好随机日记。

四、绞盘机的故障与排除

1. 故障表现的特征

（1）作用反常　如发动机不容易发动、制动失效、绞盘机牵引力过小、各机件松动等。

（2）声音反常　如各部件发出不正常的敲击声、呼啸声、放炮声和吹嘘声等。

（3）温度反常　如发动机过热、离合器过热、轴承过热、机油温度或水温过高等。

（4）外观反常　如漏油、漏水、漏电、漏气等。

（5）气味反常　如摩擦片烧焦臭味、橡胶烧焦臭味、机油燃烧臭味等。

2. 故障的分析及排除

要正确地分析和判断绞盘机的故障，不仅要熟悉绞盘机的结构和工作原理，还要不断了解绞盘机的历史情况、故障现象及发生过程，根据故障征象加以分析，找出故障原因，进行排除。绞盘机的主要故障及排除方法参照绞盘机使用说明书。

五、绞盘机的安全生产

1. 绞盘机安全生产的重要性

在使用绞盘机进行生产过程中，必须认真贯彻安全生产的方针，生产要安全，安全为生产。只有在安全作业的前提下，生产任务才能顺利完成。

2. 绞盘机司机的职责范围

绞盘机司机在工作中应做到"三严""四检查"和"五不准"。

(1) 三严

1) 严格遵守各项规章制度，负责本机的使用、保养和管理，充分发挥全班组人员的积极性和设备的最大效能。

2) 严格按照《绞盘机使用说明书》中的技术保养和维护的规定，定期保养维护，保持设备的正常状况，填写好随机日记。

3) 严格执行工具材料的保管、使用制度，节约油料，降低器材、工具的消耗。

(2) 四检查

1) 检查绞盘机的运转情况，做到"三净"，即油净、水净和机身净；"四不漏"，即不漏水、不漏油、不漏电和不漏气；"五良好"，即调整良好、润滑良好、密封良好、紧固良好和电路良好。

2) 检查跑车、牵引索等工作情况，发现问题及时处理。

3) 检查通信设备情况，保持线路畅通。

4) 检查机房、油库安全防火情况，防止事故。

(3) 五不准

1) 不准机械带病作业。

2) 不准机械运转时离开岗位。

3) 不准猛拉和超载运转。如遇有不正常情况，应立即停机，查明情况。

4) 不准随意拆卸和借换零件。

5) 未经许可不准他人任意操纵绞盘机。

3. 绞盘机安全生产注意事项

1) 严格执行定人、定机的岗位责任制。未经培训的人员严禁开机。

2) 作业时严禁站在索道下方或在承载索两侧 20m 以内。

3) 按信号开机、停机，无信号或信号不明确时不开机。

4) 严禁用枯立木、病腐木作支架。

5) 因气候影响有大雾、大风或大雨时，均应停止作业。

6) 检查机房、油库周围安全情况，消除不安全因素，防止事故发生。

7) 检查通信设备信号情况，保证线路畅通。

8) 严禁机械带病作业，不准超载和超速使用。

9) 新的或大修后的绞盘机要按规定进行磨合试车后，方能投入正式生产使用。

10) 绞盘机司机每次开机前必须对绞盘机进行全面检查，检查各外露螺母是否拧紧，检查油、水是否加足，变速杆是否处于空档位置。

11) 起动时应采用小到中油门预热，不准用高速大油门起动。

12) 绞盘机所有运转部分未停止转动，不能进行保养、调整。

13) 绞盘机未熄火及变速杆未挂入空档时，绞盘机司机不得离开绞盘机，离开绞盘机时应把电门锁带走。

14) 必须根据冬夏季节差异，按规定选用油料，燃油应经 48h 以上的沉淀后才能使用。

15) 冬季收工时，应把动力冷却水放净。

16) 应经常检查绞盘机的制动装置，保持良好制动。

17) 绞盘机卷筒上的钢丝绳至少应留五圈，不准放完。

18）绞盘机临时需人工排绳时，应低速运行，排绳工应站在距离绞盘机 3m 以外操作。同时，应特别注意钢丝绳的接头和钢丝绳的断头伤人。

19）绞盘机起吊木材的重量，不准超过机械允许的负荷量。如超负载时，可增加动滑车来起吊。

20）绞盘机司机应随时注意跑车运行的位置，根据位置控制跑车运行速度。重载下滑时速度应控制在 6m/s 以内；通过中间鞍座或到达终点止动器时，速度应控制在 1.5m/s 以内；过转弯鞍座时，速度要更慢一些；跑车高速运行时，禁止急刹车；跑车越过中间鞍座后，有一段加速运行过程，此时应缓慢减速，不应急速制动。

21）遇有大障碍时，应及时处理后方能开车。

22）作业时发现有卡滞现象应停机检查。

六、绞盘机的保管维护

1. 保管的意义

林业生产是有季节性的，木材的采集作业季节性更强。因此绞盘机在一年中只有在一段时间内工作，其余时间则处于停歇存放状态，因此要正确组织好保管工作。

保管不善时，机器的锈蚀和损坏往往比工作时还严重。没有保管好，绞盘机卷筒离合器的木质会腐朽、变形，钢材会生锈、弯曲，零配件容易发生丢失和损坏，使国家和集体的财产遭到不应有的损失。

因此，只有保管好绞盘机，才能使绞盘机保持良好的技术状态和工作能力，才能延长绞盘机的使用寿命。

2. 绞盘机的保管维护

1）绞盘机长期停用时，最好要停放在室内、棚内，不得已露天停放时，应有雨布遮盖好，要停放整齐，露天存放应选地势高、排水好，离易燃物远的地方，最好在绞盘机底部垫以平整的垫木。

2）将蓄电池取下，放在不冻结、干燥的室内，电液要高出极板 10~15mm，每 1~2 个月要充电一次，需要停放 3 个月以上时，应倒出电液，并用清水和蒸馏水冲洗干净，直到没有酸性时，再存放起来。

3）在发动机的各气缸内注入 0.1~0.15kg 润滑油，并摇转曲轴，使润滑油均匀地分布在气缸内，注意每停一个月，要摇转发动机一次。

4）做好保养和修理，使绞盘机处于完好状态，绞盘机外部要擦洗干净，放出冷却水和燃油。

5）绞盘机的所有零配件应在室内保管，金属零配件要涂油防锈。

3. 油料的使用和保管

（1）油料的分类和牌号选择

1）柴油。《普通柴油》按凝点将轻柴油分为 5 号、0 号、-10 号、-20 号、-35 号、-50 号共 6 个牌号。牌号的含义为凝点。例如：5 号表示该种柴油的凝点不低于 5℃，在 5℃时开始凝固，失去流动性，就不能在油管中很好的流动。以上牌号柴油分别适用于风险率 10% 的最低气温 8℃、4℃、-5℃、-14℃、-29℃ 及 -44℃ 以下的地区使用。风险率是由我国气象台根据气温记录分析得出的。风险率 10% 的最低气温值表示该月中最低气温低于该值的概率为 0.1，或者说该月中最低气温高于该值的概率为 0.9。

十六烷值是柴油抗爆性的指标。十六烷值高，滞燃期就短，且不易产生爆震；十六烷值低，燃料在燃烧时急速放热，以后却急速下降，放热不均匀。转速高的柴油机，因气缸中着火时间较短，要求有较高的十六烷值，柴油的十六烷值一般控制在 45~60，有特殊要求者允许不小于 40。

工农 781 型、闽林 821 型、J23-A（2-1A）型绞盘机等都是采用轻柴油。柴油凝固气温要比实际气温低 5~10 ℃。例如，实际气温为 5~10 ℃应选用 0 号柴油。对于福建省，夏季一般选用 5 号，冬季则选用 0 号柴油为宜，目前普遍常年选用 0 号柴油。

2）汽油。《车用汽油》（GB 17930—2016）将车用汽油（Ⅳ）按研究法辛烷值分为 90 号、93 号和 97 号共 3 个牌号，车用汽油（Ⅴ）、车用汽油（ⅥA）和车用汽油（ⅥB）按研究法辛烷值分为 89 号、92 号、95 号和 98 号 4 个牌号，牌号的含义为研究法辛烷值（RON），表示汽油在发动机中燃烧时抵抗爆震的能力。例如：90 号汽油表示该汽油 RON 值不小于 90。选用汽油一定程度上要与发动机的压缩比相适应。通常情况下，应根据发动机的使用说明，选择不低于最低允许辛烷值的无铅汽油。闽林型、SJ-23 和 J_3 绞盘机汽油发动机选用 90 号汽油为宜。

3）机油。《内燃机油分类》（GB/T 28772—2012）将我国润滑油分为以下三类：汽油机油，分为 SE、SF、SG、SH（GF-1）、SJ（GF-2）、SL（GF-3）、SM（GF-4）、SN（GF-5）共 8 个级别；柴油机油，分为 CC、CD、CF、CF-2、CF-4、CG-4、CH-4、CI-4、CJ-4 共 9 个级别。级别越靠后，性能越好，适用于新机型或强化程度高的发动机。

牌号是按产品特性、使用场合和使用对象划分的。《内燃机油黏度分类》（GB/T 14906—2018）将内燃机油分为单级油和多级油，单级油有 0W、5W、10W、15W、20W、25W 共 6 个低温黏度等级号和 8、12、16、20、30、40、50、60 共 8 个 100℃运动黏度等级号。多级油是在一些经黏度指数改进剂调配，具有多黏度等级的内燃机油，这种机油低温黏度小，100℃运动黏度较高。目前多级油主要有 5W/20、5W/30、10W/30、15W/40、20W/40 等牌号，其中分子 5W、10W、15W、20W 表示低温黏度等级，分母 20、30、40 表示 100℃时的运动黏度等级。多级油可以四季通用。如柴油机油 CC 级润滑油有 3 个单一黏度等级（30、40、50）和 6 个多黏度等级（5W/30、5W/40、10W/30、10W/40、15W/40、20W/40）的润滑油牌号。

选用合适的内燃机油是保证发动机正常工作、延长其使用寿命的重要条件，应根据发动机结构特点和要求，先确定其合适的质量等级，再根据发动机使用的外部环境温度，选择该质量等级中的黏度等级。对于福建省，质量等级：汽油机油选 SE 级，柴油机油选 CC 级；黏度等级：冬季选 5W/30，夏季选 10W/40。

闽林型绞盘机液压系统应选用机械油，冬季使用 HJ-10 号机械油，夏季使用 HJ-20，HJ-30 机械油。一般号数越大油就越黏，夏季用号数大、黏度高的机油，由于夏季气温高，黏度高的机油也会变稀。相反，冬季气温低，要用号数小、黏度小的机油。

4）齿轮油。齿轮的润滑要用齿轮油，齿轮油是一种黏度很大的黑色机油，变速箱和正倒齿轮箱在夏季选用 HL-30 号齿轮油，冬季选用 HL-20 号齿轮油，代号表示恩氏黏度。开式齿轮可将齿轮油加进适量的沥青，以增加浓度。

5）润滑脂。润滑脂俗称黄油，是一种干软黄色的油膏，用于机器的轴承润滑。润滑脂分为钙基润滑脂、钠基润滑脂和钙钠基润滑脂三种。钙基润滑脂不怕水，但不耐高温，一般用 ZG-3 号钙基润滑脂。

6）刹车油。刹车油分为矿物刹车油和植物刹车油两种，植物刹车油有较好的低温性能，在-35℃左右能保证正常制动，对金属和橡胶零件均无腐蚀，可以冬夏使用；矿物刹车油在油温-50~150℃范围内制动灵活，质量好，成本低，润滑性能也好，能延长刹车部件和刹车油的使用寿命。SJ-23 绞盘机的液压系统可选用植物刹车油。植物刹车油通常用 57% 蓖麻油和 43% 酒精，按一定方法加工配制而成，外观为透明淡黄色。

（2）油料使用管理 使用和管理好油脂燃料，不仅对机械效能的发挥和降低成本有实际意义，而且对延长机械使用寿命有重要意义。机器中的运动零件靠润滑剂的润滑来减少磨损，如柴油机燃油供给系统是用精密零件来进行工作，液压系统也是用极精密的零件来进行工作的，如果油料不清洁，就会加快零件的磨损，以致破坏工作条件，使零件报废。因此，认真做好油料的管理和清洁工作，可以延长机器的使用寿命。

1）油料的净化措施。油料从炼油厂出来所含的杂质是极少的，是在允许范围内的。但从炼油厂出来后经过多次装用，到了使用单位及经加油工具，杂质就会增加。因此，必须采取下述净化措施。

① 沉淀。柴油内杂质比重大，可用沉淀方法来净化，大的油缸应经过 96h 以上的沉淀，小的 200kL 的油桶也要经过 48h 的沉淀，取油时不能摇动，放出上面清洁油供使用。

② 过滤。油料可经过滤除去杂质，可以通过过滤器进行加油，一般绞盘机及发动机上都有过滤器，不能取去。

③ 清洗。要定期清洗油缸、油桶和加油工具，确保贮油、加油工具清洁。

2）油料的存放。

① 油料存放地点选择：要选择交通方便、地势平坦、高而易于排水、地质坚实、干燥的地点。

② 油库四周设置 0.75m 深的防水沟，距公路不小于 20m，距机库和其他建筑不小于 100m。

③ 贮油量应够用 10d 的最大消耗量，油库应配金属油缸、油桶及附属设备。

④ 油料要按其品种、牌号分别存放，并用标牌加以说明，严防混淆。

⑤ 在使用季节前，要按计划贮运好油料，以保证贮放时间（96h 或 48h）。

⑥ 油料要有专人管理，做好油料的领发工作，经常检查贮油设备，保持清洁，防止渗漏损失。

⑦ 油库要有防火设备，如砂箱、铁锹、锄头等。

⑧ 废油回收存放利用：废油要分类保存，可用瓷缸盛装、加盖，标以废油的种类，经再生利用。

4. 液压系统的使用

1）油箱中的油液应经常保证正常油面，最初应放入足够的油量。在起动后，由于油进入了管道和油缸，油面会下降，因此必须再次添油。在使用过程中，还会发生漏油，故应在油箱设置液面计，以便经常观察和加油。

2）油液应保持清洁，要防止布屑之类落入油中，灌油时应通过 120 目以上的滤油器。油液要定期检查和更换。

3）油液应适当，油箱的油温一定不能超过60℃。

4）液压油路里的空气必须完全排除，油箱如有气泡，应加足油液，以防气泡进入油路；油缸中的放气塞，在起动时应放掉其中的空气。

5）在液压系统高压油路内，如发生泄漏现象，应停机修复，不能直接用手去堵塞。

七、绞盘机的技术保养

绞盘机在工作中由于振动，零件互相摩擦，致使连接松动，零件磨损或变形，如不及时保养，就会造成绞盘机的技术状况恶化，功率下降，油耗增加，故障增多，零件提前损坏，作业质量变坏，甚至引起严重事故。因此，及时正确地对绞盘机进行调整、维护和技术保养，是保证优质、高效、低耗、安全生产的关键措施。

（一）闽林型绞盘机和工农781型绞盘机的技术保养

1. 发动机的技术保养

闽林721型绞盘机、SJ-23型绞盘机的发动机，按相应的"NJ70型汽油发动机使用说明书"有关内容进行维护保养；工农781型绞盘机按相应的"FD295型柴油机使用说明书"有关内容进行维护保养。

当使用NJ70型汽油发动机时，在汽化器和进气管凸缘之间，装有限速片。在绞盘机开机后实际使用了100h以后，才可将限速片拆去，这样可以延长发动机的使用寿命。

NJ70型汽油发动机的电路系统见图2-48；FD295型柴油机的电路系统见图2-49。

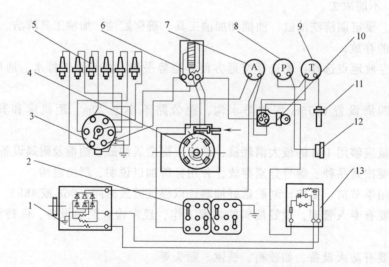

图2-48 NJ70型发动机的电路系统
1—发电机 2—蓄电池 3—分电器 4—起动机 5—火花塞 6—点火线圈 7—电流表
8—电压表 9—水温表 10—点火开关 11—水温传感器 12—油压传感器 13—调节器

闽林821型绞盘机发动机按相应的"495型柴油机使用说明书"有关内容进行维护保养。要注意的是：新的柴油机不要马上在满负荷下工作，应在绞盘机使用100h后再进行满负荷工作，可以延长发动机的使用寿命。发动机的电气系统见图2-50。根据用户需要有12V和24V共两种电源供选用。

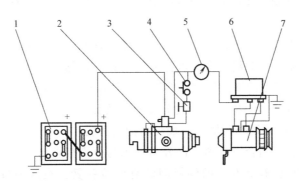

图 2-49 FD295 型柴油机的电路系统

1—蓄电池（3-Q-84 型） 2—起动电机（ST95 型） 3—点火开关（JK412 型） 4—起动开关（JK90 型）
5—电流表（0-30A 通用型） 6—电压调节器（FT70）型 7—充电发电机（JF01C 硅整流）

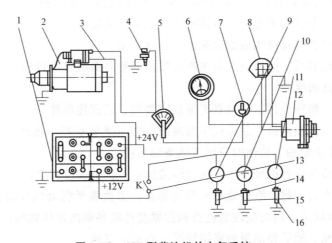

图 2-50 495 型柴油机的电气系统

1—蓄电池 2—起动机 3—电线部分 4—预热器 5—预热起动开关 6—电流表
7—电门开关 8—电压调节器 9—机油压力表 10—水温表 11—柴油表 12—发电机
13—仪表电源开关 14—油压传感器 15—水温传感器 16—柴油传感器

注：电源为 24V，其中 9、10、11 仪表用 12V，电源启动后送上开关 13，仪表可正常指示，停机时应及时关闭，以防意外，并可避免损失。

2. 单片干式常结合离合器的检查、调整、保养

当单片干式常结合离合器（主离合器）操纵机构的自由行程缩小时，说明离合器摩擦片的厚度变薄了，如果自由行程小于标准，离合器打滑或有损坏，就应停机检查。摩擦片若有油污也会产生打滑，应用煤油或汽油清洗。即在离合器接合分离时，往离合器摩擦面上浇煤油或汽油，冲掉附着的油污。清洗后等汽油干了再结合离合器，同时拧紧放油塞，调整离合器。

（1）闽林型、SJ-23 和 J_3 型绞盘机的主离合器的检查和保养

1）当离合器接合时，离合器分离杆调整螺钉端与离合器分离轴承的端面间的间隙为 3~4mm，离合器踏板自由行程为 25~30mm。

2）离合器分离杆调整螺钉的三个端部形成的平面与压盘工作面平行，且不平行度不超过 0.4mm。

3）当离合器摩擦片出现铆钉松动、开裂或铆钉头露出时，应更换新摩擦片。

4）离合器分离轴承的润滑是在每次保养时，将离合器壳右侧的加油杯盖按顺时针方向旋转 1~2 转，以使油杯中的润滑脂通过软管挤入分离套筒及轴承中。

5）在三级保养（季保）时，应清洗分离轴承及套筒，并在轴承套筒加油杯及变速箱第一轴前支承轴承内（曲轴尾端凹槽内）加注新的润滑脂。

6）为了避免离合器结合时，离合器分离轴承与分离杆调整螺钉端部接触，在分离轴承套筒及变速箱第一轴承盖上安装的钩板间装有回位弹簧，在拆装过程中应注意勿使弹簧损坏。

（2）工农 781 型绞盘机的主离合器的检查和保养

1）离合器的三个分离杠杆的高度，应调整到同一高度，以免出现单边磨损，检查并调整离合器分离轴承与分离杠杆头部之间的间隙，正常间隙为 2~3mm。

2）分离轴承在分离轴承座上，应能在支座上灵活移动。

3）从动盘花键孔与花键轴表面应涂上一层薄黄油。

4）每次一级保养时，应检查调整主离合器的间隙和踏板自由行程。

3. 变速箱检查和保养

1）检查外部。擦净油污，观察有无漏油或裂痕，紧固连接件。

2）检查油标。使箱内齿轮油在规定的油面位置，半年更换一次齿轮油，夏季用夏季齿轮油，冬季用冬季齿轮油。换油时应用清洁柴油清洗。

3）注意齿轮油不应有机械杂质，使齿轮接触不良，造成齿轮磨损。

4）检查各轴端的油封，纸垫处有无漏油现象。更换轴承盖处纸垫时，应注意原来的厚度，以免影响轴承间隙，同时应注意检查和拧紧变速箱各部的连接螺栓。

5）检查各齿轮、轴承和油封的磨损情况，必要时更换。

6）检查各拨叉、弹簧工作的可靠性，必要时更换。

7）要注意变速箱的换档情况，检查连锁机构。

8）发现变速箱有异响时，应立即停机检查，处理妥善后再继续使用。

4. 链式联轴节

每月加入适量的齿轮油，经常检查链条有无松脱现象，如有应及时给予更换。

5. 正倒齿轮箱

1）箱内必须充满齿轮油至油标水准，冬季采用 20 号齿轮油，其他季节采用 30 号齿轮油，每月检查一次，每半年换油一次。

2）当圆锥齿轮松动时，应拆下轴承盖，更换调整垫片，使齿轮啮合正常。

6. 摩擦卷筒

1）每月定期用油枪对准摩擦卷筒的齿轮与卷筒内的小油嘴，加入 3 号或 4 号钙基润滑脂。

2）每星期应向开式齿轮加一次齿轮油。

3）调整靠制动毂右边的两个大圆螺母，使离合器行程在 3~4mm。

7. 前后缠绕卷筒

1）每月定期用油枪对准卷筒齿轮及卷筒内的小油嘴加入 3 号或 4 号钙基润滑脂。

2）每星期应向开式齿轮加一次齿轮油。

3）锥形离合与锥形孔面的接触面积应在 70% 以上，且应分布均匀。

4）调整冲板与限位螺钉之间的间隙为 3~5mm。

5）调整环内有三个槽，即深槽、中间槽和浅槽，制造时冲板系装在深槽内。当锥形离合器体磨损时，可逐步更换冲板在中间槽和浅槽的位置。

8. 制动器

1）调整制动环上的调整螺钉，使制动带与制动毂的表面间隙 1mm。

2）新制动带应进行跑合，使接触面达到 70% 以上，并分布均匀。

3）调整制动带的自由行程，保证制动可靠，分离彻底。

4）所有卷筒制动行程以踏板踩下时，在齿板的第三、四齿应能制动为限。如有空行程，可调整杠杆上的调整螺钉，使小杠杆倾斜若干角度。

9. 液压系统

1）油路系统所使用的油必须清洁，加油时，应经油箱内的滤网，新绞盘机使用两个星期后应将旧油放出，更换新油。以后经常观察，如有损漏，应予补充，每半年更换一次新油。

2）检查各元件、油管接头有无漏油，应予以密封紧固。

3）调整压力阀的弹簧压力，使油压压力保持在 3MPa 左右，可将操纵阀左边的压力阀螺盖打开，拧动螺钉，顺时针旋转时压力升高，反之压力降低。

（二）SJ-23 型绞盘机的技术保养

1. 变速箱

1）拨叉在小轴上的移动位置，须符合齿轮啮合条件，可调小轴两端螺母，使之达到良好状态。

2）倒档轴承是青铜轴承，应注意油膜的正常，如发现磨损，应立即调换。

2. 前后卷筒

1）主轴上液压系统的油封漏油，则套入 V 形密封圈 33×38 共 5 层，由调整螺母拧紧到不漏油为止。但不宜过紧，过紧时密封圈易迅速磨损。每年须检查或调换一次，应注意 V 形密封圈的开口向前，切勿装反方向，松紧程度调整好后，再用细铁丝把调整螺母和六角螺钉串联起来，防止转动。

2）钢丝绳缠绕在卷筒上的余留部分，最小保留一层为宜，以便在卷筒上排绳整齐。

3. 卷筒离合器

1）卷筒轴端进油口的密封位置，内有 V 形密封圈 5~6 层，注意调整螺母松紧程度，至不漏不渗为止，但不宜过紧，否则将磨损空心轴。调整好后，用铁丝串住防松。

2）离合带与轮面的脱开间隙平均为 1.5mm，在贴紧状态时，校正限位螺钉，使其间隙在 1.5mm 左右。

3）工作泵的行程约为 20mm 为宜，要消除各杠杆的空行程消耗。

4）离合带的 M20 拉紧螺母应拧紧防松，所有杠杆轴及固定轴都要装上开口销，保证安全。

5）离合带与轮面的接触面积，应在全面积的 70% 左右，且分布要均匀。

4. 外带式制动器

1）外制动带与轮面的脱开间隙平均为 1.5mm，制动后用塞尺检查。如调换新制动片以后，应自行抱合，其接触面达到 70% 左右，分布均匀。

2）工作泵行程约为 20mm 为宜，要防止空行程消耗。

3）所有活动杠杆和支点轴，都要装上开口销，保证安全。

4）当更换新制动油或发现工作泵行程有异常时，应分析原因或在泵件的放气螺孔处排除空气和废油。

5. 内胀式制动器

1）制动蹄与轮面的脱开间隙，上部约为 0.25mm，下部约为 0.5mm，不应存在局部卡住现象，制动后用塞尺检查，其接触面积达到 70% 左右，分布均匀。

2）工作泵的行程在 15~20mm 为宜，为了防止空行程消耗，可调整顶杆，使凸轮拉杆前倾若干角度，或在制动蹄端块上加调整盒或加减调整片。

3）制动蹄的制动片，下半部磨损较快，应定期进行校正，使磨损的位置逐步上移。校正的方法是适当转动偏心轴的偏心量，并保持其与制动面的脱开间隙。

4）当更换制动油或发现工作泵行程有异常时，应分析原因，排除空气和废油。

6. 离合器与制动器操纵机构

1）制动油采用汽车用的制动油，系由蓖麻油、酒精（甲醇）各半混合而成。制动油必须清洁，不变质，在冬、夏季各更换一次。

2）换新油时，借制动油箱内贮油压力流入总泵，再到工作泵，在工作泵的放气螺孔处，可检查满油程度，并将残存空气排出泵外。检查泵内满油的方法是轻轻拉动总泵手柄，迫使泵内油量不断输出。此后总泵手柄退回原位，而制动油方可补充到总泵内，同时，总泵内的残存空气也可向上排出制动油箱，见图 2-51。

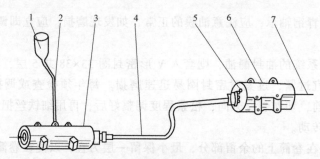

图 2-51 液压操纵机构的油路系统
1—制动油箱　2—透明油管　3—总泵　4—油管　5—放气螺孔　6—工作泵　7—顶杆

3）总泵手柄的下部凸轮的运动，应与活塞顶杆的行程相适应。即空隙行程在凸轮的直线部分 A，制动行程在凸轮的曲线部分 C，而控速行程在凸轮的圆弧过渡部分 B，见图 2-52。

7. 卷筒离合器和外带式制动器的调整步骤

1）试拉操纵手柄在制动位置上，使离合带（或制动带）贴紧在轮面上，观察工作泵的行程和操纵手柄凸轮的接触位置。

2）调整离合带（或制动带）活杠杆端的 M20 螺母，使其在贴紧位置时，工作泵的行程在 20mm 左右。

3）拧紧离合带（或刹车带）活杠杆端的 M20 螺母及其相对方向的防松螺母。

4）调整离合带外圆的 5 个限位螺钉，使其间隙各为 1.5mm 左右。

5）挂上制动带活杠杆端的复位弹簧，并使其有足够的弹性。

6）放松操纵手柄到原始位置，检查离合带（或制动带）的间隙，应与轮面完全脱开。

7）起动发动机，在正常的情况下，首先拉紧离合器手柄，卷筒即转动，再逐步拉紧制动器手柄，进行抱合检查。当发动机达到最大功率时，制动器的制动能力应稍大于离合器的抱合能力，即制动器制动住卷筒时离合器容许打滑，以保证生产安全。

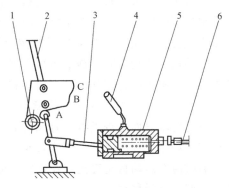

图 2-52 液压操纵机构的工作状况
1—支点轴 2—手柄 3—顶杆
4—进油管 5—总泵 6—出油管

8. 内胀式制动器的调整步骤

1）调整制动蹄。扳动偏心轴，使制动蹄与轮面全部贴紧为止，立即固紧偏心轴螺母。然后放松手柄，观察制动蹄与轮毂的间隙，上部为 0.25mm，下部为 0.5mm 的范围内较适宜。

2）调整工作泵的行程。先调整凸轮顶杆的长度，使顶杆顶住泵内活塞，即使凸轮有一个预偏角，使工作泵行程保持在 15~20mm 为宜。如制动片磨损，制动蹄间隙不良，或工作泵行程太大时，可在制动蹄下部加装调整盒及调整片。

9. 总泵及其管道加油步骤

1）制动油进入总泵前，先松开工作泵的放气螺钉。

2）操纵手柄在原来位置上，总泵活塞回到起点，保持总泵进油孔畅通。

3）制动油陆续灌入管道内，不能断油而让空气吸入管道内。

4）观察工作泵的放气螺钉，已满油即旋紧放气螺钉。

5）当试拉手柄而感觉无力时，即需排除空气。方法如下：轻轻拉动手柄，并放松工作泵的放气螺钉，使空气向外排出，以后立即拧紧放气螺钉，应注意手柄摆动不能太大；如此反复多次，直到工作泵放气处无气泡泄出，而试拉手柄感觉逐渐有力，直到恢复正常为止。

绞盘机的润滑，请参照绞盘机使用说明书。

八、绞盘机的维修

（一）部件维修

1. 主离合器

起动发动机，变速箱挂上档，使卷筒制动，然后慢慢抬起主离合器的踏板，同时徐徐加大油门。如发动机继续转动并不熄火，说明主离合器打滑。发现打滑的故障后，可先调整分离杠杆的调整螺钉顶端与离合器分离轴承的端面间隙（应为 3~4mm），以防止轴承损坏和摩擦片烧坏，应使三个分离杠杆调整到同一高度，以免出现单边磨损，或出现因三个爪受力不均而折断其中一个。若无法排除打滑，应拆下主离合器，检查摩擦片表面有无粘油，如有可用汽油洗干净，或因长期使用而使摩擦表面磨损，可用铲刀锉毛或更换。

在更换新的摩擦片时，在铆接后应检查摩擦片与花键孔的垂直度（在半径120mm处测量其不垂直度应不大于0.7mm）及摩擦片间能在两块相距11mm的平板中自由转动。

当发动机怠速运转时，踏下主离合器踏板进行挂档。如变速箱齿轮有撞击声，挂档困难或挂上档后，不抬离合器踏板，卷筒就转动或发动机熄火，这时应首先检查踏板的自由行程会不会太大。拆下主离合器按"故障与排除表"检查，如不因这些原因造成，应拆下花键轴，检查花键轴表面是否光滑，有无伤痕，修整好花键轴后，把从动盘和分离轴承座在外面进行试装，如装不进去，再重新修整花键轴、从动盘和分离轴承座。

安装时应在从动盘花键孔与花键轴表面上涂上一层薄黄油，分离轴承装在分离轴承座上应能在支座上灵活移动。

2. 变速箱（NJ130变速箱）

闽林型、工农781和J_3型绞盘机的变速箱的齿轮为径节制。美、英等国采用"英寸制"，它们不用模数 m 而用径节 D_p 作为计算齿轮所有几何尺寸的参数。径节表示每1in分度圆直径 d 所包含的齿数 Z，即径节 $D_p = Z/d$。径节与模数关系为 $m = 25.4/D_p$。除Ⅰ档及倒档齿轮的径节为7/9外，其余各档齿轮的径节都是7。所有各档齿轮的压力角均为22°30′，各档齿轮的间隙为0.15~0.25mm，在倒档齿轮轴开槽一端有一个M8×1.25的螺孔，供拆卸之用。

（1）变速箱的常见故障及其修理方法

1) 使用中如听到箱内发出金属干摩擦声，用手触摸变速器有烫手感觉，这是缺少润滑油或油质量变坏而引起的，应加油和检查润滑油质量，必要时予以更换。

2) 变速箱空档时发生突然撞击声或挂进某档时响声明显，多为齿轮牙齿断裂，应及时拆开变速箱盖检查，以防造成机件损坏。由于制造齿轮需专用设备及专用刀具，因此必须购买配件进行更换。

3) 空档时就听到异响，踏下主离合器踏板后声音消除，一般为第一轴前后轴承磨损松动或常啮合齿轮响。如换入任何档都响，多为第二轴后轴承响，对于严重松动或损坏的轴承，应予以更换。

4) 当发现某档跳档时，应将变速杆仍挂入该档，然后拆下变速箱盖察看齿轮啮合情况。如齿轮啮合良好，应检查换档机件。

5) 用手推动跳档的换档叉，试试其定位装置是否可靠。如定位不良，需拆下换档叉轴检验定位球和弹簧。如弹簧过软、折断应进行更换。如换档叉轴凹槽磨损，应予修理。

6) 如齿轮未完全啮合，用手推动跳档的齿轮能正确啮合，应检查换档叉是否弯曲或磨损过大，换档叉固定螺钉是否松动，叉端与齿轮开槽间隙是否过大。如换档叉弯曲应校正；如因换档叉下端磨损与滑动齿轮槽过松时，拆下修理。

7) 如换档机构良好，而齿轮或齿套又能完全啮合时，应检查齿轮是否磨损成锥形，轴承有无松动，变速轴是否前后移动，必要时拆下修理或更换。

8) 当换档杆不能挂入所需档位，或挂入档后不能退回空档，即为乱档；此时如变速杆能任意转动，则系变速杆定位销折断，失去控制作用；如摆动很大，说明定位销磨损过大而引起乱档，应予以更换。

9) 如不能挂上所需要的档位，变速杆位置稍有不对就挂入另一档或越过变速叉，此时即为变速杆下端工作面磨损,应进行修理。

10)若能同时挂上两个档,则为互锁装置磨损而失去作用,应拆下变速箱盖进行修理。

(2)修理后安装时的注意事项

1)拆洗变速箱后,安装第一轴轴承锁环及第二轴轴承锁环时,应使锁环的开口位于变速箱壳轴承孔下部的回油孔处,使回油孔路通畅;安装第一轴轴承盖时,也应使盖上的油槽对准变速箱壳上的回油孔,以免导致轴承盖产生漏油。

2)安装Ⅲ、Ⅳ档换档叉轴时,应注意检查轴上横向止动销的铆钉是否紧固,以免松动掉入箱内而打坏齿轮等零件。

3)第二轴的轴向间隙应不大于0.2mm。

4)拧紧第二轴凸缘槽形螺母的力矩应为180N·m。

3. 正倒齿轮箱

1)正倒齿轮箱发生响声时,应检查圆锥齿轮有无磨损或啮合间隙过大,必要时应给予更换及调整。更换及调整时应保证圆锥齿轮齿面接触点按齿长不小于50%,按齿的工作高度不少于40%。

2)如因结合子或圆锥齿轮花键部分磨损,当更换时应将原花键轴(即输出轴)拆下,然后用锉刀修整花键孔,在花键轴上试装能轻便滑动时,方能装入。

3)小圆锥齿轮严重磨损时也应拆下更换,更换时应进行调整,使其齿侧间隙为0.15~0.40mm。齿侧间隙的检查:在齿侧放一段保险丝,齿轮向一个方向转动,保险丝在齿侧被挤压,当保险丝掉出后,测量被挤压后的保险丝的厚度即为齿隙,并按接触痕迹判明啮合状况是否正常。

4)如发现正倒手柄挂档困难,检查拨叉杆上的两块铜块。发现磨损时,应把拨叉杆拆下进行校正。如拨叉杆顶端铜块磨损的比下面的铜块大时,要拆下后盖,在拨叉杆与小轴的下端加垫圈,调整到拨叉杆两块铜块的中心线与大圆锥齿轮轴的中心线一致。

5)拨叉杆跳档时,应调整拨叉杆后面的正倒牙螺杆或拆下拨叉,检查拨叉上下是否碰到大圆锥齿轮,并进行整形。

4. 开式齿轮

1)一对大斜齿轮的间隙太大时,齿轮转动时会引起较大的响声,简单的修理办法是用半圆锉刀将左右两侧的轴承座与墙板固定的孔往一侧锉,然后调整到两斜齿轮的侧向间隙密合到正常齿轮啮合传动的要求。

2)斜齿轮齿形如出现单头磨损,说明两齿轮轴的轴线不互相平行,应用半圆锉刀将对边的两侧的轴承座固定孔锉大,然后敲动卷筒使二轴线平行,再把两大斜齿轮位置固定。

5. 卷筒

1)卷筒不工作时,卷筒体后退不灵或不退,主要是由于卷筒轴与轴承间隙太小;卷筒轴生锈或卷筒轴上的键与轴套配合太紧。此时,应将卷筒拆下进行必要的修整。

2)卷筒工作时,卷筒锥形离合器无法紧密结合,即使增大液压压力,仍不能密合,造成吊重量降低,这时应拆下卷筒,检查并修整,将平键长度锉短一些。

6. 卷筒离合器

(1)闽林型绞盘机卷筒离合器的调整 前后卷筒应调整冲板与限位螺钉之间的间隙为3~5mm。在前后卷筒端部的调整环内有三个槽,即深槽、中间槽和浅槽,制造时冲板安装在深槽内，当锥形离合器体磨损后，可逐步更换冲板在中间槽与浅槽内的位置。当离合器磨损过大时，应更换。摩擦卷筒离合器应调整靠制动毂一端的两个大圆螺母，使离合器行程在3~5mm。

（2）工农781型绞盘机卷筒离合器的调整　将拨叉上的螺钉松开，旋转拨叉至所需的角度，再将螺钉固入双头螺母的定位孔内。

7．制动器

1）制动器的调整。踏下制动踏板，调整制动带的连接叉，使制动带收紧在制动毂上，然后调拉杆，使踏板在操纵座齿板的第三、四齿上。如有空行程应适当调整空间上的调整螺钉，当制动带与制动毂松开时，应保持1.5mm的间隙。

2）闽林型绞盘机应调整制动环上的调整螺钉，使制动带与制动毂保持1mm间隙。

8．液压系统

1）液压系统的调整。将压力阀盖拧开，拧动调整螺钉，调整压力阀的弹簧压力，使压力保持在3MPa左右。当需要吊较大重物时，可酌量调整压力阀的压力，但是不要超过5 MPa。

2）如发现漏油时，检查各油管的喇叭口有无磨损、各铜管的螺母和接头有无滑牙或乱牙，或铜管有无破裂，如有这些现象应拆下修理或更换。

3）各油管在工作中如有较大的抖动时，应用螺钉、压板和橡皮垫加固，防止油管振动而引起各接头漏油。

4）油压表压力突然增高时，应拆下压力阀检查阀杆是否在压力阀内卡住或不灵活。如有这种现象，应用氧化铬研磨阀杆和孔。直至阀杆能在压力阀内灵活移动时为止。同样，要检查小柱塞，处理方法相同，最后要检查压力阀内是否干净，必要时拆下清洗。

5）如发现操纵阀的三根阀杆的两端漏油，应拆除两端的压盖，检查O形密封圈是否垫好，并测量阀体放密封圈槽的深度，槽过深时，应加垫纸垫，应使槽的深度为2mm。

6）操纵阀的三根阀杆操作太紧时，应检查两端的压盖是否有卡住操纵杆，应重新调整压盖上的四个螺钉，锁紧时必须均匀上紧。

7）阀体上螺钉堵孔部位有漏油时，可用铁锤轻轻敲打或用保险丝重新堵住。

9．操纵系统

1）当踩下制动踏板后，制动轴回位不快或不回位时，应重新锁紧回位弹簧或检查制动轴与孔的配合，以减少制动轴回位的阻力。

2）制动带磨损后产生制动踏板行程太大时，应调整制动带上调整螺钉或调整卷筒拉杆上螺钉。

3）工农781型绞盘机卷筒离合器操纵手柄往前推，卷筒的吊重量仍无法增大时，说明卷筒的轴向移距还不够；卷筒离合器不能密合而有打滑现象，应按上述该机卷筒离合器进行调整。如出现操纵手柄间隙太大时，应拆除卷筒上的端盖，减少端盖上纸垫厚度，使双头螺母与螺旋套的间隙减少。

（二）整机维修

1）整机进行维修时，应有步骤的将各部件按顺序地拆下来，并注意拆卸方法和定位尺寸，以免破坏原机的装配尺寸。

2）清除零件的毛刺和对碰伤的部位进行修整，损坏零件必须更换，零件要清洗干净。

3）应按零件的配合要求进行装配，对于相配合的零件，应测出其配合公差，如超出公差应进行修整或更换。

4）凡属于传动部位的零件或部件，在装配前必须能转动自如。

5）拆装动力时，应注意变速箱输出轴的链轮与正倒齿轮箱输入轴的链轮应有一定的间隙，并注意链轮与链轮之间上下、左右尺寸，以免出现动力左右偏离太多，而产生动力底座螺钉无法锁紧。

6）在更换正倒齿轮箱的大小圆锥齿轮时，要注意正倒齿轮箱体底下的垫片；重新安装正倒齿轮箱时，大小圆锥齿轮的间隙和平行度都要重新调整。

7）正倒齿轮箱内的拨叉铜块磨损，拨叉杆弯时，在拆后盖时应把前后卷筒的钢丝绳放完后才能进行整修。

8）前后卷筒拆下整修时，要防止四条制动带变形、拉直和压扁现象。

9）安装液压零部件前，一定要把零部件清洗干净，所有油管接头安装前也要用汽油洗干净。

10）更换卷筒离合油缸的铝活塞时，使活塞能在缸体内灵活的活动后，再清洗干净后装入。

11）当发现油缸漏油时，首先应检查橡胶油封（皮碗）有无损坏。更换时，应选择橡胶油封直径与缸体直径一致，外圆完整、光滑的，不要选用直径比缸体内径小和不圆、椭圆、带毛刺等的橡胶油封，并清洗干净后换入。

第五节　索道安装架设技术

二维码 2-8
林业索道安全架设技术

一、安装架设的准备工作

1. 制定施工计划

山地、丘陵架设索道，工作条件差，通信联系不便，若计划不周，容易造成窝工和事故，从而拖延架设时间，影响生产进度。因此，必须要有周密计划和统筹安排。为此，施工前必须按照设计文件的要求和施工现场条件制订施工计划，指出施工所需要的设备、材料的规格和数量、现场准备工作的内容、施工人员的人数、任务及技术要求、安装的程序及进度等，并要求施工人员做到心中有数，以保证安装准备工作顺利进行。

2. 施工现场的准备工作

1）根据设计文件与现场条件对照，复查全部设计，如有差错，应及时更改或重新设计。

2）在起终点之间修建必要的人行及材料搬运的道路。

3）沿索道中心线两侧伐开障碍的树木杂物，以利于索道作业，伐开宽度 2~3m。

4）架设通信线路，以便架索作业及生产运营时保持必要的联系。

5）起终点和中间支架如无天然立木可利用，需要人工埋桩时，应按设计要求预先埋设好。

6）做好绞盘机安装固定锚桩和修建机棚设施，机棚应在承载索一侧 20m 以外的安全地区。

7) 凡安装架设中所需的器材、机具等，应在架设前准备就绪，并运至施工现场。

二、索道的安装架设

1. 索道的安装步骤

1) 平整机棚用地，安装绞盘机及索道终点支架（位于卸材点）。
2) 安装中间支架、导向滑轮、起点支架。
3) 铺设安装索、穿好复式滑车索、铺设回空索或牵引索等。
4) 用绞盘机牵引承载索铺索或人工铺设承载索。
5) 张紧鞍座吊索。
6) 张紧承载索并固定其索端。
7) 测定承载索的张紧度。
8) 安装跑车及其他尚未安装的设备。

2. 绞盘机、鞍座、滑轮、绷索等安装

（1）绞盘机的安装

1) 绞盘机运到现场后，采用自爬方法或利用已架索道线路吊运方法，运到预定的位置，将绞盘机方位确定后，在其底架下部垫以枕木（300mm×300mm×3000mm），并进行水平校正，将机架四角上钩环用 ϕ18.5mm 钢丝绳固定在锚桩上。绷索用 M24 紧绳器调整绞盘机位置，绷索与机架中心线夹角不大于 30°，见图 2-53（1 为紧绳器）。

2) 为了卷筒上钢丝绳工作时自动排索良好，绞盘机安装与其前方第一个导向滑轮的进索边应在卷筒的垂直平分线上，第一个导向滑轮距卷筒距离不少于 20m（图 2-54）。

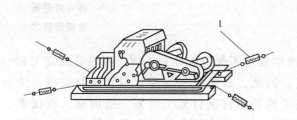

图 2-53 绞盘机绷索固定

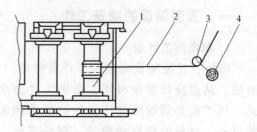

图 2-54 绞盘机与导向轮安装
1—卷筒 2—钢丝绳 3—导向滑轮 4—伐根

3) 安装完毕后，起动发动机进行空载运转 30min，然后分别接合离合器，带动卷筒运转试验，并注意检查各部件有无异常现象，并进行正确的调整。

（2）中间支架、鞍座安装（图 2-55）　鞍座吊索的张紧在铺索之后进行，将承载索放入鞍座导板槽内。放入前，导板槽应涂以黄油，并注意鞍座大挂钩（导板）的开口方向，然后将鞍座盖板固定好。

（3）转向滑轮安装法（图 2-56）　固定各种滑轮、绷索等的活立木，应用垫木围绕保护树干，以免树皮受损，树木枯死，影响固接和使用时间。固接滑轮用的钢丝绳为 ϕ15.5~18.5mm。

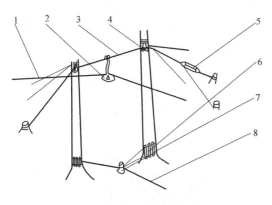
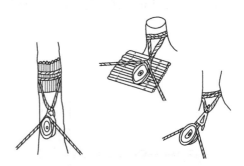

图 2-55 中间支架安装法
1—承载索 2—鞍座 3—鞍座吊索 4—托索滑车
5—复式滑车 6—垫木 7—翅形滑车 8—牵引索

图 2-56 转向滑轮安装

(4) 绷索的绷紧法（图 2-57） 绷索用的钢丝绳为 $\phi15.5 \sim 18.5$mm。在立木上绕两圈后，用手搬葫芦绷紧后，用卡子固定。有时在绷索中间用紧绳器连接，此时可以调整其张紧度，支架立木与绷索形成的竖直角一般为 $45° \sim 60°$，鞍座支架立木直径不小于 20cm。

3. 架索作业

架索作业，包括铺索、连接、架起、调整张紧度和锚接固定等。

(1) 铺索

1) 目前由人力铺索时，是将较细的回空索从起点拉到终点（或相反），即把索分成多卷，每卷质量为 $15 \sim 20$kg，间隔 $3 \sim 4$m，每人各背一卷，列队前进铺设，或搬运上山后，固定其一端，另一端沿线边走边解，铺放直至到山下。

2) 当绞盘机有摩擦卷筒时，应充分利用这一条件，铺设回空牵引索并卷绕到摩擦卷筒上 $3 \sim 4$ 圈，然后将两个端头与解绞器连接，构成闭合循环牵引（图 2-58），将承载索的一端与解绞器的一个三角端连接后，张紧循环索，即可铺设承载索。

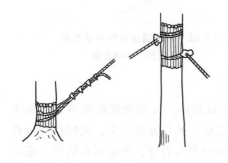
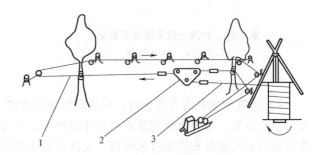

图 2-57 绷索的绷紧

图 2-58 铺设承载索
1—循环牵引索 2—解绞器 3—承载索

3) 悬吊起承载索卷筒的三角脚架，应注意其卷筒转动的情况，以保证承载索卷筒放索正常。铺索过程中应注意不能使钢丝绳打绞或扭结。

(2) 架索张紧与承载索的锚接固定

1)铺设完成后,承载索的一端固定,其固定的方法很多,如利用伐根或活立木根部固定,见图2-59。其一端在立木或伐根上缠绕3圈后,用卡子固接,缠绕承载索安装固接点距地面高不超过1m为宜。利用山上支架架设承载索的安装固接,见图2-60。

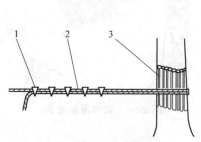

图2-59 承载索固定

1—卡子 2—承载索 3—垫木

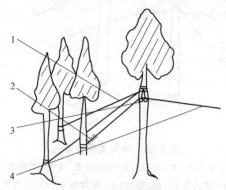

图2-60 承载索安装固接

1—绷索 2—卡子 3—托索滑轮 4—承载索

2)利用上绷索(图2-61),或利用横绷索(图2-62)等方法架设承载索的安装固接。

3)承载索的另一端头(通常为山下终点)用绳夹板夹紧,绳夹板一端用$\phi 18.5 mm$钢丝绳与复式滑车连接,其距离约为1.5m,另一复式滑车固定于终点支架后的立木或伐根上,两复式滑车间用$\phi 11 mm$钢丝绳串联,串联一端固接在后面一只复式滑车螺栓上,另一端与绞盘机卷筒相接,或与其上牵引索相连,见图2-63a、b、c,架设承载索安装固定方法,按伐区实际条件和具体情况,因地制宜选择采用。

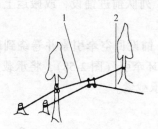

图2-61 利用上绷索架设承载索

1—上绷索 2—承载索

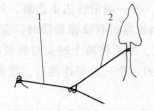

图2-62 利用横绷索架设承载索

1—承载索 2—横绷索

4)承载索张紧前有鞍座时,应先在鞍座导板槽内涂以黄油,并略张紧鞍座吊索使鞍座处于直立位置,再将承载索放入鞍座导板槽内,并盖好盖板,其松紧应适中,同时检查承载索各部位的可靠性和线路有无障碍,起终点及中间鞍座应有专人看守,确定联系信号,采取鞍座吊索和承载索轮流张紧,即鞍座吊索张紧一段,承载索张紧一段,直至达到设计要求高度为止。

5)张紧时应注意各立木绷索和绳卡卡子变化情况,如发现问题,应及时停机排除,注意架设安全。

6)起终点立木绷索采用$\phi 18.5 \sim 22 mm$钢丝绳,其与承载索水平夹角控制在$10° \sim 15°$。

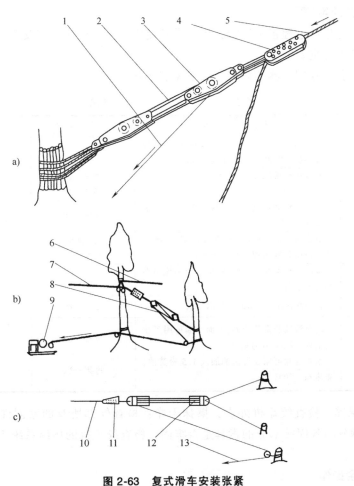

图 2-63 复式滑车安装张紧

1、13—接绞盘机卷筒　2—张紧索　3、8、12—复式滑车组　4、11—绳夹板
5、7、10—承载索　6—绷索　9—绞盘机

三、索道的使用管理

索道在地形条件比较复杂的情况下应用,尤能发挥其他集运材机械所不能发挥的作用。所以,索道生产的整个过程是在自然条件比较差的环境中进行的,为了确保索道生产的正常工作,就必须认真搞好索道的运用和管理工作。

1. 明确生产组织及人员职责范围

索道生产的班组人员配备应根据索道的类型、索道线路的长短和地形复杂程度,以及作业内容等不同而异。一般应由绞盘机司机、捆挂工、卸材工及信号员组成。人员的数量应以保证正常生产进行的需要量而定(一般情况下不超过10人)。如果采用混合班(组)作业,尚需增加油锯手及装车归楞的人员。班(组)长由班(组)人员中产生,负责索道生产的全面管理工作;绞盘机司机是班(组)的核心人物,绞盘机司机除了负责开好、管好绞盘机,应与其他人员配合维修好索道的其他设备。同时,要认真填写随机日记;在索道生产中,所有人员应按规定职责范围进行工作,不得超越或失职,以防造成混乱。

2. 索道设备的维护

为了保证索道生产过程正常进行，延长设备使用寿命，确保生产安全，对索道设备进行定期维护保养是十分重要的。

（1）定期保养　定期保养的内容与方法见表 2-19

表 2-19　定期保养的内容与方法

设　　备		保养内容	周　期	方　法
绞盘机	变速箱	更换润滑油，冬季用 20 号齿轮油或 10 号机油；夏季用 30 号齿轮油或 6 号机油	100h	注入油池（新机第 1 次换油应清洗油池）
	卷筒	开式齿轮接触面润滑：黄油 轴承润滑：黄油	每周一次 每周一次	涂油 油枪
	杠杆操纵机构	销、轴、滑动轴承及杆销活动部分润滑：黄油或 6～10 号机油	每周一次	油枪 油嘴
	液压操纵机构	更换液压油，并注意排除残存空气，液压油一般用蓖麻油和丙醇各半配制	冬、夏季各换一次	注入液压油箱
	驱动机	按动力种类及工作条件，根据使用说明书的要求进行	—	—
跑车及滑轮		各轴承润滑：黄油或钙基润滑油	每月一次	油枪
钢索		表面涂油及索芯浸油，表面涂油可用工业凡士林，或 6～10 号机油	每月一次	涂油、浸油
		索芯浸油可用 3 份机油加入 1.5 份黄油，加热 60～70℃	每年一次	浸煮法

（2）每日保养　检查绞盘机外表，擦抹干净；检查外部所有的紧固件是否松动，并及时拧紧；检查钢丝绳各固接部分的索具是否牢固；检查绞盘机的操纵系统工作状况及其可靠性等。

3. 索道安全操作

安全操作是减少或杜绝事故发生，保证安全生产的必要前提。

索道的安全操作，应按林业主管部门所制定的有关规定执行，生产班组的所有成员不仅均应明确各自职责范围和操作规程，还要熟悉线路和设备状况，在生产中还应注意以下几个问题：

1）当索道线路通过交通线路或农田上空时，应设置安全防护设施或警告标志。

2）索道运行过程中，不许任何人在承载索下面停留、走动或进行其他作业。

3）通信联络信号，必须确保畅通、准确，当通信信号系统失灵时应禁止使用。

4）信号员必须根据捆木工、卸材工的要求及时地向绞盘机司机发出信号，绞盘机司机必须及时准确地按信号操纵。

四、索道的拆卸与转移

1. 索道的拆卸

在完成作业后即应拆卸索道，拆卸索道时应充分注意操作安全和对钢索的安全保护。拆卸时，对所有张紧着（具有张力的）的索都应使用手扳葫芦或绞盘机将其拉紧后，方能拆除卡子或夹板的固定，然后利用手搬葫芦或绞盘机缓缓地松弛。不可在索处于张紧状态下直接拆卸固定卡子或绳夹板，也不得采用松卡子打滑的办法来松弛索，以免索严重磨伤和弹起伤人,尤其是承载索的张力很大,一定要用复式滑车组渐渐松线(松线顺序与张紧顺序相反)。

索道拆线的步骤和要领如下:

1)将穿绕复式滑车的张紧索引入绞盘机卷筒,把跑车放到下支点附近,利用绞盘机重新拉紧,使承载索在终点的锚接稍松弛后,解除承载索在终点的固定。

2)慢慢放松张紧索,松弛承载索。同时,利用手扳葫芦慢慢放松鞍座吊索,使吊索全部放松着地(其方法也是先张紧后解除固定,然后慢慢放松)。

3)继续松放张紧索,把承载索放松着地。

4)利用绞盘机通过回空索,把承载索往起点方向拉紧,使承载索起点处松弛后卸去起点的连接卡子,再放松回空索,让承载索下滑。如果回空索距上支点较远,不便用绞盘机拉紧,也可直接用手扳葫芦将承载索往上支点方向拉紧后卸除它在起点的固接。然后使手扳葫芦倒退,把承载索放松至其溜下山沟。

5)收回张紧索,同时从承载索上卸去跑车、鞍座、绳夹板和止动器(设有止动器的索系)。

6)利用手扳葫芦或螺旋扣拆除所有绷绳。

7)收回空索,收起重索(或牵引索),同时将承载索往终点方向牵引。

8)拆除所有的滑轮,并将分布在各处的索具(包括滑轮、卡子、鞍座、止动器、跑车、游动钩、复式滑车、绳夹板、绷绳、连接索、螺旋扣、捆木索等)搬集于适当的地方,待保养和转移。

9)将收回的索除泥、涂油并卷进木卷筒或盘绕整齐。

2. 索道的转移

索道生产作业完成后,要转入新的伐区生产,须经转移搬运环节。由于索道的各种设备都较笨重,转移作业中应充分注意安全,保障设备不受损失。

索道转移一般都用汽车装运。装运时,设备的装卸车应搭设三脚架或"龙门架",利用手拉葫芦吊起进行装卸;绞盘机可以通过跳板自爬上车,手扳葫芦拖引下车,此时跳板必须加撑顶牢,防止断裂,下车时应在后边加保险索,以防冲滑过快酿成事故。

在伐区内短距离转移时,绞盘机可自爬转移,钢索利用绞盘机牵引,其余索具用人工抬运。对于特别困难的山场,绞盘机无法自爬的,可以利用另一台绞盘机通过索道吊运,或将绞盘机解体成若干部件后,再用人力抬运转移,到目的地重新组装。

绞盘机进行自爬移动应按下列方法进行:

1)给绞盘机安装木爬犁(J_3、J_3-B 型绞盘机除外)。

2)清理自爬线路上的障碍物,并避免线路过大的横向倾斜,防止横向翻滚。

3)自爬方法是用 $\phi 15.5$mm 钢丝绳作牵引索,牵引索一端固定于机架上,另一端穿过前方伐根上的滑轮后,卷入卷筒,开动机器,收卷牵引索,整机滑移前进,见图 2-64。

4)爬行过程中,绞盘机底架下面应垫以圆木棍作为滚子,以减小阻力。

5)绞盘机在往山上自爬时,其前方两边应加保险索($\phi 12.5$mm 以上钢丝绳),保险索固接在上坡方向的伐根上,以防机器在坡道上自滑翻滚;

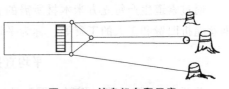

图 2-64 绞盘机自爬示意

下坡自爬时，保险索应加在后方。

6）自爬须以低速档前进。

7）自爬时，所有固定牵引索、保险索的伐根都应结实牢靠。

对于绞盘机自爬应慎重。山场坡度大于 35°时，不能用自爬的方法。不具备自爬条件的，千万不可勉强爬移，避免翻车事故。

五、索道生产的经济效果

索道生产的经济效果主要表现在其生产效率和生产成本上。生产效率是反映索道使用的经济效果的重要指标，它包括台班效率和台年效率；生产成本是反映索道生产经济效果的综合指标，它包括生产每立方米木材所耗用的燃料费、材料费和钢丝绳折旧费、生产工人的工资等。

1. 台班效率

一条索道在某一确定时间间隔内的产量除以完成这些工作量的总作业班数，称为台班效率（即平均台班产量），计算式为

$$\text{平均台班产量} = \frac{\text{总生产量}}{\text{总作业台班数}} \tag{2-39}$$

2. 台年效率

某一生产单位范围内，平均每台套索道在一年时间内所完成的工作量，称为台年效率（即平均台年产量），计算式为

$$\text{平均台年产量} = \frac{\text{年生产总量}}{\text{年平均在册台套数}} \tag{2-40}$$

年平均在册台套数是指每天在册台套数相加之和除以 365 天（即全年日历天数）。

3. 燃油消耗

索道生产每立方米木材所消耗的燃油量，称为燃油消耗，计算式为

$$\text{燃油消耗} = \frac{\text{燃油总消耗量}}{\text{总生产量}} \tag{2-41}$$

燃油总消耗量应包含设备例行保养和排除故障小修时的用油及索道安装施工用油。

4. 材料消耗

索道生产每立方米木材所消耗的材料费，包括零配件、工具及所有零星材料费等，称为材料消耗，计算式为

$$\text{材料消耗} = \frac{\text{总材料费}}{\text{总生产量}} \tag{2-42}$$

总材料费中不包括油料费和钢丝绳折旧费。

5. 平均直接成本

通过索道生产每立方米木材所需的直接费用，包括油脂、燃料、零配件、工具等材料、钢丝绳折旧费和工人的工资等，称为平均直接成本，计算式为

$$\text{平均直接成本} = \frac{\text{总开支金额}}{\text{总生产量}} \tag{2-43}$$

总开支金额=油脂、燃料、零配件、工具等材料总消费金额+钢索折旧费+工人工资总额

思考题与习题

1. 试比较双绕索中顺绕索、交绕索和混合绕索的结构与性能。
2. 为什么使用钢丝绳一定要确定它的破断拉力？破断拉力是怎样计算的？
3. 林业索道中各索选用何种钢丝绳为好？为什么？
4. 钢丝绳为什么要用油煮？如何进行油煮？
5. 简述用 U 形卡子固定钢丝绳的技术要求（卡法、用力、卡子数和卡子间距）。
6. 钢丝绳的弹性模量与使用时间、结构复简、跨距长短和拉力大小有何关系？
7. 根据集材索道类型特点，以半自动跑车 K_2、MS_4、GS_3，全自动遥控跑车 $YP_{2.5}$-A，简易跑车 K_2-1、K_2-2，简易滑轮组成的索道，比较其适用条件和范围及其优缺点（从地形、坡度、集材距离、蓄积量多少或集中分散、索系简单复杂、工效和架设安装难易等方面进行比较）。
8. 绞盘机由哪几部分组成？产品分类是根据什么？国内外绞盘机的发展趋势怎样？
9. 绞盘机传动系统有何作用？闽林 821、SJ-23，工农 781 型索道绞盘机的传动路线怎样？写出它们各自的传动系统总传动比和各分传动机构速比的分配，并绘制各自的传动系统图。
10. 绞盘机汽油机、柴油机各选什么牌号的油料，油料选择的依据是什么？油料管理上要注意些什么？
11. 汽油机与柴油机的主要差别在哪里？
12. 试画出 NJ-70 型汽油机的点火起动电路图。

第三章

客运索道装备与设计

【导读】 客运索道在我国交通业与旅游业等得到日益广泛应用。客运索道可用来接送游客，可服务于城市公共交通，建在旅游区，可运送乘客登山浏览，还可用于滑雪运动。客运索道发展趋势是舒适、快捷、大运量和自动化程度高的脱钩抱索器吊厢式客运索道。

【提要】 客运索道的合理性和必要性、安全性与经济性，国内外客运索道发展趋势，单线循环吊椅式客运索道设计，单跨往复式客运索道设计，客运索道设计基础资料与建设的一般流程。

【要求】 掌握单线循环吊椅式客运索道装备与设计要点。

第一节 我国客运索道的开发与研究

一、我国客运索道的发展现状

二维码 3-1
客运索道开发与设计

客运架空索道是一种能跨山、越河，适应各种复杂地形的运输工具，还具有游览、观光的作用，是森林公园和各种风景游览区一种理想的输送游客的交通工具。我国客运索道从无到有，各种客运索道的形式也趋于完备。表 3-1 为我国按时间先后建成营运的第一条各种形式的客运索道的概况。

表 3-1 我国建成的第一条各种形式客运索道的概况

序号	索道名称	索道形式	线路水平长度/m	运行速度/(m/s)	单向小时运量/(人/h)	建成时间	设计单位
1	辽宁铁岭微波站	往复客厢式单侧单承载单牵引	630	2.0	30	1979.09	北京有色冶金设计研究总院
2	吉林通化雪场	单线循环固定抱索器拖牵式	1000	1.3	80	1979.11	吉林通化体委
3	杭州北高峰	单线往复吊厢组，3个1组，计2组	607	2.0	160	1980.10	昆明有色冶金设计研究院

（续）

序号	索道名称	索道形式	线路水平长度/m	运行速度/(m/s)	单向小时运量/(人/h)	建成时间	设计单位
4	重庆嘉陵江	往复客车式单承载单牵引	517	8.0	900	1981.12	北京起重运输机械研究所 长沙有色冶金设计研究院 鞍山冶金设计研究院
5	吉林松花湖雪场	单线循环固定抱索器	1702	1.6	120	1982.01	鞍山冶金设计研究院
6	山东泰山中天门	往复客车式单承载双牵引	1979	7.0	240	1983.08	北京有色冶金设计研究总院 引进日本东京索道设备
7	广州白云山	单线循环脱挂抱索器吊厢式	1673	3.0	1200	1985.12	昆明有色冶金设计研究院
8	重庆长江	往复客车式双承载双牵引	1166	10.0	1100	1987.10	长沙有色冶金设计研究院
9	辽宁熊岳转播台	单线循环间歇吊厢组式，吊厢3个1组，计4组	927	3.0	60	1988	北京有色冶金设计研究总院
10	大连老虎滩	单线循环脉动吊厢组式，吊厢3个1组，计4组	585	0.3~0.4	450	1989.09	北京起重运输机械研究所
11	成都都江堰	单线循环固定抱索器吊篮式	768	1.0	500	1992.03	四川矿山机器厂江油架空索道研究所
12	山东泰山后石坞	单线循环脱挂抱索器防风罩吊椅式	487	3.5	700	1993.08	北京有色冶金设计研究总院 引进奥地利 Doppelmayr 设备
13	黑龙江带岭微波站	单线循环固定抱索器吊厢式	1377	3.0	13	1994.10	鞍山冶金设计研究院
14	安徽黄山太平	往复客车式双承载单牵引	3522	8.0~10.0	600	1997.10	北京有色冶金设计研究总院 引进奥地利 WAAGNER-BIRO 设备
15	湖南张家界黄石寨	往复吊厢式单承载单牵引固定抱索器	990	9.0	948	1997.10	北京有色冶金设计研究总院 引进法国 POMA 设备

我国的客运索道事业虽然起步较晚，但发展速度很快。现在全国已在各著名风景旅游区和名山大川相继建成近 900 条观光索道，这些索道的建成和投运，不仅大大方便了游客，改善了旅游环境，而且提高了我国旅游事业在国际旅游界的竞争能力。另外，还有与槽式滑道、管式滑道、高山滑雪、滑沙、滑草、滑水运动相配套的拖牵式索道，空中滑翔用滑索（或称为"溜索"）100 多条，合计约 1000 条。目前，在矿山、电力、建材工业企业建成的各种货运索道、林业索道和缆索起重机在内，其总数已突破 3000 条。

二、客运索道对景区建设的推动作用

对客运索道在风景旅游区的地位和作用的认识，存在分歧。有的人认为索道建设对景观有破坏作用，从保护自然景观的完整性出发，主张在风景区不宜建索道；也有的人认为索道对景区的旅游发展有促进作用，主张在风景旅游区适当的建设一些。依据已有重点风景区索道建设的成功经验认为：其

二维码 3-2
客运索道开发

关键是要处理好"在保护中开发，在开发中保护"的关系。一个风景名胜区只保护不开发是不会得到发展的；另一方面，一提到开发，就毫无约束地随意进行项目建设，也会给景区造成无可挽回的破坏和损失。因而，要处理好保护和开发的关系。

索道线路和站址要尽可能隐蔽，不要和景区争景。索道属于人文景观，它和自然景观相比处于从属地位。因此，为了保护自然景观，在进行索道线路和站址选择时，要远离景区中心一定距离，且不能抢占制高点，并尽力使其"藏而不露"。如必须暴露于景区某一部位时，也要在设计中充分考虑"露而生辉"的感观效果，达到从大环境整体出发，使索道建设成为自然美的点缀和陪衬。

站房设计体量要小。在满足索道功能要求前提下，索道站房体量一定要小，附属设施要少，并和索道所在景区的建筑风格协调统一。索道站房的建筑风格、体量、尺度，既要体现时代精神，又要吸取景区既有建筑风格的精华，体现中国园林建筑"以物衬景"的风格。

索道建设要和景区的总体规划相吻合。一个风景旅游区大都有景区的总体规划或区域规划，这是景区建设和发展的法规。因此，在制定索道建设方案时一定要瞻前顾后，既要满足现在要求，又要考虑远景发展需要，以求索道建成后达到生态环境、社会效益和经济效益的完美统一。

改善游客步行上山难的现状。保证游客有充沛的体力和充足的时间游览观光，充分体现了"旅宜速、游宜缓"现代旅游特色。改善景区旅游条件和接待水平，客运索道为景区增加了新的景观，有效地扩大了景区的范围，增加了新的游览内容，构成具有相当适应能力的更合理便捷的游览线路，使人们尽情地欣赏大自然的无限风光。适应了大众现代化的生活节奏和旅游观念，进一步吸引了游客，扩大了景区的知名度。

提高景区接待游客的能力。对于道路崎岖且狭窄、险峻的景区，将加速游客周转，索道可减少游客在道路上的滞留时间，大大提高景区的接待能力。例如：华山风景区，距其200km左右的西安年接待300万旅游者，只有3万人到华山游览，自从修建索道后，限制华山游客数量的交通瓶颈被打开，游客大增。

加速游客周转。游客可当日到地处比较偏僻，远离城镇，交通不便的景区观赏日出和雪景等特殊景观。通过拆除多余服务设施，可对景区重新规划，同时净化了环境，减少了污染。为逐步实现"山上游、山下住"较为科学、合理的旅游接待格局创造了条件。

客运索道还可运输建设物资和生活物资。索道和其他运输工具相比一般投资较少，建设周期短，大多效益不错，资金回收快，是许多景区的支柱产业。

为景区发展提供资金来源。例如：泰山中天门索道，安全运行15年，营业总收入约22亿，为基建投资的21倍，为泰山旅游业发展积累了大量资金。

三、客运索道的发展前景

以福建省为例，客运索道的建设大有文章可作，发展前景美好。

1. 优越的地理环境

福建省地处我国东南沿海，面积12万多 km²，人口约2600万，大地构造属于地台，山多平原少，号称"八山一水一分田"。主要山脉有：

1）武夷山。北起浦城，向西南延伸至闽粤之界，蜿蜒于闽赣边境。长约500km，海拔

二维码 3-3
客运索道安全

700~1500m，主峰为黄岗山，海拔2157.7m，为6省1市最高峰。

2）杉岭。北起光泽，向西南延伸至建宁境内，海拔1000~1500m，长约150km。

3）鹫峰山。分布在政和和古田之间，海拔700~1000m，长约100km。

4）戴云山。福建省中部主要山脉。位于闽江南部，经尤溪至安溪境内，海拔700~1500m，长约300km。主峰戴云峰，海拔1856m。

5）博平岭。北起漳平延伸至广东境内，海拔700~1500m，属福建省境内长约150km。

6）太姥山。闽东沿海主要山脉，自浙江入境，经福鼎至霞浦，海拔400~700m，长约50km。

福建省山多，水源丰富，气候温和，是常年的旅游胜地。福建省胜景首推武夷山风景区，方圆百里，溪水九曲，碧水青山，如展画卷。主要的名山还有闻名千载的福州鼓山，闽东第一的福鼎太姥山，号称百洞的连江青芝山，景色妖娆的永泰姬岩，拥有百景的闽清白岩山，岩洞毗连的仙游麦斜岩，巍峨壮丽的德化九仙山，悬岩通海的龙海南太武山，岩石叠垒的龙海云洞岩，观海胜地的诏安九侯山，玉柱擎天的长泰天柱山。此外，还有以奇观异景闻名的将乐玉华洞、龙岩龙石空洞、永泰方广岩、明溪滴水岩洞、热带雨林的南靖鹅仙洞、号称天下第一奇石的"东山风动石"，诸山"一线天"之冠的永安桃源洞，瀑布奇观之最的仙游九鲤湖等。

2. 已具备发展客运索道的条件

福建山多，名胜古迹遍及全省，濒临东海，气候宜人。境内山峦起伏，溪河纵横，山清水秀，风景优美，是一个四季皆宜的旅游省份。许多风景名胜区所在地都把旅游业作为当地的支柱产业优先发展，以期带动地区经济的全面腾飞。

改革开放以来，福建的经济迅猛发展，每年以惊人的速度递增。工业、交通、旅游和农林牧渔全面发展。特别是旅游业的发展，推动了各领域经济的发展，在国民经济收入中占有重要的位置。人民生活水平不断提高，给扩大内需与发展经济带来了生机。

客运索道的新技术、新工艺、新设备已推广应用，索道设计、设备制造与安装已具有一支理论与实践素质好、技术熟练的队伍。

总之，福建的地理环境、名扬中外的名胜古迹，经济的腾飞，特别是交通和旅游业的大力发展，给客运索道的发展提供了有利的条件。

3. 福建省客运索道的发展趋势

福建省已建成的5条客运索道，型式多样、技术先进、经济效益显著、安全可靠。福建省已建成及待开发的客运索道，见表3-2。

表3-2 福建省已建成及待开发的客运索道

索道型式	吊杆个数	线路斜长/m	相对高差/m	爬坡角/(°)	已建成索道	适合开发采用的地域、名山
单线循环吊椅式	1	300~600	<100	<20	三明麒麟山	公园、动物园，如福州于山
单线循环吊篮式	1	500~800	100~150	20~25	福州鼓山、厦门鼓浪屿、福清石竹山	厦门植物园-南普陀、泉州清源山、仙游九鲤湖、莆田南山寺、长泰天柱山、永安桃源洞、将乐玉华洞、泰宁金湖猫儿寨、德化九仙山
	2	700~800	150~200	25~30		连城冠豸山、平和灵通岩、龙海太武山、闽清白岩山

(续)

索道型式	吊杆个数	线路斜长 /m	相对高差 /m	爬坡角 /(°)	已建成索道	适合开发采用的地域、名山
单线脉动循环吊舱索道	2	700~1200	150~200	20~25	泉州仙公山	武夷山、宁德太姥山、永泰方广岩与姬岩，政和戴云山，建宁鹫峰山
双线往复吊厢索道	组合	800~1500	200~250	20~25		跨山洞、跨海索道，如武夷山
有轨缆车		500~800	150~200	≤30		森林公园、山丘景点，如热带雨林的南靖鹅仙洞

第二节 单线循环吊椅式客运索道计算机辅助设计

单线循环吊椅式客运索道传动区段长度主要取决于当地的具体条件，一般在1000m以内，最大不超过2000m为宜。一个传动区段长度能够克服的高差主要取决于运载索的直径和强度，一般为100~300m，最大可达400~500m。吊椅所允许的最大爬坡角与抱索器对运载索的夹紧力有关，建议设计时不超过45°，常取20°~30°。索道中的驱动装置通常安装在上部站内，拉紧设备安装在下部站内；将驱动装置安装在下部站内是非常不好的，因为这样会增大运载索的拉力。运载索通常都以180°的包角绕过单槽驱动轮，这样的包角足以传递圆周力。

随着计算机的迅速发展，计算机应用于单线循环吊椅式客运索道设计，对于解决烦琐的计算，提高工作效率起着重要的作用。Windows直观简单的可视化友好界面，已成为当今计算机用户首选的操作系统。为适应发展，提供方便快捷的操作，系统采用基于Windows平台的Visual Basic 6.0开发环境。以悬索抛物线理论为基础，建立单线循环吊椅式客运索道设计数学模型，并配套研制计算机辅助设计系统，可供旅游区开发单线循环吊椅式客运索道设计服务。

一、系统数学模型

（一）给定参数

（1）线路参数 全线路水平长度 L_0（m），全线路斜长 L（m），全线路高差 ΔH（m），设计支架个数 I，运载索设计速度 V（m/s），单侧设计运输能力 N（人/h），各跨水平距离 l_{0i}（$i=1,\cdots,I+1$）（m），各跨弦长 l_i（$i=1,\cdots,I+1$）（m），各跨弦倾角 β_i（$i=1,\cdots,I+1$）（°），各跨高差 Δh_i（$i=1,\cdots,I+1$）（m）。

（2）吊椅参数 单个吊椅重力 W（N），载人后单个吊椅重力 W'（N）空吊椅受风面积 A（m²），重吊椅受风面积 A'（m²），单位平面所受风荷载 P（MPa），单位吊架杆所受风荷载 P'（MPa）。

（二）运载索计算

吊椅以一定的等间距排列时，为了对运载索进行受力分析，做以下假设：各跨的吊椅数在运行过程中保持不变，而邻近跨距的弦倾角相互差别甚小，所以吊椅自重以均布荷载来代替。

综合考虑风力的影响，空车侧、重车侧运载索单位长度负荷 Q_K、Q_Z 为

$$\begin{cases} Q_K = \sqrt{\left(Q_1 + \dfrac{W}{J}\right)^2 + \left(\dfrac{d_1 P'}{1000} + \dfrac{AP}{J}\right)^2} \\ Q_Z = \sqrt{\left(Q_1 + \dfrac{W'}{J}\right)^2 + \left(\dfrac{d_1 P'}{1000} + \dfrac{A'P}{J}\right)^2} \end{cases} \quad (3\text{-}1)$$

式中　d_1——运载索直径（mm）；

Q_1——运载索单位长度重力（N/m）；

J——吊椅间距（m）。

1. 运载索的初张力计算

通过拉紧装置中重锤处于各种状态下，求出下站运载索初张力，即下站从动轮处两侧运载索张力，然后以此为基础求出上站驱动轮处两侧运载索张力。

运载索的最小张力出现在下站，当采用单钳口抱索器时，最小张力 T_{min} 与载重吊椅重力 W' 的比值不小于 20，载重吊椅重力 W' 与运载索有效金属断面积 F_1 的比值不大于 7.8MPa，即 $T_{min} \geq 20W'$，$7.8F_1 \geq W'$。

通常下站从动轮与重锤通过一组倍率为 a 的滑轮组连接起来，见图 3-1a。

$G \geq 2T_{min}/a$，初选 $G_重 = G$。对重锤处于各种状态时下站运载索初张力进行验算。为方便推导，假设有 4 倍率的滑轮组，见图 3-1b。

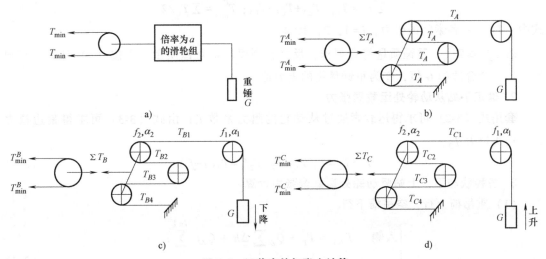

图 3-1　运载索的初张力计算

（1）当重锤静止时运载索初张力的计算（图 3-1b）　$\Sigma T_A = Ga = 4G$，T_A 为各索间的张力，则 $T_{min}^A = \Sigma T_A / 2 = 2G$。若 $T_{min}^A \geq T_{min}$，重锤质量符合要求；反之，则要增加重锤质量，再重新计算，直到确定出一个合适的 G 值，而后进入下一步计算。

（2）当重锤下降时运载索初张力的计算（图 3-1c）　由于运行时拉紧索与滑轮组摩擦，因而产生了与重锤运行方向相反的摩擦阻力。根据文献 [11] 的阻力系数 f 为

$$f = \xi + 2\mu_1 \dfrac{d_2}{D} \sin\dfrac{\alpha}{2} = \dfrac{d_2^2(1 + 1200/t)}{10(D-10)} + 2\mu_1 \dfrac{d_2}{D} \sin\dfrac{\alpha}{2} \quad (3\text{-}2)$$

式中　ξ——拉紧索的刚性系数；
　　　d_2——拉紧索直径（cm）；
　　　D——滑轮直径（cm）；
　　　t——拉紧索张力（N）；
　　　α——拉紧索在滑轮上的包角（°）；
　　　μ_1——轴颈中的摩擦系数，滑动轴承 0.15~0.20，滚动轴承 0.03，滑动轮毂 0.20~0.25。

$$T_{B1} = G - Gf_1 ; \quad T_{B2} = T_{B1} - T_{B1}f_2$$
$$T_{B3} = T_{B2} - T_{B2}f_2 ; \quad T_{B4} = T_{B3} - T_{B3}f_2 ;$$
$$\sum T_B = T_{B1} + T_{B2} + T_{B3} + T_{B4} ; \quad T_{min}^B = \sum T_B / 2$$

式中　T_{Bi}——各索间的张力，$i = 1, 2, 3, 4$。

f_1 与 f_2 套用式（3-2）计算，因 α 值不一。

同样，若 $T_{min}^B \geq T_{min}$，重锤质量符合要求；反之，则要增加重锤质量，再按（2）计算，直到确定出一个合适的 G 值，而后进入下一步的计算。

（3）当重锤上升时运载索初张力的计算（图 3-1d）

$$T_{C1} = G + Gf_1 ; \quad T_{C2} = T_{C1} + T_{C1}f_2$$
$$T_{C3} = T_{C2} + T_{C2}f_2 ; \quad T_{C4} = T_{C3} + T_{C3}f_2$$
$$\sum T_C = T_{C1} + T_{C2} + T_{C3} + T_{C4} ; \quad T_{min}^C = \sum T_C / 2$$

式中　T_{Ci}——各索间的张力，$i = 1, 2, 3, 4$。

若 $T_{min}^C \geq T_{min}$，重锤质量符合要求；反之，则要增加重锤质量，再按（3）计算，直到确定出一个合适的 G 值，作为重锤最终的重力值。

2. 确定下站从动轮处运载索张力

套用式（3-2）可求得运载索通过从动轮的阻力系数 f_r；由式（3-3）可求得紧边拉力 T_1、松边拉力 T_2。

$$T_1 + T_2 = T ; \quad T_1 = T_2 + T_2 f_r = T_2 (1 + f_r) \tag{3-3}$$

3. 各种状态下，上站驱动轮处运载索张力计算

（1）重吊椅上行，空吊椅下行

$$\begin{cases} 入侧 \quad T_{入1} = T_1 + Q_Z \sum_1^{I+1} \Delta h + Q_Z f_3 \sum_1^{I+1} l_{0n} ; \\ 出侧 \quad T_{出1} = T_2 + Q_K \sum_1^{I+1} \Delta h - Q_K f_3 \sum_1^{I+1} l_{0n} \end{cases} \tag{3-4}$$

式中　$Q_Z \sum_1^{I+1} \Delta h$——运载索的重力损失；
　　　$Q_K \sum_1^{I+1} \Delta h$——运载索阻力损失；
　　　l_{0n}——各跨水平距离；
　　　f_3——运载索的线路运行阻力系数。

（2）空吊椅上行，重吊椅下行

$$\begin{cases} 入侧 & T_{入2} = T_1 + Q_K \sum_1^{I+1} \Delta h + Q_K f_3 \sum_1^{I+1} l_{0n} \\ 出侧 & T_{出2} = T_2 + Q_Z \sum_1^{I+1} \Delta h - Q_Z f_3 \sum_1^{I+1} l_{0n} \end{cases} \quad (3\text{-}5)$$

(3) 重吊椅上行，重吊椅下行

$$\begin{cases} 入侧 & T_{入3} = T_{入1} \\ 出侧 & T_{出3} = T_{出2} \end{cases}$$

(4) 空吊椅上行，空吊椅下行

$$\begin{cases} 入侧 & T_{入4} = T_{入2} \\ 出侧 & T_{出4} = T_{出1} \end{cases}$$

（三）惯性力计算

惯性力计算目的是考虑运载索作安全性检验时，运载索最大张力需要考虑增加运载索的最大惯性力，即最大张力为重车入侧最大张力与最大惯性力之和。

1. 基础资料

起动、制动时平均加速度为 a，重力加速度为 g，索道转动部分的重力（包括驱动机的转动部分、尾部拉紧装置的滑轮、线路托索轮和站内导向轮）$\sum G$。

电动机变位重力 $\quad G'_1 = \dfrac{(G_1 D_1^2) i^2}{D_1^2}$

联轴节变位重力 $\quad G'_2 = \dfrac{(G_2 D_2^2) i^2}{D_2^2}$

式中 D_1、D_2——电动机和联轴节各自的飞轮直径；

$\quad\quad G_1$、G_2——电动机和联轴节各自的飞轮自重；

$\quad\quad i$——电动机的传动比。

电动机与联轴节，并计及减速器的变位重力之和 $G'_3 = 1.3(G'_1 + G'_2) = 0$

2. 线路重侧、空侧惯性力 P_Z、P_K 的计算

根据文献 [11]，P_Z、P_K 按下式计算

$$\begin{cases} P_Z = \left[\dfrac{1}{g} Q_Z L_0 + 0.06 \sum G + \dfrac{G'_3}{g} \right] a \\ P_K = \left[\dfrac{1}{g} Q_K L_0 + 0.06 \sum G + \dfrac{G'_3}{g} \right] a \end{cases} \quad (3\text{-}6)$$

（四）钢丝绳安全系数验算

1. 运载索

(1) 弯曲应力 σ_{b1} 与张应力 σ_{K1}

$$\sigma_{b1} = \dfrac{\delta_1}{D_q} E_1 \ ; \ \sigma_{K1} = \dfrac{T_{入1} + P_Z}{F_1}$$

(2) 安全系数

$$\begin{cases} \text{纯张应力时} \quad n_1 = \dfrac{[\sigma_{b1}]}{\sigma_{K1}} \geqslant 5 \\ \text{综合应力时} \quad n_2 = \dfrac{[\sigma_{b1}]}{\sigma_{b1}+\sigma_{K1}} \geqslant 4 \end{cases} \quad (3\text{-}7)$$

式中　E_1——运载索的弹性模量；

　　　δ_1——运载索表面钢丝直径；

　　　D_q——驱动轮直径；

　　$[\sigma_{b1}]$——运载索的公称抗拉强度。

2. 拉紧索

（1）弯曲应力 σ_{b2} 与张应力 σ_{K2}

$$\sigma_{b2} = \dfrac{\delta_2}{D_l} E_2 ; \quad \sigma_{K2} = \dfrac{T_{C4}}{F_2}$$

（2）安全系数

$$\begin{cases} \text{纯张应力时} \quad n_3 = \dfrac{[\sigma_{b2}]}{\sigma_{K2}} \geqslant 5.5 \\ \text{综合应力时} \quad n_4 = \dfrac{[\sigma_{b2}]}{\sigma_{b2}+\sigma_{K2}} \geqslant 4 \end{cases} \quad (3\text{-}8)$$

式中　F_2——拉紧索的有效断面积；

　　　E_2——拉紧索的弹性模量；

　　　δ_2——拉紧索的表面钢丝直径；

　　　D_l——拉紧轮直径；

　　$[\sigma_{b2}]$——拉紧索的公称抗拉强度。

（五）驱动机功率确定

根据各种运行状态下所求的功率值，确定交流电动机型号；求出现最大功率时的运行状态。

根据文献 [11] 运载索通过驱动轮的阻力损失 Δt 为

$$\Delta t = \dfrac{1}{2}(T+t)f_r \quad (3\text{-}9)$$

式中　T——驱动轮入侧运载索张力；

　　　t——驱动轮出侧运载索张力。

各种状态下 T 与 t 的计算公式见表3-3。

表3-3　各种状态下 T 与 t 的计算公式

运行状态	正常运行		起动		制动	
	T	t	T	t	T	t
重上空下	$T_{入1}$	$T_{出1}$	$T_{入1}+P_Z$	$T_{出1}-P_K$	$T_{入1}-P_Z$	$T_{出1}+P_K$
空上重下	$T_{入2}$	$T_{出2}$	$T_{入2}+P_Z$	$T_{出2}-P_K$	$T_{入2}-P_Z$	$T_{出2}+P_K$
重上重下	$T_{入1}$	$T_{出2}$	$T_{入1}+P_Z$	$T_{出2}-P_K$	$T_{入1}-P_Z$	$T_{出2}+P_K$
空上空下	$T_{入2}$	$T_{出1}$	$T_{入2}+P_Z$	$T_{出1}-P_K$	$T_{入2}-P_Z$	$T_{出1}+P_K$

驱动轮圆周力 $P = T - t + \Delta t$。

电动机功率 $N = KPV/\eta$，η 为电动机传动效率，K 为备用系数，常取 $\eta = 0.95$，$K = 1.2$。

根据文献[2]，驱动机防滑验算公式为：

$$\xi T/t \leqslant e^{\mu\alpha} \tag{3-10}$$

式中　ξ——附着安全系数，起动或制动时 $\xi > 1.1$，正常运行时 $\xi > 1.25$；

　　　α——驱动轮上钢索有效缠绕圈数的包角，一般 $\alpha = 180°$；

　　　μ——钢索与驱动轮间的摩擦系数，无衬 $0.11 \sim 0.13$，皮革衬、木衬 0.16，橡皮衬、塑料衬 0.20。

将各种状态下的正常运行、起动、制动时的 T 与 t 值一一代入式（3-9）、式（3-10）计算，可得客运索道运行的最大功率和最大负功率，据此选取所需的电动机。

在运载索运行的四种状态中，以重上空下状态为最不利状态，因此在确定单线循环吊椅式客运索道的电动机功率时，只需要算出重上空下状态时的电动机输出功率，其余运行状态下的电动机输出功率都比重上空下运行状态小。以下在不考虑风荷载的情况下，对这一结论加以证明。

1）当处于空上空下状态时，上行的自重作用力方向与运行方向相反，电动机对上行侧的自重作用输出功率为 N_1'，下行侧自重作用力方向与运行方向相同，电动机输出功率为 N_1''，因此电动机输出总功率 $N_1 = |N_1' - N_1''|$。

2）当处于空上重下状态时，驱动机对空车侧（上行侧）自重作用所输出功率为 N_1'，重车侧（下行侧）载荷作用力及自重与运行方向相同，通过运载索作用可把动力传递到驱动机，即可以加到原动机的驱动力中（可称为动力回收），设回收功率为 $N_2'(N_2' > N_1'')$，此时电动机输出功率 $N_2 = N_1' - N_2'$。所以 $N_2 < N_1$。

3）当处于重上重下状态时，上行侧荷载作用力及自重方向与运行方向相反，电动机输出功率为 $N_3'(N_3' > N_1')$，下行侧荷载的作用力及自重与运行方向相同，起到动力回收作用，设回收功率为 N_2'，因此电动机输出总功率 $N_3 = |N_3' - N_2'|$，所以，$N_3 > N_2$。

4）当处于重上空下状态时，上行侧荷载作用力及自重方向与运行方向相反，电动机输出功率为 $N_3'(N_3' > N_1'$，$N_1'' < N_2')$，对下行侧自重作用输出功率为 N_1''，因此电动机输出总功率 $N_4 = N_3' - N_1''$，所以 $N_4 > N_1$，$N_4 > N_3$。

综上所述，$N_4 > N_1 > N_2$，$N_4 > N_3 > N_2$，即处于空上重下状态时驱动机输出功率值为最小且做负功，起动力回收作用；处于重上空下状态时，驱动机输出功率值为最大，故最不利的运行状态为重上空下。

（六）线路设备选择

1. 钢丝绳类型的确定

通过张力计算及安全系数的验算，可确定出所需运载索和拉紧索的型号。运载索应选用 6×25 或 6×36 等线接触的顺绕钢丝绳；在腐蚀环境工作的运载索，应采用镀锌钢丝绳；运载索采用重锤拉紧，拉紧索宜采用 4 绳拉紧方式，并设置调节重锤位置的电动或手动绞车；拉紧索应选用 6×25 或 8×19 等线接触的顺绕钢丝绳，拉紧索的导向轮的绳槽内应设耐磨衬垫。运载索、拉紧索的公称抗拉强度取 1870MPa 和 1960MPa。

2. 驱动机型号的选用

一般采用单槽卧式，绳槽应设耐磨衬垫；驱动装置应设主原动机和备用原动机，主原动机应为电动机，备用原动机应为内燃机或电动机。备用原动机工作时，索道应具有与 $0.3\sim0.5\text{m/s}$ 检修速度相近的运行速度。驱动装置应设两套不同结构的制动器，其中工作制动器设在高速轴上，安全制动器设在驱动轮上。拖牵索道和不会倒转的索道，可仅设工作制动器。当空车上行、重车下行时，工作制动器的平均制动减速度，不得小于 0.3m/s^2；当重车上行、空车下行时，工作制动器的平均制动减速度，不得大于 1.5m/s^2。否则，工作制动器应采用制动力控制、制动力调节或分级制动的方式。驱动轮直径按不小于运载索直径的 100 倍，或不小于运载索表层钢丝直径的 1000 倍选取。

3. 拉紧装置的选择

拉紧轮水平放置便于吊椅迂回，其直径选取条件与驱动轮相同；平衡锤常采用单锤悬挂式，其质量按初张力计算与验算的结果选取；拉紧索导向轮（滑轮）的直径按不小于拉紧索直径的 40 倍，或不小于拉紧索表层钢丝直径的 600 倍选取。

4. 线路托（压）索轮的选择

索轮的轮槽内设耐磨衬垫，索轮直径 D 为运载索直径的 $12\sim15$ 倍以上。每个有衬托索轮的允许径向荷载 $[P]$ 为

$$[P] = p d_1 D \tag{3-11}$$

式中　p——耐磨衬垫的比压，$p = 0.2 \sim 0.5 \text{MPa}$，根据所选用衬垫的耐磨性确定；

　　　D——托索轮衬垫绳槽底部的直径。

5. 吊椅的选择

吊椅的选择由吊杆或吊架的高度在最大坡度处纵、横向摆动 35% 时，吊椅的顶棚、座椅或乘客伸出的手部，不得接触运载索或支架任何部位的条件确定。座椅的有效宽度，单人吊椅不得小于 500mm；双人吊椅不得小于 950mm；三人吊椅不得小于 1380mm；四人吊椅不得小于 1800mm。吊椅座面和靠背应向后倾斜。吊椅应设活动式安全扶手与踏板，安全扶手与踏板应联动，便于乘客上、下车。

（七）运载索各跨张力计算

对重上空下最不利运行状态（电动机耗用功率为最大者）进行具体分析，求出线路两侧各支架处张力和各跨平均张力，为后述各步设计计算提供数据。

（1）重车侧上行时各跨运载索张力

$$T_n = T_{n-1} + Q_Z \Delta h_n + Q_Z l_{0n} f_3 \quad (n = 1,2,3,\cdots,I+1) \tag{3-12}$$

$T_0 = T_1$ [下站紧边拉力，式（3-3）计算]。

（2）空车侧下行时各跨运载索张力

$$t_n = t_{n-1} + Q_K \Delta h_n - Q_K l_{0n} f_3 \quad (n = 1,2,3,\cdots,I+1) \tag{3-13}$$

$t_0 = T_2$ [下站松边拉力，式（3-3）计算]。

（3）重车侧、空车侧各跨平均张力 T_Z 与 T_K　重车侧、空车侧各跨平均张力，分别按重车侧、空车侧各跨相邻两支点张力和的平均值计算。

（八）拉紧装置行程计算

通过计算行程，可确定拉紧装置的重锤距地面高度和与支持重锤的导向轮之间的活动范围，以避免重锤触地或碰撞导向轮，失去其平稳拉紧的作用。

根据文献［11］，拉紧装置总行程 $\sum \Delta S$ 的计算式为

$$\sum \Delta S = \Delta S_T + \Delta S_\alpha + \Delta S_t + \Delta S_y \tag{3-14}$$

负荷变化而产生的运载索长度变化

$$\Delta S_T = \frac{1}{24}\left(\frac{Q_Z^2}{T_{CP2}^2} - \frac{Q_K^2}{T_{CP1}^2}\right)\sum_1^{I+1}\frac{l_{0n}^3}{\cos^3\beta_n} \tag{3-15}$$

式中 T_{CP1}——重锤下降时拉紧边的平均张力；
　　　T_{CP2}——重锤上升时拉紧边的平均张力；
　　　β_n——各跨弦倾角。

当重锤下降时，运载索的重侧下行、空侧上行，即下行侧为拉紧边；当重锤上升时，运载索的重侧上行、空侧下行，即上行侧为拉紧边。根据运载索计算中可求得，重锤下降（下行）和重锤上升（上行）时的下站运载索拉紧边的张力分别为 $t_{下1}$，$t_{下2}$，见图3-2。

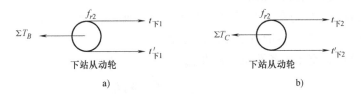

图3-2　拉紧边（下站从动轮）张力计算

由图3-8a及式（3-3），得　$t_{下1}+t'_{下1}=\sum T_B$；$t_{下1}=t'_{下1}+t'_{下1}f_r=t'_{下1}(1+f_r)$ (3-16)

由图3-8b及式（3-3），得　$t_{下2}+t'_{下2}=\sum T_C$；$t_{下2}=t'_{下2}+t'_{下2}f_r=t'_{下2}(1+f_r)$ (3-17)

上站运载索拉紧边的张力可通过下式计算

$$t_{上i} = t_{下i} + Q_Z\sum_1^{I+1}\Delta h_n + Q_Z f_3\sum_1^{I+1}l_n \quad (i=1,2) \tag{3-18}$$

$$\begin{cases} T_{CP1} = \dfrac{t_{上1}+t_{下1}}{2} \\ T_{CP2} = \dfrac{t_{上2}+t_{下2}}{2} \end{cases} \tag{3-19}$$

运载索弹性伸长所引起的长度变化

$$\Delta S_\alpha = \frac{T_{CP2}-T_{CP1}}{E_1 F_1}\sum_1^{I+1}\frac{l_{0n}}{\cos\beta_n} \tag{3-20}$$

温度变化所引起的运载索长度变化

$$\Delta S_t = \varepsilon\Delta t\sum_1^{I+1}\frac{l_{0n}}{\cos\beta_n} \tag{3-21}$$

式中 ε——运载索的膨胀系数，$\varepsilon = 1.1\times10^{-5}$；
　　　Δt——运载索投产时与安装时的温差，比安装时的温度高取正值，反之取负值。

运载索残余伸长长度　$\Delta S_y = k\sum_1^{I+1}\dfrac{l_{0n}}{\cos\beta_n}$　$(k=0.0008\sim0.001)$ (3-22)

（九）各跨挠度计算

根据文献［11］，重车侧各跨最大挠度 $f_{\max}$ 按下式计算

$$f_{\max} = f_{自}^{大} + f_{集}^{大} \tag{3-23}$$

$$f_{自}^{大} = \frac{ql_{0n}^2}{8T_Z\cos^2\beta_n} = \frac{ql_n^2}{8T_Z}; \quad f_{集}^{大} = \frac{W_Z l_{0n}}{4T_Z\cos\beta_n}\tau = \frac{W_Z l_n}{4T_Z}\tau$$

$$q = \sqrt{Q_1^2 + \left(\frac{d_1 P'V}{1000}\right)^2}; \quad W_Z = \sqrt{(W'+W)^2 + (P'A')^2}$$

式中 $f_{自}^{大}$ ——由运载索自重 q 引起的最大挠度;

　　 $f_{集}^{大}$ ——由多个集中荷载作用引起的附加最大挠度;

　　 q ——考虑运载索自重及阻力的均布荷载;

　　 W_Z ——考虑吊椅、乘客及风阻力的集中载荷;

　　 τ ——集中载荷系数,见式(3-31)。

索道出现故障后,要把乘客从吊椅上营救下来。此时,操作手动绞车,将拉紧重锤提起,吊椅缓缓下降,直到乘客的脚接触地面为止。

根据文献 [11],空车侧各跨最大挠度 f'_{max} 为

$$f'_{max} = f'_{自} + f'_{集} = \frac{ql_n^2}{8T_K} + \frac{W_K l_n}{4T_K}\tau \tag{3-24}$$

式中 W_K ——只考虑吊椅及风阻力的集中荷载,按下式确定

$$W_K = \sqrt{W^2 + (PA)^2} \tag{3-25}$$

(十) 各跨悬索曲线长度计算

根据文献 [11],重车侧各跨悬索曲线长度 S 按下式确定

$$S = \frac{l_{0n}}{\cos\beta_n} + \frac{q^2 l_{0n}^3}{24H^2\cos\beta_n} = l_n + \frac{Q_Z l_n^3}{24T_Z^2} \tag{3-26}$$

$$H = T_Z\cos\beta_n$$

式中 l_n ——各跨弦长;

　　 q ——均布载荷,$q = Q_Z$。

空车侧各跨悬线曲线长度 S' 为

$$S' = \frac{l_{0n}}{\cos\beta_n} + \frac{q^2 l_{0n}^3}{24H^2\cos\beta_n} = l_n + \frac{Q_K l_n^3}{24T_K^2} \tag{3-27}$$

$$q = Q_K$$

代入各跨的相关数值,可求出重车侧和空车侧各跨悬索曲线长度。

(十一) 线路各支架的技术参数计算

凸(凹)形支点用托(压)索轮承托(压),再由支架支撑。为保证固定抱索器及吊椅平稳通过各支架,尤其是凹形支点为避免发生飘浮现象,力求安全靠贴。

(1) 线路各跨弯折角 δ　依据索道侧型图,从左到右,索道的弦倾角是仰角时为正值,俯角时为负值,代入式(3-28)计算。当 $\delta<0$ 时,线路为凹形;当 $\delta>0$ 时,线路为凸形。

$$\delta = \beta_{左} - \beta_{右} \tag{3-28}$$

(2) 运载索自重引起的倾角 α

$$\alpha_{左} = \arcsin\frac{Q_1 l_{0n左}}{2T_Z\cos\beta_{n左}}; \quad \alpha_{右} = \arcsin\frac{Q_1 l_{0n右}}{2T_Z\cos\beta_{n右}} \tag{3-29}$$

(3) 运载索受支架间距内载荷引起的倾角 γ

按重车侧计算
$$\gamma_{左} = \arcsin\left(\frac{W_Z}{T_Z}\right)\tau_{左}; \quad \gamma_{右} = \arcsin\left(\frac{W_Z}{T_Z}\right)\tau_{右} \tag{3-30}$$

根据文献 [11]，各跨 τ 值的计算式为

$$\tau = (m-1)\left(1 - 0.5m\frac{J\cos\beta_n}{l_{0n}}\right) \tag{3-31}$$

式中 m——各跨最多容许吊椅个数（取整），$m = 1 + \dfrac{l_{0n}}{J\cos\beta_n}$。

(4) 运载索受运行过支架时载荷作用所引起的倾角 φ

$$\varphi = \arcsin\frac{W_Z}{T_Z} \tag{3-32}$$

式 (3-29)、式 (3-30)、式 (3-32) 中，当支架采用压式索轮时，重车侧各跨平均张力 T_Z 应考虑张力减少 10% 计算（避免凹形支点发生飘起现象）；当支架采用托式索轮时，重车侧各跨平均张力 T_Z 按原值计算。

(5) 验算支架左侧最大爬坡角（左侧指靠下站的一侧）

$$\beta_{总} = \beta_{左} + \alpha_{左} + \gamma_{左} + \varphi \tag{3-33}$$

运载索重车侧在支架上的倾角不得大于 110%[12]。

(6) 检验运载索作用于压索轮的最小向上力 $V_{\min}$（总倾角 $\theta<0$ 时检验此步）

$$\theta = \delta + \alpha_{左} + \alpha_{右} + \gamma_{左} + \gamma_{右} + \varphi \tag{3-34}$$

$$V_{\min} = T_Z \sin\theta \tag{3-35}$$

此时，T_Z 不考虑张力减少。根据文献 [12]，运载索在每个托索式支架上的靠贴力，不得小于该支架两相邻跨距之和的 10 倍，当相邻跨距之和小于 200m 时，靠贴力不得小于 2000N，以此来验算 $V_{\min}$ 是否符合要求。

(7) 计算托索轮受到的最大向下力 $V_{\max}$　T_Z 不考虑张力减少，代入式 (3-29)~式 (3-34)。当 $\theta<0$ 时，最小向上力 $V_{\min} = T_Z | \sin\theta |$，则采用压索轮；当 $\theta>0$ 时，最大向下力 $V_{\max} = T_Z | \sin\theta |$，用托索轮。

(8) 托索轮轮数计算　索轮轮数按 $V_{\max}$ 与 $[P]$ 的比值向上圆整取偶数，并应符合每个托（压）索轮上的允许平均折算角（总倾角 θ 除以轮数 N_0），在任何情况下不得大于 4°。有时考虑到要安装其他装置（如避雷针），可以适当增加轮数。

（十二）运载索耐久性验算

当运载索处于工作状态时，一方面由于张力的作用，运载索内部产生拉应力；另一方面由于索轮对运行中的运载索横向力的作用，使运载索弯曲而产生弯曲应力。故要求运载索具有很高的抗拉强度和抵抗冲击及横向压力的能力，因而要对运载索的耐久性进行校核。根据文献 [2] 通常用运载索的最大拉力与单个托（压）索轮应承受的设计荷重的比值 C_n 来衡量，即

$$C_n = \frac{T_{Zn}}{[P]} \quad (n=1,2,3,\cdots,I+1) \tag{3-36}$$

式中　T_{Zn}——重车侧运载索在各支架上的张力。

C_n 值推荐范围为 20~30。若算出的 C_n 值不满足要求时，可酌情重选运载索规格，或改变设计荷重，或重选轮数较多的托（压）索轮等重新计算。

（十三）小结

1) 客运索道线路的选择必须考虑总的地形，索道中心线的水平投影力求平直。

2) 在实际设计中，确定单线循环吊椅式客运索道的电动机功率，只需算出重上空下状态时的电动机输出功率，以此为依据选择所需的电动机。

3) 线路设备的选择应在确保安全可靠的情况下，兼顾经济效益。

4) 为保证抱索器及吊椅平稳通过各支架，确保凹形支点不发生飘浮现象，安全靠贴。

5) 运载索要进行安全性与耐久性验算，拉紧索只要进行安全性检验。

二、系统的设计思想与运行环境

单线循环吊椅式客运索道计算机辅助设计系统，由给定参数输入、系统智能计算、输出架设客运索道所需的数据三部分组成，包括启动画面、密码验证、系统主界面、基本参数输入、初选参数输入、运载索计算、惯性力计算、安全系数验算、驱动机功率确定、线路设备选择、拉紧行程计算、运载索各跨张力计算、各跨挠度计算、各跨悬索长度计算、线路参数计算、显示计算结果、保存计算结果、打印计算结果、退出系统等。

1. 系统设计思想

对于一个复杂系统，为简化其设计难度，将系统抽象的问题具体化。根据变量的传递，体现各模块间的关系。系统按照结构化分析（Structured Analysis）的方法，用自顶向下，逐步求精的原则，确定相应的系统数据流程图。在设计阶段把流程图与结构化设计方法（Structured Design）相结合，运用"模块化设计"思想，把系统分为若干个功能子模块，再把各个功能子模块按功能的不同分为若干个小子模块，尽量减少模块数，使系统具有较强的适应性。

2. 系统运行环境

（1）软件配置　Microsoft Windows 95 以上版本、Micrsoft Windows NT Workstation 3.51 以上版本的操作系统。

（2）硬件配置　中央处理器（CPU）为 Inter Pentium（奔腾）100MHz 以上的处理器，或任何运行 Microsoft Windows NT Workstation 3.51 的 Alpha 处理器。具有 24M（Windows95）或 32M（Windows NT Workstation 3.51）以上内存。至少有 500M 容量的硬盘；VGA 显示卡；配有 1 个软盘驱动器；打印机 1 台；1 个 Microsoft 鼠标或兼容的鼠标。

三、系统模块及其功能

单线循环吊椅式客运索道计算机辅助设计系统的数学模型与技术规范见文献 [12, 13]，其设计系统的程序框图见图 3-3。

现将各子模块的功能简述如下：

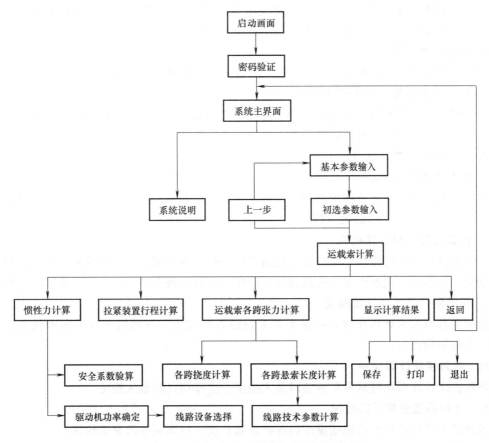

图 3-3 单线循环吊椅式客运索道设计系统流程

1. 基本参数输入模块

全线路水平长度 L_0（m）；运载索设计速度 V（m/s）；吊椅间距 J（m）；各跨水平距离 l_{0i}（$i=1,2,\cdots,n$）（m）；各跨弦倾角 a_i（$i=1,2,\cdots,n$）（°）；单个吊椅重力 W（N）；载人后单个吊椅重力 W_I（N）；空吊椅受风面积 A（m²）；重吊椅受风面积 A_I（m²）；单位平面受风载荷 P（MPa）；单位吊架杆受风载荷 P_I（MPa）。

2. 初选参数输入模块

(1) 运载索 直径 d_1（mm）；单位长度重力 Q_1（N/m）；有效断面积 F_1（mm²）；弹性模量 E_1（MPa）；公称抗拉强度 S_{b1}（MPa）；表面钢丝直径 b_1（mm）；驱动轮直径 D_q（mm）。

(2) 拉紧索 直径 d_2（mm）；有效断面积 F_2（mm²）；表面钢丝直径 b_2（mm）；弹性模量 E_2（MPa）；公称抗拉强度 S_{b2}（MPa）；拉紧轮直径 D_1（mm）。

3. 运载索计算模块

(1) 单位长度负荷计算 空车侧单位长度负荷；重车侧单位长度负荷。

(2) 运载索的初张力计算 当重锤静止时初张力的计算；当重锤下降时初张力的计算；当重锤上升时初张力的计算。

(3) 确定下站从动轮处运载索张力

（4）各种状态下，上站驱动轮处运载索张力计算　重吊椅上行，空吊椅下行；空吊椅上行，重吊椅下行；重吊椅上行，重吊椅下行；空吊椅上行，空吊椅下行。

4. 惯性力计算模块

惯性力计算模块包括线路重车侧惯性力计算和线路空车侧惯性力计算。

5. 钢丝绳安全系数验算模块

钢丝绳安全系数验算模块包括运载索弯曲应力与张应力计算；运载索安全系数计算；拉紧索弯曲应力与张应力计算；拉紧安全系数计算。

6. 驱动机功率确定模块

7. 线路设备选择模块

线路设备选择模块包括钢丝绳型号的确定，驱动机型号的选用，拉紧装置的选择，线路托（压）索轮的选择，吊椅的选择。

8. 拉紧装置行程计算模块

拉紧装置行程计算模块包括负荷变化而产生的运载索长度变化，运载索弹性伸长所引起的长度变化，温度变化所引起的运载索长度变化，运载索残余伸长长度，拉紧装置总行程。

9. 运载索各跨张力计算模块

运载索各跨张力计算模块包括重车侧上行时各跨张力，空车侧下行时各跨张力，重车侧、空车侧平均张力。

10. 各跨挠度计算模块

各跨挠度计算模块包括重车侧各跨最大挠度，空车侧各跨最大挠度。

11. 各跨悬索长度计算模块

各跨悬索长度计算模块包括重车侧各跨悬索长度，空车侧各跨悬索长度。

12. 线路的技术参数计算模块

线路的技术参数计算模块包括线路各跨弯折角，运载索自重引起的倾角，受支架间距内荷载引起的倾角，受运行过支架时荷载作用所引起的倾角，验算支架左侧最大爬坡角，检验运载索作用于压索轮的最小向上力，计算托索轮受到的最大向下力，托索轮轮数计算，运载索耐久性验算。

四、系统关键技术

1. 登录及权限

系统运行时，先启动系统，提示输入密码，如果密码不正确，不能进入系统。若密码输错 3 次，将退出系统。以此来审核是否是合法授权用户。

在登录窗口的"确定"按钮的 click 事件中，按图 3-4 即可实现。

2. 数据输入纠错

为防止在数据输入时输入与数字无关的字符，在接收数据的文本框的键盘事件中对键盘的 ASCⅡ 码进行控

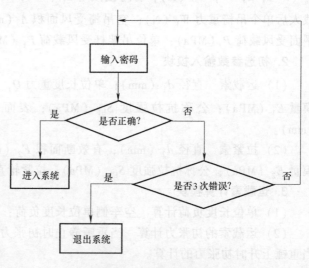

图 3-4　密码验证流程

制。当误键入除数字以外的字符时，将出现提示框，提示输入无效数字。

3. 结果打印输出

系统在结果打印输出时，先把计算结果用"write #"语句写入一个文本文件，再把文本文件的内容整行读入到文本框中，行尾加上回车符 chr（13）和换行符 chr（10），最后调用 VB 6.0 中的公共对话框 Microsoft Common Dialog Control 6.0，并将其 Action 属性设为 1，打印输出。

五、面向对象的程序设计

系统面向对象的编程方法，采用面向程序设计方法和结构化程序设计方法相结合，其开发步骤如下：

1）预备工作。在开发之前，充分考虑单线循环吊椅式客运索道的基本参数输入，通过计算机计算，能输出架设索道的技术参数等。务必考虑通过什么方法实现；共使用几个模块、几个窗体、每个窗体上使用哪些控件；关键问题使用什么算法，画出相应的流程图。

2）创建用户程序界面。新建工程之后，先建立窗体对象，并在窗体上放置所有必要的控件。对控件的大小与位置进行调整，使其在窗体上排布美观。

3）设置属性。通过属性窗口设置窗体及控件对象的初始属性，如 Name、Caption 等。

4）编写代码，进行调试。编写各事件过程与通用过程代码是真正实现程序功能的步骤，不断进行调试、排错。

5）编译。编译成可执行文件，方便用户使用。

六、系统特点

输入输出界面友好，"菜单"式模块，结构清晰，全中文显示，选择层次感强，遵循手工录入的风格和原则，具有简单易学，操作方便，快捷输入，纠错性强等特点。解决单线循环吊椅式客运索道设计的计算机化，提高计算准确性，降低人为误差，实现基本数据输入，系统自动计算汇总，保存或打印出计算结果。在系统程序设计时，考虑到系统灵活性和适应性，留有适当接口，以满足系统功能扩充要求。

系统输入在设计中遵循一个原则：凡涉及操作员输入数据时，把输入的数字与变量直接联系采用成组输入法，从而减少了录入数据的数量，避免重复数据的输入。系统输出通过屏幕或打印机设备输出。

系统具有方便的点取操作的特点，除说明备注文字外，所有的规范字符均可由鼠标单击选择，使数据存储、备份、恢复十分方便；丰富的提示信息，实时的辨错能力，保证客运索道数据正确输入，系统能根据已输入的数据自动判断后给予提示，确保索道设计的可靠性与正确性。

七、系统使用说明

在 Windows 操作系统的"开始｜运行"中运行"Setup.exe"系统的安装文件，按照系统的安装向导，逐步往下，将系统安装到硬盘中。安装完成后，将安装盘中的"readme.txt"文件拷贝到 C 盘的 Windows 目录下。双击"客运索道设计系统.exe"运行系统，运行时会出现启动画面，启动画面出现后，系统要求输入密码验证身份，若密码错误 3 次，系统自动退出。进入系统后,按照系统的控件上的文字说明用鼠标单击即可操作系统,以完成客运索道设计的各步计算。

八、系统实例

1. 基本参数

(1) 基本尺寸及受力参数 全线路水平长度 $L_0 = 290$m,运载索设计速度 $V = 1.0$m/s,吊椅间距 $J = 15$m,单个吊椅自重 $W = 650$N,载人后单个吊椅重力 $W_1 = 1850$N,空吊椅受风面积 $A = 0.4$m^2,重吊椅受风面积 $A_1 = 1.0$m^2,单位平面受风荷载 $P = 500$Pa,单位吊架杆受风荷载 $P_1 = 300$Pa。

(2) 各跨水平距离 $L_{01} = 11.00$m, $L_{02} = 41.15$m, $L_{03} = 40.96$m, $L_{04} = 33.87$m, $L_{05} = 27.94$m, $L_{06} = 26.52$m, $L_{07} = 39.38$m, $L_{08} = 37.31$m, $L_{09} = 23.37$m, $L_{10} = 10.50$m。

(3) 各跨弦倾角 $a_1 = 0°$, $a_2 = 21.97°$, $a_3 = 17.48°$, $a_4 = 12.48°$, $a_5 = 24.10°$, $a_6 = 20.66°$, $a_7 = 19.57°$, $a_8 = 19.89°$, $a_9 = 13.82°$, $a_{10} = 0°$。

2. 初选参数

(1) 运载索 直径 $d_1 = 23.5$mm,单位长度重力 $Q_1 = 21.1$N/m,膨胀系数 $e = 0.0005$,有效断面积 $F_1 = 227.12$mm^2,弹性模量 $E_1 = 2 \times 10^5$MPa,公称抗拉强度 $S_{b1} = 1700$MPa,表面钢丝直径 $b_1 = 1.9$mm,驱动轮直径 $D_q = 3000$mm。

(2) 拉紧索 直径 $d_2 = 17.5$mm,有效断面积 $F_2 = 111.53$mm^2,表面钢丝直径 $b_2 = 0.8$mm,弹性模量 $E_2 = 2 \times 10^5$MPa,公称抗拉强度 $S_{b2} = 1850$MPa,拉紧轮直径 $D_1 = 1200$mm。

3. 计算机计算结果输出

(1) 运载索计算

1) 下站从动轮处运载索紧边拉力 $T_1 = 40754.8$N。

2) 下站从动轮处运载索松边拉力 $T_2 = 40564.1$N。

3) 最不利状态下驱动机处运载索入侧张力 $T_r = 55141.8$N。

4) 最不利状态下驱动机处运载索出侧张力 $T_c = 46616.0$N。

(2) 惯性力计算

1) 线路重车侧惯性力 $P_Z = 1166.1$N。

2) 线路空车侧惯性力 $P_K = 922.5$N。

(3) 钢丝绳安全系数验算

1) 运载索:纯张应力时 $n_1 = 6.86$,综合张应力时 $n_2 = 4.54$。

2) 拉紧索:纯张应力时 $n_3 = 10.04$,综合张应力时 $n_4 = 5.83$。

(4) 驱动机功率确定

1) 正常运行时的功率 $pp_1 = 10311.6$W。

2) 起动时的功率 $pp_2 = 12769.5$W。

3) 制动时的功率 $pp_3 = 7853.8$W。

由计算可知,索道运行最大功率为12769.5W,选取交流电动机 JR-S1-8,20kW,$n = 710$r/min。

(5) 线路设备选择

1) 运载索：钢丝绳 24 35W×7 WSC 1 670 B ZZ，参见《钢丝绳通用技术条件》（GB/T 20118—2017）。

2) 拉紧索：钢丝绳 18 6×37S+IWR WSC 1 770 B SZ，参见《钢丝绳通用技术条件》（GB/T 20118—2017）。

3) 驱动机：卧式，单槽，驱动轮直径：D_q = 3000mm。

4) 拉紧轮直径 D_l = 3000mm。

5) 悬挂式平衡锤重力 Q = 20000N。

6) 拉紧索导向轮直径 D = 1200mm。

7) 线路压（托）索轮直径 D = 400mm。

8) 吊椅选择：双座，有遮阳棚。

(6) 拉紧装置行程计算

1) 负荷变化而产生的运载索长度变化 s_{tt} = 0.124m。

2) 运载索弹性伸长引起的长度变化 s_a = 0.095m。

3) 温度变化引起的运载索长度变化 s_t = 0.203m。

4) 运载索残余伸长长度 s_y = 0.154m。拉紧装置总行程 s_z = 0.576m。

(7) 运载索各跨张力计算

1) 重车侧各跨运载索张力：1#，40772.9N；2#，43330.3N；3#，45332.5N；4#，46512.6N；5#，48433.1N；6#，49976.6N；7#，52141.0N；8#，54227.0N；9#，55127.8N；10#，55145.1N。

2) 重车侧各跨运载索的平均张力：下站—1#，40763.8N；1#—2#，42051.7N；2#—3#，44331.5N；3#—4#，45922.6N；4#—5#，47472.9N；5#—6#，49204.8N；6#—7#，51058.8N；7#—8#，53184.0N；8#—9#，54677.4N；9#—上站，55136.4N。

3) 空车侧各跨运载索张力：1#，40555.9N；2#，41647.2；3#，42488.5N；4#，42969.9N；5#，43793.8N；6#，44449.9N；7#，45366.7N；8#，46251.2N；9#，46622.3N；10#，46614.5N。

4) 空车侧各跨运载索的平均张力：下站—1#，40560.0N；1#—2#，41101.6N；2#—3#，42067.9N；3#—4#，42729.2N；4#—5#，43381.9N；5#—6#，44121.8N；6#—7#，44908.3N；7#—8#，45808.9N；8#—9#"，46436.8N；9#—上站，46618.4N。

(8) 各跨挠度计算

1) 重车侧各跨最大挠度：下站—1#，$f_{z_{01}}$ = 0.14m；1#—2#，$f_{z_{12}}$ = 0.96m；2#—3#，$f_{z_{23}}$ = 0.86m；3#—4#，$f_{z_{34}}$ = 0.53m；4#—5#，$f_{z_{45}}$ = 0.52m；5#—6#，$f_{z_{56}}$ = 0.45m；6#—7#，$f_{z_{67}}$ = 0.71m；7#—8#，$f_{z_{78}}$ = 0.61m；8#—9#，$f_{z_{89}}$ = 0.24m；9#—上站，$f_{z_{910}}$ = 0.10m。

2) 重车侧各跨最大挠度平均值为 f_{f_z} = 0.51m。

3) 空车侧各跨最大挠度：下站—1#，$f_{k_{01}}$ = 0.06m；1#—2#，$f_{k_{12}}$ = 0.50m；2#—3#，$f_{k_{23}}$ = 0.46m；3#—4#，$f_{k_{34}}$ = 0.29m；4#—5#，$f_{k_{45}}$ = 0.28m；5#—6#，$f_{k_{56}}$ = 0.24m；6#—7#，$f_{k_{67}}$ = 0.41m；7#—8#，$f_{k_{78}}$ = 0.36m；8#—9#，$f_{k_{89}}$ = 0.14m；9#—上站，$f_{k_{910}}$ = 0.05m。

4) 空车侧各跨最大挠度平均值为 f_{f_k} = 0.28m。

(9) 各跨悬索长度计算

1) 重车侧各跨悬索长度：下站—1#，$S_{z_{01}} = 11.00\text{m}$；1#—2#，$S_{z_{12}} = 44.42\text{m}$；2#—3#，$S_{z_{23}} = 42.98\text{m}$；3#—4#，$S_{z_{34}} = 34.71\text{m}$；4#—5#，$S_{z_{45}} = 30.62\text{m}$；5#—6#，$S_{z_{56}} = 28.35\text{m}$；6#—7#，$S_{z_{67}} = 41.82\text{m}$；7#—8#，$S_{z_{78}} = 39.70\text{m}$；8#—9#，$S_{z_{89}} = 24.07\text{m}$；9#—10#，$S_{z_{910}} = 10.50\text{m}$。1#~9#支架各跨累计长 $S_{z_z} = 308.17\text{m}$，单程长（包括头、尾）$S_{z_{zd}} = 312.88\text{m}$。

2) 空车侧各跨悬索长度：下站—1#，$S_{k_{01}} = 11.00\text{m}$；1#—2#，$S_{k_{12}} = 44.38\text{m}$；2#—3#，$S_{k_{23}} = 42.95\text{m}$；3#—4#，$S_{k_{34}} = 34.69\text{m}$；4#—5#，$S_{k_{45}} = 30.61\text{m}$；5#—6#，$S_{k_{56}} = 28.34\text{m}$；6#—7#，$S_{k_{67}} = 41.80\text{m}$；7#—8#，$S_{k_{78}} = 39.68\text{m}$；8#—9#，$S_{k_{89}} = 24.07\text{m}$；9#—10#，$S_{k_{910}} = 10.50\text{m}$。1#~9#支架各跨累计长 $S_{k_z} = 308.04\text{m}$，单程长（包括头、尾）：$S_{k_{zd}} = 312.75\text{m}$，索道全线钢丝绳长度 $S_{cx} = 625.63\text{m}$。

（10）线路技术参数计算　见表3-4，总压力为负时用压轮，为正时用托轮。

表3-4　线路技术参数计算

支架	压(托)轮数	总压力(小)/N	总压力(大)/N	支架	压(托)轮数	总压力(小)/N	总压力(大)/N
1#	4	-7673.3	-11070.6	6#	2	0	6302.9
2#	4	0	9910.3	7#	2	0	4040.3
3#	4	0	9829.9	8#	4	0	10681.9
4#	2	-3480.0	-6324.8	9#	4	0	17906.2
5#	2	0	7369.3				

支架	弦倾角（左/右）		索道自重引起的倾角（左/右）		跨内荷载引起的倾角（左/右）		弯挠角	支架处荷载引起的倾角	爬坡角	总倾角	耐久性（轮压比）
1#	0	21.97	0.19	0.77	2.99	2.95	-21.97	2.99	6.18	-12.07	21.7
2#	21.97	17.48	0.65	0.63	2.50	2.41	4.49	2.53	27.66	13.22	23.0
3#	17.48	12.48	0.60	0.49	2.31	1.70	5.00	2.42	22.81	12.52	24.1
4#	12.48	12.48	0.53	0.47	1.84	1.39	-11.62	2.62	17.48	-4.77	24.7
5#	24.10	20.66	0.40	0.37	1.20	1.07	3.44	2.27	27.97	8.75	25.8
6#	20.66	19.57	0.36	0.53	1.03	2.03	1.09	2.20	24.25	7.25	26.6
7#	19.57	19.89	0.57	0.54	2.16	2.03	0.32	2.34	24.64	7.31	27.7
8#	19.89	13.82	0.47	0.28	1.75	0.76	6.07	2.03	24.14	11.36	28.8
9#	13.82	0	0.28	0.12	0.75	1.99	13.82	1.99	16.84	18.95	29.3

第三节　单跨往复式客运索道设计

单跨往复式客运索道能跨越较宽的深谷、大河川和陡崖等不易设立支架等处所。它具有其他运输方式所不及的爬坡能力，爬坡角通常在45°以下，但最大爬坡角在国外已达到57°20′，客车定员已达到每车185人，运行速度 $V_{\max} \leq 12\text{m/s}$。单跨往复式的客车可以做成具有封闭的吊架，安全度高，其缺点是运输能力随运距增加而急剧下降。

单跨往复式客运架空索道可分为以下四大类：

（1）单承载单牵引式　在索道每侧设有一条承载索和一条无级式牵引索，它的缺点是在相同条件下与双牵引式相比，牵引索直径大，从而导致所有导向轮和驱动轮直径增大，其结果是设备笨重和投资增高。

（2）单承载双牵引式　在索道每侧设有一条承载索和两条无级式牵引索，该种索道克服了单承载单牵引式的缺点，但是为使两条牵引索同步运行，在两驱动轮之间应设置差动装置。

单承载式索道适用于客车定员在（60+1）人/车以下，而且索道下面有足够的净空尺寸，它是属于中、小型索道。

（3）双承载双牵引式　在索道每侧有两条承载索和两条无级式牵引索，它适用于客车定员等于或大于（65+1）人/车的大运量索道，它属于大型索道。

（4）双承载三牵引式　在索道的每侧设有两条承载索和三条无级式牵引索，它适用于客车定员等于或大于（65+1）人/车的大运量的大型索道。

双承载索道的优点是在相同的条件下，其承载索直径小于单承载式的。客车的重力由两条平行的承载索共同承担，每条承载索使载荷降低一半，从而使承载索的挠度大大减小及其弯曲应力降低，并使承载索的寿命延长，索道线路净空尺寸增大或两端站房的高度降低。在经济效益方面是基建投资的减少和营运费的降低。

一、单跨往复式客运索道的运动学

1. 客车运行时间总和及其休止时间
（图 3-5）

（1）客车单程运行时间总和 $\sum t_i$ 的计算　单程运行时间总和 $\sum t_i$ 是指客车在一个行程中的加速、等速、减速及爬行的运行时间之和。其加速度和减速度

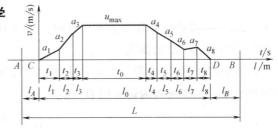

图 3-5　客车运行速度

a 的绝对值常为 $0.05 \sim 0.5 \mathrm{m/s^2}$。加速度 $a = 0.05 \sim 0.25 \mathrm{m/s^2}$，常用于运距大于 $1000\mathrm{m}$ 的索道；$a = 0.25 \sim 0.5 \mathrm{m/s^2}$，常用于运距小于 $1000\mathrm{m}$ 的索道，运距长的索道取小值；反之，取大值。

对运距在 $1000\mathrm{m}$ 以上的索道，为了客车运行平稳，多采用 $2 \sim 3$ 个加速区段和 $3 \sim 5$ 个减速区段及 1 个爬行区段的速度图。对运距在 $1000\mathrm{m}$ 以下索道，多采用 $1 \sim 2$ 个加速区段和 $2 \sim 4$ 个减速区段及 1 个爬行区段的速度图。如图 3-5 所示，A、B 分别为上下支承点；C、D 分别为上下停车点。各个运行区段的运行时间总和为 $\sum t_i$，各个区段运行距离总和为 $\sum l_i$。

对多个加速区段或多个减速区段而言，开始和终了区段的加、减速度 a 的绝对值取小值；而中间区段取大值。

客车运行速度：配备乘务员时，在跨距内或过支架时双承载 $\leq 12\mathrm{m/s}$，单承载 $\leq 10\mathrm{m/s}$；不配备乘务员时，在跨距内或过支架时双承载 $\leq 7\mathrm{m/s}$，单承载 $\leq 6\mathrm{m/s}$。

选取 a 值和 v 值后，代入式（3-37）或式（3-38）中，即可求出各个运行区段的运行时间 t_i 和运行距离 l_i。

加速区段

$$\begin{cases} v_i = v_{i-1} + a_i t_i \\ l_i = v_{i-1} t_i + \dfrac{1}{2} a_i t_i^2 \end{cases} \quad (3\text{-}37)$$

减速区段

$$\begin{cases} v_i = v_{i-1} - a_i t_i \\ l_i = v_{i-1} t_i - \dfrac{1}{2} a_i t_i^2 \end{cases} \quad (3\text{-}38)$$

式中 v_i、v_{i-1}——第 i 个和第 $i-1$ 个区段的客车运行速度；

t_i、a_i、l_i——第 i 个区段客车的运行时间、加速度及运行距离。

求出等速运行区段的 l 与 t 值后，将运行一个行程所需的时间累加起来，即为单程运行时间总和 $\sum t_i$。

（2）休止时间

$$\Delta t = \Delta t_1 + \Delta t_2 \quad (3\text{-}39)$$

单程所需时间总和

$$T = \sum t_i + \Delta t \quad (3\text{-}40)$$

式中 Δt_1——每位乘客上、下车时间，$\Delta t_1 = 1 \sim 2\mathrm{s}$，客车双开门定员时取小值；反之，取大值；

Δt_2——接收信号和开关车门时间，$\Delta t_2 = 10 \sim 20\mathrm{s}$。

2. 客车定员 Q_c 的确定

初取小时运量 A_0 近似等于设计要求小时运量 A_h，则按式（3-41）求出客车定员 Q_c 值，并圆整为客车标准系列的定员值 Q_c 为准。

$$Q_c = \dfrac{A_0 T}{3600} \quad (3\text{-}41)$$

3. 单向小时运量 A_h

$$A_h = \dfrac{3600 Q_c}{T} \quad (3\text{-}42)$$

二、承载索的选择计算

1. 满载客车总重力 Q_m

$$Q_m = Q_0 + Q_1 \quad (3\text{-}43)$$

考虑风雪荷载时

$$Q'_m = \sqrt{(Q_0 + Q_1 + Q_2)^2 + (A_1 p_1 K_1 + A_3 p_1 K_2)^2} \quad (3\text{-}44)$$

$$Q_1 = Q_c q, \quad Q_2 = A_2 p_2$$

式中 Q_0——空车自重力；

Q_1——客车有效载重力；

Q_2——客厢顶棚上的雪荷载；

q——平均每位乘客重力，当 $Q_c \le 15$ 人/车时，$q = 740\mathrm{N}$，当 $Q_c > 15$ 人/车时，

$q = 690\text{N}$；

A_1——车厢侧面积；

A_2——车厢顶棚面积；

A_3——吊架和运行小车的侧面积；

p_1——风压，$p_1 = v_F^2/16$，v_F 为风速（m/s）；

p_2——单位面积上的雪荷载；

K_1——车厢的体型系数，密封钢丝绳 $K_1 = 1.2$，非密封钢丝绳 $K_1 = 1.3$；

K_2——吊架和运行小车的体型系数，$K_2 = 1.6$。

2. 客车厢地板面积 A_4

$$A_4 = 0.18 Q_c + 0.4 \text{m}^2 \tag{3-45}$$

3. 承载索的初张力 T_0 确定

$$T_0 \leqslant \frac{(12 \sim 20) Q_m}{n_c} = W_c \tag{3-46}$$

式中 n_c——每侧承载索条数，单承载索 $n_c = 1$，双承载索 $n_c = 2$；

W_c——承载索重锤重力（N）；

$(12 \sim 20)$——系数，高差大者取小值，反之取大值。

4. 承载索需要的破断拉力 T_{p0}

$$T_{p0} \leqslant (3.5 \sim 3.8) T_0 \tag{3-47}$$

式中 $(3.5 \sim 3.8)$——系数，索道线路长者取大值，反之取小值。

5. 承载索的理论破断拉力 T_p

$$T_p = \frac{T_{p0}}{K} \tag{3-48}$$

式中 K——钢丝绳破断拉力换算系数，密封钢丝绳 $K = 1.0$，非密封钢丝绳 $K = 0.9$。

用 T_p 值选择承载索型号及其有关参数。目前，国内多采用公称抗拉强度 $\sigma_b = 1570 \sim 1770\text{MPa}$；国外多采用 $\sigma_b = 1570 \sim 2060\text{MPa}$ 的密封钢丝绳作为承载索。在此 σ_b 的范围内，σ_b 取值越大越好，即经济系数（T_{p0}/q_{c0}）越大越好。

6. 考虑风雪荷载后的承载索单位长度重力 q_c

$$q_c = \sqrt{(q_{c0} + p_2 d_c)^2 + (p_1 d_c K_3)^2} \tag{3-49}$$

式中 K_3——钢丝绳的体型系数，$K_3 = 1.2$；

q_{c0}——承载索单位长度重力；

d_c——承载索直径。

7. 承载索在滚子链上或承载索的拉紧索在导向轮上的阻力 ΔT

$$\Delta T = (W_c + h_0 q_{c0}) \left(2\mu_0 \sin \frac{90° \pm a}{2} + C_0 \right) \tag{3-50}$$

式中 h_0——重锤顶至滚子链或导向轮顶的垂高；

a——滚子链或导向轮顶与鞍座间的倾斜角，滚子链或导向轮顶的标高，高于鞍座标高时取正号，反之取负号；

μ_0——阻力系数，滚子链取 $\mu_0 = 0.01$，导向轮取 $\mu_0 = 0.003$；

C_0——承载索刚性阻力系数，$C_0=0.0035$。

8. 承载索的最大张力 T_{max}

$$T_{max} = W_c + q_{c0}h_0 \pm q_c \sum h + \Delta T \tag{3-51}$$

式中 $\sum h$——线路高差，由低到高取正号，反之取负号。

9. 承载索安全系数 m 的检验

$$m = \frac{KT_p}{T_{max}} \geq 3.15 \tag{3-52}$$

10. 承载索轮压 p 的校验

$$p = \frac{Q_m}{n_c F_c n} \leq 0.5 \tag{3-53}$$

式中 n_c——每辆客车的轮数；
　　　F_c——承载索的轮压面积。

11. 客车轮压比 K_i 的校验

（1）承载索的最大挠度 f_{max}

$$f_{max} = \frac{L^2}{4H}\left(\frac{q_{c0}}{2\cos\alpha} + \frac{Q_m/n_c}{L}\right) \tag{3-54}$$

（2）承载索在线路上的最小张力 T_{min}

$$T_{min} = T_0 + \left(\frac{\sum h}{2} - f_{max}\right)q_{c0} - \Delta T \tag{3-55}$$

（3）客车轮压比 K_i 的校验

$$K_i = \frac{nT_{min}}{Q_m} \geq 80 \tag{3-56}$$

式中 L——线路 A、B 两点跨距；
　　　H——承载索平均安装水平拉力，$H = T\cos\alpha$；
　　　T——计算点的承载索张力；
　　　α——线路弦倾角，$\alpha = \arctan\dfrac{\sum h}{L}$。

三、牵引索的选择计算

1. 考虑风雪荷载的满载客车爬坡角

（1）在任意点 x 处

$$\tan\gamma_x^{m'} = \pm\left[\frac{\sum h}{L} + \frac{L-2x}{2H}\left(\frac{q_c}{\cos\alpha} + \frac{Q_m'/n_c}{L}\right)\right] \tag{3-57}$$

（2）客车接近上站时

$$\tan\gamma_{x=l_A}^{m'} = \pm\left[\frac{\sum h}{L} + \frac{L-2l_A}{2H}\left(\frac{q_c}{\cos\alpha} + \frac{Q_m'/n_c}{L}\right)\right] \tag{3-58}$$

（3）客车接近下站时

$$\tan\gamma_{x=L-l_B}^{m'} = \pm\left[\frac{\sum h}{L} + \frac{L-2l_B}{2H}\left(\frac{q_c}{\cos\alpha} + \frac{Q_m'/n_c}{L}\right)\right] \quad (3\text{-}59)$$

（4）客车在跨中时

$$\tan\gamma_{x=\frac{L}{2}}^{m'} = \pm\frac{\sum h}{L} = \pm\alpha \quad (3\text{-}60)$$

式中　$\pm$——客车上行时取"+"，客车下行时取"-"；

　　　x——从上站支点算起至计算点的水平距离。

将式中的 Q_m' 换成 Q_0，即得空车的爬坡角 γ_0。

在我国选取 6×19、6×19 和 6×25 型顺捻钢丝绳作为牵引索和平衡索，分别查出牵引索单位长度重力 q_0、平衡索单位长度重力 q_p、理论破断拉力 t_p（N）；公称抗拉强度 σ_b = 1670~1870MPa。

2. 牵引索的选择

牵引索最大张力 t_{max} 按下式计算

$$t_{max} = (2000\sim3000)q_0 + q_0 h_A + q_p(\sum h - h_A) + \frac{Q_m'}{n_1}\sin\gamma_{x=l_A}^{m'} + J_m \quad (3\text{-}61)$$

式中　n_1——牵引索或平衡索条数，单、双、三牵引式分别为1、2和3；

　（2000~3000）——牵引索下垂程度系数，高差大者取小值，反之取大值；

　　　J_m——重车侧设备的转动重力之和，$J_m = 0.06\sum G$；

　　　$\sum G$——重车侧设备的转动部分重力之和；

　　　0.06——折合系数；

　　　q_p——平衡索单位长度重力。

3. 牵引索安全系数 m 的验算

$$m = \frac{kt_p}{t_{max}} > 4.5 \text{ 或 } 5.4 \quad (3\text{-}62)$$

对于单牵引索，$m>4.5$；对于双牵引索，$m>5.4$。其中 k 为钢丝绳破断拉力换算系数。

四、平衡索的选型计算

高差小时，平衡索和牵引索选取同样规格型号；高差大时，选取比牵引索小1号或小2号的同类钢丝绳作平衡索。此时，按重车下行且接近下站时，平衡索最大张力 t_{max} 为

$$t_{max} = (2000\sim3000)q_p + q_p(\sum h - h_A) + \frac{Q_m'}{n_1}\sin\gamma_{x=L-l_A}^{m'} + J_m \quad (3\text{-}63)$$

式中　h_A——l_A 长度的对应高差。

安全系数 m 为

$$m = \frac{kt_p}{t_{max}} \geq 4.5 \quad (3\text{-}64)$$

式（3-62）和式（3-64）中，t_p 分别代表牵引索和平衡索的破断拉力总和。

五、索距的计算

1. 客车的最大摆角 δ_m（图 3-6）

$$\tan\delta_m = \frac{\frac{2}{3}n_1 d_c K_3 L p_1 + A_1 p_1 K_1 + 0.25 n_1 L p_1 K_3 (d_0 + d_p)}{\frac{2}{3}n_1 q_c L + Q'_m + 0.25 L n_1 (q_0 + q_p)} = \frac{\frac{2}{3}C_X + D_X}{\frac{2}{3}C_Y + D_Y} \quad (3-65)$$

$$C_X = n_1 d_c K_3 L p_1 ; \quad C_Y = n_1 q_c L$$

$$D_X = A_1 p_1 K_1 + 0.25 n_1 L p_1 K_3 (d_0 + d_p) ; \quad D_Y = Q'_m + 0.25 L n_1 (q_0 + q_p)$$

式（3-65）是满载客车最大摆角 δ_m 的正切值。空车时，将式中的 Q'_m 换成 Q_0，即得到空车作用下的承载索最大摆角 δ_k 的正切值。将式（3-54）中的 Q_m 换成 Q_k 得空车挠度。d_0 和 d_p 分别代表牵引索和平衡索的直径。图 3-6 中：$b_1 = \frac{2}{3}f_{max}$。

2. 客车摆距 b 的计算

$$b = f_{max}\cos\alpha\tan\delta_m \quad (3-66)$$

3. 索距 S 的计算及验算

（1）索距的计算

$$S \geqslant b + B + 0.5\text{m} \quad (3-67)$$

分别按重车和空车计算索距 S，取其最大值，并圆整到以 0.1m。

（2）索距 S 的验算

$$S \geqslant 2h_c \sin 12° + B\cos 12° + \frac{L-300}{100} \times 0.2\text{m} + 1\text{m} \quad (3-68)$$

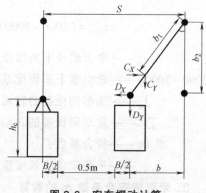

图 3-6 客车摆动计算

式中 h_c——客厢底至承载索中心的高度；
B——车厢宽度。

六、单牵引式索道客车制动时牵引索增加的应力

1. 牵引索增加的应力

$$\Delta\sigma_e = \frac{a}{g}\sigma_e \quad (3-69)$$

式中 $\Delta\sigma_e$——牵引增加的拉应力；
σ_e——不制动时牵引索的拉应力；
a——制动时的减加速度，$a = \frac{v^2}{2l} = 1.5\text{m/s}^2$，$v$ 为运行速度，l 为制动距离。

双牵引式索道与单牵引式索道相比，牵引索直径小，设备重量轻，又不用设置客车制动器。因此，我国和世界各国多采用双牵引式。

2. 选定双牵引式时，设计中应注意的问题

1）在两驱动轮之间设置差动装置，使驱动轮自动调节两条牵引索张力差（长度差）。

2）其中一条牵引索上设调绳装置，用以人工调节两条牵引索的较大长度差。

3）两个牵引索环圈分别与客车相连时，必须内环、外环交错布置，即同一条牵引索的两个端头分别与一台客车的外侧（对线路中心线而言）相连，而另一端与另一台客车的内侧相连，以减少两条牵引索的长度差。

4）牵引索和平衡索的绳头与客车的联结目前多采用套筒浇铸式，其缺点是不易调整两条牵引索之间的较大长度差。每个套筒拆装一次耗时 4~6h。因此，建议采用引进瑞士卡兰芬特公司（Garventaag）技术的楔锥式联结套筒，拆装省时、方便和安全可靠。

5）为了设备简单，控制先进，运行准确无误，必须采用工业微机对驱动机的运行进行控制。

6）采用使承载索直接接地和利用站口不带橡胶轮衬的专用托索轮将牵引索和平衡索直接接地（接地电阻不大于 4Ω）的防雷先进技术（在客车处利用软铜胶线将牵引索和平衡索联结起来）。这样，可省掉设在索道上空的防雷索的投资及每年紧绳和除锈的维修量。

7）根据重客车重力和最大跨距中牵引索对客车的附加压力大小，确定客车行走小车轮数。它分为 8 轮式、12 轮式、16 轮式、24 轮式和 32 轮式 5 种。对单承载索道，行走小车自然是一排行走轮。对双承载索道，将上述轮数分为两排排列。行走轮槽中心线直线度误差不得大于 1mm，行走轮踏面直径通常为 $\phi250~300$mm，并设有橡胶轮衬，以降低噪声和延长承载索使用寿命。每个行走轮承受的载荷不大于 5kN，衬垫上的槽深度不得超过承载索直径的 2/3；绳槽半径比承载索半径大 0.5~1.5mm，轮缘外径是轮踏面直径的 1.3 倍。

8）客车吊架用抗拉强度 $\sigma_b \geq 700$MPa 的合金钢管制成。制作并要除锈、酸洗、中和、清洗、晒干、焊接、抽真空、密封，还要对焊接处进行探伤和整体镀锌。

9）吊架与车厢的 4 个联结螺栓，要加设橡胶缓冲衬垫，以便减轻车厢振动。对连接螺栓关键部位及焊接部位进行透视照片。

10）车厢除骨架用合金钢制造外，其余部位采用铝合金制造，合金重量占车厢总重量的 85% 以上。

11）车厢要两侧开门，以便乘客上下方便和缩短上、下车时间及便于管理。车门滑道处应设有排放渣孔和清洗时的流水孔。

12）车厢两侧四个角应设缓冲装置，避免客车进站左右摆动时震动。

13）站房尽量低，一楼地板作为上、下车站台，千万不要用加高站房的方法来满足线路下面的净空尺寸。若要得到线路下面的净空尺寸，可采用加高支架的方法。这样，投资少，避免牵引索穿越多层楼板，造成浪费和引起不必要的麻烦。

14）为了得到采用双承载式索道线路下面的足够净空尺寸，在线路承载索上每隔 250~300m 设置一台托索器，用以承托牵引索和平衡索。

15）托索器一定采用托轮式，而不采用托辊式，否则增加托索器的宽度，给设计吊架带来困难。托索器要设前后两排托索轮，并可前后左右有微量摆动或倾斜，且有橡胶轮衬。

16）设计托索器时，一定要考虑当客车的爬坡角达到 45°时，托索器仍不刮碰承载索；设置托索器的另一个目的是降低行走小车的轮压。

七、承载索的水平拉力

1. 承载索张力（图 3-7）

（1）下站承载索支点 B 处的张力 T_B

$$T_B = W_c + h_0 q_{c0}$$

（2）下站承载索支点 B 处的最大张力 $T_{B\max}$

$$T_{B\max} = T_B + \Delta T = W_c + h_0 q_{c0} + \Delta T$$

（3）下站承载索支点 B 处的最小张力 $T_{B\min}$

$$T_{B\min} = T_B - \Delta T = W_c + h_0 q_{c0} - \Delta T$$

（4）上站承载索支点 A 处的张力 T_A

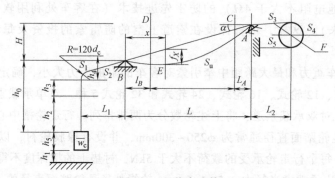

图 3-7　承载索计算

$$T_A = T_B + q_c H = W_c + h_0 q_{c0} + q_c H$$

（5）上站承载索支点 A 处的最大张力 $T_{A\max}$

$$T_{A\max} = T_A + \Delta T = W_c + h_0 q_{c0} + q_c H + \Delta T$$

（6）上站承载索支点 A 处的最小张力 $T_{A\min}$

$$T_{A\min} = T_A - \Delta T = W_c + h_0 q_{c0} + q_c H - \Delta T$$

式中　H——上下站支承点 A、B 间的高差，$H = \sum h$。

2. 承载索的平均张力 T_{cp}

$$T_{cp} = \frac{T_A + T_B}{2}$$

（1）平均最大张力 $T_{cp\max}$

$$T_{cp\max} = \frac{T_{A\max} + T_{B\max}}{2}$$

（2）平均最小张力 $T_{cp\min}$

$$T_{cp\min} = \frac{T_{A\min} + T_{B\min}}{2}$$

3. 承载索平均最大、最小水平拉力 $H_{\max}$ 和 $H_{\min}$

$$H = \frac{T_{cp}}{2}\cos\alpha + \sqrt{\left(\frac{T_{cp}\cos\alpha}{2}\right)^2 - \frac{(q_c L)^2}{8}} \tag{3-70}$$

用 T_{cpmax} 和 T_{cpmin} 分别代替式中的 T_{cp}，则可得到承载索平均最大水平拉力 H_{max} 和平均最小水平拉力 H_{min} 为

$$H_{max} = \frac{T_{cpmax}}{2}\cos\alpha + \sqrt{\left(\frac{T_{cpmax}\cos\alpha}{2}\right)^2 - \frac{(q_c L)^2}{8}} \tag{3-71}$$

$$H_{min} = \frac{T_{cpmin}}{2}\cos\alpha + \sqrt{\left(\frac{T_{cpmin}\cos\alpha}{2}\right)^2 - \frac{(q_c L)^2}{8}} \tag{3-72}$$

八、承载索重锤行程及承载索安装长度

1）无风无载时的承载索曲线长度 S_u

$$S_u = \frac{L}{\cos\alpha} + \frac{q_{c0}^2 L^3}{24 T_{max}^2 \cos\alpha} - \frac{T_{min} L}{EF_c \cos\alpha} \tag{3-73}$$

式中 T_{max}——承载索最大张力，由式（3-51）求得；

E——钢索的弹性模量，$E = 1 \times 10^5$ MPa。

2）空车时的承载索曲线长度 S_k

$$S_k = \frac{L}{\cos\alpha} + \frac{(S_u q_{c0})^2 L\cos\alpha}{24 T_{min}^2} + \frac{Q_0}{n_c}\left(S_u q_{c0} + \frac{Q_0}{n_c}\right)\frac{x(L-x)\cos\alpha}{2LT_{max}^2} - \frac{LT_{max}}{EF_c \cos\alpha} \tag{3-74}$$

3）客车满载时的承载索线路最大曲线长度 S'_m

$$S'_m = \frac{L}{\cos\alpha} + \frac{(S_u q_{c0})^2}{24 T_{min}^2} + \frac{Q'_m}{n_c}\left(S_u q_{c0} + \frac{Q'_m}{n_c}\right)\frac{x(L-x)\cos\alpha}{2LT_{min}^2} - \frac{LT_{min}}{EF_c \cos\alpha} \tag{3-75}$$

式中 T_{min}——承载索最小张力。

将客车所在位置 x 值代入式（3-74）、式（3-75）中，即可求得空客车和满载客车处在不同位置时的承载索的曲线长度。一般需求客车处在停车线位置（即 $x = l_A$）和客车在跨距中央 $\left(x = \frac{L}{2}\right)$ 时两种极端状态下的承载索的曲线长度。承载索的最大曲线长度 S_{max}^m 是满载客车处在 $x = \frac{L}{2}$ 处为最大。

4）由于荷载及承载索弹性变形引起的承载索重锤行程 ΔS_Q

$$\Delta S_Q = S_{max}^m - S_u \tag{3-76}$$

5）由温差 Δt 引起的承载索重锤行程 ΔS_t

$$\Delta S_t = \frac{\xi L \cdot \Delta t}{\cos\alpha} \tag{3-77}$$

6）由于承载索残余伸长引起的重锤行程 ΔS_c

$$\Delta S_c = \frac{K_4 L}{\cos\alpha} \tag{3-78}$$

式中 ξ——线膨胀系数，$\xi = 1.1 \times 10^{-5}$ m/℃；

Δt——最大温度差，取 $\Delta t = 60$℃；

K_4——残余伸长系数，$K_4 = 0.0007$。

7) 在使用中，正值高温季节时重锤底部至地面的最小垂高 h_1

$$h_1 = \Delta S_c + \Delta S_t \tag{3-79}$$

8) 在使用初期，残余伸长未出现时，重锤顶部至横梁底部的最小垂高 h_3

$$h_3 = \Delta S_Q + \Delta S_t \tag{3-80}$$

9) 拉紧索导向轮或滚子链的阻力 ΔT 阻碍因弹性伸长引起的重锤行程 ΔS_T

$$\Delta S_T = \frac{L'}{EF_c}(T_{\text{cpmax}} - T_{\text{cpmin}}) \tag{3-81}$$

式中 L'——承载索的斜长。

10) 承载索的重锤行程 h_2

$$h_2 = \Delta S_Q + \Delta S_t + \Delta S_c - \Delta S_T \tag{3-82}$$

实践证明，计算出来的理论值偏大，而实际上 h_2 值仅为理论计算值的 1/2 左右。

11) 承载索的安装长度 S

$$S = h_1 + h_2 + h_3 + h_5 + S_1 + S_2 + S_u + S_3 + S_4 + S_5 \tag{3-83}$$

式中 S_1——承载索在滚子链或导向轮上的长度；

S_2——承载索在滚子链或导向轮上端部至鞍座间长度。

九、站台停车沟的长度

站台停车沟的长度 l_G 为

$$l_G = (2 \sim 3)\,\text{m} + (0.5 \sim 1.0)l_c + 0.16v^2 \tag{3-84}$$

式中 l_c——客厢长度（m）；

v——最末第二级减速时的初始速度（m/s）。

十、承载索的任意点挠度

1) 空索时任意点的承载索挠度 f_x^u

$$f_x^u = \frac{x(L-x)q_c}{2H\cos\alpha} \tag{3-85}$$

2) 空车时任意点的承载索挠度 f_x^0

$$f_x^0 = \left[\frac{q_c L}{2H\cos\alpha} + \frac{Q_0/n_c}{H} - \left(\frac{q_c}{2H\cos\alpha} + \frac{Q_0/n_c}{HL}\right)x\right]x \tag{3-86}$$

3) 客车满载时任意点的承载索挠度 $f_x^{m'}$

$$f_x^{m'} = \left[\frac{q_c L}{2H\cos\alpha} + \frac{Q'_m/n_c}{H} - \left(\frac{q_c}{2H\cos\alpha} + \frac{Q'_m/n_c}{HL}\right)x\right]x \tag{3-87}$$

用 $x = L/2$ 代入式（3-87）中，得出客车满载时的承载索最大挠度公式

$$f_{\max}^{m'} = \frac{L^2}{4H}\left(\frac{q_c}{2\cos\alpha} + \frac{Q'_m/n_c}{L}\right) \tag{3-88}$$

十一、承载索的曲线方程

1) 空索时承载索的曲线方程

$$y_x^{u^*} = \frac{\sum h}{L}x + f_x^u = \left(\frac{\sum h}{L} + \frac{Lq_c}{2H\cos\alpha} - \frac{xq_c}{2H\cos\alpha}\right)x \qquad (3\text{-}89)$$

2) 空车时承载索的曲线方程

$$y_x^0 = \frac{\sum h}{L}x + f_x^0 = \left[\frac{\sum h}{L} + \left(\frac{q_c}{2H\cos\alpha} + \frac{Q_0/n_c}{HL}\right)(L-x)\right]x \qquad (3\text{-}90)$$

3) 客车满载时承载索的曲线方程

$$y_x^{m'} = \left[\frac{\sum h}{L} + \left(\frac{q_c}{2H\cos\alpha} + \frac{Q_m'/n_c}{HL}\right)(L-x)\right]x \qquad (3\text{-}91)$$

先计算空车下行至各特征点的值和重车上行至对应点的值,再计算重车下行至各特征点的值和空车上行至对应点的值。特征点指速度图中的各个拐点。

十二、客车爬坡角

对高差大、客厢大的,只计算空车下行和重车上行即可;对高差小、客厢小的,按重车下行和重车上行的运行组合状态计算即可。

在计算中所用的距离 x,系从上站承载索支点 A 算起。

1) 空车的爬坡角 γ_x^θ

$$\tan\gamma_x^\theta = \frac{\sum h}{L} + \frac{L-2x}{2H}\left(\frac{q_c}{\cos\alpha} + \frac{Q_0/n_c}{L}\right) \qquad (3\text{-}92)$$

2) 重车的爬坡角 γ_x^m

$$\tan\gamma_x^m = \frac{\sum h}{L} + \frac{L-2x}{2H}\left(\frac{q_c}{\cos\alpha} + \frac{Q_m'/n_c}{L}\right) \qquad (3\text{-}93)$$

计算下行客车的各特征点的爬坡角,并对应的求出上行客车的相应点的爬坡角。

十三、驱动机功率

客车线路运行阻力系数 $f_0 = 0.01$,导向轮阻力系数参见《冶金矿山设计参考资料》下册第 447 页。将所查得数据列在空白表 3-5 中,以便下一步计算。

表 3-5 阻力系数

名 称	轮 径 /mm	牵引索直径 /mm	包 角 /(°)	刚性阻力系数 C_G	轴承阻力系数 C_2	合 计 (C_1)
重锤导轮						
导向轮 1						
导向轮 2						
导向轮 3						
驱动轮						

1. 运行组合形式的判别

运行组合形式有四种。为了减少不必要的烦琐计算,在进行计算之前,首先进行组合形式的判别。选出一组牵引索在驱动轮入边侧与出边侧拉力差的绝对值最大一组进行驱动机功率计算。驱动机功率最大值可能出现在以下两种运行组合形式中,因而对该两种组合形式进行判别。

第一种对高差小者（重车上行和重车下行）

$$\left[\pm\frac{Q'_m}{n_1}(\sin\gamma_x^{ms}+f_0\cos\gamma_x^{ms})\right]-\left[\pm\frac{Q'_m}{n_1}(\sin\gamma_x^{mx}+f_0\cos\gamma_x^{mx})\right] \tag{3-94}$$

第二种对高差大者（重车上行和空车下行）

$$\left[\pm\frac{Q'_m}{n_1}(\sin\gamma_x^{ms}+f_0\cos\gamma_x^{ms})\right]-\left[\pm\frac{Q_0}{n_1}(\sin\gamma_x^{0x}+f_0\cos\gamma_x^{0x})\right] \tag{3-95}$$

式中　±——对重锤设在下站而驱动机设在上站时，取"+"；反之，取"−"；

γ_x^{mx}——重车下行至 x 处的爬坡角，此处指 $x=L-l_B$ 处的爬坡角；

γ_x^{0x}——空车下行至 x 处的爬坡角，此处指 $x=L-l_B$ 处的爬坡角；

γ_x^{ms}——重车上行至对应点 x 处的爬坡角，此处指 $x=l_A$ 处。

比较式（3-94）、式（3-95），取绝对值大者作为计算驱动机功率的运行组合状态。

现将重锤设在下站，驱动机设在上站，以及重锤设在上站，驱动机设在下站的两种布置方式的重车下行、重车上行和空车下行的牵引索在各特征点的拉力计算公式列于表 3-6 中，计算示意图见图 3-8。

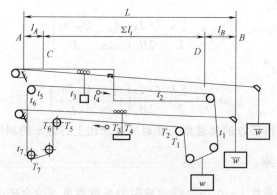

图 3-8　牵引计算示意图

表 3-6　拉力计算公式

重车下行	重车上行	空车下行
$T_0=\overline{W}/2$	$T_0=\overline{W}/2$	$t_0=\overline{W}/2$
$T_1=T_0(1\mp C_0)$	$T_1=T_0(1\pm C_0)$	$t_1=t_0(1\mp C_0)$
$T_2=T_1(1\mp C_0)$	$T_2=T_1(1\pm C_0)$	$t_2=t_1(1\mp C_0)$
$T_{3-x}=T_2\pm(\sum h\mp y_x^{mx})q_p$	$T_{3-x}=T_2\pm(\sum h\mp y_x^{ms})q_p$	$t_{3-x}=t_2\pm(\sum h\mp y_x^{0x})q_p$
$T_{4-x}=T_{3-x}\pm\dfrac{Q'_m}{n_1}(\sin\gamma_x^{ms}-f_0\cos\gamma_x^{ms})$	$T_{4-x}=T_{3-x}\pm\dfrac{Q'_m}{n_1}(\sin\gamma_x^{ms}-f_0\cos\gamma_x^{ms})$	$t_{4-x}=t_{3-x}\pm\dfrac{Q'_0}{n_1}(\sin\gamma_x^{0x}-f_0\cos\gamma_x^{0x})$
$T_{5-x}=T_{4-x}\pm y_x^{mx}q_0=T_2\pm q_p\sum h\pm\dfrac{Q_m}{n_1}(\sin\gamma_x^{mx}-f_0\cos\gamma_x^{mx})$	$T_{5-x}=T_{4-x}\pm y_x^{mx}q_0=\pm q_p\sum h\pm\dfrac{Q_m}{n_1}(\sin\gamma_x^{ms}-f_0\cos\gamma_x^{ms})$	$t_{5-x}=t_{4-x}\pm y_x^{0x}q_0=t_2\pm q_p\sum h\pm\dfrac{Q_0}{n_1}(\sin\gamma_x^{0x}-f_0\cos\gamma_x^{0x})$
$T_{6-x}=T_{5-x}(1\mp C_2)$	$T_{6-x}=T_{5-x}(1\pm C_2)$	$t_{6-x}=t_{5-x}(1\mp C_2)$
$T_{7-x}=T_{6-x}(1\mp C_3)$	$T_{7-x}=T_{6-x}(1\pm C_3)$	$t_{7-x}=t_{6-x}(1\mp C_3)$

表 3-6 中的公式的"±"或"∓"号的取法是：重锤设在下站、驱动机设在上站时，取上面符号；重锤设在上站、驱动机设在下站时，取下面符号，并将式中 q_p 换成 q_0 及将 q_0 换成 q_p。

值得注意的是：应将表 3-6 中公式 $t_{3-x} \sim t_{7-x}$ 和 $T_{3-x} \sim T_{7-x}$ 的客车所到达的每一特征点的值均逐点计算出来，以便供计算等值功率之用。

2. 驱动轮静阻力 Δt_{j-x}

$$\Delta t_{j-x} = \frac{T_{7-x} + t_{6-x}}{2} C_1 \tag{3-96}$$

3. 驱动轮动阻力 Δt_{D-x}

$$\Delta t_{D-x} = \frac{(T_{7-x} + J_m) + (T_{6-x} - J_K)}{2} C_1 \tag{3-97}$$

式中 J_m、J_K——重车侧和空车侧的转动重力，当两侧均为重车时，将 J_K 换成 J_m。

4. 静、动圆周力

计算结果见表 3-7。

5. $t_i \sum P^2$ 的计算

$$t_i \sum P^2 = \frac{1}{3}(P_{D1}^2 + P_{D1}P_{D2} + P_{D2}^2) t_1 + \frac{1}{3}(P_{J3}^2 + P_{J3}P_{J4} + P_{J4}^2) t_2 +$$
$$\frac{1}{3}(P_{D5}^2 + P_{D5}P_{D6} + P_{D6}^2) t_3 + \frac{1}{3}(P_{J7}^2 + P_{J7}P_{J8} + P_{J8}^2) t_4 + \cdots \tag{3-98}$$

6. 等值力 P

$$P = \sqrt{\frac{t_i \sum P^2}{\sum t_i + \Delta t}} \tag{3-99}$$

表 3-7 静、动圆周力

参数	自上站承载索支点算起/m			
	点编号	1	2	3
	x			
	相应 x			
静拉力/N	T_x^{mx} 或 t_x^{ox} T_x^{ms}			
静拉力差/N	$T_x^{ms} - T_x^{mx}$ 或 $T_x^{ms} - t_x^{0x}$			
驱动轮静阻力/N	Δt_{j-x}			
驱动轮动阻力/N	Δt_{D-x}			
动拉力/N	$T_x^{mx} - J_m$ 或 $t_x^{0x} - J_K$ $T_x^{ms} + J_m$			
动拉力差/N	$T_x^{ms} + J_m - t_x^{ox} + J_m$ 或 $T_x^{ms} + J_m - t_x^{0x} + J_K$			
静圆周力/N	P_j			
动圆周力/N	P_D			
运行时间/s	t_i			

7. 驱动机功率 N

$$\begin{cases} \text{动力型} \quad N = \dfrac{n_1 P v_{\max}}{1000\eta} \\ \text{制动型} \quad N = \dfrac{n_1 P v_{\max} \eta}{1000} \end{cases} \quad (3\text{-}100)$$

由式（3-100）算得 N 后，将其圆整到直流电动机系列的标准值功率。

8. 最大圆周力 $P_{\max}$

$$P_{\max} = T_{x'}^{ms} - T_x^{mx} + 2J_m \quad \text{或} \quad P_{\max} = T_{x'}^{ms} - T_x^{0x} + J_m + J_K \quad (3\text{-}101)$$

9. 电动机的额定圆周力 P_e

$$P_e = \dfrac{1000 N \eta}{n_1 v_{\max}} \quad (3\text{-}102)$$

10. 过载系数 K 的验算

$$\dfrac{P_{\max}}{P_e} \leqslant K \quad (3\text{-}103)$$

11. 验算牵引索在驱动轮上的围包角 θ

$$e^{\mu\theta} = \dfrac{T_{x'}^{ms} + J_m + \Delta t}{T_x^{mx} - J_m + \Delta t} \quad \text{或} \quad e^{\mu\theta} = \dfrac{T_{x'}^{ms} + J_m + \Delta t}{t_x^{0x} - J_m + \Delta t} \quad (3\text{-}104)$$

当衬垫选定后，即 μ 值已定，可求得需要的围包角 θ 的弧度值。

第四节 客运索道的线路与支架设计

客运架空索道线路选择的好坏与支架配置的合理与否，不仅直接影响到基本建设总投资的额度高低和客运成本，还关系到投产后维护费用及维修工作的繁重程度，并影响乘客的舒适感。因此，应对这个具有决策性质的问题给予高度重视。

一、线路选择原则

索道走向不得穿越主要景区，更不能破坏主要景点和植被。站房要与附近建筑形式相互协调。索道的走向宜选择在景区的边缘处，不仅砍伐树木少，拆迁不多，线路短，起伏不太大，而且无滑坡并避开溶洞地区。

二、支架配置

支架的配置应使索道线路平滑，支架上的钢丝绳弯折角尽量小，单线索道少用压索轮，尤其是 8 轮式压索轮组尽量少用或不用。这样，乘客乘坐时舒适，钢丝绳的使用寿命会延长，维护费用也会降低。

索道支架设置不宜太密，否则会因运载工具经过支架次数的增加使乘客不舒适。索道支架设置也不宜太稀少，否则不仅加大每座支架上的荷载，而且易产生横向摆动，乘客乘坐时同样有不舒适感。

索道支架之间的跨距：单线索道通常以 80~150m 为宜，对站口或凸起区段其间距可采用 10~20m，线路上的最大跨距最好不超过 250m；双线索道跨距以 300~1000m 为宜，最大跨距最好不超过 1500m，世界上最大跨距达到 2885m。对于大于 700m 的大跨距其中间宜设一台或多台托索器。托索器的间距采用 350m 左右为宜。这样，以保证牵引索和平衡索下面的净空尺寸，大跨距两端支架的高度尽可能降低，其效果是节省基建总投资。千万不能采用加高站房高度的办法来获得索道下面的净空尺寸。

三、支架形式

对单线索道 1~4 人座的吊椅式索道，2 人座的吊篮式索道，2~6 人座的吊舱式索道及拖曳式索道，从节约基建投资的角度出发，建议采用圆形钢管或方形钢板结构支架。其他形式的且荷载较大的索道应采用桁架式钢支架。

目前，钢管支架高度为 3.5~13.5m。对高度在 3.5~7m 之间的支架，采用 $\phi500\times10mm$ 的钢管；高度在 7.5~13.5m 之间的支架，其下段采用 $\phi600\times12mm$，上段仍采用 $\phi500\times10mm$ 钢管；对高度在 14~25m 的支架。经过计算，建议如下：对高度在 14~20m 的支架，其下中上段分别采用 $\phi800\times16mm$、$\phi600\times12mm$ 和 $\phi500\times10mm$ 钢管；对高度在 20.5~25m 支架，其下段至上段分别采用 $\phi1000\times20mm$、$\phi800\times16mm$、$\phi600\times12mm$ 及 $\phi500\times10mm$ 共四种钢管所组成。不同直径钢管之间采用长度为 1m 的大小头钢管进行连接。可采用钢板卷制成钢管作支架。

支架的稳定系数和滑动系数，一般为 1.4~1.6。

四、双线索道的钢丝绳选择

1. 承载索及其拉紧索的选择

承载索的初张力 $\qquad T_0 \geq (15\sim20) Q_m \qquad$ (3-105)

承载索的最大张力 $\qquad T_{max} = T_0 + q_c H_0 + \Delta T \qquad$ (3-106)

$$\Delta T = W_0 + q_e h_0 \left(2\mu_1 \frac{d_1}{D_1} \sin\frac{\delta}{2} + C_1\right)$$

承载索的破断拉力总和 $\qquad T_p \geq m T_{max} \qquad$ (3-107)

式中 ΔT——导向轮阻力；

T_0——承载索初张力；

Q_m、W_0——载客车总重力、拉紧重锤重力，$W_0 = T_0$；

q_c、q_e——承载索、拉紧索单位长度重力；

H_0、h_0——重锤顶至线路最高点、导向轮顶的高差；

δ——拉紧索在导向轮上的包角；

D_1、d_1——导向轮直径、导向轮滚动轴承的平均直径；

μ_1——拉紧索与导向轮的摩擦系数，$\mu_1 = 0.01$；

C_1——拉紧索的刚性系数，$C_1 = 0.004$；

T_p——承载索的破断拉力总和；

m——承载索的安全系数，$m = 3.5$。

初选承载索可用下式：

$$T_{\mathrm{p}} \geq (3.5 \sim 3.8) \frac{W_0}{K_{\mathrm{c}}} \tag{3-108}$$

式中 K_{c}——承载索钢丝不同时作用系数,国产钢丝绳 $K_{\mathrm{c}} = 0.95$,进口钢丝绳 $K_{\mathrm{c}} = 1$。

尽量选取高抗拉强度的密封钢丝绳作为承载索,即使其经济系数 $J = T_{\mathrm{p}}/q_{\mathrm{c}}$ 值大。

选择承载索后,应同时用以下三式进行验算。

$$\frac{T_{\min}}{R} \geq 80 \tag{3-109}$$

$$\frac{T_{\min}}{Q_{\mathrm{m}}} \geq 12 \tag{3-110}$$

$$\frac{R}{F} \leq 5.0 \tag{3-111}$$

式中 F——承载索的金属横截面面积;

R——单个车轮在承载索最小张力处的最大轮压。

承载索的拉紧索多选用 6×61-1670 的钢丝绳,其破断拉力为

$$T_{\mathrm{pe}} \geq 5.5 \frac{W_0}{K_{\mathrm{e}}} \tag{3-112}$$

式中 K_{e}——钢丝的不同时作用系数,$K_{\mathrm{e}} = 0.85$。

2. 牵引索和平衡索的选择

牵引索、平衡索的钢丝绳选择抗拉强的高限度 σ_{b} 分别为 1770MPa、1870MPa、1960MPa 和 1960MPa、2060MPa、2160MPa 的高限。选择 σ_{b} 比较高的 6T(25) 和 6×W(16) 等线接触的同向捻,且表层钢丝大于或等于 1.5mm 的钢丝绳作为牵引牵和平衡索。

牵引索的初张力 $$t_0 = \frac{W_0}{2} = cq_{\mathrm{k}} \tag{3-113}$$

牵引索最大张力 $$t_{\max} = \frac{W_0}{2} + q_{\mathrm{k}}H + \frac{Q_{\mathrm{m}}}{n_0}\sin Q_{\max} \tag{3-114}$$

牵引索破断拉力总和 $$t_{\mathrm{p}} \geq m_0 t_{\max} \tag{3-115}$$

式中 W_0——重锤重力;

c——下垂程度系数,单牵引式 $c = 2000 \sim 2500$,双牵引式 $c = 1000 \sim 1250$;线路高差大者取小值,反之取大值;

q_{k}——牵引索单位长度重力;

$Q_{\max}$——最大爬坡角,初估此角,按比最大线路弦倾角加大 8°~10°;

n_0——牵引索条数,单牵引式 $n_0 = 1$,双牵引式 $n_0 = 2$;

m_0——牵引索、平衡索的安全系数,单牵引式 $m_0 \geq 4.5$,双牵引式 $m_0 \geq 5.5$,平衡索 $m_0 \geq 4.5$。

对线路高差较小者,平衡索的直径可与牵引索的直径相同;对线路高差较大或特大者,选择比牵引索小一号或小二号的钢丝绳作为平衡索。初选之后再进行验算。

在线路上牵引索和平衡索比承载索松弛得多,不会发生由于牵引索、平衡索上下弹跳而抛打其上面承载索的现象。

五、单线索道的钢丝绳选择

选择高强度的钢丝绳作为运载索或张紧索,其直径小、单重轻。这样,驱动轮、迂回轮、导向轮和托、压索轮直径均小,基建投资就少。线路的挠度也小,净空尺寸就大,支架高度就低。

1. 选择和验算运载索

$$T_{max} = 20Q_m + \left(q_0 + \frac{Q_m}{\lambda}\right)(H_0 + L_0 f_0) \geq \frac{T_p}{m} \quad (3\text{-}116)$$

$$\frac{Q_m}{F} \leq 7.8 \text{MPa} \quad (3\text{-}117)$$

式中　T_{max}——运载索最大张力;

Q_m——运载重车总重力;

q_0——运载索单位长度重力;

λ——客车间距;

H_0——索道线路的最大高差;

L_0——索道线路的平距;

f_0——线路阻力系数,$f_0 = 0.035$;

T_p——运载索的破断拉力总和;

m——安全系数,$m \geq 5$;

F——运载索的金属横截面面积。

2. 张紧索选择

张紧索选用 8×19 线接触钢丝绳,其安全系数 $m_e \geq 5.5$。

第五节　客运索道的吊椅、吊篮、吊厢和客车

一、吊椅

吊椅(乘具)是由抱索器、上吊架、下吊架、带靠背的座椅与脚蹬架等组成。吊椅距离地面高度不超过 8m,运行速度为 1.0~1.3m/s,最高可达 2.0m/s,滑雪客运索道运行速度为 2.5m/s。各种形式的吊椅见图 3-9。

二维码 3-4
客运索道装备

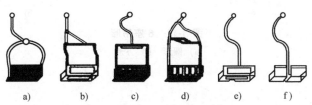

图 3-9　各种形式的吊椅

a) 圆箍形　b) 勺斗形　c) 框架形　d) 叉形　e) J 形　f) I 形

二、吊篮

吊篮是半封闭式的运载工具，允许离地高度为25m。园林式双人吊篮见图3-10。

三、吊厢

吊厢（箱、舱）是全景玻璃的全封闭式的运载工具，允许离地高度为45m。8人以下吊厢为座式，12人以上吊厢为站式。吊厢材质为铝合金和玻璃钢，后者便宜。6座吊厢见图3-11。

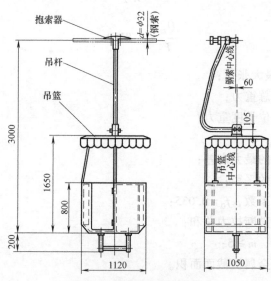

图 3-10　园林式双人吊篮

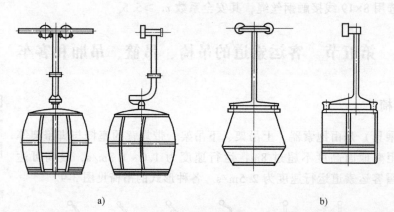

图 3-11　6座吊厢

a）圆形　b）方形

四、客车

客车由行走小车（小车轮数为偶数）、吊架、双抱索器与厢体等组成。往复式客运索道一般有3~5个客车组；国内索道客车多为6人客车，车内无乘务员时最多15人；客车承载构件的安全系数不小于5；封闭型车厢的门应是锁牢的。带杠杆式弹簧抱索器的双索吊舱式索道客车见图3-12。

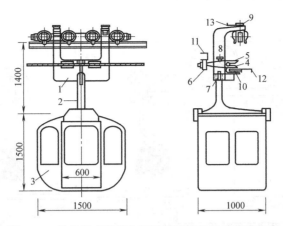

图3-12　带杠杆式弹簧抱索器的双索吊舱式索道客车
1—运行小车　2—吊架　3—4座位客车厢　4—固定钳口板　5—可动钳口板　6—滚轮
7—弹簧　8—平衡杆　9、10—导向滚轮　11—脱开曲轨　12、13—导向曲轨

第六节　客运索道的驱动机

应用于客运的绞盘机为电驱动机，按照不同的客运索道有各种不同的形式。

一、固定抱索器的驱动机

用于固定抱索器客运索道的驱动机有三种形式：悬挂支撑式、地坑立轴式和兼作张紧用的移动式。悬挂支撑式驱动装置见图3-13；地坑立轴式驱动装置见图3-14；兼作张紧用的移动式驱动装置见图3-15。

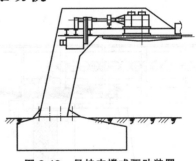

图3-13　悬挂支撑式驱动装置

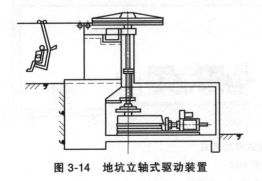

图3-14　地坑立轴式驱动装置

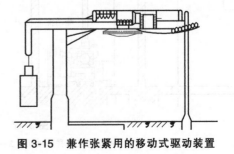

图3-15　兼作张紧用的移动式驱动装置

二、脱挂抱索器的驱动机

用于脱挂抱索器客运索道的卧式驱动机有三种形式：悬吊式、落地式和地下室式。落地

式驱动机占地面积大，维修不便，只有老式索道才有，现已被其他两种代替。悬吊式驱动装置见图3-16；地下室式驱动装置见图3-17。

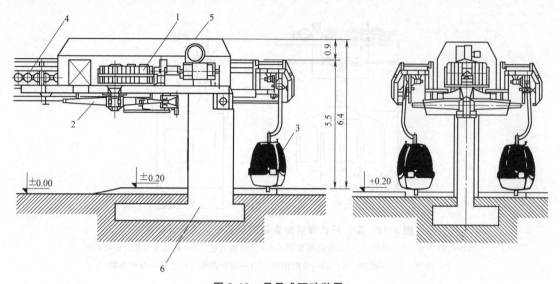

图 3-16　悬吊式驱动装置
1—驱动机　2—驱动轮　3—吊厢　4—加减速器　5—机房罩　6—基础

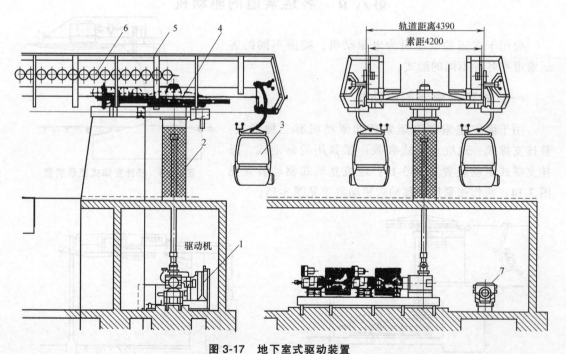

图 3-17　地下室式驱动装置
1—双电机串联驱动机　2—驱动轮传动轴　3—吊厢　4—驱动轮
5—机房罩　6—加减速器　7—柴油机

用于单线往复式客运索道驱动机分为单牵引驱动机和双牵引驱动机。

确保安全运行，主驱动机应配备两套独立动力源，主动力源应为电动机驱动，备用动力源可用内燃机。

思考题与习题

1. 吊椅式客运索道重上空下是最不利的工作状况，为什么？
2. 现在很多景区都架设了客运索道，客运索道的安全问题也越来越引起人们的重视！关于客运索道安全，现在主要存在哪些问题？该如何解决？
3. 客运索道与林业索道是怎么选择绞盘机的？有何不同之处？
4. 客运索道支架设计应注意哪些问题？
5. 客运索道的活动抱索器，在进入站房的站口时，采用什么机构使得客车与运载索脱离？在出站口时，又采用什么原理使得与运载索实现抱索？

第四章

滑索装备与设计

【导读】 滑索具有投资少、易施工、节能源和有效保护地形地貌等特点,适应风景名胜区对环境保护和生态的要求,推动景区的发展。滑索运动充满速度感和刺激性,是一种新兴的旅游游艺项目,满足了游客参与和挑战自我的愿望,深受广大游客的青睐。

【提要】 滑索发展历史,滑索类型与工作原理,我国滑索的发展现状,我国滑索存在问题及其对策,我国滑索的发展趋势,无减速索有缓冲滑索的设计。

【要求】 掌握滑索分类及其工作原理,无减速索有缓冲滑索设计要点;了解滑索滑行速度的影响因素。

第一节 我国滑索的发展与展望

一、滑索发展历史

滑索是客运架空索道的原始雏形,起源于瑞士,应用于高山运输、高空自救,是一种主要用于高山峡谷地区人员和物资输送的民间交通工具,后发展为军事突袭和体育竞技的项目。

作为一种辅助的交通载物的设施,滑索的发展历程可追溯到远古时代,那时人们为了寻找跨越悬崖、河流的捷径,运用架空悬吊的方式,以藤条或竹篾编制成的绳索悬于空中载人载物(俗称"溜索"),实现跨越运行的目的。在我国的云南、贵州、四川等山区现仍可见这种溜索。

溜索的来历有三种论述。一是"牵手说":两岸人各执一绳,将其架起。二是"漂流说":在上游的江水转弯处,将绳索飘于水面上,靠江水的流动使绳索伸展开来,使另一端直达对岸。这需要对绳索的长度、江水的流速与流向,以及弯道的选择等做出准确的计算和测定。三是"弩射说":岸边造一个大型弩弓,将绳子用弩箭射到对岸去。

溜索有三种形式:平溜、陡溜和双溜。平溜比较平直,来往都可过,但费时费力;陡溜有一定的倾斜度,一头高,一头低,溜起来省时省力;双溜是由两根陡溜组成,去时溜一根,回来时溜另一根。

随着现代社会科技的发展，过去危险易断的藤索或篾索已被钢丝绳所取代，溜索比船快成为历史，溜索势必成为文物，成为供人观赏的惊险风俗表演和探险旅游的项目，成为现在真正意义上的滑索。

二、滑索类型及其工作原理

滑索通常是指在两支点间架设一根或两根钢丝绳，乘客穿戴柔性吊具，悬挂于滑行小车下，利用两支点高差所具有的势能，靠惯性沿钢丝绳从高支点滑至低支点的极限运动的游乐设施，也称为"速降""飞人"等，属安全监察特种设备。

目前，滑索主要有三种类型：单/双线无减速索有缓冲滑索、单/双线有减速索无缓冲滑索、液压张紧中间下载滑索。

1. 单/双线无减速索有缓冲滑索（图4-1）

该类滑索采用一根或两根固定的钢丝绳作为承载索，其两端有一定高差（可利用现有的地形，或人工设置塔架），乘客身穿挂在运行于钢丝绳上的滑行小车下的柔性吊具，利用滑索的上、下支点的高差，将势能转化成动能沿钢丝绳滑下。到下站时，游客的剩余能量被缓冲器吸收直至停止。一般滑索长度控制在100~300m，倾角3°~6°。滑行小车由回收系统运回。这是目前应用最多的滑索类型，具有制造简单，成本低廉，承载率（单位时间的乘坐人数）高等优点。

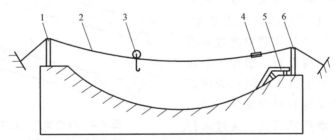

图4-1　单/双线无减速索有缓冲滑索
1—上站支架　2—承载索　3—滑行小车　4—缓冲保护装置
5—接收平台　6—下站支架

2. 单/双线有减速索无缓冲滑索（图4-2）

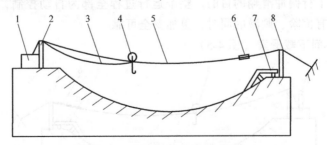

图4-2　单/双线有减速索无缓冲滑索
1—索引系统　2—上站支架　3—牵引索　4—滑行小车　5—承载索
6—缓冲保护装置　7—出发、接收平台　8—下站支架

该类滑索在上站都有卷扬机作为驱动装置，其整体类似往复式索道。乘客在下站乘坐吊

具,然后由牵引索牵引到上站。到达上站后开始下滑,牵引索此时起安全减速作用,直至乘客安全到达下站。这种索道安全性能比较好,适用于较大高差,但成本较高,承载率低,滑索下方不能通行。

北京起重运输机械研究所在无动力滑索和成熟的往复式索道技术的基础上,为进一步确保安全开发了滑翔翼滑索,见图 4-3。

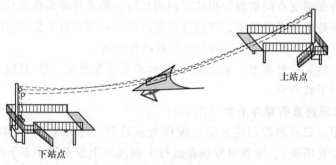

图 4-3 滑翔翼滑索

滑翔翼滑索一般是将滑翔翼机架悬挂在钢丝绳下方,乘客身着挂在机架上的俯式飞行服俯冲滑下。基本形式是双承载单牵引往复式索道,上下行均以动力带动,其工作原理见图 4-4。4 根承载索架设在驱动站和迂回站之间,两根为一组作为滑翔翼运行的轨道。一根无极钢丝绳作为循环牵引索 3 缠绕在驱动轮和导向轮上。线路两侧分别装有一个滑翔翼吊具,通过运行小车挂在承载索上,并用抱索器与循环牵引索相连。驱动轮带动循环牵引索运动,

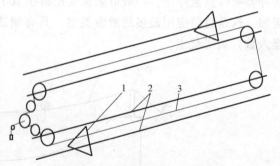

图 4-4 滑翔翼滑索的工作原理
1—滑翔飞翼 2—承载索 3—循环牵引索

从而带动运行小车运行,滑翔翼出站后加速到高速运行,进站时减为低速运行,到停车位后停车,乘客上下车,然后反向运行,这样两个滑翔翼分别在两组承载索上往复运行,从而达到上行运送乘客,下行俯冲滑翔的目的。整个运行过程全部为自动控制,并设有多重保护,此类滑索在保持原有惊险、刺激的同时,更加安全可靠。

3. 液压张紧中间下载滑索(图 4-5)

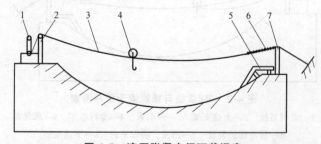

图 4-5 液压张紧中间下载滑索
1—张紧装置 2—上站支架 3—承载索 4—滑行小车 5—接收平台 6—缓冲装置 7—下站支架

该类滑索下站支架很高,承载索上有很长的减速弹簧。上站有承载索张紧系统。承载索张紧时,乘客由上站乘滑行吊具开始下滑,高速到达下站,由缓冲弹簧吸收动能,并将乘客回弹到线路中间某处,待乘客静止后放松承载索,使乘客由线路中间降到地面。这种滑索类似于蹦极,与其他滑索相比,坡度大,终点速度高。三类滑索主要技术参数比较见表4-1。

表4-1 三类滑索主要技术参数比较

类型	水平跨距/m	倾角/(°)	安全性	地形适应性	承载率	投资额
单/双线无减速索有缓冲滑索	100~300	3~6	好	较好	高	较大
单/双线有减速索无缓冲滑索	300~600	1~10	较好	好	低	大
液压张紧中间下载滑索	100~600	6~10	差	较差	较低	较大

三、我国滑索的发展现状

滑索是一种新型的、高质量的人文旅游资源,具有投资少、易施工、节省能源和有效保护地形地貌等特点,适应风景名胜区对环境保护和生态的要求,可推动景区的发展。滑索在风景旅游区的开发建设刚刚起步,具备极强的观赏性和参与吸引力,被娱乐界称为"空中又一座金矿"。

二维码4-1
滑索装备
与设计

近年来,随着旅游业的快速发展,人们开始向往全新生活的体验。滑索是一种新兴的旅游游艺项目,2003年起已列入北京版图越野挑战赛的比赛项目。滑索运动充满速度感和刺激性,可跨越山谷、河流、湖面等阻碍,让乘客体会到凌空飞渡的新奇感受,满足了游客参与、挑战自我的愿望,深受广大游人的青睐,在全国迅速发展起来。

四、我国滑索存在问题及其对策

目前国内外尚没有完整的滑索设计体系可循,在已建滑索中,1/4~1/3的滑索仅凭经验架设,由于设计不当,终点冲击过大或缓冲能力不足等原因,致使乘客因冲击而受轻伤的事故时有发生。即使是设计比较合理的滑索,未考虑风向、风速影响,使速度过快而引起乘客受伤。一些滑索由于下滑力不足,乘客常不能滑到终点,严重影响乘客的旅游情绪。更为严重的如长春净月潭国家森林公园沙滩浴场滑索2001年"8.16"事故,由于存在设计、制造缺陷,回车曳引机构无防脱绳装置,回车牵引绳从曳引轮槽中脱落将乘客带下平台,坠落到地面,致其当场死亡;广州某大学学生在某农庄乘滑索时不慎坠水溺亡,原因是建设单位有关人员把关不严,致使无技术审定资料、无产品合格证、无使用说明书、无设计图的设备购入、安装,并在未办理任何使用手续情况下投入使用。鉴于滑索存在的问题,从线路的选择、滑索设计到现场安装架设与调试、验收、运营,必须严格遵守有关规范,做好年、月、日的检查,以及时发现安全隐患,减少事故的发生。

在滑索设计理论研究方面,目前处于初步探索阶段,相关文献初步阐述了滑索线路的选定、钢丝绳的选择、支架和基础的设计计算问题,并从抛物线理论出发,进行了钢丝绳的校核计算(文献[17]);提出尽快制定相应规范保证滑索安全,并进行安全性能分析(文献[16]);根据抛物线理论,给出了单跨溜索最低点位置的计算公式,并运用动力学原理,分析了滑行小车的运行情况,给出滑行小车在重力和风载荷作用下运行加速度的计算公式,推导出运行速度的近似计算方法(文献[18])。从悬链线标准线形出发,用能量的观点分析荷载（滑行小车和乘客）在滑行过程中的做功情况，建立滑索运动的能量方程，计算出乘客在滑行过程中各等分点的瞬时速度，并建立滑索的悬索设计数学模型及其计算机辅助设计系统。目前滑行小车的研发、滑索控制参数等研究几乎是空白。

五、我国滑索的发展趋势

在滑索滑速影响因素中，如何确定无荷中挠系数的值或范围来控制滑速，即如何确定无荷中挠系数与滑速之间的定量关系，有待进一步的研究，可为滑索工程设计与滑索安全技术要求的进一步规范提供参考。

在滑索滑行运动过程中，影响滑行速度的外界随机因素较多，如风速大小、风向、滑行者的滑行姿势等，如何应用概率论的方法来分析这些自然与人为的随机因素，进行滑速控制，也是值得研究的方向。国家游乐设施监督检验机构，应进一步完善滑索规程，责令整顿、甚至停止违法滑索的运营；滑索设计人员必须考虑风向、风速的影响，应避免在常年风速较大和顺风区域建设滑索；滑索运营者应严格的执行滑索运营管理规程，确保滑索滑行的安全；操作和服务人员必须及时、详细地向乘客讲解安全注意事项，确保乘客的正常滑行姿势。

对滑索设计理论的研究已势在必行，研究完整的滑索设计理论体系，建立滑索的数学模型，并配套研制计算机辅助设计系统，完善国内外滑索设计理论，对于开创滑索理论，提高滑索工程的安全性，解决滑索工程的实际应用问题十分必要。

在三类滑索中，多数研究常见的单/双线无减速索有缓冲滑索理论设计问题，其余两类滑索（单/双线有减速索无缓冲滑索和液压张紧中间下载滑索）理论设计还有待系统地研究。

第二节 滑索的滑速理论

滑索滑行速度（简称滑速）是滑索设计的关键。本节针对目前应用最多的单/双线无减速索有缓冲滑索，分析滑速运动的做功情况，导出滑速的分段递推计算式，为滑索工程设计提供科学依据。

一、滑索的滑速理论基础

1. 悬链线方程

悬链曲线简称悬链线，被公认为真实反映实际悬挂钢索的线形，故按悬链线函数计算出的悬索各有关量被视为真值。以曲线最低点为原点建立直角坐标系，悬链线的一般方程式为

$$\begin{cases} y = C\cosh\dfrac{x}{C} - C \\ C = \dfrac{H_0}{q} \end{cases} \tag{4-1}$$

式中 C——补助函数；

H_0——无荷悬索水平拉力；

q——悬索单位长度重力。

将坐标原点沿 y 轴下移距离为 C，且沿 x 轴左移至索道下支点，建立如图 4-6 所示的直角坐标系 XOY，则悬链线方程为

$$Y = C\cosh\frac{X-X_C}{C} \tag{4-2}$$

式中　X_C——悬链线最低点的横坐标，$X_C = \dfrac{l_0}{2} - \dfrac{l_0}{A_0}\text{arcsinh}\left(\dfrac{A_0\tan\alpha}{2\sinh\dfrac{A_0}{2C}}\right)$，$l_0$ 为滑索的水平跨距；

　　　α——滑索的弦倾角；

　　　A_0——无荷拉力系数，按下述求解。

（1）初始值 $A_0(0)$

$$A_0(0) = 8S_0\cos\alpha \tag{4-3}$$

式中　S_0——无荷中挠系数。

（2）迭代过程

$$A_0(i) = 2\ln\frac{C(i)+1}{C(i)-1} \tag{4-4}$$

式中　$C(i) = \dfrac{1}{2S_0A_0(i-1)}\sqrt{A_0^2(i-1)\tan^2\alpha + 4\sinh^2\dfrac{A_0(i-1)}{2}}$；$i = 1, 2, \cdots, n$。

（3）精确值

$$A_0 = A_0(n) \tag{4-5}$$

精度控制

$$\frac{|A_0(n) - A_0(n-1)|}{A_0(n)} < \Delta \tag{4-6}$$

式中　Δ——预期精度，常取 $\Delta = 0.1 \times 10^{-5}$。

2. 悬链线的方向系数

悬链线的方向系数为

$$\frac{\mathrm{d}Y}{\mathrm{d}X} = \sinh\frac{X-X_C}{C} \tag{4-7}$$

3. 滑索力学分析

取滑行小车和乘客这一系统作为研究对象，在线路任意点 D 的受力分析见图 4-6。

（1）重力产生的下滑力 N_1　在自重 Q 作用下，乘客从高支点 B 向低支点 A 滑行，其中自重 Q 沿切线方向的下滑力 N_1 是滑索运动的动力源，有

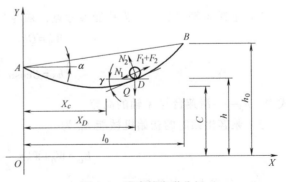

图 4-6　滑索的力学分析

$$N_1 = Q\sin\gamma \tag{4-8}$$

式中　γ——滑索滑行小车荷重时车轮处的升角，即荷重轨迹曲线的切线倾角，$\tan\gamma = \dfrac{\mathrm{d}Y'}{\mathrm{d}X}$，$Y'$ 为荷重轨迹曲线的纵坐标。

（2）空气阻力 F_1

$$F_1 = f_1 A_1 v_X^2 \tag{4-9}$$

式中　v_X——任意点滑速；

　　　A_1——乘客迎风面积，$A_1 = 0.3 \sim 1.0$，取 $A_1 = 0.7$；

　　　f_1——空气阻力系数，取 $f_1 = 0.7$，详见参考文献 [16]。

（3）滑行小车的滚动摩擦阻力 F_2

$$F_2 = \mu N_2 = \mu Q \cos \gamma \tag{4-10}$$

式中　μ——小车滑轮滚动摩擦阻力系数，由文献 [19]，$\mu = \mu_1 \dfrac{r}{R} + \dfrac{\mu_0}{R}$，$\mu_1$ 为车轮轴承的摩擦系数（青铜轴套 $\mu_1 = 0.01 \sim 0.06$，滚珠轴承 $\mu_1 = 0.01 \sim 0.015$），μ_0 为车轮的滚动摩擦系数值（封闭索 $\mu_0 = 0.3 \sim 0.4$mm，敞露索 $\mu_0 = 0.5 \sim 0.6$mm），R 为小车滑轮半径，$R = 100 \sim 125$mm，r 为小车滑轮轴半径，$\dfrac{r}{R} = \dfrac{1}{9} \sim \dfrac{1}{6}$，推荐 $\dfrac{r}{R} = \dfrac{1}{8}$，对于滚珠轴承，单个小车滑轮的 $\mu = 0.0042 \sim 0.0062$，两个小车滑轮的 $\mu = 0.0062 \sim 0.0082$，常取 $\mu = 0.0078$。

二、滑速分段递推计算式导出

1. 能量分析

将滑行小车和乘客视为同一质点，作为研究对象，进行能量分析。

（1）初始能量 E_0

1）乘客出站时具有一定初速度 v_0，故初动能 W_0 为

$$W_0 = \frac{1}{2} m v_0^2 \tag{4-11}$$

式中　m——滑行小车和乘客质量，$m = \dfrac{Q}{g}$，g 为重力加速度，取 $g = 9.81$m/s^2。

2）选择 X 轴（$Y=0$）为势能参考点，乘客在滑翔台具有的重力势能 W_0' 为

$$\begin{cases} W_0' = Q h_0 \\ h_0 = C \cosh \dfrac{l_0 - X_C}{C} \end{cases} \tag{4-12}$$

式中　h_0——滑翔台与 X 轴的高差。

3）乘客出站时的初始机械能 E_0 为

$$E_0 = W_0 + W_0' = \frac{1}{2} m v_0^2 + Q h_0 \tag{4-13}$$

（2）任意点 D 的能量 E_1

1）乘客在任意点 D 时的动能 W_1 为

$$W_1 = \frac{1}{2} m v_X^2 \tag{4-14}$$

2）乘客在任意点 D 所具有的重力势能 W_2 为

$$W_2 = Q h \tag{4-15}$$

式中 h——任意点与 X 轴的高差，$h = X_D \tan\alpha + C\cosh\dfrac{X_C}{C} - f_{X_D}$，$f_{X_D}$ 为 D 点的有荷挠度。

3）乘客在任意点 D 所具有的机械能 E_1 为

$$E_1 = W_1 + W_2 = \frac{1}{2}mv_X^2 + Qh \tag{4-16}$$

（3）滑翔过程损失功 E_2

1）风阻做功 W_3。滑索属小挠度索道、荷重也不大，可以用无荷曲线近似替代荷重轨迹曲线，在下滑过程中，受到空气阻力，所做的功 W_3 为

$$W_3 = -\int_{BD} F_1 \mathrm{d}s = -\int_{BD} f_1 A_1 v_X^2 \mathrm{d}s \approx \int_{l_0}^{X_D} f_1 A_1 v_X^2 \sqrt{1+\left(\frac{\mathrm{d}Y}{\mathrm{d}X}\right)^2}\mathrm{d}X$$

$$= f_1 A_1 \int_{l_0}^{X_D} v_X^2 \cosh\frac{X-X_C}{C}\mathrm{d}X \tag{4-17}$$

2）克服摩擦力做功 W_4

$$W_4 = -\int_{BD} F_2 \mathrm{d}s = -\int_{BD} \mu Q\cos\gamma \mathrm{d}s$$

$$= \int_{l_0}^{X_D} \mu Q \frac{1}{\sqrt{1+\left(\frac{\mathrm{d}Y'}{\mathrm{d}X}\right)^2}} \sqrt{1+\left(\frac{\mathrm{d}Y'}{\mathrm{d}X}\right)^2}\mathrm{d}X = \mu Q(X_D - l_0) \tag{4-18}$$

乘客从滑翔台滑至任意点 D 过程中损失的能量 E_2 为

$$E_2 = W_3 + W_4 = f_1 A_1 \int_{l_0}^{X_D} v_X^2 \cosh\frac{X-X_C}{C}\mathrm{d}X + \mu Q(X_D - l_0) \tag{4-19}$$

2. 能量方程

滑索从 B 点滑至 D 点，运用系统功能原理，建立滑索运动的能量方程：$E_2 = E_1 - E_0$，即

$$f_1 A_1 \int_{l_0}^{X_D} v_X^2 \cosh\frac{X-X_C}{C}\mathrm{d}X + \mu Q(X_D - l_0) = \left(\frac{1}{2}mv_X^2 + Qh\right) - \left(\frac{1}{2}mv_0^2 + Qh_0\right) \tag{4-20}$$

由于 $\int_{l_0}^{X_D} v_X^2 \cosh\dfrac{X-X_C}{C}\mathrm{d}X$ 无法直接积分求解，故上述能量方程没有显示解，做如下数值近似计算，其中 M 为等分点数，X_D 对应于第 i 点的横坐标，即 $X_D = \dfrac{i}{M}l_0$

$$\int_{l_0}^{X_D} v_X^2 \cosh\frac{X-X_C}{C}\mathrm{d}X = \sum_{k=0}^{M-i-1} \int_{\frac{M-k}{M}l_0}^{\frac{M-k-1}{M}l_0} v_X^2 \cosh\frac{X-X_C}{C}\mathrm{d}X$$

$$\approx \sum_{k=0}^{M-i-1} \int_{\frac{M-k}{M}l}^{\frac{M-k-1}{M}l_0} \left(\frac{v[M-k-1]+v[M-k]}{2}\right)^2 \cosh\frac{X-X_C}{C}\mathrm{d}X$$

$$\approx C \cdot \sum_{k=0}^{M-i-2} \left(\frac{v[M-k-1]+v[M-k]}{2}\right)^2 \left(\sinh\frac{\frac{M-k-1}{M}l_0 - X_C}{C} - \sinh\frac{\frac{M-k}{M}l_0 - X_C}{C}\right) +$$

$$\frac{C}{4}\left(\sinh\frac{\frac{i}{M}l_0-X_C}{C}-\sinh\frac{\frac{i+1}{M}l_0-X_C}{C}\right)v^2[i+1]+$$

$$\frac{3C}{4}\left(\sinh\frac{\frac{i}{M}l_0-X_C}{C}-\sinh\frac{\frac{i+1}{M}l_0-X_C}{C}\right)v^2[i]$$

记 $A = C\sum_{k=0}^{M-i-2}\left(\frac{v[M-k-1]+v[M-k]}{2}\right)^2\left(\sinh\frac{\frac{M-k-1}{M}l_0-X_C}{C}-\sinh\frac{\frac{M-k}{M}l_0-X_C}{C}\right)$

$$B = \frac{C}{4}\left(\sinh\frac{\frac{i}{M}l_0-X_C}{C}-\sinh\frac{\frac{i+1}{M}l_0-X_C}{C}\right)v^2[i+1],$$

$$D = \frac{3C}{4}\left(\sinh\frac{\frac{i}{M}l_0-X_C}{C}-\sinh\frac{\frac{i+1}{M}l_0-X_C}{C}\right)$$

则 $\int_{l_0}^{X_D} v_X^2 \cosh\frac{X-X_C}{C} dX = A + B + Dv^2[i]$，代入能量方程（4-20），采用分段递推的计算方法，根据初始速度，计算出后一等分点的滑速，依此递推计算各等分点的滑速，其递推式为

$$v[i] = \left[\frac{\frac{1}{2}mv_0^2 + Q(h_0-h) + f_1A_1(A+B) + \mu Q(X_D-l_0)}{\frac{1}{2}m - f_1A_1D}\right]^{\frac{1}{2}} \quad (i=M-1, M-2, \cdots, 1) \quad (4-21)$$

滑速大小取决于悬索的水平距离、弦倾角、无荷中挠系数，还受自然气候、乘客本身重量及其滑行姿势等随机因素的影响。合理的滑速，既惊险刺激又安全可靠。滑速过大，超出滑行者的心理承受能力；滑速过小，既不能满足刺激性，还可能导致乘客达不到终点。因此，应采取有效的措施控制滑速大小，以确保滑索滑行的安全性与刺激性。

第三节 滑索的悬索设计数学模型

一、悬索无荷线形及拉力

1. 无荷拉力系数 A_0

按式（4-3）~式（4-6）进行计算。

2. 无荷索长 L_0

$$\begin{cases} L_0 = 2C\sinh\frac{l_0}{2C}\cosh\frac{l_0-2X_C}{2C} \\ C = \frac{H_0}{q}, H_0 = \frac{ql_0}{A_0}, X_C = \frac{l_0}{2} - C\operatorname{arcsinh}\left(\frac{l_0\tan\alpha}{2C\sinh\frac{l_0}{2C}}\right) \end{cases} \quad (4-22)$$

式中 C——补助函数；
H_0——无荷悬索水平拉力；
q——悬索单位长度重力；
l_0——悬索水平跨距；
X_C——悬链线最低点横坐标。

3. 无荷挠度 $F_0(X)$

$$F_0(X) = X\tan\alpha + 2C\sinh\frac{X}{2C}\sinh\frac{2X_C - X}{2C} \tag{4-23}$$

4. 无荷平均拉力 T_0 和无荷任意点拉力 T_X

$$T_0 = \frac{H_0}{2L_0}\left(l_0 + C\sinh\frac{l_0}{C}\cosh\frac{l_0 - 2X_C}{C}\right) \tag{4-24}$$

$$T_X = H_0\cosh\frac{X - X_C}{C} \tag{4-25}$$

5. 跨中拉力 T_C 和无荷最大拉力 $T_{0\max}$

$$T_C = H_0\cosh\left(\frac{\frac{l_0}{2} - X_C}{C}\right) \tag{4-26}$$

$$T_{0\max} = H_0\cosh\left(\frac{l_0 - X_C}{C}\right) \tag{4-27}$$

二、悬索有荷线形及拉力

1. 悬索有荷挠度与水平拉力牛顿迭代法计算

（1）荷载作用点挠度初始值 $F_K^{(0)}$

$$\begin{cases} F_K^{(0)} = 4(k - k^2)F_0 \\ k = \dfrac{X}{l_0}, F_0 = l_0 S_0 \end{cases} \tag{4-28}$$

式中 k——距离系数；
X——荷载作用点与下支点间水平距离；
F_0——无荷中央挠度。

（2）有荷水平拉力初始值 $H_K^{(0)}$

$$H_K^{(0)} = H_0 \tag{4-29}$$

（3）第 j 次迭代计算（$j=1, 2, \cdots, N$）

1）荷载作用点挠度 F_K

$$F_K = F_K^{(j-1)} \tag{4-30}$$

2）有荷水平拉力 H_K

$$H_K = H_K^{(j-1)} \tag{4-31}$$

3）荷载作用点倾角 α_1、α_2

$$\begin{cases} \tan\alpha_1 = \tan\alpha - \dfrac{F_K}{kl_0} \\ \tan\alpha_2 = \tan\alpha + \dfrac{F_K}{(1-k)l_0} \end{cases} \quad (4\text{-}32)$$

4）荷载作用点的补助函数 C_K

$$C_K = \dfrac{H_K}{q} \quad (4\text{-}33)$$

5）有荷索长 L_K

$$L_K = L_1 + L_2 \quad (4\text{-}34)$$

$$\begin{cases} L_1 = 2C_K \sinh \dfrac{kl_0}{2C_K} \cosh \dfrac{kl_0 - 2X_{C1}}{2C_K} \\ L_2 = 2C_K \sinh \dfrac{(1-k)l_0}{2C_K} \cosh \dfrac{(1-k)l_0 - 2X_{C2}}{2C_K} \end{cases} \quad (4\text{-}35)$$

式中　L_1、L_2——荷载作用点把悬链线分为两段的长度；

X_{C1}、X_{C2}——荷载作用点把悬链线分为两段的最低点横坐标，分别为

$$\begin{cases} X_{C1} = \dfrac{kl_0}{2} - C_K \sinh^{-1}\left(\dfrac{kl_0 \tan\alpha_1}{2C_K \sinh \dfrac{kl_0}{2C_K}} \right) \\ X_{C2} = \dfrac{(1-k)l_0}{2} - C_K \sinh^{-1}\left[\dfrac{(1-k)l_0 \tan\alpha_2}{2C_K \sinh \dfrac{(1-k)l_0}{2C_K}} \right] \end{cases} \quad (4\text{-}36)$$

6）荷载作用时悬索的平均拉力 T

$$T = \dfrac{L_1 T_1 + L_2 T_2}{L_1 + L_2} \quad (4\text{-}37)$$

$$\begin{cases} T_1 = \dfrac{H_K}{2L_1}\left(kl_0 + C_K \sinh \dfrac{kl_0}{C_K} \cosh \dfrac{kl_0 - 2X_{C1}}{C_K} \right) \\ T_2 = \dfrac{H_K}{2L_2}\left[(1-k)l_0 + C_K \sinh \dfrac{(1-k)l_0}{C_K} \cosh \dfrac{(1-k)l_0 - 2X_{C2}}{C_K} \right] \end{cases} \quad (4\text{-}38)$$

式中　T_1、T_2——荷载作用点把悬链线分为两段的平均拉力；

7）荷载作用点的水平拉力迭代值 $H_K^{(j)}$

$$H_K^{(j)} = \dfrac{(1-k)\overline{X_1} P_1 + k(l_0 - \overline{X_2}) P_2 + k(1-k)l_0 Q}{F_K^{(j)}} \quad (4\text{-}39)$$

$$\begin{cases} \overline{X_1} = \dfrac{1}{L_1}\left[C_K kl_0 \sinh \dfrac{kl_0 - X_{C1}}{C_K} - C_K kl_0 \tan\alpha_1 \right] \\ \overline{X_2} = kl_0 + \dfrac{1}{L_2}\left[C_K(1-k)l_0 \sinh \dfrac{(1-k)l_0 - X_{C2}}{C_K} - C_K(1-k)l_0 \tan\alpha_2 \right] \end{cases} \quad (4\text{-}40)$$

$$P_1 = \frac{PL_1}{L_1+L_2}, P_2 = \frac{PL_2}{L_1+L_2}, P = qL_0 \tag{4-41}$$

式中 Q——滑行小车、滑行吊具与乘客之重；

P_1、P_2——荷载作用点把悬链线分为两段的自重；

$\overline{X}_1$、$\overline{X}_2$——荷载作用点把悬链线分为两段的重心横坐标。

8）荷载作用点的挠度迭代值 $F_K^{(j)}$

$$F_K^{(j)} = \frac{L_0 F_K^{(j-1)}}{L_K - \Delta L_e - \Delta L_t} \tag{4-42}$$

式中 L_K——有荷索长；

ΔL_e——由于拉力引起的悬索弹性伸长的变化量；

ΔL_t——由于温度引起的索长改变量。

9）收敛条件

$$\frac{|F_K^{(j)} - F_K^{(j-1)}|}{F_K^{(j)}} < \Delta, \frac{|H_K^{(j)} - H_K^{(j-1)}|}{H_K^{(j)}} < \Delta \tag{4-43}$$

若满足式（4-43），则式（4-30）~式（4-43）所求的值即为精确值。否则，令 $j=j+1$，从式（4-30）开始循环迭代计算，直至满足收敛条件。

10）考虑支点位移的迭代计算。当考虑支点位移，则式（4-30）~式（4-43）中各水平跨距 l_0 改为支点位移后的水平跨距 $l_0 - \Delta$（Δl 为支点相对水平位移量）进行计算。

2. 有荷索长 L_Y 和有荷平均拉力 T_1

取 $k = \frac{1}{2}$，由式（4-34）、式（4-37）算出的第 N 次迭代值 L_K、T_K 分别为 L_Y、T_1，即

$$L_Y = L_K, k = \frac{1}{2} \tag{4-44}$$

$$T_1 = T_K, k = \frac{1}{2} \tag{4-45}$$

3. 有荷挠度 $F_K(J)$

$$F_K(J) = F_K, k = \frac{J}{M} \tag{4-46}$$

式中 M——跨距等分数，常取 20 等分，J 为 1，2，…，M；

F_K——将各等分点 k 值代入式（4-30）迭代计算而得。

4. 有荷水平拉力 $H_K(J)$

$$H_K(J) = H_K, k = \frac{J}{M} \tag{4-47}$$

式中 H_K——将各等分点 k 值代入式（4-31）迭代计算而得。

三、悬索安全性与耐久性

1. 有荷最大拉力 T_M

荷载作用位于跨中时，上支点的拉力为最大。

$$T_M = H_K \cosh \frac{(1-k)l_0 - X_{C2}}{C_K} \quad (4\text{-}48)$$

式中 H_K、C_K、X_{C2}——当 $k=1/2$ 时，分别由式（4-31）、式（4-33）和式（4-36）迭代计算结果。

2. 悬索安全系数 N

$$N = \frac{T_p}{T_M} \geq [N] \quad (4\text{-}49)$$

式中 T_p——钢丝绳的破断拉力，按《钢丝绳通用技术条件》（GB/T 20118—2017）选取；

$[N]$——安全系数许可值，$[N] \geq 5$，详见参考文献 [15]。

3. 悬索耐久性 C

$$C = \frac{T_M}{Q_1} \geq [C] \quad (4\text{-}50)$$

式中 Q_1——滑行小车的一个车轮承受的轮压，$Q_1 = \frac{Q}{N_0}$，N_0 为滑行小车轮数；

$[C]$——耐久性许可值，根据文献 [2]，$[C] = 20 \sim 30$。

四、滑速控制

第 i 等分点滑速，用式（4-21）求解。

根据文献 [15]，滑行终点速度不大于 3.5m/s，以免撞伤；最大滑行速度不超过 12.5m/s，以免超出滑行者的心理承受能力。

第四节　基于 VB 的滑索悬索计算机辅助设计系统

Visual Basic 6.0 是微软公司推出的可视化编程工具之一，适合于面向对象的软件开发。在建立滑索的悬索设计数学模型的基础上，配套研制滑索的悬索计算机辅助设计系统，解决滑索悬索设计的计算机化，避免烦琐、复杂的迭代计算，提高设计计算精度与效率。该系统可供旅游区、公园等娱乐场所的滑索工程设计，以及滑索教学与科研等部门使用。

一、系统功能

1）滑索参数的选择。在给定滑索的水平跨距、弦倾角、无荷中挠系数等基本设计参数条件下，初选悬索的规格参数。

2）安全性与耐久性检验。系统智能进行悬索的耐久性与安全性验算，并判断是否重新选取参数进行设计。

3）滑索滑速计算。递推计算出滑索运动各等分点的滑速，为滑索工程的安全设计提供依据。

二、系统流程

根据已建立滑索的悬索设计的数学模型，悬索设计系统流程见图 4-7。

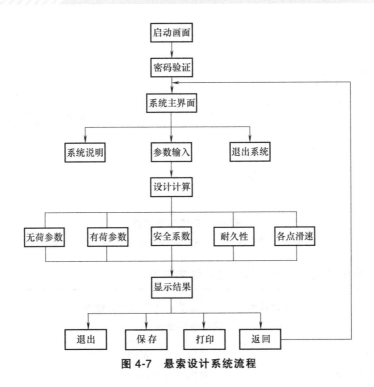

图 4-7 悬索设计系统流程

三、系统实例

江西赣州宝葫芦农庄地处江西省赣州市章贡区水西镇赤珠、湖边镇石人前之间（105 国道旁），距市区 3km，是一座具有郊外田园风光的现代绿色生态农庄，具有生态农业观光区、休闲度假区、娱乐区、动物园区、别墅区和垂钓区六大区域，滑索就建在娱乐区的湖面上。滑索类型为双线无减速索有缓冲滑索，水平跨距 $l_0 = 180 \text{m}$；弦倾角 $\alpha = 4°$；无荷中挠系数：$S_0 = 0.018$；设计荷载 $Q = 750 \text{N}$。滑索宜采用双绳，承载索直径≥12mm，承载索为上下布置，上承载索（主索为线接触钢丝绳）：14 35W×7 WSC 1670 B SZ；下承载索（辅索）：14 6×19 NFC 1 670 B ZS。

滑索纵断面见图 4-8。

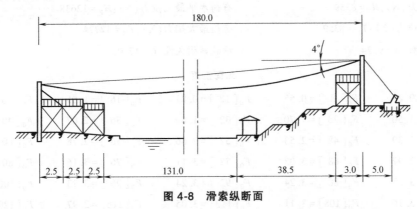

图 4-8 滑索纵断面

滑索平面布置见图 4-9。

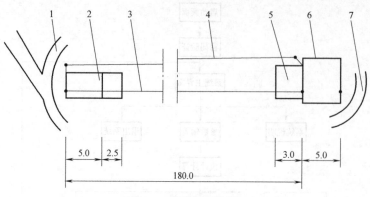

图 4-9 滑索平面布置

1、7—人行道 2—降翔台 3—滑索 4—电动缆车 5—滑翔台 6—栅栏

由滑索计算机辅助设计系统,输出计算结果如下:

江西赣州宝葫芦农庄滑索计算机设计结果

给定条件数据

跨距(m):$l_0 = 180.00$	弦倾角(°):$\alpha = 4$
无荷中挠系数:$S_0 = 0.018$	跨距等分数:$M = 180$
设计荷载(N):$Q = 750$	摩擦系数:$\mu = 0.0078$
温度差(℃):$dt = 10$	支点位移量(m):$dl = 0.1$
跨距每等分距离(m):$\Delta l = 1.0$	单根承载索跑车轮数(个):$N_0 = 1$

主承载索规格参数

单位长度重力(N/m):$q = 6.668$	弹性模量(MPa):$E = 90000$
横截面面积(mm²):$A = 72.09$	钢索的破断拉力(N):$T_p = 118000$
钢丝绳的线膨胀系数:$\omega = 1.1 \times 10^{-5}$	

设计计算结果

无荷索长(m):$L_0 = 180.59$	有荷索长(m):$L_Y = 180.71$
无荷水平拉力(N):$H_0 = 8359$	有荷水平最大拉力(N):$H_P = 12638$
下支点安装拉力(N):$T_X = 8359$	有荷最大拉力(N):$T_M = 12774$
实际安全系数:$N = 9.24$	承载索耐久性:$C = 17.03$

无荷挠度

$F_0[4] = 0.28$	$F_0[8] = 0.55$	$F_0[12] = 0.81$	$F_0[16] = 1.05$	$F_0[20] = 1.28$
$F_0[24] = 1.50$	$F_0[28] = 1.70$	$F_0[32] = 1.89$	$F_0[36] = 2.07$	$F_0[40] = 2.24$
$F_0[44] = 2.39$	$F_0[48] = 2.53$	$F_0[52] = 2.66$	$F_0[56] = 2.78$	$F_0[60] = 2.88$
$F_0[64] = 2.97$	$F_0[68] = 3.05$	$F_0[72] = 3.11$	$F_0[76] = 3.16$	$F_0[80] = 3.20$
$F_0[84] = 3.23$	$F_0[88] = 3.24$	$F_0[92] = 3.24$	$F_0[96] = 3.23$	$F_0[100] = 3.20$
$F_0[104] = 3.16$	$F_0[108] = 3.11$	$F_0[112] = 3.05$	$F_0[116] = 2.97$	$F_0[120] = 2.88$
$F_0[124] = 2.78$	$F_0[128] = 2.66$	$F_0[132] = 2.54$	$F_0[136] = 2.40$	$F_0[140] = 2.24$

$F_0[144]=2.08$	$F_0[148]=1.90$	$F_0[152]=1.70$	$F_0[156]=1.50$	$F_0[160]=1.28$
$F_0[164]=1.05$	$F_0[168]=0.81$	$F_0[172]=0.55$	$F_0[176]=0.28$	$F_0[180]=0.00$

有荷挠度

$F_y[4]=0.59$	$F_y[8]=1.09$	$F_y[12]=1.53$	$F_y[16]=1.93$	$F_y[20]=2.28$
$F_y[24]=2.60$	$F_y[28]=2.88$	$F_y[32]=3.15$	$F_y[36]=3.38$	$F_y[40]=3.60$
$F_y[44]=3.80$	$F_y[48]=3.97$	$F_y[52]=4.13$	$F_y[56]=4.27$	$F_y[60]=4.39$
$F_y[64]=4.50$	$F_y[68]=4.59$	$F_y[72]=4.66$	$F_y[76]=4.72$	$F_y[80]=4.77$
$F_y[84]=4.80$	$F_y[88]=4.81$	$F_y[92]=4.81$	$F_y[96]=4.80$	$F_y[100]=4.77$
$F_y[104]=4.72$	$F_y[108]=4.67$	$F_y[112]=4.59$	$F_y[116]=4.50$	$F_y[120]=4.40$
$F_y[124]=4.27$	$F_y[128]=4.14$	$F_y[132]=3.98$	$F_y[136]=3.80$	$F_y[140]=3.61$
$F_y[144]=3.39$	$F_y[148]=3.16$	$F_y[152]=2.89$	$F_y[156]=2.60$	$F_y[160]=2.29$
$F_y[164]=1.93$	$F_y[168]=1.54$	$F_y[172]=1.10$	$F_y[176]=0.59$	$F_y[180]=0.00$

各等分点的速度

$v[1]=1.51$	$v[2]=1.60$	$v[3]=1.70$	$v[4]=2.49$	$v[8]=4.17$
$v[12]=5.24$	$v[16]=6.06$	$v[20]=6.74$	$v[24]=7.32$	$v[28]=7.83$
$v[32]=8.29$	$v[36]=8.70$	$v[40]=9.08$	$v[44]=9.42$	$v[48]=9.74$
$v[52]=10.03$	$v[56]=10.30$	$v[60]=10.54$	$v[64]=10.77$	$v[68]=10.97$
$v[72]=11.16$	$v[76]=11.33$	$v[80]=11.48$	$v[84]=11.61$	$v[88]=11.73$
$v[92]=11.83$	$v[96]=11.90$	$v[100]=11.96$	$v[104]=12.00$	$v[108]=12.01$
$v[112]=12.01$	$v[116]=11.98$	$v[120]=11.92$	$v[124]=11.84$	$v[128]=11.72$
$v[132]=11.57$	$v[136]=11.39$	$v[140]=11.16$	$v[144]=10.88$	$v[148]=10.55$
$v[152]=10.15$	$v[156]=9.67$	$v[160]=9.09$	$v[164]=8.38$	$v[168]=7.48$
$v[172]=6.29$	$v[176]=4.32$	$v[177]=3.48$	$v[178]=2.29$	$v[179]=0.50$

江西赣州宝葫芦农庄滑索于2003年12月由国家质量技术监督局审查验收，运营至今，安全可靠。实践证明，所配套研制的滑索计算机辅助设计系统是正确的。

思考题与习题

1. 无减速索有缓冲滑索的设计要点是什么？
2. 滑索作为一种景区娱乐设备，在给景区带来经济效益同时，也给乘客娱乐带来一定风险，风险的主要因素之一是滑速。目前滑索滑速理论研究水平和方向如何？如何控制滑速运行？发展计算机仿真技术，已成为各行业的行动口号，请查阅相关资料，说一说工程索道的研究应如何与之对接？
3. 旅游景点是选择客运索道，还是滑索？以什么为参照标准？

第五章

林业索道开发与设计

【导读】 林业索道设计及其优化设计系统,可用于林业采育场、林场、水利及桥梁施工等拥有索道(或缆索起重机)单位的生产与管理。单跨索道需精确设计时采用悬链线法;从无荷算到有荷的单跨或多跨索道设计时采用无荷参数控制的抛物线法;当从有荷算到无荷的单跨或多跨索道设计时采用有荷参数控制的抛物线法。在推导和建立林业索道优化设计数学模型的基础上,应用计算机对索道进行优化设计。

【提要】 索道设计目的,索道设计系统,索道优化设计目的和意义,索道承载索优化设计和给定设备的索道优化设计的目标函数、约束条件及其技术参数,非计算跨有特殊要求时的优化设计。悬索自由振动理论,集材索道荷重脱钩后悬索的振动分析。

【要求】 索道设计结果主要参数,索道设计系统三个子系统与索道优化设计系统两个子系统模块的设计思路,单跨架空索道脱钩工况自由振动分析。

随着科学技术的发展,计算机技术广泛应用于各行各业。应用计算机技术进行林业索道优化设计和索道工程设计,成效显著。

本章前三节内容是对已有研究的创新和升华。索道设计推荐使用以下三种方法:

1)悬链线理论法,当单跨索道需精确设计时采用该方法。

2)无荷参数控制的抛物线理论法,当从无荷算到有荷的单跨或多跨索道设计时采用该方法。

3)有荷参数控制的抛物线理论法,当从有荷算到无荷的单跨或多跨索道设计时采用该方法。它能绘制索道纵断面图,能检验索道跨越农田、道路、建筑物或变坡点等地面控制疑点,是否与木捆最低点留有一定的后备高度,为集材方式(全悬或半悬)和集材方法(原木、原条、伐倒木或全树)的选择提供依据。

本章在推导和建立林业索道优化设计数学模型的基础上,应用计算机对索道进行优化设计。它们可用于林业采育场、林场、水利工程、桥梁施工、厂矿等拥有索道(或缆索起重机)生产单位的生产管理。

第一节 悬链线理论单跨索道设计

在架空索道设计中,悬链线被公认为能真实反映实际悬挂在两端固定式

二维码 5-1
林业索道开发
与设计

钢丝绳的线形。线形计算关系到索道的净空高、平顺度和支架高度等诸多因素,是索道侧型设计的关键;拉力计算则是跨距、挠度和钢丝绳破断力等因素相匹配的优化求解,线形与拉力是悬索设计的主要内容。

一、悬索的假设条件

架空索道设计计算的基础理论,都是建立在均匀重力场作用下的。由悬索的力学微分方程可知,悬索的线形取决于悬索自重和由于自重产生的水平拉力,这种曲线与一般的轨迹曲线不同,可称为重力曲线。现对重力曲线做如下假设:

1) 悬索是理想柔性的,既不能受压也不能受弯。因为索的截面尺寸与索长相比十分微小,因而截面的抗弯刚度在计算中可不考虑;悬索的曲线有转折的地方,只要转折的曲率半径不太小,局部弯曲也可不计。

2) 悬索的材料符合胡克定律,应力与应变符合线性关系。

3) 悬索的横截面面积及其自重在外荷载作用下的变化量十分微小,可忽略这种变化的影响。

4) 悬索自重沿曲线均匀分布。

二、悬索无荷线形及拉力

1. 无荷拉力系数 A_0

(1) 初始值 $A_0(0)$

$$A_0(0) = 8S_0\cos\alpha \tag{5-1}$$

式中 S_0——无荷中挠系数,该理论荐用值 $S_0 \leq 0.2$,限值 $S_0 \leq 0.25$,单跨跨距 $100 \sim 500\text{m}$ 的索道 $S_0 = 0.03 \sim 0.05$,$500 \sim 1000\text{m}$ 的索道 $S_0 = 0.03 \sim 0.06$;

α——索道弦倾角 (°)。

(2) 迭代过程

$$\begin{cases} A_0(i) = 2\ln\dfrac{C(i)+1}{C(i)-1} \\ C(i) = \dfrac{1}{2S_0 A_0(i-1)}\sqrt{A_0^2(i-1)\tan^2\alpha + 4\sinh^2\dfrac{A_0(i-1)}{2}} \end{cases} \quad (i=1,2,\cdots,n) \tag{5-2}$$

(3) 精确值

$$A_0 = A_0(n) \tag{5-3}$$

精度控制

$$\frac{|A_0(n) - A_0(n-1)|}{A_0(n)} < \Delta \tag{5-4}$$

式中 Δ——预期精度,常取 $\Delta = 0.1 \times 10^{-5}$。

2. 悬链线线形方程

以悬链线最低点为原点建立直角坐标系,悬链线的一般方程式为

$$\begin{cases} y = C \cdot \cosh\dfrac{x}{C} - C \\ C = \dfrac{H_0}{q},\ H_0 = \dfrac{ql_0}{A_0} \end{cases} \tag{5-5}$$

式中 C——补助函数；

H_0——无荷悬索的水平拉力；

q——悬索单位长度重力；

l_0——悬索水平跨距。

将坐标原点沿 y 轴下移距离为 C，且沿 x 轴左移至索道下支点，建立图 5-1 所示的直角坐标系 XOY，则悬链线方程为

$$Y = C\cosh\frac{X-X_C}{C} \tag{5-6}$$

式中 X_C——悬链线最低点横坐标。

如图 5-1 所示，可设 A、B 两点的坐标分别为 $(0, Y_1)$、(l_0, Y_2)，A、B 两点在悬索曲线上，则

$$Y_1 = C\cosh\frac{X_C}{C}; \quad Y_2 = C\cosh\frac{l_0-X_C}{C}$$

由几何关系可得，$Y_2 - Y_1 = l_0\tan\alpha$，即

$$C\left(\cosh\frac{l_0-X_C}{C} - \cosh\frac{X_C}{C}\right) = l_0\tan\alpha \tag{5-7}$$

亦即 $2C\sinh\dfrac{l_0}{2C}\sinh\dfrac{l_0-2X_C}{2C} = l_0\tan\alpha$，解得

$$X_C = \frac{l_0}{2} - C\operatorname{arcsinh}\left(\frac{l_0\tan\alpha}{2C\sinh\dfrac{l_0}{2C}}\right) \tag{5-8}$$

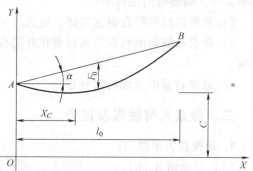

图 5-1 悬索无荷线形

3. 悬链线的方向系数

$$\frac{dY}{dX} = \sinh\frac{X-X_C}{C} \tag{5-9}$$

4. 无荷索长 L_0

$$L_0 = \int_0^{l_0}\sqrt{1+\left(\frac{dY}{dX}\right)^2}\,dX = \int_0^{l_0}\cosh\frac{X-X_C}{C}\,dX = C\sinh\frac{X-X_C}{C}\bigg|_0^{l_0}$$

$$= C\left(\sinh\frac{l_0-X_C}{C} + \sinh\frac{X_C}{C}\right) = 2C\sinh\frac{l_0}{2C}\cosh\frac{l_0-2X_C}{2C} \tag{5-10}$$

5. 悬链线重心坐标 $\overline{X}$

$$\overline{X} = \frac{\int_0^{l_0} X\sqrt{1+\left(\frac{dY}{dX}\right)^2}\,dX}{\int_0^{l_0}\sqrt{1+\left(\frac{dY}{dX}\right)^2}\,dX} = \frac{\int_0^{l_0} X\cosh\dfrac{X-X_C}{C}\,dX}{L_0} = \frac{C\int_0^{l_0} X\,d\left(\sinh\dfrac{X-X_C}{C}\right)}{L_0}$$

$$= \frac{CX\sinh\dfrac{X-X_C}{C}\bigg|_0^{l_0} - C\int_0^{l_0}\sinh\dfrac{X-X_C}{C}\,dX}{L_0} = \frac{Cl_0\sinh\dfrac{l_0-X_C}{C} - C^2\cosh\dfrac{X-X_C}{C}\bigg|_0^{l_0}}{L_0}$$

$$= \frac{Cl_0 \sinh \frac{l_0 - X_C}{C} - C^2 \left(\cosh \frac{l_0 - X_C}{C} - \cosh \frac{X_C}{C} \right)}{L_0}$$

$$= \frac{Cl_0 \sinh \frac{l_0 - X_C}{C} - Cl_0 \tan\alpha}{L_0} \tag{5-11}$$

6. 无荷挠度 $F_0(X)$

如图 5-1 所示，过 $A\left(0, C\cosh \frac{X_C}{C}\right)$、$B\left(l_0, C\cosh \frac{l_0 - X_C}{C}\right)$ 两点的直线方程为

$$Y_{\text{直}} - C\cosh \frac{X_C}{C} = \frac{C\cosh \frac{l_0 - X_C}{C} - C\cosh \frac{X_C}{C}}{l_0 - 0}(X - 0)$$

将式（5-7）代入上式，整理得

$$Y_{\text{直}} = X\tan\alpha + C\cosh \frac{X_C}{C} \tag{5-12}$$

式（5-12）减去式（5-6）即为任意点 X 处的无荷挠度 $F_0(X)$，即

$$F_0(X) = X\tan\alpha + C\cosh \frac{X_C}{C} - C\cosh \frac{X - X_C}{C}$$

$$= X\tan\alpha + 2C\sinh \frac{X}{2C} \sinh \frac{2X_C - X}{2C} \tag{5-13}$$

7. 无荷悬索任意点拉力 T_X

无荷悬索任意点的方向系数为：$\tan\theta = \frac{dY}{dX} = \sinh \frac{X - X_C}{C}$，故任意点拉力为

$$T_X = H_0 \sqrt{1 + \tan^2\theta} = H_0 \sqrt{1 + \left(\sinh \frac{X - X_C}{C}\right)^2} = H_0 \cosh \frac{X - X_C}{C} \tag{5-14}$$

8. 无荷悬索平均拉力 T_0

在悬索上下支点之间，悬链线由于自重产生的拉力 T 为

$$T = qY = qC\cosh \frac{X - X_C}{C} = H_0 \cosh \frac{X - X_C}{C}$$

因为 $Y = C\cosh \frac{X - X_C}{C}$，故

$$ds = \sqrt{1 + \left(\frac{dY}{dX}\right)^2} dX = \cosh \frac{X - X_C}{C} dX$$

无荷平均拉力为

$$T_0 = \frac{1}{L_0} \int_0^{l_0} T ds = \frac{H_0}{L_0} \int_0^{l_0} \left(\cosh \frac{X - X_C}{C}\right)^2 dX$$

$$= \frac{H_0}{L_0}\left\{\frac{l_0}{2}+\frac{C}{4}\left[\sinh\frac{2(l_0-X_C)}{C}+\sinh\frac{2X_C}{C}\right]\right\}$$

$$= \frac{H_0}{L_0}\left(\frac{l_0}{2}+\frac{C}{4}\cdot 2\sinh\frac{l_0}{C}\cosh\frac{l_0-2X_C}{C}\right)$$

$$= \frac{H_0}{2L_0}\left(l_0+C\sinh\frac{l_0}{C}\cosh\frac{l_0-2X_C}{C}\right) \tag{5-15}$$

令 $T_0=T_X$，解得无荷平均拉力横坐标：$X_0=C\mathrm{arccosh}\left(\dfrac{T_0}{H_0}\right)+X_C$。

三、振动波往返所需时间

1. 弦振动方程

被一定拉力 T 架设在两个支点间的悬索，可看成是一条完全弹性体的弦线。如果被敲击产生振动，该振动波则沿着弦线传播。其拉力 T 和波的传递速度 v 之间的关系由下面导出。两端固定弦的振动方程为

$$\begin{cases}\dfrac{\partial^2 u}{\partial t^2}=\dfrac{T}{\rho}\dfrac{\partial^2 u}{\partial X^2}\\ u(0,t)=u(l_0,t)=0\end{cases} \tag{5-16}$$

式中　ρ——弦线密度，$\rho=q/g$。

另一方面，弦振动波是一种横波（质点的振动方向和波的传动方向相互垂直），假定它以波速 v 向另一端传播。由振动学知道，任何复杂的振动都可以看作是由几个或多个谐振动的合成的，而谐振动位移 Y 随时间 t 变化规律为

$$Y=A\cos\omega t$$

式中　A、ω——振幅、圆频率。

假定 $t=0$ 时，位移为 0。

谐振动引起的波动为简谐波，当波速为 v 时，简谐波传播规律为

$$Y=A\cos\omega\left(t-\frac{X}{v}\right)$$

于是有

$$\begin{cases}\dfrac{\partial^2 Y}{\partial X^2}=-A\dfrac{\omega^2}{v^2}\cos\omega\left(t-\dfrac{X}{v}\right)\\ \dfrac{\partial^2 Y}{\partial t^2}=-A\omega^2\cos\omega\left(t-\dfrac{X}{v}\right)\end{cases}$$

比较上述两式，即得

$$\frac{\partial^2 Y}{\partial t^2}=v^2\frac{\partial^2 Y}{\partial X^2}$$

这就是简谐波的波动方程。由于弦振动波可以看成是一些简谐波的合成，根据叠加原理，弦振动波的波动方程也为

$$\frac{\partial^2 u}{\partial t^2}=v^2\frac{\partial^2 u}{\partial X^2} \tag{5-17}$$

比较方程（5-16）、方程（5-17），即有

$$T = \rho v^2 \tag{5-18}$$

2. 振动波往返所需时间

在架空悬索的一个支点附近用木棍或其他东西用力敲击时，由悬索引起的振动波向另一端传出，当遇到障碍后又反传回来，直到渐渐衰弱消失。振动波往返一次所需时间 S_E 由下面导出。

因为 $\mathrm{d}S_E = \dfrac{\mathrm{d}L}{v} = \dfrac{\mathrm{d}L}{\sqrt{T/\rho}} = \sqrt{\dfrac{q}{gT}}\mathrm{d}L$，而 $\mathrm{d}L = \cosh\dfrac{X-X_C}{C}\mathrm{d}X$，$T = H_0\cosh\dfrac{X-X_C}{C}$，所以 $\mathrm{d}S_E = \sqrt{\dfrac{q}{gH_0}}\sqrt{\cosh\dfrac{X-X_C}{C}}\mathrm{d}X$。

考虑往返，$S_E = 2\sqrt{\dfrac{q}{gH_0}}\displaystyle\int_0^{l_0}\sqrt{\cosh\dfrac{X-X_C}{C}}\mathrm{d}X$，将 $\cosh\dfrac{X-X_C}{C}$ 按级数展开取前两项，即

$$S_E = 2\sqrt{\dfrac{q}{gH_0}}\int_0^{l_0}\left[1 + \dfrac{(X-X_C)^2}{4C^2}\right]\mathrm{d}X = 2l_0\sqrt{\dfrac{1}{gC}}\left[1 + \dfrac{l_0^2}{12C^2}\left(1 - \dfrac{3X_C}{l_0} + \dfrac{3X_C^2}{l_0^2}\right)\right]$$

若在下支点敲击时，$X_C = 0$，则

$$S_E = 2l_0\sqrt{\dfrac{1}{gC}}\left(1 + \dfrac{l_0^2}{12C^2}\right) \tag{5-19}$$

把计算出的 S_E 作为测定承载索安装架设张紧程度的依据。

四、悬索有荷线形及拉力

1. 有荷水平拉力与有荷挠度的关系

在单个集中荷载作用下，悬索为 2 条平顺而又相连续的悬链线形，见图 5-2。

设在距离下支点 X 处有一集中荷载 Q，设 k 为荷载作用点 K 的距离系数，即 $k = X/l_0$；并设 F_K 为荷载作用点挠度，H_K 为相应的水平拉力，假设荷载补助函数为

$$C_K = \dfrac{H_K}{q} \tag{5-20}$$

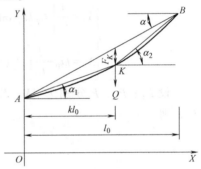

图 5-2 悬索单个集中荷载作用下的线形

设 α_1、α_2 分别为 AK、KB 段悬链线的荷载作用倾角，有

$$\tan\alpha_1 = \tan\alpha - \dfrac{F_K}{kl_0}$$

$$\tan\alpha_2 = \tan\alpha + \dfrac{F_K}{(1-k)l_0} \tag{5-21}$$

类似无荷载作用的情形，可得到荷载作用下 AK、KB 段悬链线的最低点横坐标 X_{C1}、X_{C2} 为

$$\begin{cases} X_{C1} = \dfrac{kl_0}{2} - C_K\operatorname{arcsinh}\left(\dfrac{kl_0\tan\alpha_1}{2C_K\sinh\dfrac{kl_0}{2C_K}}\right) \\ X_{C2} = \dfrac{(1-k)l_0}{2} - C_K\operatorname{arcsinh}\left[\dfrac{(1-k)l_0\tan\alpha_2}{2C_K\sinh\dfrac{(1-k)l_0}{2C_K}}\right] \end{cases} \tag{5-22}$$

单个集中荷载作用下 AK、KB 段悬链线的长度

$$\begin{cases} L_1 = 2C_K \sinh \dfrac{kl_0}{2C_K} \cosh \dfrac{kl_0 - 2X_{C1}}{2C_K} \\ L_2 = 2C_K \sinh \dfrac{(1-k)l_0}{2C_K} \cosh \dfrac{(1-k)l_0 - 2X_{C2}}{2C_K} \end{cases} \quad (5-23)$$

单个集中荷载作用下整条链长为

$$L_K = L_1 + L_2 \quad (5-24)$$

AK、KB 段悬链线的平均拉力 T_1、T_2 分别为

$$\begin{cases} T_1 = \dfrac{H_K}{2L_1} \left(kl_0 + C_K \sinh \dfrac{kl_0}{C_K} \cosh \dfrac{kl_0 - 2X_{C1}}{C_K} \right) \\ T_2 = \dfrac{H_K}{2L_2} \left[(1-k)l_0 + C_K \sinh \dfrac{(1-k)l_0}{C_K} \cosh \dfrac{(1-k)l_0 - 2X_{C2}}{C_K} \right] \end{cases} \quad (5-25)$$

整条悬链线的平均拉力为

$$T_K = \dfrac{L_1 T_1 + L_2 T_2}{L_1 + L_2} \quad (5-26)$$

AK、KB 段悬链线重心的横坐标为

$$\begin{cases} \overline{X_1} = \dfrac{1}{L_1} \left[C_K kl_0 \sinh \dfrac{kl_0 - X_{C1}}{C_K} - C_K kl_0 \tan\alpha_1 \right] \\ \overline{X_2} = kl_0 + \dfrac{1}{L_2} \left[C_K(1-k)l_0 \sinh \dfrac{(1-k)l_0 - X_{C2}}{C_K} - C_K(1-k)l_0 \tan\alpha_2 \right] \end{cases} \quad (5-27)$$

设 P_1、P_2、P 分别为 AK、KB 段及整条悬链线的自重,则 $P_1 + P_2 = P$,$P_1/P_2 = L_1/L_2$,则

$$\begin{cases} P_1 = \dfrac{PL_1}{L_1 + L_2} \\ P_2 = \dfrac{PL_2}{L_1 + L_2} \\ P = qL_0 \end{cases} \quad (5-28)$$

单个集中荷载作用时 H_K 与 F_K 关系:以图 5-2 中 AB 为研究对象,以 B 点为矩心,由平衡条件,可得

$$V_A l_0 + H_K l_0 \tan\alpha = P_1(l_0 - \overline{X_1}) + P_2(l_0 - \overline{X_2}) + Q(1-k)l_0$$

以 AK 为研究对象,以 K 为矩心,有

$$V_A kl_0 + H_K(kl_0 \tan\alpha - F_K) = P_1(kl_0 - \overline{X_1})$$

由上两式消去 V_A,整理后即得有荷水平拉力与有荷挠度的关系为

$$H_K = \dfrac{(1-k)\overline{X_1} P_1 + k(l_0 - \overline{X_2}) P_2 + k(1-k)l_0 Q}{F_K} \quad (5-29)$$

2. 有荷挠度与水平拉力的精确解

荷载大小与位置的改变、支点位移、温度变化都会引起悬索线形的变化,建立悬索的状

态协调方程

$$L_K - L_0 = \Delta L_e + \Delta L_t \quad (5\text{-}30)$$

$$\Delta L_e = \frac{1}{EA}(T_K L_K - T_0 L_0), \quad \Delta L_t = \varepsilon \Delta t L_0$$

式中　L_K——有荷索长;

　　　ΔL_e——由于拉力引起的悬索的弹性伸长量;

　　　E——悬索的弹性模量;

　　　A——悬索的金属横截面面积;

　　　ΔL_t——由于温度引起的索长改变量;

　　　ε——悬索的线膨胀系数,$\varepsilon = 1.1 \times 10^{-5}℃^{-1}$;

　　　Δt——温度变化值,$\Delta t = t_2 - t_1$;

　　　t_2——悬索使用时的温度;

　　　t_1——悬索安装时的温度。

将 L_K、T_K 代入式（5-30），得到荷载补助函数 C_K 的超越方程，用牛顿迭代数值法求解。

悬索有荷线形和有荷水平拉力计算牛顿迭代数值法流程见图 5-3，其中 $\Delta_1 = \dfrac{|F_K^{(j)} - F_K^{(j-1)}|}{F_K^{(j)}}$，$\Delta_2 = \dfrac{|H_K^{(j)} - H_K^{(j-1)}|}{H_K^{(j)}}$，$\Delta$ 为预期精度，常取 $\Delta = 0.1 \times 10^{-5}$。

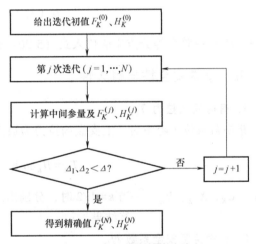

图 5-3　牛顿迭代数值法流程

牛顿迭代数值法计算过程如下：

1) 近似采用抛物线公式确定初始值。

$$F_K^{(0)} = 4(k - k^2) F_0; \quad H_K^{(0)} = H_0$$

2) 计算中间参量及 $F_K^{(j)}$、$H_K^{(j)}$。

$$F_K^{(j)} = \frac{L_0}{L_K - \Delta L_e - \Delta L_t} F_K^{(j-1)} \quad (j = 1, 2, \cdots, N)$$

$$H_K^{(j)} = \frac{(1-k)\overline{X_1} P_1 + k(l_0 - \overline{X_2}) P_2 + k(1-k) l_0 Q}{F_K^{(j)}}$$

3) 判断收敛条件。

$$\frac{|F_K^{(j)} - F_K^{(j)}|}{F_K^{(j)}} < \Delta, \quad \frac{|H_K^{(j)} - H_K^{(j-1)}|}{H_K^{(j)}} < \Delta$$

若满足上式时，$F_K^{(N)}$、$H_K^{(N)}$ 为精确值。否则，令 $j = j+1$，开始迭代计算，直至满足收敛条件。

当考虑支点位移，则式（5-20）~式（5-30）中各水平跨距 l_0 改为支点位移后的水平跨距 $l_0 - \Delta l$（Δl 为支点相对水平位移量）进行计算。

3. 有荷索长 L_Y 和有荷平均拉力 T_1

取 $k=\dfrac{1}{2}$，由式（5-23）~式（5-26）算出的第 N 次迭代值 L_K、T_K 分别为 L_Y、T_1，即

$$L_Y = L_K\left(k=\dfrac{1}{2}\right) \tag{5-31}$$

$$T_1 = T_K\left(k=\dfrac{1}{2}\right) \tag{5-32}$$

4. 有荷挠度 $F_K(J)$

$$F_K(J) = F_K\left(k=\dfrac{J}{M}\right) \tag{5-33}$$

式中 M——跨距等分数，J 为 $1, 2, \cdots, M$；

F_K——将各等分点 k 值代入式（5-20）迭代计算的精确值。

5. 有荷水平拉力 $H_K(J)$

$$H_K(J) = H_K\left(k=\dfrac{J}{M}\right) \tag{5-34}$$

式中 H_K——将各等分点 k 值代入式（5-20）迭代计算的精确值。

五、悬索安全性与耐久性

1. 有荷最大拉力 T_M

集中荷载位于跨中时，上支点的拉力为最大。

$$T_M = H_K \cosh \dfrac{(1-k)l_0 - X_{C2}}{C_K} \tag{5-35}$$

式中 C_K、X_{C2}、H_K——当 $k=1/2$ 时，分别由式（5-20）、式（5-22）和式（5-29）迭代计算结果。

2. 悬索实际安全系数 N_1

$$N_1 = \dfrac{TC_T}{T_M} = \dfrac{T_P}{T_M} \geqslant N_t \tag{5-36}$$

式中 T——钢丝绳钢丝的破断拉力总和；

C_T——钢丝绳破断拉力降低系数；

T_P——所选钢丝绳的破断拉力，按《钢丝绳通用技术条件》（GB/T 20118—2017）选取；

N_t——许可安全系数，N_t 设计时荐用：集材索道 $N_t \geqslant 2.5$，运材索道 $N_t \geqslant 3$，临时性索道 $N_t \geqslant 2$（见文献 [19]）。

若算出的 N_1 不满足要求时，可重选较大规格的钢丝绳；若钢丝绳由库存选定，则减小设计荷载，重新进行设计计算。

3. 悬索耐久性 C

$$C = \dfrac{T_M}{Q_1} \geqslant [C] \tag{5-37}$$

式中　Q_1——跑车的一个车轮承受的轮压，$Q_1 = \dfrac{Q}{N_0}$，N_0 为跑车轮数；

　　　$[C]$——耐久性许可值，$[C] = 20 \sim 30$。

若算出的 C 值不满足要求时，可酌情重选钢丝绳规格，或改变设计荷载，或重选车轮数较多的跑车等重新计算。

六、索道侧型设计

1. 求地面疑点与有荷悬索线形垂直距离 H_Y

H_Y 包括跑车、捆木吊索、木捆、后备高度之和，见图5-4（虚线为有荷线形）。

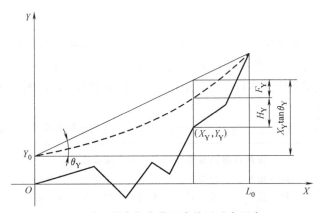

图5-4　地面疑点与有荷悬索线形垂直距离 H_Y

$$H_Y = Y_0 + X_Y \tan\theta_Y - (Y_Y + F_Y) \tag{5-38}$$

式中　F_Y——地面疑点处悬索的有荷挠度；

　　　X_Y、Y_Y——以索道下支点的地面点为原点建立直角坐标系，地面变坡点（包括疑点）的水平距离 X_Y 为正值，地面变坡点与索道下支点的高程之差 Y_Y（正负号由此而定）；

　　　Y_0——承载索下支点与其地面点间高差（m），即索道下支点高程。

后备高度 C_1，即木捆最低点至地面净空高为

$$C_1 = H_Y - \text{有荷悬索线形至木捆最低点高度}$$

2. 确定集材方式方法

全悬空集材时，为了使跑车能在自重作用下下滑，应保证设计荷重 $P \geq 10\text{kN}$；木捆净空高 $C_1 \geq 0.5\text{m}$（若跨越农田、建筑物或公路时，则 $C_1 \geq 4\text{m}$）。C_1 不满足要求时，可视具体情况采取以下措施：张紧承载索；提高不满足所在跨的上、下支点高度；开挖地面可疑点；增设中间支架等。确定索道集材方式方法见表5-1。

表5-1　确定集材方式方法　　　　　　　　（单位：m）

集材方式方法	$C_1 \geq 0.5$	$C_1 \geq 4$
重新计算	$H_Y < 3$	$H_Y < 10.5$
半悬伐倒木集材	$3 \leq H_Y < 7$	/
全悬原木集材	$7 \leq H_Y < 12$	$10.5 \leq H_Y < 15.5$
全悬伐倒木或原条集材	$H_Y \geq 12$	$H_Y \geq 15.5$

七、系统实例

某伐区架设 1 条单跨单线 3 索增力式集材架空索道。已知参数如下：

1）水平距离 $L_0 = 404$m；索道的弦倾角 $\alpha = 11.27°$。

2）索道下支点至地面高度 $Y_0 = 0.5$m，地面变坡点总数 $K = 7$ 个，各坐标为（0，0）；（30，-20）；（204，0.5）；（254，-9.5）；（304，30.5）；（370，40.4）；（404，80.5）。

3）按悬链线理论进行索道的设计计算，初定无荷中挠系数 $S_0 = 0.04$，安全系数 $N_t = 2.5$，设计荷载 $P = 26$kN，跨距等分数 $M = 20$，木捆净空高 $C_1 = 0.5$m，索道投产与安装时温度差 $\Delta t = 10$℃。

4）初选 K_1 跑车：跑车轮数 $N_0 = 4$ 个。

5）所选承载索：钢丝绳 28 6×19 SFC 1 570 B ZS，钢丝绳的破断拉力 $T_p = 378$kN，横截面面积 $A = 289.95$mm^2，单位长度重力 $Q = 27.0$N/m，弹性模量 $E = 100000$MPa。

请按悬链线理论对该索道进行完整的设计计算，绘制索道纵断面图，确定集材方式方法。

计算机输出结果：

应用计算机按悬链线理论，输出该索道计算结果及绘制索道纵断面图（图 5-5）。

应用计算机按悬链线理论作单跨索道设计	
县（市） 采育场 工区 林班 小班	
测量 设计 审核 20 年 月 日	
给定条件数据	
跨距(m)：$L_0 = 404$	无荷中挠系数：$S_0 = 0.04$
索道弦倾角(°)：$\alpha = 11.27$	初选承载索安全系数：$N_t = 2.5$
承载索弹性模量(MPa)：$E = 100000$	跨距等分数：$M = 20$
索道下支点至地面高度(m)：$Y_0 = 0.5$	木捆净空高(m)：$C_1 = 0.5$
设计荷载(N)：$P = 26000$	跑车轮数(个)：$N_0 = 4$
温度差(℃)：$\Delta t = 10$	支点位移量(m)：$\Delta l = 0$
承载索规格参数	
单位长度重力(N/m)：$Q = 27.0$	横断面面积(mm^2)：$A = 289.95$
钢丝绳的破断拉力(N)：$T_p = 378000$	
设计计算结果	
悬索无荷索长(m)：$L_0 = 413.57$	无荷水平张力(N)：$H_0 = 34823$
无荷平均张力(N)：$T_0 = 35659$	无荷跨中张力(N)：$T_C = 35503$
下支点安装拉力(N)：$T_X = 34852$	振动波往返一次所需时间(s)：$S_E = 7.24$
按等分点计算无荷挠度 $F_0(J)$ (m)	
$F_0(1) = 3.047$　$F_0(2) = 5.778$　$F_0(3) = 8.191$　$F_0(4) = 10.287$　$F_0(5) = 12.065$	
$F_0(6) = 13.524$　$F_0(7) = 14.664$　$F_0(8) = 15.483$　$F_0(9) = 15.982$　$F_0(10) = 16.160$	
$F_0(11) = 16.015$　$F_0(12) = 15.546$　$F_0(13) = 14.753$　$F_0(14) = 13.634$　$F_0(15) = 12.188$	
$F_0(16) = 10.413$　$F_0(17) = 8.308$　$F_0(18) = 5.873$　$F_0(19) = 3.104$　$F_0(20) = 0$	

悬索有荷索长(m): $L_Y = 414.91$　　　有荷水平张力(N): $H_P = 126931$
有荷平均张力(N): $T_1 = 130434$　　有荷最大张力(N): $T_M = 134327$
承载索实际安全系数: $N_1 = 2.81$　　承载索耐久性: $C = 20.67$

按等分点计算有荷挠度 $F(J)$ (m)

$F(1) = 8.466$　　$F(2) = 12.900$　　$F(3) = 16.169$　　$F(4) = 18.727$　　$F(5) = 20.754$
$F(6) = 22.342$　$F(7) = 23.547$　$F(8) = 24.000$　$F(9) = 24.924$　$F(10) = 25.127$
$F(11) = 25.013$　$F(12) = 24.577$　$F(13) = 23.808$　$F(14) = 22.682$　$F(15) = 21.164$
$F(16) = 19.197$　$F(17) = 16.678$　$F(18) = 13.413$　$F(19) = 8.900$　$F(20) = 0$

地面可疑点坐标

水平距离(m): $X_Y = 304$　　　　垂直距离(m): $Y_Y = 30.5$

疑点参数计算

有荷挠度(m): $F_Y = 21.077$　　疑点至有荷线形垂直距离(m): $H_Y = 9.502$

结论

本索道选用全悬原木集材为宜。

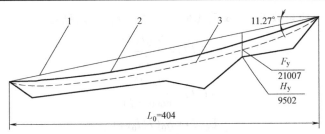

图 5-5　单跨索道纵断面设计（单位：m）

1—索道弦线　2—悬索无荷线形　3—悬索有荷线形

注：折线为索道的地面纵断面线。

第二节　无荷参数控制的抛物线理论多跨索道设计

堀氏抛物线理论（见文献 [22]）是在加氏抛物线理论（见文献 [23]）的多跨索道设计理论基础上，将多跨影响因素（钢丝绳弹性伸长、支点位移和温度变化的影响）综合考虑，提出综合补正理论。无荷中挠系数 S_0：加氏理论的推荐值为 [0.03，0.05]，极限值为 [0.02，0.08]；堀氏理论的推荐值为 $S_0 \leq 0.06$，极限值为 $S_0 \leq 0.10$。堀氏抛物线理论明显扩大了应用范围。杜氏抛物线理论（见文献 [11]）认为最大拉力位于索道的全线路的最高支点，比加氏理论认为最大拉力位于最大跨的上支点，在考虑工程索道的安全性上更符合实际情况。经多年的悬索理论研究和工程实践，并在完善和充实上述三种抛物线理论的基础上，提出了有荷参数控制的从有荷算到无荷的单跨或多跨索道的抛物线理论设计。

无荷参数控制的抛物线理论多跨索道设计系统能绘制索道纵断面图和确定集材方式方法，并能提供索道设计结果主要参数有：

1) 提供索道安装架设主要参数：无（有）荷中挠系数、下支点安装拉力、振动波敲击法往返所需时间、无荷索长等。

2) 确保索道生产安全主要参数：承载索实际安全系数、耐久性参数等。

3) 提供绘制索道纵断面图主要参数：按等分点计算无（有）荷挠度等。
4) 多跨索道检验纵断面设计主要参数：弯折角、弯挠角和安全靠贴系数等。

一、系统数学模型

1. 计算无荷主要参数

(1) 多跨索道设计计算跨的判断　按表 5-2 判断出设计计算跨后，对该跨的承载索的各技术参数进行设计计算。

表 5-2　判断设计计算跨　　　　　　　　　　　　　　　　　　　　　（单位：m）

设计计算跨	$L_M \geqslant 500$	$L_M < 500$
最大跨的所在跨	$\Delta L \geqslant 20$	$\Delta L \geqslant 10$
最大弦倾角的所在跨	$\Delta L < 20$	$\Delta L < 10$

注：L_M 为最大跨距；ΔL 为最大与最小跨距之差。

(2) 设计计算跨的无荷中挠系数 S_{0M} 的确定　将设计计算跨视为单跨索道考虑，荐用取 $S_{0M} = 0.03 \sim 0.05$，$S_0 = S_{0M}$。

(3) 各跨无荷中挠系数 $S_0(I)$ 及其无荷中央挠度 $F_0(I)$ 的确定。

$$S_0(I) = \frac{S_{0M} l(I)}{l_M} \tag{5-39}$$

$$l(I) = \frac{l_0(I)}{\cos\alpha_0(I)}$$

$$F_0(I) = S_0(I) l_0(I) \tag{5-40}$$

$$l_0 = \sum_{I=1}^{N} l_0(I)$$

式中　l_M——计算跨的弦线长度；
　　　$l(I)$——各跨弦线长度；
　　　$l_0(I)$——各跨水平跨距；
　　　l_0——全线路水平跨距；
　　　$\alpha_0(I)$——各跨的弦倾角；
　　　N——跨数，$I = 1, 2, 3, \cdots, N$。

(4) 各跨无荷索长 $L_0(I)$ 和全线路无荷索长 L_0 的确定

$$L_0(I) = \left[1 + \frac{8}{3} S_0^2(I) \cos^4\alpha_0(I)\right] l(I) \tag{5-41}$$

$$L_0 = \sum_{I=1}^{N} L_0(I) \tag{5-42}$$

(5) 振动波往返一次所需的时间 $S_E(I)$ 的确定

$$S_E(I) = \sqrt{\frac{S_0(I) l_0(I)}{0.306}} \tag{5-43}$$

2. 计算设计荷重 P

$$P = (P_1 + P_2)(1 + G) + \frac{W_Q}{2} \tag{5-44}$$

$$G = 6S_{0M}$$

式中 P_1、P_2——木捆和跑车重力；

W_Q——牵引索自重，$W_Q = Q_Q L_0$，鞍座上有托索器时，$W_Q = Q_Q L_{0M}$，L_{0M}为计算跨的无荷索长；Q_Q为牵引索单位长度重力，其规格按《钢丝绳通用技术条件》（GB/T 20118—2017）选取；

G——冲击系数。

3. 承载索设计计算

（1）初选承载索规格 根据设计荷载 P 按《钢丝绳通用技术条件》（GB/T 20118—2017）初选承载索规格。如有库存钢丝绳，则可酌情选用，而后进行计算。

（2）无荷载作用时最大拉力 T_W 与下支点安装张力 T_X 的确定

$$T_W = T'_W + qH \tag{5-45}$$

$$T_X = \frac{qL_{0M}}{8S_{0M}}\sqrt{1+(\tan\alpha_{0M}-4S_{0M})^2} \tag{5-46}$$

$$T'_W = \frac{qL_{0M}}{8S_{0M}}\sqrt{1+(\tan\alpha_{0M}+4S_{0M})^2}$$

式中 q——承载索单位长度重力；

H——计算跨上支点到索道最高支点的垂直距离；

α_{0M}——计算跨的弦倾角；

T'_W——计算跨的无荷最大拉力。

（3）计算各跨荷重比 $N(I)$

$$N(I) = \frac{P}{qL_0(I)} \tag{5-47}$$

计算跨的荷重比 n_M 为

$$n_M = \frac{P}{W}$$

$$W = qL_{0M}$$

式中 W——计算跨悬索自重。

（4）无补正有荷最大拉力 T_Q

$$T_Q = T'_Q + qH \tag{5-48}$$

$$T'_Q = H_{max}\sqrt{1+\left[\tan\alpha_{0M}+\frac{4S_{0M}(1+n_M)}{\sqrt{1+3(n_M+n_M^2)}}\right]^2}$$

$$G_{II} = \sqrt{1+3(n_M+n_M^2)\frac{\omega_M^2 l_{0M}^3 \cos^3\alpha_{0M}}{\sum_{I=1}^{N}[\omega^2(I)l_0^3(I)\cos^3\alpha_0(I)]}}$$

式中 T'_Q——计算跨的无补正有荷最大拉力；

H_{max}——无补正有荷水平拉力，$H_{max} = H_0 G_{II}$；

G_{II}——有荷悬索荷重因数；

$\omega(I)$——线荷载在 X 轴上的投影,$\omega(I) = \dfrac{qL_0(I)}{l_0(I)}$。

(5) 有补正有荷最大拉力 T_M

$$T_M = H_M\sqrt{1 + \left[\tan\alpha_{0M} + \dfrac{4S_0'(1+n_M)}{\sqrt{1+3(n_M+n_{M^2})}}\right]^2} + qH \tag{5-49}$$

$$H_M = H_0'G_{II}$$

$$H_0' = \dfrac{qL_{0M}}{8S_0'}$$

式中　H_M——有补正有荷水平拉力;

　　　H_0'——有补正无荷的水平拉力;

　　　S_0'——有补正无荷中挠系数,$S_0' = \varepsilon S_0$,ε 为综合补正系数。

综合补正系数 ε 的计算式为

$$\varepsilon^3 + b\varepsilon - a = 0$$

$$a = \dfrac{G_{II}}{M_{SI}},\quad b = \dfrac{G_I}{M_{SI}} - (1+D_{SI})$$

$$M_{SI} = \dfrac{64\sum\limits_{I=1}^{N}[S_0(I)\cos^2\alpha_0(I)]^3}{3\lambda q\sum\limits_{I=1}^{N}l_0(I)}$$

$$\lambda = \dfrac{1}{EF}$$

$$D_{SI} = \dfrac{3\Delta}{8\sum\limits_{I=1}^{N}[S_0(I)\cos^2\alpha_0(I)]^2}$$

$$\Delta = N(\omega_1\Delta t) + \dfrac{D_L}{l_M}$$

式中　G_I——无荷悬索荷重因数,$G_I = 1$;

　　　Δt——钢丝绳投产时与安装时的温差,比安装时温度高取正值,否则取负值;

　　　ω_1——钢丝绳的热膨胀系数,一般 $\omega_1 = 1.1\times 10^{-5}℃^{-1}$;

　　　D_L——计算跨上、下支点弦线方向位移量之和。

(6) 计算跨的无补正有荷中挠系数 S

$$S = rS_0 \tag{5-50}$$

$$r = \dfrac{1+2n_M}{\sqrt{1+3(n_M+n_M^2)}}$$

式中　r——计算跨的中央挠度增加系数。

(7) 计算跨的有补正有荷中挠系数 S'

$$S' = S\varepsilon \tag{5-51}$$

(8) 承载索的校核

1）承载索安全系数 N_1 的校核。在刚安装架设投产初期，悬索成无补正有荷状态，此时的拉力大于投产中后期的有补正有荷状态下拉力。因此，必须用无补正有荷最大拉力 T_Q 校核承载索安全系数 N_1。

$$N_1 = \frac{TC_T}{T_Q} = \frac{T_p}{T_Q} \geq 2 \tag{5-52}$$

式中　T——承载索钢丝的破断拉力。

2）校核承载索拉力与轮压的比值 C。

$$C = \frac{T_Q}{Q} = \frac{T_Q N_0}{P} \tag{5-53}$$

式中　P——设计荷载；

　　　N_0——跑车轮数。

C 值必须满足 $20 \leq C \leq 30$，C 若不在此范围内，就增加跑车轮数，或酌情重选承载索，或改变设计荷载。

4．索道侧型设计

索道各跨的弦倾角的约定：弦倾角自左至右，仰角为正，俯角为负。

（1）各跨支点的弯折角 $\delta(I)$ 的确定

$$\delta(I) = \alpha(I) - \alpha(I+1) \tag{5-54}$$

式中　$\alpha(I)$、$\alpha(I+1)$——相邻两跨的弦倾角。

（2）弯折角的正切值 $\tan\delta(I)$ 的确定

$$Z(I) = \tan\delta(I) \tag{5-55}$$

要求 $Z(I)$ 的绝对值满足：$2\% \leq |Z(I)| \leq 8\%$。

（3）侧型参数的校核

1）计算凸形线路校核弯挠角的正切值 $\tan\theta(I)$

$$\tan\theta(I) = \left\{ [\tan\alpha(I) - \tan\alpha(I+1)] + \frac{q[l_0(I) + l_0(I+1)]}{2H_{\max}\cos\alpha_{CP}} \right\} + \frac{P}{H_{\max}} \tag{5-56}$$

$$\alpha_{CP} = \frac{\alpha(I) + \alpha(I+1)}{2}$$

式中　α_{CP}——相邻两跨的索道弦倾角平均值。

要求：$\tan\theta(I)$ 必须在 $[10\%, 35\%]$ 范围内。

当弯挠角的正切值大于许用值时，可视具体线路情况采取以下措施：增设中间支架；降低计算跨支架高度；中间支架高度不变，将前后跨支点升高。

2）计算凹形线路校核承载索在鞍座处的安全靠贴系数 $K(I)$

$$K(I) = \frac{q[l_0(I) + l_0(I+1)]}{2T_Q[\tan\alpha(I+1) - \tan\alpha(I)]\cos^2\alpha_{CP}} \tag{5-57}$$

要求：集材索道，$K(I) \geq 1.05$；运材索道，$K(I) \geq 1.2$。

当安全靠贴系数小于许用值时，根据具体线路情况采取下列措施：增设中间支架；升高中间支架或降低前后跨支点高度；增设承载索的压索装置。

5．悬索无荷线形 $f_{0X}(I)$ 和有荷线形 $f_D(I)$ 的计算

$$f_{0X}(I) = m_0(I)f_0(I) \tag{5-58}$$

$$f_D(I) = r(I)f_{0X}(I)\varepsilon \qquad (5\text{-}59)$$

$$m_0(I) = 4(k-k^2)$$

$$k = \frac{x}{l_0(I)}$$

$$r(I) = \frac{1+2n(I)}{\sqrt{1+12[n(I)+n^2(I)](k-k^2)}}$$

式中　$m_0(I)$——线形系数；

　　　k——距离系数；

　　　x——各跨悬索上任意点到本跨下支点的距离；

　　　$r(I)$——各跨挠度增加系数。

6. 求地面变坡点与有荷悬索间的垂直距离 $H_Y(J)$

以索道第1跨下支点（即山下起点）的地面坐标为原点建立直角坐标系，地面变坡点至索道下支点的水平距离 $X_Y(J)$ 为正值，变坡点与索道下支点的地面点高程之差 $Y_Y(J)$ 的正负号由此而定，J 为 1，2，3，…，S，其 S 为变坡点总数（包括索道起、终点在内）。则 $H_Y(J)$ 为

$$H_Y(J) = Y(I-1) - Y_Y(J) + [X_Y(J) - X(I-1)]\tan\alpha_0(I) - F_Y(J) \qquad (5\text{-}60)$$

式中　$F_Y(J)$——地面变坡点处悬索的有荷挠度；

$X_Y(J)$、$Y_Y(J)$——变坡点的 X、Y 坐标；

　　　$X(I-1)$——索道各支点至索道下支点的水平距离；

　　　$Y(I-1)$——索道各支点至索道下支点的地面坐标高程之差。

后备高度 $C_1(m)$，即木捆最低点至地面净空高为

$$C_1 = H_Y - 有荷悬索线形至木捆最低点高度$$

上述侧型设计中的 $\tan\theta(I)$ 或 $K(I)$ 及后备高度 C_1 不满足要求时，除开挖地面可疑点外，不论采取何种措施，只要数据一有更动，就得重新进行设计计算。

7. 集材方式方法的选择

按表5-1确定索道集材方式方法。

8. 工作索和绞盘机的选择

非闭合增力式索道的工作索的最大受力产生在提升、运行过程中。

（1）工作索选择

1）提升木捆时起重索的拉力 T_2 的确定。

$$T_2 = T_Q + T_q + T_R + T_a \qquad (5\text{-}61)$$

$$T_Q = \frac{Q}{2\sin\frac{\theta}{2}}, Q = 木捆重 + 载物钩重$$

$$T_q = \pm q_Q h$$

$$T_R = (T_Q + W)f_0$$

$$W = q_Q L_0$$

式中　T_Q——木捆重量产生的拉力；

　　　θ——起重索拉力包角，$120° \leq \theta \leq 180°$；

T_q——起重索自重附加在跑车上的分力；

h——集材点到绞盘机位置高度差，绞盘机高于集材点时 T_q 计算公式中取"+"号，反之取"-"号；

q_Q——起重索的单位长度重力；

T_R——综合阻力，绕过滑轮、贴地运行等产生的摩擦阻力；

W——起重索自重；

f_0——综合摩擦系数，当滑轮数少（7个以下），集距较短（500m 以下）时，取 0.06~0.12，当滑轮数多，集距较长时，取 0.12~0.2；

T_a——惯性力，把木材视为匀速上升，$T_a = 0$。

起重索安全系数 N_2 的校核

$$N_2 = T_{pQ} \frac{C_T}{T_2} = \frac{T_p}{T_2} \geqslant 3.5 \tag{5-62}$$

式中 T_{pQ}——起重索钢丝的破断拉力（N）。

2）跑车运行时牵引索的拉力 T_3 的确定。

$$T_3 = T'_Q + T'_R + T_q + T_a \tag{5-63}$$

$$T_a = \frac{a}{g}(Q' + W'), Q' = 木捆重 + 跑车重$$

$$T'_Q = Q'\sin\gamma - fQ'\cos\gamma$$

$$T'_R = (T'_Q + W)f_0, W = Q_Q L_0$$

式中 T_a——运行惯性力；

W'——牵引索附加于跑车上的自重，$W' = \frac{W_Q}{2}$；

g——重力加速度，$g = 9.81 \text{m/s}^2$；

a——加速度，一般制动（3~4s）时，$a = 0.1~0.3 \text{m/s}^2$，紧急制动（1~2s）时，$a = 0.5~1 \text{m/s}^2$；

T_q——牵引索自重附加在跑车上的分力；

T'_Q——线路坡度及重车产生的拉力；

f——跑车运行阻力系数，$f = 0.008~0.012$；

γ——跑车升角，即为跑车车轮与悬索切线和水平线夹角。

T'_R——重车的综合阻力。

跑车升角 γ 与荷载 P 的大小成正比，与跨距 l_0 成反比，$\tan\gamma = \tan\alpha + \frac{2x - l_0}{2H_{\max}}\left(\frac{P}{l_0} + \frac{q}{\cos\alpha}\right)$。它是确定牵引力 T_3（或下滑力）及索道选型的重要参数，在多跨索道中，当计算牵引索在跑车运行中的最大拉力，应选择索道弦倾角最大跨的跑车靠近上方支架时的升角进行分析，$\tan\gamma = \tan\alpha + \frac{l_0}{2H_{\max}}\left(\frac{P}{l_0} + \frac{q}{\cos\alpha}\right)$；当检查跑车能否靠自重下滑越过中间支架时，则应选择索道弦倾角最小跨的跑车靠近下方支架的升角来研究，$\tan\gamma = \tan\alpha - \frac{l_0}{2H_{\max}}\left(\frac{P}{l_0} + \frac{q}{\cos\alpha}\right)$。

讨论：

1) $T_3>0$，只考虑制动力；$T_a \neq 0$，跑车靠重力能越过中间鞍座，能自滑，不需要牵引，可设计成重力自滑索道。

2) $T_3<0$，跑车不能自滑，需要牵引。

3) 当 $\alpha \geq 10°$ 时，起动时求 T_3，制动时求 $T_回$ [只要 $P=0$，代入式（5-63）求出 $T_回$]，二者取较大值校核。

4) 当 $\alpha<10°$（缓坡）时，求 T_3。

牵引索安全系数 N_3 的校核

$$N_3 = T_{pq}\frac{C_T}{T_3} = \frac{T_p}{T_3} \geq 3.5 \qquad (5\text{-}64)$$

式中　T_{pq}——牵引索钢丝的破断拉力。

(2) 绞盘机所需实际功率 N_X 的校核

$$N_X = \frac{Fv}{\eta_1 \eta_2} \qquad (5\text{-}65)$$

式中　F——缠绕在绞盘机主卷筒中层上的工作索的最大牵引力，T_2 与 T_3 中选较大值作为 F；

　　　v——缠绕在绞盘机主卷筒中层上的工作索的牵引速度；

　　　η_1——绞盘机从发动机输出轴至卷筒轴之间的总传动效率，取 $\eta_1 = 0.6 \sim 0.7$；

　　　η_2——内燃机高山功率降，海拔每升高 1000m，柴油机功率降 10%，汽油机功率降 15%~20%。

二、系统功能

1) 承载索设计计算与选择。可选择新钢丝绳或库存钢丝绳。在保证生产安全前提下，尽量选用库存钢丝绳，以减小成本。

2) 承载索安全系数的检验。若没通过条件，则系统显示未通过信息，可进行调整或重新设计。

3) 多跨索道弯挠角及安全靠贴系数验算。若不满足条件，则显示未通过信息，可进行调整或重新设计。

4) 疑点检测。以随机控制或人为控制的方式进行疑点检测，可判断索道能否越过农田、公路或建筑物等控制点，若不能满足条件，则显示未通过信息，自动返回，重新设计。

5) 工作索及绞盘机的选择。按相应集材方式方法进行工作索的选择计算，并对预选的绞盘机功率进行校核验算。

6) 索道纵断面图绘制。利用 AutoCAD 强大的图形处理能力，采用 VBA（Visual Basic for Application）作为 AutoCAD 的二次开发工具，在 VB 中直接操作 AutoCAD 进行索道纵断面图的绘制、编辑及尺寸标注。

三、系统运行环境及运行特点

1. 系统运行环境

1) 硬件配置。配置 586 以上 CPU 及 32M 以上内存的计算机，彩色显示器，打印机，软盘驱动器，鼠标和键盘等。

2）系统软件。Windows 95 以上操作系统，Microsoft Visual Basic 6.0 解释程序。

2．系统运行特点

（1）简捷高效　数据输入吸收了 VB 6.0 语言的可视化特点，输入界面简洁，更符合输入习惯，如：对于要经常变动的数据放置一组，如索道参数、跑车型号等；对于不是经常要变动的也放置一组，如初选承载索和牵引索的规格参数等，则采用直接赋值的语句进行写入，如果需要更改、系统会自动给出赋值语句提供修改。

（2）自检性强　带有自检功能，自动对各个计算结果按索道设计规范规定进行校核，若不满足条件则自动返回；对输入数据也有检验，若输入数据变动异常，则会出现提示信息。系统支持联机打印功能。

四、系统设计方法

1．从专业角度考虑

将索道设计这个抽象问题具体化，转化为几个比较具体的问题：

1）多跨索道设计计算跨的判断。

2）承载索的选择与验算。

3）敲击法传波往返所需时间、承载索的实际安全系数和耐久性。

4）索道线路侧型设计及其纵断面图绘制。

5）集材方式方法的确定。

6）工作索及绞盘机的选择。

2．从程序设计角度考虑

将整个系统化为若干个解决某一具体问题的相对独立的过程，系统采用窗体界面和代码分开设计写入，再将这些模块封装起来成为一个工程，最后运行即得到索道设计系统。系统设计思路见图 5-6。

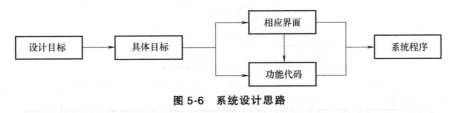

图 5-6　系统设计思路

3．系统组成及关键技术

（1）系统组成　多跨索道设计系统由启动菜单界面（包括新建工程、打开工程，保存工程和系统退出）、索道设计结果界面［相关参数结果输出、无（有）荷挠度结果输出］、文本输出版本界面（文本输出支持打印）、帮助界面（包括版本说明和使用帮助），以及一些信息提示窗口、校核程序模块、功能代码和一些命令按钮等组成。

（2）系统关键技术

1）系统设计思路。对于一个复杂的系统，为简化其设计难度，将系统抽象的问题具体化，根据变量的传递关系，体现各模块间的联系。系统按照结构化分析（Structured Analysis）方法，按照"自顶向下，逐步求精"的原则，确定相应的系统数据流程，在设计阶段把流程图与结构化设计（Structured Design）方法相结合，运用"模块化设计"思想，把系统分为若干功能模块,再把各功能模块按不同功能分为若干个子模块,使系统具有较强的适应性。

2) 系统开发步骤。系统以 Visual Basic 6.0 为开发工具,采用面向对象的编程方法,把面向对象设计方法和结构化程序设计方法相结合,其开发步骤如下:

① 准备工作。开发之前,在考虑到系统要实现抛物线理论多跨索道设计系统的基本技术参数输入,通过计算机计算能输出抛物线理论多跨索道设计系统的数据等功能,分析系统需要使用几个功能模块,每个模块需实现哪些功能、关键问题、使用什么算法等,并构思相应的多跨索道设计流程。

② 创建用户程序界面。新建工程,建立窗体对象,并在各窗体上放置所需控件,对各控件的大小与位置进行调整,使其在窗体上分布美观,有条理。

③ 设置窗体和控件属性。建立系统界面后,就可通过属性窗口来设置各窗体及控件对象的初始属性,如 Name、Caption 等。

④ 编写事件驱动代码。编写各事件过程与通用过程的代码,并进行调试。这是真正实现程序功能的步骤,要不断进行调试、排错。

⑤ 编译。编译成可执行文件,方便用户使用。

⑥ 打包。把系统可执行文件及主要相关文件、文档等打包成可执行的安装程序,方便软件移植和发布。

3) 抛物线理论多跨索道设计系统流程如图 5-7 所示。

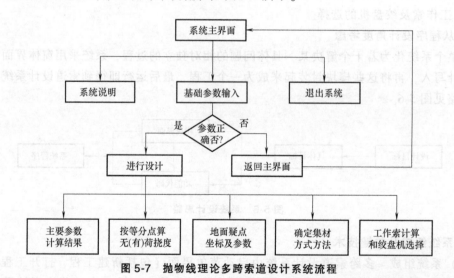

图 5-7 抛物线理论多跨索道设计系统流程

五、设计实例

某伐区架设 1 条 3 跨（$N=3$）的单线三索增力式集材架空索道。已知参数见表 5-3。地面变坡点 $S=9$,测量得地面变坡点坐标见表 5-4。

试选牵引索 13 6×19 NFC 1 570 B ZS,其单位长度重力 $Q_Q=5.93\text{N/m}$,许可破断拉力 $T_{pq}=81500\text{N}$;承载索 28 6×19 NFC 1 670 B ZZ,其单位长度重力 $Q_S=27.5\text{N/m}$,横截面面积 $A=289.95\text{mm}^2$,许可破断拉力 $T_p=402000\text{N}$;弹性模量 $E=1\times10^5\text{MPa}$。木捆重力 $P_1=20000\text{N}$。

初选 K_1 跑车：跑车轮数 $N_0 = 4$ 个，跑车自重 $P_2 = 1450N$，载物钩重 $P_3 = 100N$，鞍座处设置有托索器；初选闽林 821 绞盘机：额定功率为 51.5kW，绞盘机位置低于集材点 73.2m；起重牵引速度 $v = 1.5m/s$。

表 5-3 各跨的弦倾角及跨距

跨号 I	弦倾角 $a(I)/(°)$	跨距 $l_0(I)/m$
1	11.27	404
2	14.18	287
3	10.35	200

表 5-4 变坡点坐标

跨号 I	变坡点数 $N(I)$	地面变坡点坐标 $X_Y(J)、Y_Y(J)/m$
1	4	(0,0);(166,-49);(280,20);(404,70)
2	4	(518.8,32);(576.2,50);(691,148)
3	3	(791,100);(891,184)

初定无荷中挠系数 $S_{0M} = 0.0355$，各跨线形按 $M = 20$ 等分计算；计算跨支点位移量 $D_L = 0.2m$；温差 $D_T = 10℃$。索道下支点坐标（0,0.5）。

要求进行完整的多跨索道设计计算，并绘制索道纵断面图，确定集材方式方法。

计算机输出结果：

应用计算机按抛物线理论，输出该多跨索道计算结果及绘制索道纵断面图（见图 5-8）。

应用计算机按抛物线理论做多跨索道设计

县（市）　　采育场　　工区　　林班　　小班
测　量　　　设　计　　审核　　20　年　月　日

给定条件数据

跨距(m)：　　$l_0(1) = 404$　　$l_0(2) = 287$　　$l_0(3) = 200$

弦倾角(°)：　　$a(1) = 11.27$　　$a(2) = 14.18$　　$a(3) = 10.35$

投产时与安装时最大温差(℃)：$D_T = 10$　　索道下支点坐标：$(X_0, Y_0) = (0, 0.5)$

投产时与安装时支点最大位移(m)：$D_L = 0.2$　　跨距等分数：$M = 20$

无荷中挠系数：$S_{0M} = 0.0355$　　木捆重力(N)：$P_1 = 20000$

跑车重力(N)：$P_2 = 1450$　　跑车轮数(个)：$N_0 = 4$

载物钩重(N)：$P_3 = 100$　　绞盘机低于集材点(m)：$h = -73.2$

牵引索规格参数

单位长度重力(N/m)：$Q_Q = 5.93$　　许可破断拉力(N)：$T_{pq} = 81500$

承载索规格参数

单位长度重力(N/m)：$Q = 27.5$　　横截面面积(mm^2)：$A = 289.95$

许可破断拉力(N)：$T_p = 402000$　　弹性模量(MPa)：$E = 1 \times 10^5$

设计计算结果

无荷中挠系数:	$S_0(1) = 0.0355$	$S_0(2) = 0.0255$	$S_0(3) = 0.0175$
无荷中央挠度(m):	$F_0(1) = 14.342$	$F_0(2) = 7.321$	$F_0(3) = 3.504$
有荷中挠系数:	$S(1) = 0.0408$	$S(2) = 0.0294$	$S(3) = 0.0202$
有荷中央挠度(m):	$F_D(1) = 25.169$	$F_D(2) = 12.876$	$F_D(3) = 6.171$
无荷索长(m):	$L_0(1) = 413.22$	$L_0(2) = 296.47$	$L_0(3) = 203.46$
振动波往返一次所需时间(s):	$S_E(1) = 6.8$	$S_E(2) = 4.9$	$S_E(3) = 3.4$

无荷总索长(m): $L_0 = 913.16$ 有荷总索长(m): $L_1 = 917.09$

无荷最大拉力(N): $T_W = 45278$ 下支点安装张力(N): $T_X = 40079$

无补正有荷水平拉力(N): $T_{max} = 167735$ 无补正有荷最大拉力(N): $T_Q = 177877$

综合补正系数: $\varepsilon = 1.527344$ 有补正有荷最大拉力(N): $T_M = 119186$

承载索实际安全系数: $N_t = 2.26$ 承载索拉力与轮压的比值: $C = 26.12$

弯折角(°): $S_S(1) = -2.91$ 安全靠贴系数: $K_K(1) = 1.05$

弯折角(°): $S_S(2) = 3.83$ 弯挠角正切值(%): $J(2) = 27.33$

第(1)跨

按等分点计算无荷挠度(m): $F_F(1)$

$F_F(0.05) = 2.725$ $F_F(0.1) = 5.163$ $F_F(0.15) = 7.314$ $F_F(0.2) = 9.179$ $F_F(0.25) = 10.757$

$F_F(0.3) = 12.047$ $F_F(0.35) = 13.051$ $F_F(0.4) = 13.768$ $F_F(0.45) = 14.199$ $F_F(0.5) = 14.342$

按等分点计算有荷挠度(m): $F_D(1)$

$F_D(0.05) = 10.153$ $F_D(0.1) = 14.600$ $F_D(0.15) = 17.644$ $F_D(0.2) = 19.916$ $F_D(0.25) = 21.655$

$F_D(0.3) = 22.982$ $F_D(0.35) = 23.963$ $F_D(0.4) = 24.641$ $F_D(0.45) = 25.038$ $F_D(0.5) = 25.169$

第(2)跨

按等分点计算无荷挠度(m): $F_F(2)$

$F_F(0.05) = 1.391$ $F_F(0.1) = 2.636$ $F_F(0.15) = 3.734$ $F_F(0.2) = 4.686$ $F_F(0.25) = 5.491$

$F_F(0.3) = 6.150$ $F_F(0.35) = 6.662$ $F_F(0.4) = 7.029$ $F_F(0.45) = 7.248$ $F_F(0.5) = 7.321$

按等分点计算有荷挠度(m): $F_D(2)$

$F_D(0.05) = 5.362$ $F_D(0.1) = 7.576$ $F_D(0.15) = 9.098$ $F_D(0.2) = 10.236$ $F_D(0.25) = 11.109$

$F_D(0.3) = 11.776$ $F_D(0.35) = 12.269$ $F_D(0.4) = 12.610$ $F_D(0.45) = 12.810$ $F_D(0.5) = 12.876$

第(3)跨

按等分点计算无荷挠度(m): $F_F(3)$

$F_F(0.05) = 0.666$ $F_F(0.1) = 1.261$ $F_F(0.15) = 1.787$ $F_F(0.2) = 2.243$ $F_F(0.25) = 2.628$

$F_F(0.3) = 2.943$ $F_F(0.35) = 3.189$ $F_F(0.4) = 3.364$ $F_F(0.45) = 3.469$ $F_F(0.5) = 3.504$

按等分点计算有荷挠度(m): $F_D(3)$

$F_D(0.05) = 2.626$ $F_D(0.1) = 3.665$ $F_D(0.15) = 4.383$ $F_D(0.2) = 4.921$ $F_D(0.25) = 5.334$

$F_D(0.3) = 5.650$ $F_D(0.35) = 5.883$ $F_D(0.4) = 6.045$ $F_D(0.45) = 6.140$ $F_D(0.5) = 6.171$

地面疑点坐标

水平距离(m): $X_Y = 691$ 垂直距离(m): $Y_Y = 148$

	疑点参数计算
有荷挠度(m): $F_Y = 0$	疑点至有荷线形垂直距离(m): $H_Y = 5.523$
	集材方式方法
	采用半悬空伐倒木索道集材。
	工作索计算与绞盘机选择
起重索最大拉力(N): $T_2 = 12502$	起重索实际安全系数: $N_2 = 6.52$
牵引索最大拉力(N): $T_3 = 10295$	牵引索实际安全系数: $N_3 = 7.92$
设计荷载(N): $P = 27244$	绞盘机所需实际功率(kW): $N_X = 32.06$

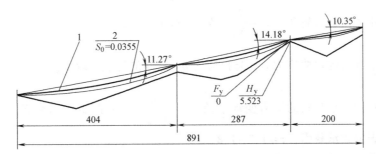

图 5-8　多跨索道纵断面设计（单位：m）

1—索道各跨无荷线形 $F_F(J)$　　2—各跨有荷线形 $F_D(J)$

注：斜直线为各跨索道弦线，折线为索道的地面纵断面线。

第三节　有荷参数控制的抛物线理论多跨索道设计

欧洲国家与我国北方习惯以有荷参数控制的抛物线理论单跨或多跨索道设计。本书在完善和充实杜氏抛物线理论（见文献 [11]）的基础上，系统地提出了有荷参数控制的抛物线理论多跨索道设计方法。有荷中挠系数 S：推荐值为 [0.04, 0.06]，极限值为 $S \leq 0.08$。

一、系统数学模型

1. 设计计算跨的确定

按表 5-2 确定设计计算跨。

2. 承载索的拉力计算

（1）计算破断拉力 T_{pj}　林用集材索道，一般按挠度条件计算承载索的破断拉力 T_{pj}，来确定承载索规格。

$$T_{pj} = \frac{2PR_L \cos\beta}{8S_M \left(\dfrac{R_L}{N_T} - H_F \right) \cos^2\beta - L_M} \tag{5-66}$$

式中　P——设计荷载；

$\quad\quad R_L$——钢丝绳破断长度，双绕钢丝绳破断长度（m）经验值按 $R_L = 9\sigma_B$ 计算，σ_B 为钢丝的极限强度值（MPa），$\sigma_B = 1570 \sim 1960$；

N_T——安全系数，$N_T = 2 \sim 3$；

β——计算跨的弦倾角；

L_M——计算跨的水平距离；

S_M——计算跨的有荷中挠系数，当跑车位于计算跨跨中时，一般控制为 $0.04 \sim 0.06$，最大不超过 0.08；

H_F——从挠度控制点到山上的全线路最高点（或端点）间高差。

运材索道，常按寿命条件计算承载索的破断拉力 T_{pj}

$$T_{pj} = \frac{V_1}{E_B}\sqrt{\tau^3}\sqrt{\frac{E_S}{\sigma_B}N_t^3} \tag{5-67}$$

式中　V_1——跑车的最大轮压，$V_1 = \frac{P}{N_A}$，N_A 为跑车轮数；

E_B——承载索的弯曲应力 σ_W 与拉应力 σ_L 之间的比值，取 $E_B = \frac{\sigma_W}{\sigma_L} = 0.6 \sim 0.7$；

τ——有荷时承载索的拉力变动系数，$\tau = \frac{T_M}{T_{min}}$，具有配重的承载索，$\tau = 1.25$，两端固定式承载索，$\tau = 1.3 \sim 1.8$；

E_S——承载索的弹性模量。

当算出 T_{pj} 后，按《钢丝绳通用技术条件》（GB/T 20118—2017）选用钢丝绳规格，查出其单位长度重力 Q 及钢索横截面面积 F，按 σ_B 值查出钢丝绳的许可破断拉力 T_p，应满足条件：$T_{pj} \leq T_p$。

（2）线路上承载索允许最大拉力 T_M

$$T_M = \frac{T_p}{N_t} \tag{5-68}$$

（3）线路上承载索最大允许平均拉力 T_1

$$T_1 = T_M - \frac{QH}{2} \tag{5-69}$$

式中　H——索道全线路高差，单跨等高支点 $H = S_M L_M$。

（4）计算平均安装拉力 T_0　平均安装拉力位于索道全线路的 $\frac{H}{2}$ 处，计算式为

$$T_0^3 - T_0^2\left[T_1 - \frac{E_S F A_1}{L T_1^2} \pm \varepsilon T_A E_S F\right] = \frac{E_S F A_0}{L} \tag{5-70}$$

$$A_0 = \sum_{i=1}^{N} \frac{Q^2 L_i^3}{24\cos^3\beta_i}$$

$$A_1 = A_0 + \frac{L_M P}{8\cos^2\beta}\left(P + \frac{QL_M}{\cos\beta}\right)$$

$$L = \sum_{i=1}^{N} \frac{L_i}{\cos\beta_i}$$

式中　A_0——无荷状态下，全线路各跨距的无荷重因数总和；

L_i、β_i——水平距离与弦倾角，$I=1,2,\cdots,N$，N 为跨数；

A_1——有荷状态下，跑车位于计算跨跨中时，全线路最大荷重因数；

L——全线路各跨弦长的总和；

ε——承载索用钢丝绳的线膨胀系数，$\varepsilon=1.1\times10^{-5}\,°C^{-1}$；

T_A——投产时与安装时的最大温差（℃），较安装时增温为正号，减温为负号。

（5）线路最低支点安装拉力 T_Z 的计算

$$T_Z = T_0 - \frac{1}{2}QH \tag{5-71}$$

若单跨等高支点，T_Z 为跨中安装张力。

（6）不考虑支点位移，有荷时承载索平均拉力 T_X 的计算

$$T_X^3 + T_X^2\left[\frac{E_S F A_0}{L T_0^2} \pm \varepsilon T_A E_S F - T_0\right] = \frac{E_S F A_1}{L} \tag{5-72}$$

此时，求出 T_X 与 T_1 应等值或近似等值。

（7）不考虑支点位移，有荷时承载索最大拉力 T_N 的计算

$$T_N = T_X + \frac{1}{2}QH \tag{5-73}$$

此时，求出 T_N 与 T_M 应等值或近似等值。

（8）考虑支点位移，有荷时承载索拉力计算 两端固定式集材索道采用立木支架及树根锚桩时，在有荷情况下支点产生较大的位移，引起承载索弹性模量 E_S 的减小。承载索拉力计算时，须将式（5-70）及式（5-72）中的 E_S 置换成 E_φ，计算式为

$$E_\varphi = \frac{E_S}{1+\dfrac{E_S A_Y}{L\sigma_L}} \tag{5-74}$$

式中 E_φ——换算弹性模量；

A_Y——从安装完毕到正常投产，承载索起、终点的立木支点的最大位移总量；

σ_L——承载索锚接处的最大拉应力，$\sigma_L = \dfrac{T_N}{F}$。

式（5-74）代入式（5-70）（T_0 改为 T_Q）得 T_Q 为考虑支点位移承载索平均安装拉力；式（5-74）代入式（5-72）（T_X 改为 T_S）得 T_S 为考虑支点位移承载索有荷平均拉力。此时，求出 $T_Q \neq T_0$，而 T_S 与 T_1 应等值或近似等值。

（9）无荷水平拉力 H_0

$$\begin{cases} H_0 = T_0 \cos X_C \\ X_C = \dfrac{\sum\limits_{i=1}^{N}\beta_i L_i}{\sum\limits_{i=1}^{N} L_i} \end{cases} \tag{5-75}$$

式中 X_C——承载索平均弦倾角。

若单跨等高支点，则 $H_0 = T_Z$。

(10) 承载索最大允许水平拉力 H_T

$$H_T = T_1 \cos X_C \tag{5-76}$$

若单跨等高支点，则 $H_T = T_1 - \frac{1}{2} QS_M L_M$。

3. 索道线路侧型设计

多跨架空索道各跨弦倾角 β_i 自左至右仰角为正值，俯角为负值代入下述弯折角、弯挠角、安全靠贴系数公式计算。单跨架空索道不必计算式（5-77）~式（5-82）。

(1) 各支点弯折角 $Z(I)$ 的计算

$$Z(I) = \beta_i - \beta_{i+1} \tag{5-77}$$

当 $Z(I) > 0$ 时，该支点为凸形，只需检查该支点的弯挠角，荐用 $\tan Z(I) \leq 5\% \sim 8\%$；当 $Z(I) \leq 0$ 时，该支点为凹形，只需检查该支点的安全靠贴系数。

(2) 凸形支点的弯挠角正切值 $J(I)$ 的验算

$$J(I) = \left[(\tan\beta_i - \tan\beta_{i+1}) + \frac{50}{H_T} Q \frac{L_i + L_{i+1}}{\cos \frac{\beta_i + \beta_{i+1}}{2}} \right] + 100 \frac{P}{H_T} (1 + Z_Z + Z_Y) \tag{5-78}$$

式中 Z_Z、Z_Y——某支点左、右跨距内荷载分布系数。

弯挠角的正切值荐用 $J(I) \leq 31\%$，否则应降低鞍座高度。

荷载分布系数的计算：

集材索道，只 1 个跑车运行在线路上，即跑车数 $b=1$，则 $Z_Z = Z_Y = 0$。

运材索道，当跨距中出现跑车数 $b<3$ 时

$$Z_Z = Z_Y = (b-1)\left(1 - 0.5b \frac{a}{l_0} \cos\alpha\right) \tag{5-79}$$

当 $b>3$ 时

$$Z_Z = Z_Y = 0.5\left(\frac{1}{a\cos\alpha} - 1\right) \tag{5-80}$$

式中 a——跑车间距；

l_0——跑车所在跨距；

α——跑车所在跨距的弦倾角。

(3) 凹形支点安全靠贴系数 $K(I)$

$$K(I) = \frac{Q\left(\dfrac{L_i}{\cos\beta_i} + \dfrac{L_{i+1}}{\cos\beta_{i+1}}\right)}{2T'_M(\sin\beta_{i+1} - \sin\beta_i)} \tag{5-81}$$

式中 $K(I)$——靠贴系数，不计风力作用时，K 值不得小于 1.20，考虑风力时，K 值不得小于 1.05，否则应采取增高该鞍座或降低承载索的安装拉力等措施；

T'_M——被检查的凹陷支点［即弯折角 $Z(I)$ 为负值］的相邻跨距中均无跑车情况下，该支点承载索无荷最大拉力。

(4) 升角的验算 集材索道一般将重载跑车下坡运行到最大跨距的低支点附近处，作为最大下坡升角的验算位置。最大下坡升角是保证跑车顺利通过低支点鞍座的重要参数。

$$T_W = \tan\beta \pm \frac{L_M}{2H_T}\left(\frac{Q}{\cos\beta}+\frac{P}{L_M}\right) \tag{5-82}$$

式中 T_W——平均升角的正切值，认为上坡与下坡均相等。

跑车向高支点运行取正号，向低支点运行取负号。T_W 值为负是正常的，说明下坡有利于通过低支点；T_W 值为正的，说明有可能将低支点再向低调整，调到 T_W 为负值时较好。

（5）承载索安全系数的验算

$$N_E = \frac{T_S C_T}{T_N} = \frac{T_P}{T_N} \geq N_t \tag{5-83}$$

式中 T_S——钢丝绳钢丝的破断拉力总和；

C_T——钢丝绳破断拉力降低系数；

T_P——所选钢丝绳的破断拉力；

N_t——许可安全系数，N_t 设计时荐用：集材索道 $N_t \geq 2.5$，运材索道 $N_t \geq 3$；临时性索道 $N_t \geq 2$（见文献 [19]）。

如 N_E 值不符合要求，应采取降低安装拉力，增大承载索直径或减小载量等措施。

（6）承载索的寿命 E_B 验算 危险区段的承载索寿命条件按下式验算

$$\begin{cases} E_B = \dfrac{\sigma_W}{\sigma_L} \leq 0.6 \sim 0.7 \\ \sigma_W = \dfrac{V_1}{F}\sqrt{\dfrac{E_S}{\sigma_L}} \\ \sigma_L = \dfrac{T_1}{F} \end{cases} \tag{5-84}$$

式中 σ_W——承载索的弯曲应力；

σ_L——承载索的拉应力。

若算得 E_B 不符合要求，应采取减少跑车轮压 V_1 值或增加承载索拉应力 σ_L 值等措施。

（7）求中央挠度和中挠系数计算

1）各跨的无荷中央挠度 $F_0(I)$ 和无荷中挠系数 $S_0(I)$

$$F_0(I) = \frac{QL_i^2}{8H_0\cos\beta_i} \tag{5-85}$$

$$S_0(I) = \frac{F_0(I)}{L_i} \tag{5-86}$$

2）各跨的有荷中央挠度 $F(I)$ 和有荷中挠系数 $S(I)$

$$F(I) = \frac{L_i^2}{8H_T}\left(\frac{Q}{\cos\beta_i}+\frac{2P}{L_i}\right) \tag{5-87}$$

$$S(I) = \frac{F(I)}{L_i} \tag{5-88}$$

（8）振动波往返一次所需的时间 $S_E(I)$ 计算

$$S_E(I) = \sqrt{\frac{S_0(I)L(I)}{0.306}} \tag{5-89}$$

(9) 索长计算

1) 各跨的无荷索长 $L_W(I)$

$$L_W(I) = \frac{L_i}{\cos\beta_i} + \frac{Q^2 L_i^3}{24 H_T^2 \cos^2\beta_i} \tag{5-90}$$

2) 各跨的有荷索长 $L_P(I)$

$$L_P(I) = \frac{L_i}{\cos\beta_i} + \frac{Q^2 L_i^3}{24 H_T^2 \cos^2\beta_i} + \frac{PL_i}{8H_T^2}\left(\frac{QL_i}{\cos\beta_i} + P\right) \tag{5-91}$$

(10) 线形计算

1) 无荷线形计算

$$F_K(J) = 4\frac{X}{L_i}\left(1-\frac{X}{L_i}\right)F_0(I) = 4X_{ij}(1-X_{ij})F_0(I) = A_{ij}F_0(I) \tag{5-92}$$

式中 X_{ij}——距离系数,各跨按水平距离分成若干等分,常为 10 等分 ($X_{ij} = \frac{X}{L_i} = 0.1, 0.2, \cdots,$

1.0) 或 20 等分 ($\frac{X}{L_i} = 0.05, 0.1, \cdots, 1.0$);

$F_K(J)$——无荷悬索挠度。

2) 有荷线形计算

$$F_X(J) = 4\frac{X}{L_i}\left(1-\frac{X}{L_i}\right)F(I) = 4X_{ij}(1-X_{ij})F(I) = A_{ij}F(I) \tag{5-93}$$

式中 $F_X(J)$——有荷悬索挠度。

(11) 求地面变坡点与有荷悬索的垂直距离 $H_Y(J)$ 以索道第 1 跨下支点(即山下起点)的地面坐标为原点建立直角坐标系,地面变坡点至索道下支点的水平距离 $X_Y(J)$ 为正值,变坡点与索道下支点的地面点高程之差 $Y_Y(J)$ 的正负号由此而定,J 为 1, 2, 3, $\cdots$, S,其 S 为变坡点总数(包括索道起、终点在内)。则 $H_Y(J)$ 为

$$H_Y(J) = Y(I-1) - Y_Y(J) + [X_Y(J) - X(I-1)]\tan\beta_i - F_Y(J) - FF(I_0) \tag{5-94}$$

$$FF(I_0) = \frac{q_D L_D^2}{8T_D \cos X_D} + \frac{PL_D}{8T_D \cos X_D} + \frac{QL_D(L_i + L_{i+1})}{8T_D \cos X_D \cos\frac{\beta_i + \beta_{i+1}}{2}}$$

$$T_D = \frac{P_D}{N_t}; \quad P_D = \frac{2PR_L \cos X_D}{8S_D\left(\frac{R_L}{N_t} - H_D\right)\cos^2 X_D - L_D}$$

式中 $F_Y(J)$——地面变坡点处悬索的有荷挠度;
$X_Y(J)$、$Y_Y(J)$——变坡点的 X、Y 坐标;
$X(I-1)$——索道各支点至索道下支点的水平距离;
$Y(I-1)$——索道各支点至索道下支点的地面坐标高程之差。
$FF(I_0)$——由鞍座吊索挠度影响的附加挠度;
q_D——鞍座吊索的单位长度重力;
L_D——鞍座吊索两支架水平距离;

X_D——鞍座吊索跨距的弦倾角;

T_D——鞍座吊索拉力;

P_D——鞍座吊索破断拉力;

S_D——鞍座吊索的有荷中挠系数,常取 $S_D \geq 0.1$;

H_D——鞍座吊索两支架高差。

后备高度 $C_1(\mathrm{m})$,即木捆最低点至地面净空高为

$$C_1 = H_Y - 有荷悬索线形至木捆最低点高度$$

上述侧型设计中的 $J(I)$ 或 $K(I)$ 及后备高度 C_1 不满足要求时,除开挖地面疑点外,不论采取何种措施,只要数据一有更动,就得重新进行设计计算。

4. 确定集材方式方法

按表 5-1 确定集材方式方法。

5. 集材索道的牵引计算

(1) 全悬式集材索道的牵引计算

1) 起升木材时牵引索拉力 P_Q

$$P_Q = (1 + W_H C_1)(P_2 - P_3 K_1 \sin X_C) \tag{5-95}$$

$$P_3 = q_1 L_1 K_1$$

式中 W_H——滑轮阻力系数,通常 $W_H = 0.03$;

C_1——牵引索绕过的滑轮数;

P_2——木材重力;

P_3——作用在跑车上的工作索重力;

L_1——牵引索长度,它近似等于线路(弦长)总长度,$L_1 \approx L$;

q_1——牵引索单位长度重力;

K_1——牵引索悬空长度系数,当线路长度在 500m 以上时,$K_1 = 0.3 \sim 0.6$。

2) 木材悬空运行时牵引索拉力 P_X

$$P_X = [(P_1 + P_2 + K_1 P_3)(K\cos X_C - \sin X_C)](1 + W_H C_1) + P_G \tag{5-96}$$

$$K = \frac{\mu_1 r_1}{R_1} + \frac{\mu_0}{R_1}$$

$$P_G = \frac{(P_1 + P_2 + K P_3) V_0}{T_S g}$$

式中 P_1——跑车重力;

K——跑车运行阻力系数;

μ_1——跑车滚动轴承的摩擦系数,$\mu_1 = 0.010 \sim 0.015$;

$\dfrac{r_1}{R_1}$——轴承半径 r_1 与车轮半径 R_1 的比值,$\dfrac{r_1}{R_1} = \dfrac{1}{9} \sim \dfrac{1}{6}$;

μ_0——车轮滚动摩擦系数,$\mu_0 = 0.5 \sim 0.6$mm;

P_G——跑车起动时惯性力;

g——重力加速度,$g = 9.81 \mathrm{m/s^2}$;

V_0——牵引索运行速度;

T_S——牵引索加速或减速时间，$T_S = 3 \sim 4 \mathrm{s}$。

3）重载跑车下滑时，靠近回空卷筒的回空索拉力 P_H

$$P_H = \left[P_2 \left(\frac{A_H}{B_1} + A_F \right) (\sin X_C - K \cos X_C) - L_2 q_2 (\sin Y - W_2 \cos Y) \right] (1 + W_H C_2) \quad (5\text{-}97)$$

式中 A_H——木材对承载索的荷重系数，全悬时 $A_H = 1$，小头半悬时 $A_H = 1/3$，大头半悬时 $A_H = 2/3$；

B_1——跑车增力倍数，增力式跑车 $B_1 = 2$，GS_3 跑车 $B_1 = 3.75$；

A_F——工作索的悬空部分对承载索附加荷重系数，当索道长度在 500m 以下时，$A_F = 1.05$，索道长度为 $500 \sim 1000$m 时，$A_F = 1.1$；

L_2——回空索的计算长度（m），它近似等于线路长度，$L_2 \approx L$；

q_2——回空索单位长度重力；

Y——地面平均坡度；

C_2——回空索绕过的滑轮数；

W_2——索在地面的运行阻力系数，一般 $W_2 = 0.4 \sim 0.6$，索悬空时 $W_2 = 0$。

4）跑车回空时，靠近回空卷筒的回空索拉力 P_{H_1}

$$P_{H_1} = \{ [P_{K_1} + q_2 (L - L_3) K_2 \sin X_C] (1 + W_H C_2) - q_2 L_2 (\sin Y - W_2 \cos Y) \} (1 + W_H C_2) \quad (5\text{-}98)$$

$$P_{K_1} = [P_J + (P_1 + q_1 L_1 K_1)(\sin X_C - K \cos X_C)](1 + W_H C_1)$$

$$P_J = \frac{\mu_2 d_J}{d_Q} G_J$$

式中 P_{K_1}——跑车回空时，牵引跑车运行、牵引起重索绕过滑轮及从卷筒抽索等克服的阻力；

L_3——从牵引起重卷筒到停车落钩处的牵引起重索长度；

P_J——卷筒轴承阻力；

d_J——卷筒轴径；

d_Q——卷筒直径；

G_J——卷筒及卷筒容纳钢丝绳重力；

μ_2——轴承摩擦系数，滚动轴承 $\mu_2 = 0.03$，滑动轴承 $\mu_2 = 0.10 \sim 0.15$；

K_2——回空索的悬空长度系数。

（2）增力式集材索道的回空索拉力计算 跑车回空时，靠近回空卷筒处的回空索拉力 P_{H_2}，计算式为

$$P_{H_2} = \{ [P_{K_2} + q_2 (L - L_3) K_2 \sin X_C] (1 + W_H C_2) - q_2 L_2 (\sin Y - W_2 \cos Y) \} (1 + W_H C_2) \quad (5\text{-}99)$$

$$P_{K_2} = [P_1 + q_2 (L - L_3) K_2 + q_1 K_1 L_1](\sin X_C + K \cos X_C) + q_1 L_1 K_1 (1 + W_H C_1)$$

式中 P_{K_2}——跑车回空时，牵引跑车运行、牵引起重索绕过滑轮及从卷筒抽索等克服的阻力。

（3）半悬式集材索道的牵引索拉力计算 半悬增力式集材索道在等速运行条件下，牵引索拉力 P_B，计算式为

$$P_B = P_2 \left[\frac{A_H K_S}{B_1} + A_F (K \cos C - \sin C) \right] (1 + W_H C_1) + (1 - K_1) L \left(\frac{q_1 + q_2}{2} \right) (W_2 \cos Y - \sin Y) +$$

$$\frac{1-A_H}{B_1}P_2(W_1\cos Y-\sin Y)+q_2L_2(W_2\cos Y+\sin Y)(1+W_HC_2) \tag{5-100}$$

式中 K_S——跑车受力系数，全悬式索道 $K_S=1$，如带起重索卡的跑车并为半悬式索道 $K_S=2\sin\left(\dfrac{\phi}{2}\right)$，$\phi$ 为木捆吊索与回空索的夹角；

W_1——原条在地面运行阻力系数，$W_1=0.5\sim0.7$。

如考虑起动时，式（5-100）应加上惯性力 P_G，$P_G=\dfrac{(P_1+P_2+q_1L_1+q_2L_2)v_0}{T_Sg}$。

(4) 循环式集材索道的牵引索计算

1) 循环牵引索在运行中的阻力 P_C

$$P_C=P_Z+P_Y+P_G \tag{5-101}$$

$$P_Z=\left(\frac{P_1+P_2}{a}+q_1\right)H_1-\left(\frac{P_1}{a}+q_1\right)H_1=\frac{P_2}{a}H_1$$

$$P_Y=\left(\frac{2P_1+P_2}{a}+2q_1\right)K\sum_{i=1}^{N}L_i$$

$$P_G=\frac{v_0}{gT_S}\left(\frac{2P_1+P_2}{a}+2q_1\right)L$$

式中 P_Z——跑车及牵引索的重力分力；

a——跑车间距；

H_1——支架高差；

q_1——循环牵引索单位长度重力；

P_Y——跑车及牵引索的运行阻力；

P_G——惯性阻力。

2) 循环牵引索的张紧力（配重）G 计算。循环牵引索的张紧位置，一般布置在山下绞盘机摩擦卷筒的空车边附近，张紧力 G 为

$$G=2P_0 \tag{5-102}$$

$$P_M=P_0+P_C \tag{5-103}$$

$$P_0=\frac{P_C}{e^{\mu X_V}-1}K_B \tag{5-104}$$

$$P_0=(200\sim300)q_1 \tag{5-105}$$

式中 P_0——卷筒出索拉力（松边最小拉力），按索不打滑条件计算式为式（5-104），或按挠度条件的经验公式为式（5-105）；

P_M——循环牵引索的最大拉力（紧边）；

K_B——不打滑条件系数，$K_B=1.2$；

μ——牵引索与卷筒间的附着系数，一般 $\mu=0.1$；

X_V——牵引索在摩擦卷筒上的包角。

6. 工作索及绞盘机选择

(1) 工作索的选择　不同类型索道的工作索拉力确定后，工作索规格按下式确定

$$P_p = P_M N_G \leqslant T_p \tag{5-106}$$

式中 P_p——工作索的计算破断拉力;

P_M——工作索最大拉力,如为全悬式,则在起升木材 P_Q 与重载运行 P_X 中取较大者;

N_G——工作索的安全系数,集材索道 $N_G = 2 \sim 3$,运材索道 $N_G = 2 \sim 4$,循环牵引索道 $N_G = 3 \sim 4$;

T_p——所选钢丝绳的破断拉力,$T_p = [P_S] C_T$,$[P_S]$ 为所选工作索钢丝的许可破断拉力。

(2) 绞盘机功率的计算

1) 缠卷式卷筒绞盘机功率的计算。缠卷式卷筒,适于集材距离短,一般在 300~500m;集材距离变化范围超过 20%;经常转移的集材索道。其绞盘机功率 N_C 验算式为

$$N_C \approx \frac{(P_{J1} + P_J) v_0}{I_D} \tag{5-107}$$

$$P_{J1} = P_Z + P_Y + P_H + P_T$$

式中 P_{J1}——工作索的最大静拉力;

P_Z——跑车与牵引索的重力分力,开式牵引时 $P_Z = (q_1 L + P) \sin X_M$,$X_M$ 为承载索最大弦倾角,闭式牵引时 $P_Z = \pm \left(\dfrac{P}{a} + q_1 \right) H$,$H$ 为全线路总高差,式中正号为上坡运行,负号为下坡运行;

P_Y——跑车运行阻力,开式牵引时 $P_Y = (q_1 L + P) K \cos X_C$,闭式牵引时 $P_Y = \left(\dfrac{P}{a} + q_1 \right) K \sum_{i=1}^{N} L_i$;

P_H——牵引索绕过滑轮阻力,$P_H = W_H P_M$;

P_T——凸起侧型的运行阻力,$P_T = 2 P_M \sin \dfrac{X_C}{2}$;

I_D——总传动效率,一般 $I_D = 0.7 \sim 0.8$。

2) 摩擦式卷筒绞盘机功率的计算。摩擦式卷筒,适于集材距离长(一般在 500~800m 以上),线路坡度在 25°以上或 10°以下,封闭形循环牵引的集材索道。其绞盘机功率 N_M 验算式为

$$N_M \approx \frac{P_C + P_J}{I_D} v_0 \tag{5-108}$$

(3) 绞盘机卷筒的验算

1) 缠卷式主卷筒容绳量 L_S

$$L_S = L + L_H + L_Q \tag{5-109}$$

式中 L_H——索道横向集材距离;

L_Q——后备长度,一般 $L_Q = 30 \text{m}$。

2) 摩擦式卷筒缠绕圈数的验算。鼓形摩擦卷筒缠绕圈数 Z_S

$$Z_S = \frac{\lg P_M - \lg P_0}{2 \pi \mu \lg e} = \frac{\ln P_M - \ln P_0}{2 \pi \mu} \tag{5-110}$$

多环槽形摩擦卷筒是由带槽的驱动卷筒与从动卷筒构成，钢丝绳可平行或"8"字形缠绕，摩擦力后者大于前者，耐久性前者优于后者。钢丝绳缠绕圈数 Z_S 按式（5-110）验算，为保持钢丝绳的耐久性，一般 $Z_S \leq 3$。这时，钢丝绳的安装拉力 P_0 的计算式为

$$P_0 = \frac{P_M - P_0 e^{\mu X_V}}{e^{\mu X_V} - 1} \tag{5-111}$$

式中　　X_V——工作索在卷筒上的包角，平行绕一圈的包角值为 π，"8"字形绕一圈包角值为 1.5π。

二、系统功能

1）承载索的选择。在已有库存钢丝绳的情况下，优先选定库存承载索，根据其规格参数计算出其许可的最大设计荷载。在无库存承载索的情况下，根据给定的设计荷载，计算出承载索的计算破断拉力 T_p，为承载索的选择提供依据。

2）承载索的寿命验算和安全系数的检验。

3）多跨索道的弯挠角、安全靠贴系数和升角的验算，以确保索道线路平顺，跑车运行平稳。

4）疑点检测。以随机控制或人为控制的方式进行疑点检测，判断索道能否越过农田、公路、建筑物等控制点。

上述的检验、验算、检测，若不满足条件，则显示未通过信息，自动返回，重新设计。

5）自动确定集材方式方法。

6）工作索及绞盘机的选择。按照相应的集材方式方法进行工作索的选择计算，并为绞盘机的选择提供有关参数，如绞盘机功率、卷筒容绳量等。

7）索道纵断面图的绘制。自动绘制索道纵断面图，并能根据需要将图幅适当放大或缩小。

三、系统关键技术

1）将多跨索道设计转化为计算跨设计的思路，再通过控制计算跨有荷中挠系数进行设计计算。

2）抽象问题具体化的解题思路。将索道设计这个抽象问题转化成几个相对独立的具体问题，以便各个击破，思路清晰。

3）程序模块化设计思路。程序模块化设计可为今后系统进一步完善和发展创造了有利条件。

4）系统计算从挠度控制点到全线路最高点（或端点）间高差 H_F 时，采用纵坐标相减法，适合任何线形的索道。

5）对于多跨索道，绘制有荷线形时，考虑到鞍座吊索的弹性伸长，引起鞍座点的下沉，采用先定鞍座点再画线的方法进行，因此较为合理。

四、系统实例

某伐区架设一条 3 跨（$N=3$）单线 3 索集材架空索道。已知参数为

第1跨：$X(1)=11.27°$；$L(1)=404m$。

第2跨：$X(2)=14.18°$；$L(2)=287m$。

第3跨：$X(3)=10.35°$；$L(3)=200m$。

试选择双绕钢丝绳：承载索 6×19-28-170，其 $V=1700MPa$，$F=289.95mm^2$，$Q=27.4N/m$，$T_S=492500N$，$E_S=1×10^5MPa$；牵引索 6×19-12.5-155，其 $Q_1=5.412N/m$，$P_S=88700N$；回空索 6×19-11-155，其 $Q_2=4.144N/m$；钢索破断拉力降低系数 $C_T=0.85$；鞍座吊索 6×19-23-170，其 $Q_D=19.03N/m$，两支架高差与水平距离分别为 $H_D=2m$、$L_D=15m$，弦倾角 $X_D=8°$，有荷中挠系数 $S_D=0.1$。

初选 K_3-1 跑车，跑车轮数 $N_A=4$，车轮半径 $R_1=100mm$，增力倍率 $B_1=2$，跑车重 $P_1=1800N$；木捆重 $P_2=24000N$，$P=30000N$。

初选有荷中挠系数 $S_M=0.06$，各跨线形按 $M=10$ 等分绘制，安全系数 $N_t=2.5$，承载索起终点固定，索道下支点坐标（0，0.5），支点位移总量 $A_Y=0.2m$，不计温差 $T_A=0℃$。

地面变坡点数 $S=9$，测得变坡点坐标（m）：（0，0）；（166，-49）；（280，20）；（404，70）；（518.8，32）；（576.2，50）；（691，148）；（791，100）；（891，184）。

初选闽林 821 型绞盘机，卷筒轴径 $D_J=70mm$，卷筒直径 $D_Q=240mm$，卷筒及其容纳钢丝绳重量 $G_J=3500N$，牵引索运行速度 $v_0=4m/s$，木捆大头半悬 $A_H=0.667$，$A_F=1.1$；地面平均坡度 $Y=25°$。

要求对该索道进行完整的设计计算，确定集材方式方法，对工作索及绞盘机进行计算选择，绘制索道纵断面图。

计算机输出结果：

应用计算机以有荷参数控制设计计算，输出该索道计算结果及绘制索道纵断面图（见图 5-9）。

应用计算机按有荷参数控制做多跨索道设计	
县（市）　　采育场　　工区　　林班　　小班	
测量　　　设计　　　审核　　　20　年　月　日	
给定条件数据	
计算跨跨距(m)：$L_M=404$	计算跨弦倾角(°)：$X_M=11.27$
有荷中挠系数：$S_M=0.06$	承载索弹性模量(MPa)：$E_S=100000$
索道下支点高程(m)：$Y_0=0.5$	跑车轮数：$N_A=4$
投产时与安装时最大温差(℃)：$T_A=0$	跨数：$N=3$
投产时与安装时最大位移(m)：$A_Y=0.2$	跨距等分数：$M=10$
初选承载索安全系数：$N_t=2.5$	设计荷载(N)：$P=30000$
木捆最低点至地面净空高(m)：$C_1=0.5$	承载索极限强度(MPa)：$V=1700$
承载索规格参数	
钢丝的破断拉力(N)：$T_S=492500$	横截面面积(mm^2)：$F=289.95$
单位长度重力(N/m)：$Q=27.4$	破断拉力降低系数：$C_T=0.85$

设计计算结果
一、承载索拉力计算

最大允许平均拉力(N): $T = 151215$　　　最大允许水平拉力(N): $H_T = 147910$

平均安装拉力(N): $T_0 = 74751$　　　下支点安装拉力(N): $T_Z = 72154$

有载承载索最大拉力(N): $T_N = 153812$　　　支点位移承载索平均安装拉力: $T_Q = 76835$

承载索实际安全系数: $N_E = 2.7$　　　危险区段承载索寿命条件: $E_B = 0.67$

二、侧型设计及验算

弯折角(rad): $Z(1) = -0.05$　　　安全靠贴系数: $K(1) = 1.27$

弯折角(rad): $Z(2) = 0.07$　　　弯挠角正切值(%): $J(2) = 24.97$

平均升角正切值: $T_W = 0.06$

跨号: $l = 1$

无荷中央挠度(m): $F_0(1) = 7.796$　　　无荷中挠系数: $S_0(1) = 0.0193$

有荷中央挠度(m): $F(1) = 24.339$　　　有荷中挠系数: $S(1) = 0.0602$

无荷索长(m): $L_W(1) = 412.34$　　　有荷索长(m): $L_P(1) = 414.9$

振动波往返一次所需时间(s): $S_E(1) = 5.0$

按等分点计算无荷挠度(m): $F_K(1)$

$F_K(0.1) = 2.807$　　$F_K(0.2) = 4.989$　　$F_K(0.3) = 6.549$　　$F_K(0.4) = 7.484$　　$F_K(0.5) = 7.796$

按等分点计算有荷挠度(m): $F_X(1)$

$F_X(0.1) = 8.762$　　$F_X(0.2) = 15.577$　　$F_X(0.3) = 20.445$　　$F_X(0.4) = 23.365$　　$F_X(0.5) = 24.339$

跨号: $l = 2$

无荷中央挠度(m): $F_0(2) = 3.98$　　　无荷中挠系数: $S_0(2) = 0.0139$

有荷中央挠度(m): $F(2) = 16.52$　　　有荷中挠系数: $S(2) = 0.0576$

无荷索长(m): $L_W(2) = 296.17$　　　有荷索长(m): $L_P(2) = 297.93$

振动波往返一次所需时间(s): $S_E(2) = 3.6$

按等分点计算无荷挠度(m): $F_K(2)$

$F_K(0.1) = 1.433$　　$F_K(0.2) = 2.547$　　$F_K(0.3) = 3.343$　　$F_K(0.4) = 3.821$　　$F_K(0.5) = 3.980$

按等分点计算有荷挠度(m): $F_X(2)$

$F_X(0.1) = 5.947$　　$F_X(0.2) = 10.573$　　$F_X(0.3) = 13.877$　　$F_X(0.4) = 15.859$　　$F_X(0.5) = 16.520$

跨号: $l = 3$

无荷中央挠度(m): $F_0(3) = 1.905$　　　无荷中挠系数: $S_0(3) = 0.0095$

有荷中央挠度(m): $F(3) = 11.083$　　　有荷中挠系数: $S(3) = 0.0554$

无荷索长(m): $L_W(3) = 203.36$　　　有荷索长(m): $L_P(3) = 204.54$

振动波往返一次所需时间(s): $S_E(3) = 2.5$

按等分点计算无荷挠度(m): $F_K(3)$

$F_K(0.1) = 0.686$　　$F_K(0.2) = 1.219$　　$F_K(0.3) = 1.600$　　$F_K(0.4) = 1.829$　　$F_K(0.5) = 1.905$

按等分点计算有荷挠度(m): $F_X(3)$

$F_X(0.1) = 3.990$　　$F_X(0.2) = 7.093$　　$F_X(0.3) = 9.310$　　$F_X(0.4) = 10.640$　　$F_X(0.5) = 11.083$

无荷总索长(m): $L_W = 911.87$　　　有荷总索长(m): $L_P = 917.37$

> **地面疑点坐标**
>
> 疑点水平距离(m): $X_Y(7) = 691$ 疑点垂直距离(m): $Y_Y(7) = 148$
>
> **疑点参数计算**
>
> 疑点有荷挠度(m): $F_Y(7) = 0$ 疑点至有荷线形垂直距离(m): $H_Y(7) = 5.523$
>
> **集材方式方法**
>
> 本索道选用半悬空伐倒木集材为宜。
>
> **三、工作索的计算与绞盘机的选择**
>
> 牵引索最大拉力(N): $P_M = 12146$ 牵引索的计算破断拉力(N): $P_P = 36437$
>
> 绞盘机功率(kW): $N_C = 62.6$ 卷筒容绳量(m): $L_S = 991$

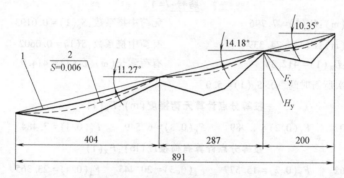

图 5-9　索道纵断面图（单位：m）

1—索道各跨无荷线形　2—索道各跨有荷线形

注：斜直线为各跨索道弦线；折线为索道的地面纵断面线。

第四节　林业索道优化设计

一、林业索道优化设计系统综述

1. 设计思路

林业索道优化设计系统包括林业索道承载索的优化设计和给定设备的林业索道优化设计。

（1）林业索道承载索的优化设计子系统（LYH-A）　林业索道承载索的优化设计，主要考虑新开发、无现存设备、现存钢索型号较多的场合，选择承载索规格型号的最优方案，可节省投资，合理选购钢索提供最优的决策。控制某控制点或跨中有荷挠度系数 S，小于该点允许的有荷挠度系数 S_X（即 $S < S_X$）或等于特定的某控制点 $S = S_X$ 来对承载索进行优化设计。

（2）给定设备的林业索道优化设计子系统（LYH-B）　给定设备的林业索道优化设计，在给定库存设备的前提下，对索道能承担木捆的设计运材量、绞盘机档位、台班产量进行优化设计，为索道的架设、安装与使用提供可靠的技术参数，使索道既安全、经济，又能按期完成生产任务。控制某控制点或跨中有荷挠度系数进行优化设计，选出台班产量最大的方案。

2. 系统流程图

系统流程如图 5-10 所示。

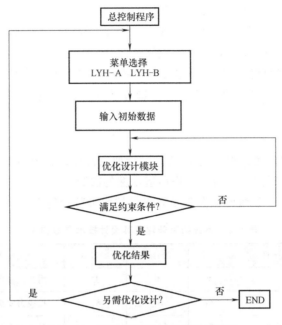

图 5-10 林业索道优化设计系统流程

3. 多跨索道转化成单跨索道的优化设计思路

（1）多跨索道设计计算跨的判断（表 5-2） 判断出设计计算跨后，对该跨承载索的各技术参数进行设计计算，设计计算跨有荷中挠系数 S 推荐值为 [0.05, 0.065]，理论极限值为 $S \leq 0.08$。此外，多跨索道需考虑侧型设计条件进行约束。

（2）非计算跨有特殊要求时的优化设计 对非计算跨有特殊要求时，则按计算跨和非计算跨分别进行优化设计。二者优化结果比较后，LYH-A 子系统选出规格型号较大的索；LYH-B 子系统选出台班运材量较小的设计方案。

4. 系统数学模型概述

（1）系统目标函数

1) LYH-A 子系统的目标函数。林业索道承载索优化设计的目标函数为：在确定跨距、承载索型号和跑车行走轮数下，运 $1m^3$ 木材所需消耗承载索的用钢量最少。通常视悬索总长为常数，用钢量仅与承载索的单位长度重力 Q 有关，故其目标函数表达式为

$$\min \frac{Q}{W} = \frac{100 K_L R U_0}{N_0 V} \tag{5-112}$$

式中　Q——初选承载索的单位长度重力（N/m）；

　　　W——索道额定运材量（m^3），一般为 6000~7000；

　　　V——承载索的有效强度（MPa），其值等于钢丝绳钢丝抗拉强度 V_B 乘以捻挠率（也称为钢丝绳破断拉力降低系数）C_T，即 $V = V_B C_T$，6×19 股交绕索 $C_T = 0.85$；

N_0——跑车的行走轮数；

R——承载索单位体积重力（N/m·mm²），$R=Q/A$，A 为初选承载索的横截面面积（mm²）；

K_L——承载索拉应力安全系数，$K_L=V/V_L$，V_L 为承载索有荷平均拉应力（MPa），$V_L=T_1/A$，T_1 为承载索有荷平均拉力（N）；

U_0——当地承载索削弱修正系数，常取 $U_0=1$，若需精确计算，$U_0=PT_1/100UW$，T_1 为实际平均拉力（N），P 为设计荷载（N），U 为轮压（N），$U=P/N_0$。

2）LYH-B 子系统的目标函数。给定设备的林业索道优化设计的目标函数为：在确定索道类型，索、跑车和绞盘机型号、额定运材量等条件下，使台班运材量 G（m³/台班）最大，即

$$\max G = V_1 N \tag{5-113}$$

式中　V_1——索道每次木捆运材量（m³/次），近似取设计荷载 P 的吨位数；

　　　N——台班工作时间内，索道台班吊运木捆的次数。

（2）系统约束条件　系统约束条件及其设计技术参数的约束见表 5-5。

表 5-5　系统约束条件及其设计技术参数约束

编号	约束条件		LYH-A	LYH-B	索道技术参数约束
1	耐久性条件	M	M	M	耐久性参数 20~30
2	承载索拉应力条件	K_L	K_L	K_L	拉应力安全参数 3
3	承载索弯曲耐久性条件	K_Z	K_Z	K_Z	总应力安全系数 1.6
4	承载索线形条件	S	S	S	许可最大有荷挠度系数 S_X
5	生产率条件	V_1		V_1	跑车额定运材量 V_x
5	跑车最大运材量条件	V_2	V_2		跑车额定负荷吨位数 Vx
6	弯挠角的正切值条件	$W(I)$	$W(I)$	$W(I)$	$W(I)=10\%\sim35\%$
6	安全靠贴系数条件	$K(I)$	$K(I)$	$K(I)$	$K(I)\geq 1.05$
7	绞盘机牵引力条件	T_Z		T_Z	绞盘机最大牵引力 F_1
8	工作索安全条件	K_G	K_G		工作索安全系数 4

二、林业索道优化设计系统的数学模型

1. 林业索道承载索优化设计的数学模型

（1）目标函数

$$\min \frac{Q}{W} = \frac{100 K_L R U_0}{N_0 V}$$

（2）约束条件

1）承载索耐久性条件。承载索耐久性条件用耐久性参数 M 来约束，表达式为

$$M = \frac{100 U_0 W}{P} \in M_X \tag{5-114}$$

式中 M_X——承载索允许的最小耐久性参数,集材索道的推荐值为 20~30,运材索道的推荐值为 25~30。

2)承载索拉应力条件。承载索拉应力条件用拉应力安全系数 K_L 来约束,计算式为

$$K_L = 2\left(1 + \frac{E}{M^2V}\right) + 2\sqrt{\frac{E}{M^2V}\left(2 + \frac{E}{M^2V}\right)} \geq [K_L] \quad (5\text{-}115)$$

式中 E——承载索的弹性模量,$E = (0.9~1.1) \times 10^5 \text{MPa}$,新索取低限,旧索取高限,常取 $E = 1 \times 10^5 \text{MPa}$;

$[K_L]$——承载索的许用拉应力安全系数,$[K_L] = 3$。

3)承载索弯曲耐久性条件。承载索弯曲耐久性条件用总应力安全系数 K_Z 来约束,表达式为

$$K_Z = \frac{0.8K_L}{1 + \frac{1}{M}\sqrt{\frac{EK_L}{V}}} \geq [K_Z] \quad (5\text{-}116)$$

式中 $[K_Z]$——承载索的许用总应力安全系数,$[K_Z] = 1.6$。

4)承载索线形条件。用有荷悬索某控制点或跨中的点荷作用下的垂度比 S(有荷挠度系数,$S = F/L_0$,F 为控制点垂度,即该点有荷挠度)来约束。要求跑车在某点必须通过的高程或使跑车的牵引运行平稳,避免垂度过大。计算式为

$$S = \left(\frac{K_L R L_0}{2V}\sec Y + \frac{N_0 P}{100 U_0 W}\right) X_J (1 - X_J) \sec Y \leq S_X \quad (5\text{-}117)$$

式中 S_X——某控制点的许可最大有荷挠度系数;

Y——计算跨的弦倾角;

X_J——计算跨某控制点的无量纲横坐标,$X_J = X/L_0$,X 为该控制点水平距离,L_0 为跨距。

5)生产率条件。用跑车每次的实际运材量 V_1 来约束,其值为设计荷载 P 的吨位数,必须大于或等于按生产任务所选跑车每次额定运材量 V_X,确保生产任务按期或超额完成,即

$$V_1 = \frac{P}{10000} \geq V_X \quad (5\text{-}118)$$

从式(5-118)中可导出承载索至报废为止跑车的运行次数:$N = \frac{W}{V_1} = \frac{10000W}{P}$。

6)索道侧型设计条件。用凸形线路的弯挠角的正切值 $W(I)$ 或凹形线路的安全靠贴系数 $K(I)$ 来约束。多跨索道的弦倾角按"自左至右,仰角为正,俯角为负"的原则代入;弯折角 $\delta(I) = \alpha(I) - \alpha(I+1) > 0$ 的线形为凸形,只需检查承载索的弯挠角大小;弯折角 $\delta(I) \leq 0$ 的线形为凹形,只需检查鞍座处的安全靠贴系数。

① 凸形线路的弯挠角的正切值条件

$$W(I) = \tan\alpha(I) - \tan\alpha(I+1) + \frac{Q[L_0(I) + L_0(I+1)]}{2H_P \cos X_P} + \frac{P}{H_P} \quad (5\text{-}119)$$

$$X_P = \frac{\alpha(I) + \alpha(I+1)}{2}$$

$$H_P = T_C \cos X_C$$

$$T_C = T_M - \frac{H_0 Q}{2}$$

$$T_M = \frac{TC_T}{N}$$

式中　$\alpha(I)$、$\alpha(I+1)$——相邻两跨的弦倾角；

X_P——相邻两跨的平均弦倾角；

H_P——有荷时的水平张力；

T_C——有荷允许平均拉力；

H_0——索道全线路的高差；

T_M——有荷最大允许拉力；

T——承载索钢丝的许可破断拉力；

N——实际安全系数，荐用 $N \geqslant 3$，取 $N=3$；

X_C——多跨索道弦倾角的平均值。

弯挠角的正切值 $W(I)$ 应保证：集材索道 $W(I) = 0.10 \sim 0.35$，运材索道 $W(I) = 0.10 \sim 0.31$。要尽可能使各跨负荷均匀，避免承载索在支架上产生过大的弯挠角。

② 凹形线路的安全靠贴系数条件

$$K(I) = \frac{Q[L_0(I) + L_0(I+1)]}{2T_M[\tan\alpha(I+1) - \tan\alpha(I)]\cos^2 X_P} \tag{5-120}$$

安全靠贴系数 $K(I)$ 荐用值：集材索道 $K(I) \geqslant 1.05$；运材索道 $K(I) \geqslant 1.2$。

2. 给定设备的林业索道优化设计的数学模型

（1）目标函数　给定设备的林业索道优化设计的目标函数为 $\max G = V_1 N$。

（2）约束条件

1）耐久性条件。用耐久性参数 M 来约束，其表达式见式（5-114）。

2）承载索拉应力条件。用拉应力安全系数 K_L 来约束，计算式见式（5-115）。

3）承载索弯曲耐久性条件。用总应力安全系数 K_Z 来约束，计算式见式（5-116）。

4）索的线形条件。用某控制点或跨中的点荷作用下的垂度比 S（即有荷挠度系数）来约束。

$$S = \left(\frac{K_L L_0 Q}{2C_T T \cos Y} + \frac{N_0 P}{100 U_0 W} \right) \frac{X_J(1-X_J)}{\cos Y} \leqslant S_X \tag{5-121}$$

5）跑车的最大运材量条件。跑车最大的实际运材量 V_2 必须小于或等于跑车本身所能承担的最大额定负荷的吨位数 V_X，即

$$V_2 \leqslant V_X \tag{5-122}$$

6）索道侧型设计条件。凸形线路用弯挠角的正切值 $W(I)$ 来约束[式（5-119）]；凹形线路用安全靠贴系数 $K(I)$ 来约束[式（5-120）]。

7）绞盘机牵引力条件。绞盘机的牵引作用有回空、拖集、起重、重载运行、落钩卸材，而在提升木捆（即起重）过程，需要的牵引力最大。正常工作时，木材提升过程是匀

速上升的，惯性力 $T_A = 0$。

工作索提升拉力 T_Z 为

$$T_Z = T_G + T_B + T_R \leq F_1 \tag{5-123}$$

式中　T_G——荷重阻力；

　　　F_1——给定绞盘机最大牵引力。

　T_B、T_R——牵引索自重在跑车上产生的分力（闭式牵引索道 $T_B = 0$）、综合阻力（表 5-6、表 5-7 注释）。

荷重阻力 T_G 为木捆和挂钩重力产生的绳索拉力，与索道的索系类型有关，现分以下四类索道索系讨论：

① KJ_3 索道　　　　　　　　$T_G = P + W_Z$

由于载物钩重力 W_Z 很小，则

$$T_G \approx P \tag{5-124}$$

② ZL（增力式）索道　　　$T_G = \dfrac{P}{2\sin\dfrac{Y_Y}{2}} \tag{5-125}$

式（5-125）中 Y_Y 为起重牵引索在游动滑轮上的包角，常为 120°~180°，取 150°，则

$$T_G = \dfrac{P}{2\sin\dfrac{150°}{2}} \approx 0.5176P \tag{5-126}$$

③ GS_3 索道　　　　　　　$T_G = \dfrac{P}{3.75\eta} \approx 0.2837P \tag{5-127}$

④ $YP_{2.5}$-A 遥控索道　　　$T_G = \dfrac{P}{3.33\eta} \approx 0.3192P \tag{5-128}$

式（5-124）、式（5-126）属于开式索道索系；式（5-127）、式（5-128）属于闭式索道索系。η 为跑车内部的起升机构的传动效率，其值为 0.94。

表 5-6　开式索道索系的绞盘机牵引力

项目	F_Z	F_H
顺坡	$T_Q - T_R + T_A - T_B$	$T_Q + T_R + T_A + T_B$
逆坡	$T_Q + T_R + T_A + T_B$	$T_Q - T_R + T_A - T_B$

注：F_Z 为工作索重载运行牵引力；F_H 为工作索回空运行牵引力；

$Q_1 = \begin{cases} P + W_C(\text{重载}) \\ W_C(\text{回空}) \end{cases}$；$T_Q = Q_1(\sin Y + 0.01\cos Y)$；$T_R = 0.12(T_Q + W_G)$；$T_A = 0.051(Q_1 + W_G)$；$T_B = Q_G H_1$

表 5-7　闭式索道索系的绞盘机牵引力

项目	F_Z	F_H
顺坡	$T_Q - T_R + T_A$	$T_Q + T_R + T_A$
逆坡	$T_Q + T_R + T_A$	$T_Q - T_R + T_A$

注：$T_R = 0.12(T_Q + 2W_G)$；$T_A = 0.051(Q_1 + 2W_G)$

表5-6、表5-7的变量说明：

a. 运行荷重 Q_1：重载运行时近似取设计荷载 P，回空运行时只取跑车自重 W_C。

b. 线路坡度与重车荷重产生的拉力 T_Q：它与承载索荷重 Q_1、索道的弦倾角 Y、跑车走轮的轴承类型等有关，跑车车轮轴与其轴承间的摩擦系数为 $0.008 \sim 0.025$，取 0.01。

c. 工作索运行综合阻力 T_R：它与工作索通过滑轮数及其质量、拖地多少、线路长短等有关，综合摩擦阻力系数为 $0.06 \sim 0.20$，取 0.12；W_G 为工作索重力，$W_G = 10Q_G \sum\limits_{I=1}^{N_1} \dfrac{L_0(I)}{\cos Y(I)}$，重载时，$Q_G = Q_L$，$Q_L$ 为给定牵引索单位长度重力；回空时，$Q_G = Q_H$，Q_H 为给定回空索单位长度重力。

d. 跑车运行的惯性力 T_A：它与制动状况有关。一般制动时，加（减）速度 a 取 $0.1 \sim 0.3 \text{m/s}^2$；紧急制动时，取 $0.5 \sim 1 \text{m/s}^2$。设计时考虑到索道的生产安全，同时考虑到紧急制动较少出现，因而取紧急制动低限 $a = 0.5 \text{m/s}^2$，$g = 9.81 \text{m/s}^2$，则有 $\dfrac{a}{g} = 0.051$。

e. 工作索自重在跑车上产生的分力 T_B：H_1 为工作索两端点高差。

f. 如果 F_Z 或 F_H 为负值，则说明不需要动力牵引，而需要制动。

8）工作索安全条件。由于在索道生产中，回空索受荷较小，只需牵引索满足安全条件即可，它用拉应力安全系数 K_G 来约束，即

$$K_G = \frac{C_T T_L}{T_Z} = \frac{T_P}{T_Z} \geq [K_G] \tag{5-129}$$

式中　T_L——给定牵引索钢丝的破断拉力；

　　　$[K_G]$——工作索许用拉应力安全系数，取 $[K_G] = 4$。

9）索道台班吊运木捆趟数 N

$$N = \frac{33.8 T_T}{\left[\sum\limits_{I=1}^{N_1} \dfrac{L_0(I)}{2\cos Y(I)} + L_P\right]\left(\dfrac{1}{V_Z} + \dfrac{1}{V_H}\right) + T_K + T_X} \tag{5-130}$$

式中　T_T——台班工作时间（h）；

　　　L_P——平均单侧横向集距，常为 $30 \sim 80\text{m}$，取 60m；

　　　T_X——卸材时间（min），据实测表明：$T_X = 1.5 \sim 5 \text{min}$，取 2.5min。

① 每趟捆挂木材时间 T_K。它与集材方式方法、单位面积蓄积量 A、单株材积 B_1 有关，见表5-8。据现场实测资料统计，半悬原条集材与半悬伐倒木集材时间相差甚小，仍可套用表5-8；全悬伐倒木捆木时间约为半悬伐倒木捆木时间的 1.5 倍，全悬原木捆木时间约为半悬伐倒木时间的 2.1 倍。

② 跑车重载运行的最大速度 V_Z 和回空运行的最大速度 V_H。它是按重载与回空所需的牵引力 F_Z、F_H 来确定绞盘机的档位速度，从而确定重载与回空运行的速度，重载与回空所需的牵引力求法见表5-6、表5-7。

表 5-8 T_K 实测结果 （单位：min）

$A/(m^3/hm^2)$	$B_1/(m^3/株)$			
	<0.14	0.14~0.35	0.35~0.65	>0.65
<75	10.2	10.3	6.4	7.7
75~105	7.8	7.7	4.4	6.3
105~120	4.3	3.8	4.7	3.1
>120	3.9	2.2	1.5	2.7

三、系统功能与流程

1. 林业索道承载索的优化设计子系统（LYH-A）

（1）特定控制点的不同条件

1）若要求某线路特定控制点 $S<S_X$ 时的情况。

由式（5-116）得

$$M=\frac{\sqrt{\frac{EK_L}{V}}}{\left(\frac{0.8K_L}{K_Z}-1\right)} \tag{5-131}$$

当 $K_L=3$，$K_Z=1.6$ 时，代入式（5-131）的值令为 M_C，即

$$M_C=2\sqrt{\frac{3E}{V}} \tag{5-132}$$

采用 6×19+1 钢丝绳的承载索 $C_T=0.85$，则 $V=C_T V_B=0.85 V_B$ 及 $E=10^5$ MPa 的 M_C 值，计算结果列于表 5-9。

表 5-9 当 $K_L=3$，$K_Z=1.6$ 时应有的 M_C 值

V_B/MPa	1370	1520	1670	1810	1960
M_C	32.1	30.5	29.1	27.9	26.8

由表 5-9 可见：M_C 值在 30 左右，即安全系数取值与 M_C 值是适应的。

当 $K_Z=1.6$ 时，由式（5-115）知 K_L 与 M 成反比：$M>M_C$ 时，$K_L<3$；$M<M_C$ 时，$K_L>3$。若将 $K_L=3$，代入式（5-116），得

$$K_Z=\frac{2.4}{\left(1+\sqrt{\frac{3E}{V}}/M\right)} \tag{5-133}$$

由式（5-133）可知，K_Z 与 M 成正比：$M>M_C$ 时，$K_Z>1.6$；$M<M_C$ 时，$K_Z<1.6$。

综上所述，当 $M<M_C$ 时，$K_Z=1.6$，$K_L>3$；当 $M\geqslant M_C$ 时，$K_L=3$，$K_Z>1.6$。经上述处理，就能满足耐久性条件、拉应力条件和弯曲耐久性条件。

2）若要求某一特定控制点 $S=S_X$ 时的情况。

① 先考虑 $K_L=3$ 时，改变 Q 以适应其他约束条件由式（5-117）右边建立等式，得

$$P = \frac{100 U_0 W}{N_0} \left[\frac{S_X \cos Y}{X_J (1-X_J)} - \frac{K_L R L_0}{2V \cos Y} \right] \qquad (5\text{-}134)$$

根据 P 再算 M [式 (5-114)]、K_Z [式 (5-133)]、V_1 [式 (5-118)]。

② 若以上三个约束条件中，有一个不能满足，则只能按 $K_Z = 1.6$ 重新计算：由耐久性条件式 (5-114) 得 $P = \dfrac{100 U_0 W}{M}$。

由线形条件得到求 P 的表达式 (5-134)，所以，在 $M_X \leq M \leq M_C$ 内一定能找到一个 M_I，使得两个 P 求出的值相等（或接近等值）。再把 M_I 赋值给 M，计算 K_L [式 (5-115)]、V_1 [式 (5-118)]。

③ 若还不能满足上述三个约束条件，则只能改变承载索规格参数 V、Q、A 及跑车轮数 N_0，必要时重新考虑跑车每次额定运材量 V_X 是否规定合理。

④ 由式 (5-112) 导出的值令为 Q_0，即

$$\frac{100 K_L R U_0 W}{N_0 V} = Q_0 \leq Q \qquad (5\text{-}135)$$

式 (5-135) 表明：当 $K_L = 3$ 时，满足所有约束条件的承载索单位长度重力 Q 的可选范围（即材料的可选性条件）是很广的。但从用钢量最省出发，则选择略大于 Q_0 的两种承载索型号，提供优化结果，权衡取舍。

(2) 程序框图（图 5-11）

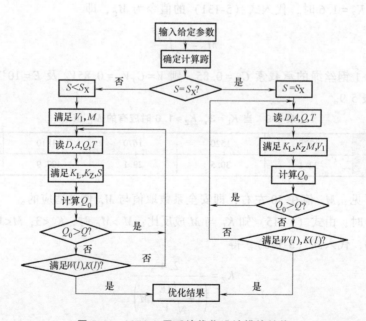

图 5-11　LYH-A 子系统优化设计模块结构

(3) 系统功能

1) 根据实际情况提供选择的承载索型号，进行单跨或多跨索道承载索的优化设计，选出既符合实际情况，又经济合理的承载索，为承载索的精确设计计算提供可靠的依据。

2) 不仅能满足某控制点或跨中的有荷挠度系数 S 小于该点允许的有荷挠度系数 S_X，而

且能满足要求某控制点或跨中有特定 $S=S_X$ 的情况的承载索优化设计。

3)通过侧型条件的约束,防止承载索的漂脱,使索道线形平顺,能确保索道的生产安全。

4)数据库中表"DATA"存储钢丝绳 $\phi18\sim46$mm 的机械性能与参数的相关数据,表"索道初始数据"存储用户所输入的数据,表"JG"存储优化计算结果。

2. 给定设备的林业索道优化设计子系统(LYH-B)

(1)台班运行趟数与台班额定运材量

1)台班运行趟数条件。由于各林场、林业采育场经营管理水平不同,跑车的横向拖集距离因地而异,所以台班运行趟数也不同;对于顺坡、逆坡集材方式不同,其牵引作用也不同;挡位速度选择,无论是牵引或是回空均根据绞盘机卷筒牵引力来确定所需要的最大速度,且以此作为台班产量设计的依据。对于不同的挠度系数 S,其允许设计荷载不同,根据设备满负荷条件与 S_X 限制前提下,由不同挠度系数确定设计荷载比较,并以台班产量达到最大时的允许挠度系数,作为给定设备的索道优化设计的依据。

2)台班额定运材量条件。由于在索道生产中,生产任务一般都规定在一定时期内完成。因此,在优化设计时必须考虑到生产任务的完成,索道设计的台班运材量 G 必须大于或等于台班额定运材量 G_X,即 $G \geq G_X$ 条件下提供索道的最佳设计方案。当对于台班额定运材量有特定要求,而现在设备又不满足条件时,只能添置新设备来满足生产需要。

(2)程序框图(图 5-12)

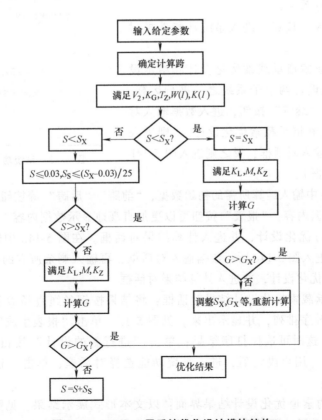

图 5-12 LYHB-1 子系统优化设计模块结构

(3) 系统功能

1) 能完整地进行给定设备的单跨或多跨索道的优化设计。根据限制某控制点或跨中 $S \leqslant S_X$ 的前提下，选出台班产量最大的最优方案，并提供起吊的设计荷载和绞盘机各工作环节的档位。

2) 能充分发挥给定设备经济效益，合理地选择库存设备，挖掘其潜力。在优化过程中，能提出某一设备不满足生产要求的原因，可供决策者更换和购置新设备参考，以达到生产安全及投资最少目的。

3) 数据库中表"JPJ"存储绞盘机的数据，表"TK"存储表 5-8 的内容，表"索道"存储输入的索道初始数据。

四、系统使用说明

1. 运行环境

系统软件：Window 98/2000/xp 系统。

最低配置：内存 64MB，166MHz processor。

2. 使用向导

系统采用 Visual Basic 6.0 可视化语言编写，界面友好直观，具有方便、快捷的单击点取和键盘录入功能，能迅速而准确地完成林业索道的优化设计。

1) 在目标文件夹中，双击"林业索道优化设计系统.exe"，运行系统。

2) 单击"进入"按钮，进入系统功能选择对话框，见图 5-13。

3) 可选择林业索道承载索优化设计和给定设备的林业索道优化设计两个子系统之一进行运算。选择完毕后，单击"继续"按钮，进入数据输入对话框（选择"林业索道承载索优化设计"，则进入图 5-14a 所示数据输入对话框；反之则进入图 5-14b 所示数据输入对话框）。

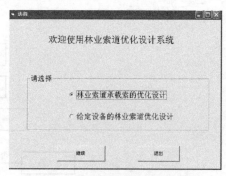

图 5-13 系统功能选择对话框

4) 在图 5-14a 中输入运算所需的初始数据，"前跨""后跨"等按钮可以让用户方便地查询自己所输的数据内容，"报表"按钮可以更加直观地显示数据内容。输入完毕后，单击"计算"按钮，进行优化设计，并进入计算结果对话框。在图 5-14b 中输入完毕后，单击"下一步"按钮，进入图 5-14c 所示数据输入对话框，再输入剩余所需的数据，单击"开始计算"按钮，进行优化设计，并进入计算结果对话框。

5) 林业索道承载索优化设计结果对话框：将结果按钢丝绳直径 D 和钢丝绳公称抗拉强度 V_B 大小进行升序排列，并显示出来，见图 5-15。单击"报表生成"按钮，可以调出 Excel，显示结果，这时可选择打印结果；单击"进行新的设计"按钮，将弹出对话框，询问是否保留数据，用户决定后，进入系统功能选择对话框；单击"退出"按钮，则关闭系统。

6) 给定设备的索道优化设计结果界面：以文本形式展示结果，见图 5-16。可从"文件"的菜单中选择返回，回到系统功能选择对话框。

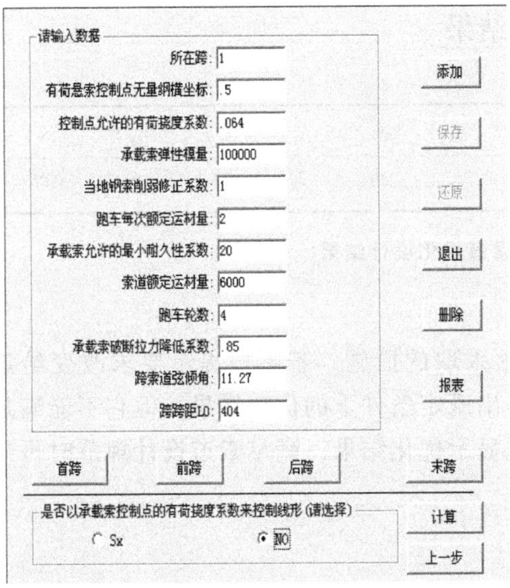

第五章 林业索道开发与设计

a)

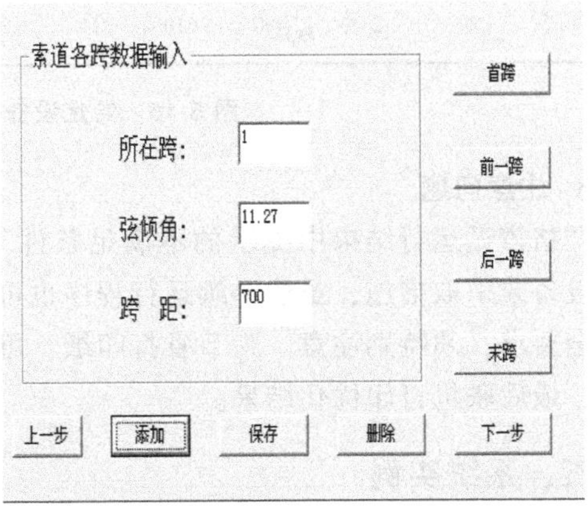

b)

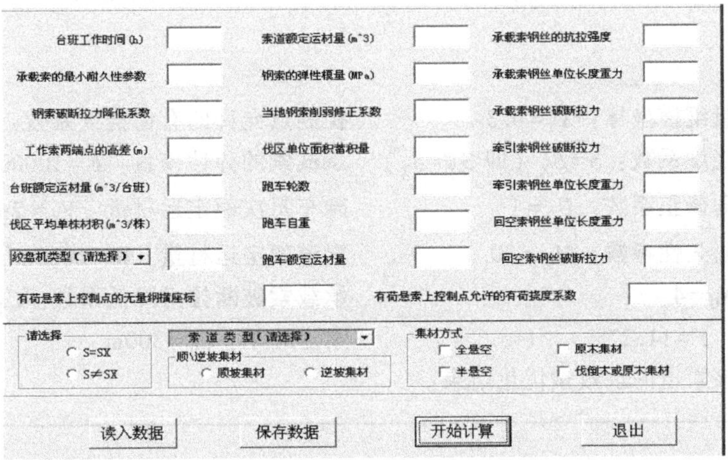

c)

图 5-14 数据输入对话框

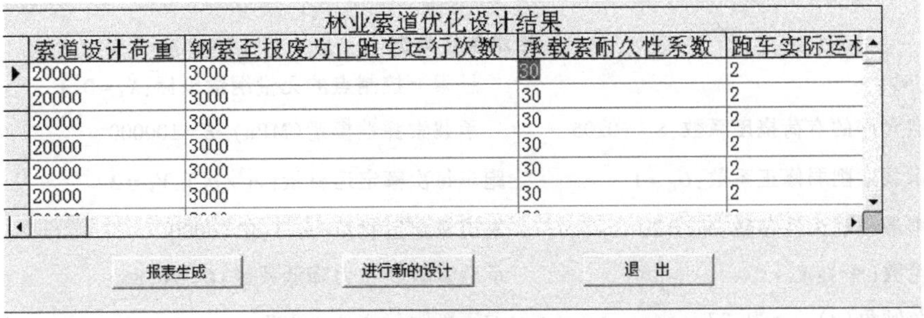

图 5-15 林业索道承载索优化设计结果

优化设计结果

G	N	V_1	T_Z	F_Z	V_Z	F_H	V_H	M	K_L	K_Z	K_G	S
40.7	20	2	12.490	6.610	215	−310	363	30	3	1.6	6	0.05

图 5-16　给定设备的索道优化设计结果

3. 注意问题

严格遵循运行结果中提示的不满足条件下须采取的措施。若不按提示要求改变给定条件、设备或采取措施，虽然继续运行程序也可得出既定条件下的优化结果，但它不能满足生产安全要求，须特别注意。为节省打印纸，可先显示优化结果，满足索道设计规范时再运行程序，最后联机打印优化结果。

五、系统实例

1. 林业索道承载索优化设计子系统

（1）某伐区架设 1 条单跨（$N_1=1$）单线 3 索增力式集材索道。要求对该承载索进行优化设计。

已知参数为

控制点的无量纲横坐标：$X_J=0.3$　　控制点允许的有荷挠度系数：$S_X=0.05$
控制点有荷挠度系数：$S=S_X$（即 $S\$=S_X$）　　承载索的弹性模量：$E=100000\text{MPa}$
当地钢索削弱修正系数：$U_0=1$　　跑车每次额定运材量：$V_X=2\text{m}^3/$次
承载索最小耐久性参数：$M_X=20$　　索道额定运材量：$W=6000\text{m}^3$
跑车轮数：$N_0=4$　　承载索破断拉力降低系数：$C_T=0.85$
索道弦倾角：$Y=11.27°$　　索道跨距：$L_0=300\text{m}$

计算机输出该索道的承载索优化结果：

林业索道承载索的优化设计

县（市）　　采育场　　工区　　林班　　小班
测　量　　设　计　　审　核　　20　年　月　日

给定条件数据

跨数：$N_1=1$　　　　悬索上控制点的无量纲横坐标：$X_J=0.3$
控制点允许的有荷挠度系数：$S_X=0.05$　　承载索弹性模量（MPa）：$E=100000$
当地承载索削弱修正系数：$U_0=1$　　跑车每次额定运材量（m³/次）：$V_X=2$
承载索最小耐久性参数：$M_X=20$　　索道额定运材量（m³）：$W=6000$
跑车轮数（个）：$N_0=4$　　承载索破断拉力降低系数：$C_T=0.85$
索道弦倾角（°）：$Y=11.27$　　索道跨距（m）：$L_0=300$

优化设计结果（任选其一）

P	N	M	V_1	K_L	K_Z	S	Q_0	D	A	Q	V_B
29110	2061	20.6	2.91	3.61	1.6	0.05	38.80	34	433.13	40.93	1550
28390	2113	21.1	2.84	3.66	1.6	0.05	43.63	37	515.46	48.71	1400

表中：
P：索道设计荷载（N）　　　　　　N：承载索至报废为止跑车运行次数（次）　　　M：承载索耐久性参数
V_1：跑车实际运材量（m³/次）　　K_L：承载索拉应力安全系数　　　　　　　　K_Z：承载索总应力安全系数
S：悬索上控制点有荷挠度系数　　　Q_0：计算承载索单位长度重力（N/m）　　　　D：初选承载索直径（mm）
A：初选承载索横截面面积（mm²）　　Q：初选承载索单位长度重力（N/m）　　　　　V_B：初选承载索钢丝的抗拉强度（MPa）

（2）某伐区架设 1 条双跨（$N_1 = 2$）集材索道，要求对该承载索进行优化设计。
已知参数为
$N_1 = 2$　　　$X_J = 0.5$　　　$S_X = 0.064$　　　$S < S_X$（即 $S\$ \neq S_X$）　　　$E = 100000$
$U_0 = 1$　　　$V_X = 2$　　　$M_X = 20$　　　$W = 6000$　　　$N_0 = 4$
弦倾角（°）：$Y(1) = 11.27$　　　　　$Y(2) = 14.18$　　　　　$C_T = 0.85$
跨距（m）：$L_0(1) = 404$　　　　　$L_0(2) = 287$
计算机输出该索道的承载索优化结果：

林业索道承载索的优化设计

县（市）　　　采育场　　　工区　　　林班　　　小班
测　量　　　设　计　　　审核　　　20　年　月　日

给定条件数据

跨数：$N_1 = 2$　　　　　　　　　　　　　　　悬索上控制点的无量纲横坐标：$X_J = 0.5$
控制点允许的有荷挠度系数：$S_X = 0.064$　　　承载索弹性模量（MPa）：$E = 100000$
当地承载索削弱修正系数：$U_0 = 1$　　　　　　跑车每次额定运材量（m³/次）：$V_X = 2$
承载索允许的最小耐久性参数：$M_X = 20$　　　索道额定运材量（m³）：$W = 6000$
跑车轮数（个）：$N_0 = 4$　　　　　　　　　　承载索破断拉力降低系数：$C_T = 0.85$
第 1 跨弦倾角（°）：$Y(1) = 11.27$　　　　　　第 1 跨跨距（m）：$L_0(1) = 404$
第 2 跨弦倾角（°）：$Y(2) = 14.18$　　　　　　第 2 跨跨距（m）：$L_0(2) = 287$

优化设计结果											
P	N	M	V_1	K_L	K_Z	S	Q_0	D	A	Q	V_B
20000	3000	30	2	3	1.64	0.043	27.04	28	289.95	27.4	1850
20000	3000	30	2	3.01	1.6	0.045	32.36	31	357.96	33.83	1550
22500	2667	26.7	2.25	3	1.6	0.047	25.01	28	289.95	27.4	2000
22500	2667	26.7	2.25	3.1	1.6	0.049	30.38	31	357.96	33.83	1700
25000	2400	24	2.5	3.13	1.6	0.052	26.11	28	289.95	27.4	2000
25000	2400	24	2.5	3.25	1.6	0.054	31.88	31	357.96	33.83	1700
27500	2182	21.8	2.75	3.27	1.6	0.056	27.28	28	289.95	27.4	2000
27500	2182	21.8	2.75	3.41	1.6	0.058	33.45	31	357.96	33.83	1700
30000	2000	20	3	3.49	1.6	0.062	31.46	31	357.96	33.83	1850
30000	2000	20	3	3.57	1.6	0.063	35.04	34	433.13	40.93	1700

安全靠贴系数 $K(1)=1.36$

表中：

P：索道设计荷载（N） N：承载索至报废为止跑车运行次数（次） M：承载索耐久性参数

V_1：跑车实际运材量（m³/次） K_L：承载索拉应力安全系数 K_Z：承载索总应力安全系数

S：悬索上控制点有荷挠度系数 Q_0：计算承载索单位长度重力（N/m） D：初选承载索直径（mm）

A：初选承载索横截面面积（mm²） Q：初选承载索单位长度重力（N/m） V_B：初选承载索钢丝的抗拉强度（MPa）

2. 给定设备的林业索道优化设计子系统

（1）某伐区架设 1 条单跨（$N_1=1$）单线 3 索增力式集材架空索道，根据现有设备，给定参数为：

台班工作时间（h）：$T_T=8$ 索道额定运材量（m³）：$W=6000$

承载索的最小耐久性参数：$M_X=20$ 钢索的弹性模量（MPa）：$E=100000$

钢索破断拉力降低系数：$C_T=0.85$ 当地钢索削弱修正系数：$U_0=1$

工作索两端点的高差（m）：$H_1=80$ 索道的跨距（m）：$L_0=700$

索道的弦倾角（°）：$Y=11.27$ 伐区单位面积蓄积量（m³/亩）：$A=5$

伐区平均单株材积（m³/株）：$B_1=0.2$ 台班额定运材量（m³/台班）：$G_X=20$

给定 K_2-2 跑车：自重 $W_C=1290N$，轮数 $N_0=2$ 个，跑车额定运材量 $V_X=2m³/次$。

给定闽林 821 绞盘机：$H=4$ 档，卷筒各档的牵引力 $F(J)(N)$ 和牵引速度 $V(J)(m/min)$ 分别为：$F(1)=30000$，$V(1)=56$；$F(2)=16800$，$V(2)=118$；$F(3)=9200$，$V(3)=215$；$F(4)=6000$，$V(4)=363$。

给定钢索：承载索钢丝的抗拉强度 $V_B=1550MPa$，单位长度重力 $Q=27.4N/m$，钢丝的总和破断拉力 $T=449000N$；牵引索单位长度重力 $Q_L=5.412N/m$，钢丝的总和破断拉力 $T_L=88700N$；回空索单位长度重力 $Q_H=3.045N/m$，钢丝的总和破断拉力 $T_H=49900N$。

有荷悬索上控制点的无量纲横坐标：$X_J=0.35$。

控制点允许的有荷挠度系数：$S_X = 0.05$。

要求利用现有设备，采用半悬伐倒木逆坡集材，要求控制点的有荷挠度系数 $S = S_X$，确定该索道集材最佳方案。

计算机输出该索道给定设备的优化结果：

给定设备的林业索道优化设计

县（市）　　采育场　　工区　　林班　　小班
测　量　　　设　计　　审核　　20　年　月　日

给定条件数据

索道类型：增力式	集材方式方法：半悬伐倒木或原条逆坡集材
单位面积蓄积量（m³/亩）：$A = 5$	平均单株材积（m³/株）：$B_1 = 0.2$
索道额定运材量（m³）：$W = 6000$	台班额定运材量（m³/台班）：$G_X = 20$
跨距（m）：$L_0 = 700$	弦倾角（°）：$Y = 11.27$

给定设备条件

跑车每次额定运材量（m³/次）：$V_X = 2$	跑车自重（N）：$W_C = 1290$
跑车轮数（个）：$N_0 = 2$	承载索钢丝的抗拉强度（MPa）：$V_B = 1550$
承载索单位长度重力（N/m）：$Q = 27.4$	承载索钢丝的破断拉力（N）：$T = 449000$
牵引索单位长度重力（N/m）：$Q_L = 5.412$	牵引索钢丝的破断拉力（N）：$T_L = 88700$
回空索单位长度重力（N/m）：$Q_H = 3.045$	回空索钢丝的破断拉力（N）：$T_H = 49900$
悬索控制点的无量纲横坐标：$X_J = 0.35$	控制点允许的有荷挠度系数：$S_X = 0.05$
绞盘机档位数：$H = 4$	跨数：$N_1 = 1$
第1档卷筒牵引力（N）：$F(1) = 30000$	第1档卷筒牵引速度（m/min）：$V(1) = 56$
第2档卷筒牵引力（N）：$F(2) = 16800$	第2档卷筒牵引速度（m/min）：$V(2) = 118$
第3档卷筒牵引力（N）：$F(3) = 9200$	第3档卷筒牵引速度（m/min）：$V(3) = 215$
第4档卷筒牵引力（N）：$F(4) = 6000$	第4档卷筒牵引速度（m/min）：$V(4) = 363$

优化设计结果

G	N	V_1	T_Z	F_Z	V_Z	F_H	V_H	M	K_L	K_Z	K_G	S
40.7	20	2	12490	6610	215	−310	363	30	3	1.6	6	0.05

表中：

G：设计台班运材量（m³/台班）　　N：台班运材趟数　　V_1：跑车每次实际运材量（m³/次）

T_Z：工作索提升拉力（N）　　F_Z：工作索重载运行牵引力（N）　　V_Z：重载运行速度（m/min）

F_H：工作索回空运行牵引力（N）　　V_H：回空运行速度（m/min）　　M：承载索耐久性参数

K_L：承载索拉应力安全系数　　K_Z：承载索总应力安全系数　　K_G：工作索拉应力安全系数

S：悬索上控制点有荷挠度系数

（2）某伐区架设1条双跨（$N_1 = 2$）单线双索闭式牵引集材架空索道，根据现有设备，给定参数为

$T_T = 8$；$W = 6000$；$M_X = 20$；$E = 100000$；$C_T = 0.85$；$U_0 = 1$；$H_1 = 232$；$A = 5$；$B_1 = 0.2$；$G_X = 20$；$L_0(1) = 700$；$Y(1) = 11.27$；$L_0(2) = 400$；$Y(2) = 13$。

给定 YP$_{2.5}$-A 遥控跑车：$W_C = 4500$，$N_0 = 4$，$V_X = 2.5$；给定闽林 821 绞盘机：$H = 4$，$F(1) = 30000$，$V(1) = 56$；$F(2) = 16800$，$V(2) = 118$；$F(3) = 9200$，$V(3) = 215$；$F(4) = 6000$，$V(4) = 363$。

给定钢索：承载索 $V_B = 1700$，$Q = 27.4$，$T = 492500$；循环牵引索 $Q_L = Q_H = 5.412$，$T_L = T_H = 97300$；$X_J = 0.5$，$S_X = 0.06$。

要求利用现有设备，采用全悬原木顺坡集材，要求控制点的有荷挠度系数 $S<S_X$，确定该索道集材最佳方案。

计算机输出该索道给定设备的优化结果：

给定设备的林业索道优化设计

县（市）　　采育场　　工区　　林班　　小班
测　量　　设　计　　审　核　　20　年　月　日

给定条件数据

索道类型：YP$_{2.5}$-A	集材方式方法：全悬原木顺坡集材
单位面积蓄积量（m³/亩）：$A = 5$	平均单株材积（m³/株）：$B_1 = 0.2$
索道额定运材量（m³）：$W = 6000$	台班额定运材量（m³/台班）：$G_X = 20$
第 1 跨跨距（m）：$L_0(1) = 700$	第 1 跨弦倾角（°）：$Y(1) = 11.27$
第 2 跨跨距（m）：$L_0(2) = 400$	第 2 跨弦倾角（°）：$Y(2) = 13$

给定设备条件

跑车每次额定运材量（m³/次）：$V_X = 2.5$	跑车自重（N）：$W_C = 4500$
跑车轮数（个）：$N_0 = 4$	承载索钢丝的抗拉强度（MPa）：$V_B = 1700$
承载索单位长度重力（N/m）：$Q = 27.4$	承载索钢丝的破断拉力（N）：$T = 492500$
牵引索单位长度重力（N/m）：$Q_L = 5.412$	牵引索钢丝的破断拉力（N）：$T_L = 97300$
回空索单位长度重力（N/m）：$Q_H = 5.412$	回空索钢丝的破断拉力（N）：$T_H = 97300$
悬索控制点的无量纲横坐标：$X_J = 0.5$	控制点允许的有荷挠度系数：$S_X = 0.06$
绞盘机档位数：$H = 4$	跨数：$N_1 = 1$
第 1 档卷筒牵引力（N）：$F(1) = 30000$	第 1 档卷筒牵引速度（m/min）：$V(1) = 56$
第 2 档卷筒牵引力（N）：$F(2) = 16800$	第 2 档卷筒牵引速度（m/min）：$V(2) = 118$
第 3 档卷筒牵引力（N）：$F(3) = 9200$	第 3 档卷筒牵引速度（m/min）：$V(3) = 215$
第 4 档卷筒牵引力（N）：$F(4) = 6000$	第 4 档卷筒牵引速度（m/min）：$V(4) = 363$

优化设计结果

G	N	V_1	T_Z	F_Z	V_Z	F_H	V_H	M	K_L	K_Z	K_G	S	$K(1)$
30.3	12	2.5	10 251	5 481	363	325	363	24.2	3.2	1.6	8.1	0.06	3.576

表中：

G：设计台班运材量（m³/台班）　　　N：台班运材趟数　　　V_1：跑车每次实际运材量（m³/次）

T_Z：工作索提升拉力（N）　　　F_Z：工作索重载运行牵引力（N）　　　V_Z：重载运行速度（m/min）

F_H：工作索回空运行牵引力（N）　　　V_H：回空运行速度（m/min）　　　M：承载索耐久性参数

K_L：承载索拉力安全系数　　　K_Z：承载索总应力安全系数　　　K_G：工作索拉力应力安全系数

S：悬索上控制点有荷挠度系数　　　$K(1)$：安全靠贴系数

第五节　单跨架空索道脱钩工况自由振动分析

悬链线理论、悬索曲线理论、摄动法及抛物线理论广泛用于工程索道、柔性吊桥、缆索起重机、桥梁斜拉索和传动链条等装备中，成为各种柔性悬索设计的重要理论基础。风雪荷载与地震荷载等造成的斜拉索、悬索的位移控制、自振、损伤与设计等已受到越来越多学者的关注。林业索道索系是最复杂的索道系统。在实际工况中，悬索动态运行与负荷动态运行均对缆索有很大的动力学影响，其悬索动力学理论更为复杂，更具研究的复杂性、挑战性与实践性。现以全悬增力式集材索道为例，建立脱钩振动模型，分析脱钩工况下悬索跳跃高度、振动模态、速度、加速度和总能量等响应变化规律，并用 Mathematica 软件绘制相应的响应图进行直观表达，为考虑复杂工况条件下悬索动力响应做振动分析，可为工程索道快速卸货提供指导。

一、悬索自由振动理论

1. 基本假设

假设工程索道承载索满足连续线弹性体的基本假设，且在无阻尼工况下，承载索单位长度重力与荷载相比非常小，可忽略不计。支座两端固定不窜移，对于简易跑车，暂不考虑跑车及牵引索自重的影响。假设荷载点悬索张力为平均有荷张力，并设为定值。

2. 悬索振动微分方程

图 5-17 所示为某一等高支点承载索振动受力图。在索上 x 处取一微段 dx，其质量为 $dm = \rho dx$，$\rho = q/g$ 是单位长度质量，重力加速度为 $g = 9.81 \text{m/s}^2$，H_0 为悬索平均水平张力。

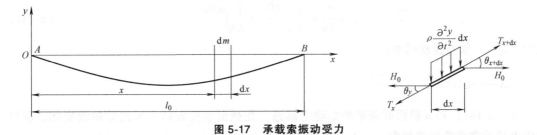

图 5-17　承载索振动受力

根据理论力学动静法，结合图 5-17 支座固定边界条件，设 $y(x, t)$ 为空间与时间的函数，并设初始速度为 $\left.\dfrac{\partial y}{\partial t}\right|_{t=0} = g(x)$，可归纳为式（5-136）悬索振动的微分方程（波动方程）与边界条件。

$$\begin{cases} H_0 \dfrac{\partial^2 y}{\partial x^2} = \rho \dfrac{\partial^2 y}{\partial t^2}，或 \dfrac{\partial^2 y}{\partial x^2} = \dfrac{1}{v^2} \times \dfrac{\partial^2 y}{\partial t^2} \quad (0<x<l_0, t>0) \\ \left. y \right|_{x=0} = 0, \left. y \right|_{x=l_0} = 0 \\ \left. y(x,t) \right|_{t=0} = f(x) = 0, \left. \dfrac{\partial y}{\partial t} \right|_{t=0} = g(x) \end{cases} \quad (5\text{-}136)$$

式（5-136）中 $v=\sqrt{H_0/\rho}=\sqrt{gH_0/q}$，它表示弹性波沿索长方向的传播速度（m/s）。式（5-136）中的第一式称为悬索振动的微分方程（波动方程）。

3. 振动方程解与振动模态分析

采用分离变量法，设

$$y(x,t)=Y(x)T(t) \tag{5-137}$$

代入式（5-136）中，可解得

$$T(t)=A_1\sin(\omega t+\varphi) \tag{5-138a}$$

$$Y(x)=A_2\sin\frac{\omega}{v}x+A_3\cos\frac{\omega}{v}x \tag{5-138b}$$

式中，$T(t)$ 表示索的振动方式，为 t 的函数；$Y(x)$ 为索的振型函数，与 x 有关，描绘了索以固有频率为 ω 作简谐振动时的振动形态，即主振型。

将式（5-138a）、式（5-138b）代入式（5-137）并化简得

$$y(x,t)=\left(A\sin\frac{\omega}{v}x+B\cos\frac{\omega}{v}x\right)\sin(\omega t+\varphi) \tag{5-139}$$

利用式（5-136）中的边界条件，可求得 $B=0$ 和频率方程 $\sin\frac{\omega l_0}{v}=0$，则有 $\frac{\omega l_0}{v}=n\pi$（$n=1,2,3,\cdots$），即有

$$\omega_n=\frac{n\pi}{l_0}\sqrt{\frac{gH_0}{q}} \tag{5-140}$$

式（5-140）中的 ω_n 为悬索的固有频率，不同的 n 表示不同阶的固有频率。

$$f_n=\frac{\omega_n}{2\pi}=\frac{n}{2l_0}\sqrt{\frac{gH_0}{q}}=\frac{1}{\lambda}\sqrt{\frac{gH_0}{q}} \tag{5-141}$$

式中 f_n——固有振动频率；

λ——振动波长，$\lambda=\dfrac{2l_0}{n}$。

式（5-141）是 n 阶固有频率的振动主模态，在悬索长度方向上呈正弦曲线变化。所以对应上述无穷多阶固有频率，有无穷多阶主振动。

$$y_n(x,t)=A_n\sin\frac{\omega_n}{v}x\sin(\omega_n t+\varphi_n)=\sin\frac{n\pi}{l_0}(C_n\sin\omega_n t+D_n\cos\omega_n t)\ (n=1,2,3,\cdots) \tag{5-142}$$

对应的主振型为

$$Y_n(x)=A_n\sin\frac{\omega_n}{v}x=A_n\sin\frac{n\pi}{l_0}x\ (n=1,2,3,\cdots) \tag{5-143}$$

$Y(x)$ 称为特征函数，$Y_n(x)$ 为一组特征函数族，主振型为一组函数族。悬索系统的自由振动可表示为各阶主振动的叠加，即有

$$y(x,t)=\sum_{n=1}^{\infty}A_n\sin\frac{\omega_n}{v}x\sin(\omega_n t+\varphi_n)=\sum_{n=1}^{\infty}\sin\frac{n\pi}{l_0}x(C_n\sin\omega_n t+D_n\cos\omega_n t) \tag{5-144}$$

式中的 A_n，φ_n 或 C_n，D_n 两个待定系数可由振动的初始条件确定，并有

$$\begin{cases} C_n = \dfrac{2}{\omega_n l_0} \int_0^{l_0} g(x) \sin \dfrac{n\pi x}{l_0} dx \\ D_n = \dfrac{2}{l_0} \int_0^{l_0} f(x) \sin \dfrac{n\pi x}{l_0} dx \end{cases} \tag{5-145}$$

4. 振动模型条件与假设

某伐区架设一条全悬增力式集材索道。条件满足前述基本假设，给定参数，见表 5-10。

表 5-10 给定条件参数

跨距 l_0 /m	索道弦倾角 $\alpha/(°)$	上下支点高差 h /m	无荷中挠系数 S_0	设计荷载 /N	承载索单位长度重力 $q/(N/m)$	承载索弹性模量 E/MPa	承载索横断面面积 A/mm^2	有荷平均张力 H_P/N
404.00	11.27	80.50	0.04	26000	27.40	100000	289.95	130833

5. 集材索道荷重脱钩振动初始条件

图 5-18 中距 A 端支座水平距离为 $x=0.3l_0=121.2\text{m}$，重为 26000N 的木捆突然脱钩，相当于悬索在重载作用下被张紧到 C_0 点后（AC_0 与 BC_0 趋向于张紧为直线，ABC_0 构成三角形），模拟自动快速卸货或者是挂物索突然拉断的工况，无初速地释放，产生自由振动。为简化悬索振动求解，将坐标绕原点逆时针旋转 α 角，$l=l_0/\cos\alpha=411.94\text{m}$，并得初始条件，见图 5-19。

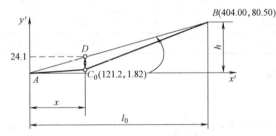

图 5-18 两支座间悬索脱钩位置

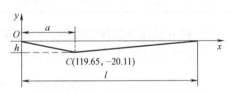

图 5-19 坐标旋转后悬索脱钩位置

二、集材索道荷重脱钩后悬索的振动分析

1. 振动参数、主振动与自由振动

据初始条件可知

$$v = \sqrt{\dfrac{gH_0}{q}} = \sqrt{\dfrac{9.81 \times 130833}{27.4}} \text{m/s}^2 = 216.43 \text{m/s}^2$$

$$\omega_n = \dfrac{n\pi v}{l}, \quad \dfrac{1}{T} = f_n = \dfrac{\omega_n}{2\pi} = \dfrac{v}{\lambda}, \quad \lambda = \dfrac{2l_0}{n}$$

由图 5-19 可得悬索振动的初始条件为

$$f(x) = y(x,0) = \begin{cases} -\dfrac{h}{a}x = -0.168x, & (0 \leq x \leq a = 119.65) \\ \dfrac{h}{l-a}(x-l) = 0.0688x - 28.34, & (a=119.65 \leq x \leq l=411.94) \end{cases} \tag{5-146a}$$

$$g(x) = \dfrac{\partial y}{\partial t}(x,0) = 0 \tag{5-146b}$$

式（5-146）代入式（5-145）可得：$C_n = 0$（$n=1, 2, 3, \cdots$）。

$$D_n = \frac{2}{411.94} \int_0^{119.65} -0.168x \sin\frac{n\pi x}{411.94} dx + \frac{2}{411.94} \int_{119.65}^{411.94} (0.0688x - 28.34) \sin\frac{n\pi x}{411.94} dx$$

因此，将上述参数代入式（5-143）和式（5-145）可得悬索的主振动式（5-147）和自由振动式（5-148）的表达式

$$y_n(x,t) = D_n \cos\omega_n t \sin\frac{n\pi}{l_0}x \quad (n = 1,2,3,\cdots) \tag{5-147}$$

$$y(x,t) = \sum_{n=1}^{\infty} D_n \cos\omega_n t \sin\frac{n\pi}{l_0}x \tag{5-148}$$

2. 前 n 阶振动特征参数变化规律

对式（5-147）取前 8 阶计算相关参数列于表 5-11，D_n 的绝对值随 n 的增大明显减小，ω_n 成倍数增长，相应的 T_n 减小，f_n 增大，波长 λ 成倍数减小。

表 5-11　前 8 阶振动特征参数计算

阶数	n=1	n=2	n=3	n=4	n=5	n=6	n=7	n=8
D_n	-15.64	-4.78	-0.86	0.60	0.78	0.40	-0.04	-0.26
ω_n/s^{-1}	1.65	3.30	4.95	6.40	8.25	9.90	11.55	13.20
T_n/s	3.80	1.90	1.27	0.98	0.76	0.63	0.54	0.48
f_n	0.26	0.53	0.79	1.02	1.32	1.59	1.85	2.08
λ/m	823.88	411.94	274.63	205.97	164.78	137.31	117.70	102.99

3. 前 n 阶主振型振动位移、速度与加速度

不妨取 $n = 1$ 阶主振型表达式如下

$$y_1(x,t) = -15.638\cos1.65t\sin\frac{\pi}{411.94}x \tag{5-149}$$

对式（5-149）求一阶与二阶导数得速度和加速度表达式，如式（5-150）和式（5-151）

$$v_1 = y_1'(x,t) = 25.80\sin1.65t\sin0.0076x \tag{5-150}$$

$$a_1 = y_1''(x,t) = 42.57\cos1.65t\sin0.0076x \tag{5-151}$$

4. 前 n 阶自由振动特征变化规律

对式（5-148）中的 n、x、t 三个自变量，假设其中一个变量为定值，分别考察另两个变量对自由振动 y 的影响，可构造 $y(n,x)$、$y(t,x)$、$y(n,t)$ 三个函数。

（1）前 n 阶 $y(n,x)$ 特征分析　对式（5-148）取前 n 阶主振动进行叠加，分别取 $n=1,2,200$ 画出 $t=1\text{s}$ 时的 $y(n,x)$ 图，为体现图形的连续性，绘图时设 n 为大于 1 的实数，x 为跨距。从图 5-20 可知，当 $n=1$ 时位移在跨中位置最大，波长为跨距的 2 倍；当 $n \geq 2$ 以后自由振动位移波形基本确定，说明前两阶起主导作用，后面的叠加对位移与波形影响不大，这说明自由振动取前三项叠加基本能满足工程要求。

（2）前 n 阶 $y(t,x)$ 特征分析　分别取 $n=1,10,200$ 画 $y(t,x)$ 图，设 n 为大于 1 的实数，t 为 10s 内。从图 5-21 可知，以第一阶起主导作用，其他阶的叠加对自由振动的影响极小，因此，尽管如图叠加到 200 阶，图形基本不变。

考察悬索上某一确定位置 x_i，分别取 $x_i = 0$，$\dfrac{l}{6}$，$\dfrac{l}{2}$，l 时，n 取 1~15 之间的实数，t 为

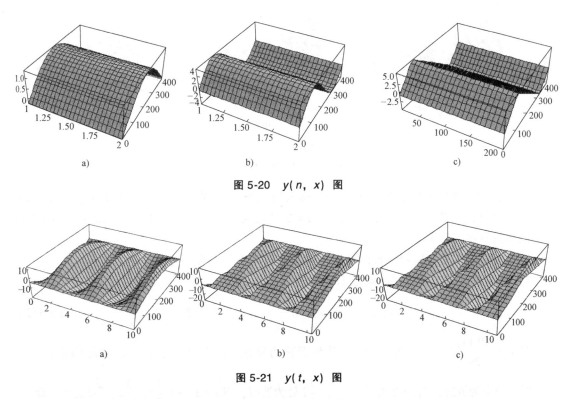

图 5-20 $y(n, x)$ 图

图 5-21 $y(t, x)$ 图

10s 内，$y(n, t)$ 的变化规律。从图 5-22 可知，当位置处在两支点时，位移为零，满足边界条件，其余各点的以相同的形态作简谐振动，但振幅不同，$x = \dfrac{l}{2}$ 时振幅最大，约为 15m，$x = \dfrac{l}{6}$ 时振幅约为 10m。

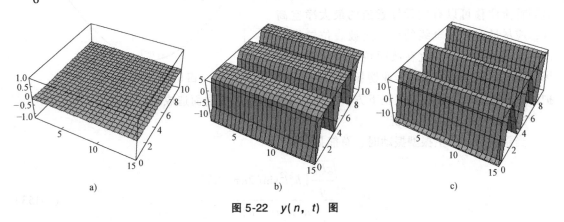

图 5-22 $y(n, t)$ 图

5. 主振动特征变化规律

1) 对式 (5-147)：$y_n(x, t) = D_n \cos\omega_n t \sin \dfrac{n\pi}{l_0} x\, (n = 1, 2, 3, \cdots)$，当 $t = 0$、0.5、3.8 时，主振动的 $y_n(n, x)$ 变化特征。图 5-23 表明随阶数增加，位移明显减小；随时间的延续，位移也明显下降。

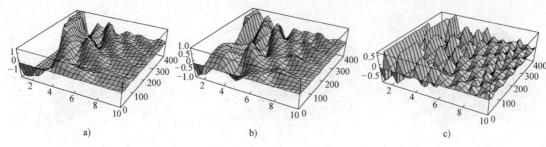

图 5-23 $y_n(n, x)$ 图

2）式（5-147）主振动为简谐振动，随着阶数增加，周期和振幅急剧减小。随阶数增加，位移以阶数的平方 n^2 急剧减小，当 $n=2$ 时最大位移只有第一阶的 $1/10^4$；当 $n=200$ 时，位移只有第一阶的 $1/10^6$。

3）由图 5-24 知，随着阶数的增加，位移明显减小，但有一定的波动性。

4）某位置 x 时，对应某阶波形图表示为

$$y_n(x_0,t) = D_n \cos\omega_n t \sin\frac{n\pi}{l_0}x_0 \quad (n=1,2,3,\cdots) \tag{5-152}$$

当 $x_0 = \dfrac{(2k+1)}{2n}l$ 时振幅达到最大，该位置称为波腹。图 5-24 显示前三阶波腹的位置，当 $n=1$ 时，跨中为波腹；当 $n=2$ 时，$x=\dfrac{l}{4}$、$\dfrac{3}{4}l$ 处为波腹；当 $n=3$，$x=\dfrac{l}{6}l$、$\dfrac{3}{6}l$、$\dfrac{5}{6}l$ 处为波腹。

鉴于以上主振动性质分析，针对工程实际问题有几点重要含义：振动初状态由前几阶主振动控制，对工程振动的整体控制起主导作用；第一阶位移为最大位移，故在工程中通过控制监测首阶位移可以有效设计索道的最大净空高度；应尽量避免在全线的前三阶波腹位置设计吊装或落钩位置，不宜在波腹位置设定作业楞场，尤其不宜在跨中设定作业楞场，重要受保护对象应避免处在波腹位置正下方，避免在波腹产生外激励而造成较大振幅等。

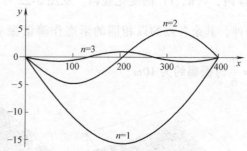

图 5-24 前三阶波形

6. 悬索振动总能量分析

当悬索第 n 阶主振型振动时，总能量公式为

$$E_n = \frac{\sqrt{\dfrac{gH_0}{q}}\left[h^2 l^2 \sin(2n\pi a/l)\right]}{n^2\pi^2 a(l-a)^2} \tag{5-153}$$

总能量 E_n 随着 n 值增大而快速变小，即当 $n=1$ 时，悬索总能量有最大值，随后急剧下降。工程中，悬索张力 H_0 是在其他工况确定时，决定能量大小的一个重要参数。

三、工程应用

1）悬索的固有频率 ω_n 与 n、l_0、H_0、q 有关，是由系统所决定的，与初始条件无关。

对应不同的 n，有不同的频率 f_n，即固有频率不是一个值，而是一组值。由式（5-141）可推断，调整跨距 l_0 和 H_0 等参数，可以调节固有频率。

2）研究承载索脱钩后的振动响应表明，对承载索的振动响应取决于前三阶的主振动的叠加，且跨中位置为最大振幅位置。因此，承载索设计考察前三阶的影响，以跨中最大位移为危险点进行设计，考虑安全系数就可保证工程索道生产安全。

3）振动参数分析可为牵引索与承载索的设计间距提供定量设计参数；当 $x_0 = \dfrac{(2k+1)}{2n}l$ 时振幅达到最大，前三阶波腹的位置分别为跨中和 $x = \dfrac{l}{4}$、$\dfrac{3}{4}l$ 及 $x = \dfrac{l}{6}$、$\dfrac{3}{6}l$、$\dfrac{5}{6}l$ 处，且振动影响主要由前三阶决定。因此，应尽量避免在全线的波腹位置设定起吊或落钩位置，工程中尽量不在波腹位置设定楞场，尤其不在跨中位置设楞场作业，避免在这些位置产生外激励而造成最大振幅。由此会引起悬索的附加动应变与相应的动应力，加速承载索的过载与疲劳损伤。

4）集材索道承载索重载运行或卸载过程，难免出现因脱钩、急速卸载或捆物索突然断裂等突发事故，此时承载索原先因重载积蓄的弹性能瞬间释放，就会产生承载索弹起，导致上下振动。这种振动很容易引起牵引索缠绕在承载索上、跑车跳动、承载索断股与增加支座动反力等不利影响。因此，加强操作规程管理，平稳提升或卸载，注重捆物牢固。根据能量公式可知，不宜让悬索张得过紧，跨距大的索道适当增加中间支架，并定期检查线路情况是有效防止事故的重要举措。

5）基于弦振动基本假设对索道振动进行分析尚属简单的模型。实际上承载索的振动是非常复杂的非线性振动，悬索具有结构、几何与接触的多重非线性与支座位移、弹性伸长、跑车与牵引索的质量，以及初始激励及风荷载均会对承载索产生影响，有待进一步耦合多因素进行研究。

思考题与习题

1. 提供索道设计结果有哪些主要参数？
2. 索道优化设计的目的和意义是什么？
3. 林业索道与工程索道的区别有哪些？
4. 以目前国内的技术而言，索道的最大承载量能达到多少吨？在林区架设索道时，怎么选线？如何避开树木的干扰？
5. 查阅相关资料，与国外林业索道的发展相比较，我国在林业索道方面的发展有何创新？

第六章

货运索道装备与设计

【导读】 架空索道的出现，使远距离安全快速输送货物变得既经济又实用。架空索道作为一种当代运输设施，它通过在空中架设钢丝绳支撑与牵引运输货物或货厢。货运索道凭借其全面的移植客运索道的技术装备，不断研究适合于货运索道的要求，加强索道的输送能力，提高运输经济效益，扩大使用范围，发展单线循环式与双线双索循环式固定式抱索器货运索道。新型货运索道向大倾角、长运距、大运量方向发展，同时向输送能力强、运行速度高、有效载量大的方向发展。

【提要】 受限地段过河索道设计的总体布置；水利吊装索道的设计技巧；特大桥双承载索吊装索道的新旧承载索布置；可移动式承载索吊装索道的实现；武当山特殊吊装索道总体布置和主要技术参数；单索循环式与双线双索循环式货运索道的设计内容。

【要求】 受限地段过河索道、水利吊装索道、特大桥双承载索吊装索道、可移动式承载索吊装索道、单索循环式与双线双索循环式货运索道的设计思路与关键技术。

第一节 受限地段过河索道设计

福建省三明市莘口合资林果场，是地属鹰厦铁路与沙溪河之间的一条长约 2km 的河边坡地，面积约 200hm^2，与西岸 205 国道边的莘口镇隔河相望。长期以来，人员及物资运输全靠船渡，交通十分不便，严重影响林果场的经营效益。为此，该场要求设计一条过河索道：有效荷载 $Q=10$kN（含跑车吊筐）。

一、勘测选线

西岸 205 国道基本上是开山炸石而成，河岸多系陡峭砂质岩石；东岸林果场之地为黄壤，地势平坦。根据索道起点有支架、锚碇和装卸场地，运输距离最短，集散方便等原则，经多次实地勘测，反复比较确定了 205 国道 3216.6km 处正交河流至林果场的选线方案。此处有国道沿河唯一宽达 10.5m 的平台地，对河岸处于果场中段，对集散物资十分有利。

二、设计资料

风力 8 级,风压强度 0.50kPa;当地温度 -3~40℃,安装温度 25℃;河面高水位时距 205 国道边界 12m,河流通航;无地震。

承载索为 6×19-23-1550(GB/T 8918—1996,下同),起重索为 6×19-12.5-1550,循环牵引索为 6×19-9.3-1550,弹性模量 $E = 100$ GPa,破断拉力降低系数 $C_T = 0.85$;K_1 跑车;JSX3-1.5 型绞盘机。

三、总体布置

索道的总体布置见图 6-1。左岸附加锚碇距国道边界 0.5m(国道允许最小间距);至主锚碇 1.5m(最小安装螺旋扣距离);支架距河边坡顶 4.5m(河边由乱石堆砌而成,且有一定装卸场地),距主锚碇 4m;205 国道边界至河边坡顶为 10.5m。右岸由于空间不限,设置宽度为 5m 的货场;主锚碇距支架 9m(改善锚碇受力条件);主、附锚碇间距 3m;为稳定支架,防止其倾向河边,或左、右倾,拟在支架后方 60°左右方向设绷索锚桩,加 2 条绷索(未画出);闭式循环牵引索宜分开布置,以防打绞,故在右岸支架 8m 处一侧设转向桩(未画出)。支架规格相同,索道弦倾角 $\alpha = 2°$,跨距 $l_0 = 230$m。为简化图例,把两岸各构件放在同一水平高度上;支架全高 7.5m,主锚碇全高 3.5m,附加锚碇全高 2m,皆为钢筋混凝土 C20 构件。

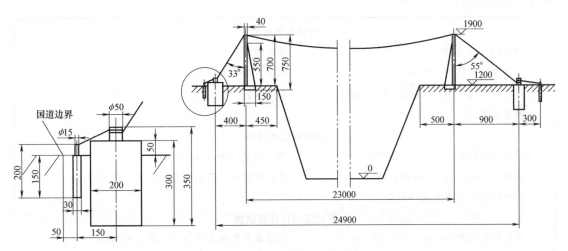

图 6-1 索道的总体布置(尺寸单位:cm)

四、技术参数

1. 主要技术参数的选择

(1) 索道形式及无荷中挠系数 由于两岸近似等高,跑车需往复牵引,故索道形式设计为Ⅲ13 型索系。从索的受力看,无荷中挠系数 S_0 越大,主索预张力越小,冲击和弯曲应力增大;S_0 越小,则预张力越大。从工程实际结合理论分析,取 $S_0 = 0.04$。

(2) 支架 左岸仅有一处宽 10.5m 平地,需在此有限空间设置支架、主锚碇、附加锚碇、装卸场等。其各自尺寸和相互间距,是设计难点所在。高支架有利于增加索道净空高，更能满足两支点起落货物要求，以及高水位通航时索道的通过能力。但高支架的设计将导致主锚碇至支架的承载索倾角过大，导致主锚碇受力条件不良，工程造价趋高；反之，若支架高度偏低，主锚碇受力条件虽有改善，但是索道净空高下降，不利于装卸货物及场地设置，也影响高水位通航时索道的通过能力。为保证支架稳定性及有足够装卸空间，支架安装在离河岸边顶4.5m处。为减少索的磨损，并且索在温度变化和荷载作用下，将产生伸长或缩短，在支架顶开圆弧槽的索鞍安放索，使索具有移动的可能，有利于索的受力均匀。

（3）主锚碇　主锚碇的稳定性对索道安全是非常关键的，其布置符合锚索倾角的确定原则：主索与锚索的拉力相等或接近，即锚索倾角 ϕ_1 和主索在支架处的水平倾角（即上支点方向角）ϕ_0 应相等或接近。由于左岸空间的限制，$\phi_1 = 33°$，$\phi_0 = 11°$，不满足确定要求，只得把锚碇的规格设计得大些，以利安全。

（4）附加锚碇　在主锚碇单独安全使用情况下，增设附加锚碇是对主锚碇的加固，起二次保护作用，增加索道安全性及延长其使用寿命。

（5）绷索锚桩和转向桩　绷索锚桩是为了防止支架倾向河边，或左、右倾，拟在支架后方60°左右方向架设；转向桩是为满足循环牵引索宜分开布置要求，以防打绞，故在支架8m处一侧设置。

2. 主要技术参数的计算

（1）承载索计算　应用第五章叙述的悬链线理论单跨索道设计，编制计算机辅助设计系统，输出结果：

给定条件数据	
跨距(m)：$l_0 = 230$	弦倾角(°)：$\alpha = 2$
无荷中挠系数：$S_0 = 0.04$	跨距等分数：$M = 20$
设计荷载(N)：$Q_货 = 10000$；$Q_人 = 4000$	安全系数：$N_T = 2.5$
跑车轮数(个)：$N_0 = 4$	
承载索规格参数	
单位长度重力(N/m)：$q = 19.03$	弹性模量(MPa)：$E = 100000$
横截面面积(mm^2)：$A = 201.35$	承载索钢丝的破断拉力(N)：$T_p = 312000$
破断拉力降低系数：$C_T = 0.85$	
承载索设计计算结果	
无荷悬索长度(m)：$L_0 = 231.12$	承载索有荷最大拉力(N)：$T_{max} = 55601$
承载索的实际安全系数：$N_1 = 4.77$	承载索的耐久性验算：$C = 22.24$
第19等分(接近上支点)的升角(°)：$r = 22.63$	

（2）起重索计算

1）起重索张力 T

$$T = T_Q + T_q + T_R + T_a \tag{6-1}$$

① 有效荷载产生的张力 T_Q

$$T_Q = \frac{Q}{2\sin\frac{\theta}{2}} \tag{6-2}$$

式中 θ——增力式索道起重索过载物钩的动滑轮包角，$\theta = 90°$（由于支架净空限制，载物钩需提升至距 K_1 跑车的定滑轮 1.5m 高度），算得 $T_Q = 7071\text{N}$。

② 起重索附加在跑车上的自重分力 T_q

$$T_q = \pm qh \tag{6-3}$$

式中 h——装卸点与绞盘机位置高差。

本例中 $h = 0$，则 $T_q = 0$。

③ 运行综合阻力 T_R

$$T_R = (T_Q + W_Q)f_0 \tag{6-4}$$

式中 W_Q——起重索重力，$W_Q = q_{起} L_0$，$q_{起}$ 为起重索单位长度重力，$q_{起} = 5.412\text{N/m}$，则 $W_Q = 1251\text{N}$；

f_0——运动阻力系数，$f_0 = 0.06 \sim 0.12$，由于通过滑轮数少，线路较短，取 $f_0 = 0.09$。

$$T_R = (T_Q + W_Q)f_0 = 749\text{N}$$

④ 提升加速度引起的惯性力 T_a。可视为匀速提升，故 $T_a = 0$。

$$T = T_Q + T_q + T_R + T_a = 7820\text{N}$$

2）起重索安全系数 N_2

$$N_2 = \frac{T'_p C_T}{T} \tag{6-5}$$

式中 T'_p——起重索钢丝的破断拉力总和，$T'_p = 88700\text{N}$。

$$N_2 = \frac{T'_p C_T}{T} = 9.6 > 5$$

故所选起重索符合规范要求。

（3）循环牵引索计算

1）循环牵引索紧边张力 T_1

$$T_1 = T_0 + T_{Q1} + T_{a1} - T_{R1} + T_{q1} \tag{6-6}$$

① 循环牵引索安装拉力 T_0

$$T_0 = \frac{W_1}{8S_{01}\cos\alpha} \tag{6-7}$$

式中 W_1——循环牵引索自重，$W_1 = q_1 L_0$，q_1 为循环牵引索单位长度重力（N/m），$q_1 = 3.045\text{N/m}$；

S_{01}——循环牵引索无荷中挠系数，$S_{01} = 0.044$。

$$W_1 = 3.045 \times 231.12\text{N} = 703.8\text{N}$$

$$T_0 = \frac{703.8}{8 \times 0.044 \times \cos 2°}\text{N} = 2001\text{N}$$

② 线路坡度及荷载产生的张力 T_{Q1}

$$T_{Q1} = Q(\sin\gamma - f_{01}\cos\gamma) \tag{6-8}$$

式中 γ——升角（°），假设跑车接近上支点，取 19 等分的升角，$\gamma = 22.63°$；

f_{01}——跑车运行阻力系数，$f_{01} = 0.008 \sim 0.012$，取 $f_{01} = 0.01$。

$$T_{Q1} = Q(\sin\gamma - f_{01}\cos\gamma) = 3755\text{N}$$

③ 运行惯性阻力 T_{a1}

$$T_{a1} = \frac{a}{g}(Q+W_1) \tag{6-9}$$

式中　a——加速度，取 $a = 1\text{m/s}^2$；
　　　g——重力加速度，$g = 9.81\text{m/s}^2$。

$$T_{a1} = \frac{a}{g}(Q+W_1) = 1091\text{N}$$

④ 运动综合阻力 T_{R1}

$$T_{R1} = (T_{Q1}+W_1)f_0 \tag{6-10}$$
$$T_{R1} = (T_{Q1}+W_1)f_0 = 401\text{N}$$

⑤ 牵引索自重分力 T_{q1}

$$T_{q1} = q_1 l_0 \tan\alpha = 3.045 \times 230\text{N} \times \tan 2° = 24\text{N} \tag{6-11}$$

计算得

$$T_1 = T_0 + T_{Q1} - T_{R1} + T_{q1} + T_{a1} = 6470\text{N}$$

2) 循环牵引索安全系数 N_3

$$N_3 = \frac{T''_p C_T}{T_1} \tag{6-12}$$

式中　T''_p——闭式牵引索钢丝的破断拉力总和，$T''_p = 49900\text{N}$。

$$N_3 = \frac{T''_p C_T}{T_1} = 6.6 > 5$$

故选用循环牵引索符合规范要求。

(4) 左岸主锚碇（图6-2）的验算（见文献 [25]）

1) 在水平分力作用下锚前土的压应力验算

$$[\sigma] \geq \frac{P_1}{hl}\eta \tag{6-13}$$

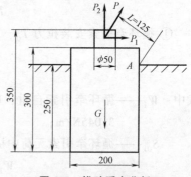

图 6-2　锚碇受力分析

式中　$[\sigma]$——深度 2.5m 处土壤的容许应力，查文献 [26] "碎石的容许承载力" 表 2.1.2-6，$[\sigma] = 0.5 \sim 0.6\text{MPa}$；
　　　η——容许应力折减系数，$\eta = 0.25$；
　　　h——主锚碇埋置深度，$h = 2.5\text{m}$；
　　　l——主锚碇宽度，$l = 1.5\text{m}$；
　　　P_1——水平分力。

$P = T_{\max} = 55601\text{N}$，$P_1 = P\cos 57° = 30282\text{N}$。

$$[\sigma] \geq \frac{P_1}{hl\eta} = \frac{30282}{2.5 \times 1.5 \times 0.25}\text{Pa} = 32301\text{Pa} = 0.032\text{MPa}（满足要求）$$

2) 在水平分力作用下滑动稳定性验算

$$K=\frac{E+f_2(G-P_2)}{P_1} \tag{6-14}$$

式中　E——前后土壤压力差，$E=\frac{1}{3}E_p-E_a=\frac{1}{6}\gamma h^2 l\left(\frac{1}{m^2}-3m^2\right)$，选用 $\phi=40°$ 时，查文献 [25] 表 7-3，$m^2=0.217$，$\gamma=22000\text{N/m}^3$，则 $E=136.32\text{N}$；

　　　　f_2——摩擦系数，取 $f_2=0.5$；

　　　　P_2——垂直分力，$P_2=P\sin 57°=46631\text{N}$；

　　　　G——锚碇重力 G_1 和锚台重力 G_2 之和。

$$G_1=3\times 2\times 1.5\times 2.4\times 10^4\text{N}=216000\text{N}, \quad G_2=\pi\times\left(\frac{0.5}{2}\right)^2\times 0.5\times 2.4\times 10^4\text{N}=2356\text{N}$$

$$G=G_1+G_2=218356\text{N}$$

$$K=\frac{E+f_2(G-P_2)}{P_1}=7.3>2.0 \text{（满足要求）}$$

3）在垂直分力作用下锚碇的稳定性验算

$$G+T\geqslant K_1P_2 \tag{6-15}$$

式中　T——摩擦力，$T=f_1P_1$，f_1 为摩擦系数，取 $f_1=0.6$，$T=0.6\times 30282\text{N}=18169\text{N}$；

　　　　K_1——安全系数，$K_1\geqslant 2$。

$$G+T=(218356+18169)\text{N}=236525\text{N}>K_1P_2=93262\text{N}\text{（满足要求）}$$

4）锚碇倾覆的稳定性计算

$$Gb\geqslant kPL \tag{6-16}$$

式中　b——锚碇重力力臂，$b=1\text{m}$；

　　　　L——从颠覆点 A 到作用力点间的距离，$L=1.25\text{m}$；

　　　　k——安全系数，取 $k=1.4$。

$$Gb=218356\text{N}>kPL=97302\text{N}\text{（满足要求）}$$

五、使用效果

在特殊的地形地质条件下，进行合理的索道布局及其主要技术参数的选择与校核，确保安全适用，质量过关。

第二节　水利吊装索道设计

二维码 6-1
货运索道
装备与设计

架空索道在木材生产中用于集运木材和装车作业，具有拖集、提升、吊运、降落等功能，其最大的设计荷载为 3t。随着山区工农业建设的发展，林业索道特有的功能和优越性逐渐得到有关部门重视，作为一种最简便又经济的起重运输工具，开始在各种建设施工中得到应用。由于林业索道起重量不大，多被用于吊运土石方、原材料等，尤其在水利吊装上的应用更为突出。以林业索道取代手工在水利工地施工，适用于地形起伏、高差较大、建筑物位置布设分散、施工范围线长而广，以及上下层高空作业等。

工程索道

福建省松溪县的六墩水利设施,其设计流量 4m³/s,水渠全长 53km,总投资 470 万元,起点是浙江省庆元县马蹄岙水电站,沿途经过旧县、河东、城关 3 个乡镇,由东向西横穿整个松溪小平原。在旧县黄泥坑处,地形为两山夹一沟,该处水利设施采用的是导洪管,其直径 1.6m,长 201m,高差 27m,为钢丝网混凝土结构。由于高差大、水压高,经过多年使用,导洪管的接头漏水严重,特别是管壁的钢丝网破坏后难以修复,严重地影响农业生产。当地省、地、县水利部门经过多次努力,仍无法解决问题,后由福建省水电厅批复,改为渡槽通水。

渡槽设计采用墩式钢筋混凝土肋条拱装配式结构,共有 8 墩 7 孔,3 个高排架,全长 171.2m;渡槽高 27.2m,长 158m;拱高 2m;墩距 20m,拱墩高 19.6m,拱墩采用方整石干砌,空心结构。规格是 220cm×260cm,空心 120cm×220cm,承重构件是 14 条肋条拱,每条规格 35cm×45cm,长 20m,高 5m,重 7.2t,钢筋混凝土结构。

一、方案选优

由于渡槽跨度大、空心的拱墩高、肋条拱重达 7.2t,吊装作业难度大;松溪县又是闽北边远的山区,交通不便,大型吊装机械运输困难,费用高(20 多万元);手工作业(用绞车"土龙门吊",搭架用材多)不安全。于是,相关部门提出利用林业索道设备来进行吊装。

根据吊装工程作业条件,选用两台制动性能较好、多功能的闽林 821 型绞盘机。ϕ28mm 的钢丝绳作为三线承载索;ϕ15.5mm 的新索作为起重索;ϕ18mm 作捆件索、支架、桩柱的护索;复式滑车用 ϕ11mm 的新索,GS_3 型跑车行走轮 6 组。索道的转向滑车、卡子等均按设计备足。

二、索道设计

1. 设计要求

完整地进行索道设计计算;绘制索道纵断面图;当在跨中时,肋条拱高 5m,跑车和吊具 2m,后备高度(即吊物最低点至渡槽墩顶净空高)要保证大于 1m,采用全悬空吊装装配式渡槽。

2. 索道设计计算

应用第五章叙述的悬链线理论单跨索道设计,编制计算机辅助设计系统,输出结果如下:

给定条件数据	
跨距(m): $L_0 = 244.00$	弦倾角(°): $\alpha = 2.11$
无荷中挠系数: $S_0 = 0.03$	跨距等分数: $M = 20$
每条承载索的设计荷载(N): $P = 30000$	初选承载索安全系数: $N_T = 2.5$
索道上、下支点至地面高度(m): $Y_0 = 12$	每条承载索的跑车轮数(个): $N_0 = 4$
每条承载索规格参数	
单位长度重力(N/m): $q = 27.4$	弹性模量(MPa): $E = 100000$
横截面面积(mm²): $A = 289.95$	承载索钢丝的破断拉力(N): $T_1 = 492500$
破断拉力降低系数: $C_T = 0.85$	

每条承载索设计计算结果

无荷悬索长度(m): $L_W = 244.75$　　　　　　有荷索长(m): $L_Y = 245.76$

承载索无荷水平拉力(N): $H_0 = 27909$　　　下支点安装拉力(N): $T_X = 28005$

有荷水平最大拉力(N): $H_P = 145958$　　　承载索有荷最大拉力(N): $T_M = 147878$

振动波往返一次所需时间(s): $S_E = 4.89$　　承载索的实际安全系数: $N_1 = 2.83$

承载索耐久性: $C = 19.72$　　　　　　　　承载索的锚碇验算,满足要求

无荷挠度

$f_0[1] = 1.390$　　$f_0[2] = 2.634$　　$f_0[3] = 3.732$　　$f_0[4] = 4.683$　　$f_0[5] = 5.488$

$f_0[6] = 6.146$　　$f_0[7] = 6.659$　　$f_0[8] = 7.025$　　$f_0[9] = 7.246$　　$f_0[10] = 7.320$

$f_0[11] = 7.248$　$f_0[12] = 7.030$　　$f_0[13] = 6.665$　　$f_0[14] = 6.154$　　$f_0[15] = 5.496$

$f_0[16] = 4.691$　$f_0[17] = 3.739$　　$f_0[18] = 2.640$　　$f_0[19] = 1.394$　　$f_0[20] = 0$

有荷挠度

$f_Y[1] = 4.798$　　$f_Y[2] = 7.227$　　$f_Y[3] = 9.035$　　$f_Y[4] = 10.453$　　$f_Y[5] = 11.575$

$f_Y[6] = 12.452$　$f_Y[7] = 13.113$　$f_Y[8] = 13.575$　$f_Y[9] = 13.851$　$f_Y[10] = 13.945$

$f_Y[11] = 13.859$　$f_Y[12] = 13.592$　$f_Y[13] = 13.137$　$f_Y[14] = 12.484$　$f_Y[15] = 11.614$

$f_Y[16] = 10.496$　$f_Y[17] = 9.082$　　$f_Y[18] = 7.276$　　$f_Y[19] = 4.843$　　$f_Y[20] = 0$

跨中坐标(122,-7.6)处的地面疑点与有荷悬索线形垂直距离 $H_Y = 10.150$m。跨中的有荷中央挠度 $F_Y = 13.945$m,则有荷中挠系数为0.05715。

3. 绘制索道纵断面图

按20等分绘制无荷线形和有荷线形,以索道下支点的地面点为坐标原点,地面变坡点坐标(中部按渡槽墩点)依次为:(0,0),(20,0),(27,-7.6),(185,-7.6),(191,0),(225,0),(229,5.9),(244,9)。绘制索道纵断面图,见图6-3。

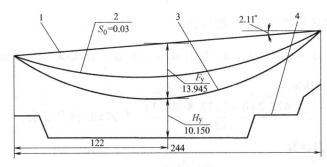

图 6-3　索道纵断面

1—索道弦线　2—悬索无荷线形　3—悬索有荷线形　4—索道地面纵断面线

4. 索道设计结论

在跨中全悬吊装装配式渡槽(即肋条拱)时,肋条拱高5m,跑车和吊具2m,二者之和7m,则实际后备高度(吊物最低点至渡槽墩顶净空高) C 为

$$C = H_Y - 7m = 10.207m - 7m = 3.207m > 1m$$

本索道可采用全悬空吊装装配式渡槽。

三、锚碇验算

1. 有挡卧式地垄在垂直方向的稳定系数 K_1

$$K_1 = \frac{G+F'}{T_1} > 2 \tag{6-17}$$

$$G = \frac{b+b_1}{2} H l \gamma$$

式中　F'——摩擦力，其值为 $F'=f_2 T_1$，f_2 为木材与木材之间的摩擦系数，取 $f_2=0.4$；
　　　G——有效土重；
　　　b、b_1——地垄基坑的上、下底宽度，$b=2.2\text{m}$，$b_1=1.4\text{m}$；
　　　H——地垄埋置深度，$H=3\text{m}$；
　　　l——地垄木的长度，$l=3.5\text{m}$；
　　　γ——回填土的重度，查文献 [27] 表 7-3，$\gamma=14.7\text{kN/m}^3$；
　　　T_1——拉力 T_M 的水平分力，按 $T_1=T_M\cos\alpha$ 计算；

$$T_1 = T_M\cos\alpha = 147.9\text{kN} \times \cos 15° = 142.9\text{kN}$$
$$F' = f_2 T_1 = 0.4 \times 142.9\text{kN} = 57.2\text{kN}$$
$$G = 1.8 \times 3 \times 3.5 \times 14.7\text{kN} = 277.8\text{kN}$$
$$T_2 = T_M\sin\alpha = 147.9\text{kN} \times \sin 15° = 38.3\text{kN}$$
$$K_1 = \frac{277.8+57.2}{142.9} = 2.34 > 2 (\text{满足要求})$$

2. 有挡卧式地垄在水平分力作用下的稳定性验算

有挡卧式地垄有柱木和挡木作用，其在水平方向稳定系数 K_2 应满足下式要求，即

$$K_2 = \frac{E+f_2(G-T_2)}{T_1} \geq 2 \tag{6-18}$$

式中　E——有挡卧式地垄前后的土壤压力差，其值等于被动土压力与主动土压力之差，即

$$E = E_p - E_a = \frac{1}{2} H^2 l k_2, \ k_2 \text{ 为土壤压力系数，查文献 [27] 表 7-4，} k_2 = 3.419,$$

$E = 471.2\text{kN}$。

$$K_2 = \frac{471.2 + 0.4(277.8-38.3)}{142.9} = 3.97 > 2 (\text{满足要求})$$

3. 卷索木剪应力验算

$$\tau = \frac{T_M}{2F} \leq [\tau] \tag{6-19}$$

式中　τ——卷索木剪应力；
　　　F——原木断面积，$F = 3.14 \times 20^2 \text{cm}^2 = 1256 \text{cm}^2$；
　　　$[\tau]$——木材允许剪应力，福建马尾松极限剪应力为 99MPa，取松原木剪切安全系数 $n=4.0$，$[\tau] = 24.75\text{MPa}$。

$$\tau = \frac{147.9}{2 \times 1256} \times 10 = 0.59 < 24.75 \ (\text{松原木直径 40cm，符合设计要求})$$

四、主要结构

吊装索道沿渡槽设计中线进行架设。为此，沿着渡槽中线进行索道的高程测量，绘制索道纵断面图（图6-3）。根据渡槽安装的高度，索道有负荷时最大挠度和需要的净空高，计算确定索道两端钢支架的最小高度为12m；确定钢支架、承载索两端固定的土坑桩柱的位置、规格，绞盘机位置等。

(1) 钢支架 两端的钢支架是两柱一梁，成"门"形，高12m，宽2.3m，见图6-4。材料为角钢∠40×40×4、∠60×60×6、∠80×80×8，两立柱和顶梁均为桁架式，其规格40cm×40cm、40cm×60cm。两立柱间用水平和斜拉杆加固，底部加15mm的钢板2，固定在地面平铺的16cm×24cm松方料1上。支架顶部平放一根ϕ36mm的对开松木6，加强支架的稳定性。每个支架固定4条ϕ18mm钢索的支架护索4，通过相应的张紧螺钉3固定在地垄支座上。

(2) 承载索两端的固定桩柱（图6-4） 根据地形、土壤条件与索道的要求，在每条承载索的延长线上，距离钢支架30~50m，设群桩支柱卧式土坑支座10，为承载索的固定桩柱。每个主桩前后错开距离3~5m。地坑规格深2~2.5m、宽0.8m、长3m，主桩立木ϕ40~50cm的松木长5m，挡木8是ϕ10cm以上、长3m的小径木。主桩立木9与地面成75°，斜立坑中的前壁横摆挡木埋土夯实，上端固定2条ϕ18mm的索，并成水平夹角30°，后拉索11分别固定在地垄支座12上。承载索固定处小径材围一圈保护。

(3) 跑车和吊具 承重每条肋条拱净质量为7.2t，考虑跑车与吊具等质重，按9t设计，要使三条承载索均匀受力，通过跑车的结构，使三条索道连成一个整体是关键；其次，通过跑车的结构来实现两台绞盘机能同步协调作业；第三，肋条拱较长，应有两个吊点，且设在它的长度的1/3和2/3处。

1) 跑车和吊具的材料 GS_3型跑车行走轮6组；5t双门滑车5个；3t单轮滑车4个；两条横梁用8kg的钢轨对焊，长1.6m；纵梁用角钢制成桁架梁20cm×30cm×700cm；吊梁用角钢制成桁架梁20cm×40cm×500cm。

2) 跑车及吊具的装配 当三条承载索5通过两端钢支架上5t滑车7拉好后（图6-4），在未张紧前进行跑车装配，即图6-5的每条承载索挂上两组行走轮，左右索4、6分前组、后组用U形耳环和横梁3连接。前后横梁中点处及中索5的两组行走轮，用绷绳按设计的距离与纵梁7连接，然后在纵梁上固定5个5t双门滑车9。同时在吊梁10上等距离固定4个3t单轮滑车1和吊索11，最后穿上起重索（图6-5）。

(4) 起重索 跑车和吊梁配置好后，即进行起重索的布设。左机的起重索8，通过转向滑车从索道的左端进入跑车纵梁上的第一个双门滑车的左轮。然后穿过吊梁上左端的滑车，在进入纵梁上第二个双门滑车的左轮后又穿过吊梁的第二辆滑车。再穿过纵梁上第3、4、5的双门滑车的左轮，最后固定在索道右端的地垄上。右机的起重索2按同样的穿连方法从索道的右端进入，穿过跑车的滑车，固定在索道左端的地垄上。

(5) 三条承载索 承载索是利用绞盘机的动力通过复式滑车张紧的，其间距为0.7m。先张紧中索到适度后，左右索同时张紧。反复数次。用敲击法，使三条承载索张紧到适度，跑车6组行走轮均衡受力，跑车平衡。最后将承载索分别固定在桩柱上。

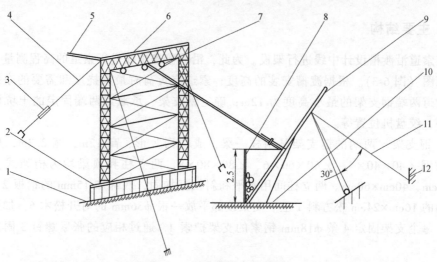

图 6-4　承载索终点的固定
1—松方料　2—钢板　3—张紧螺钉　4—支架护索　5—承载索　6—松木　7—承载索 5t 滑车
8—挡木　9—主桩立木　10—土坑支座　11—后拉索　12—地垄支座

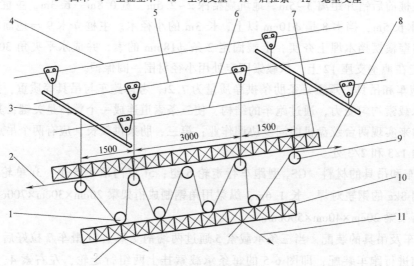

图 6-5　跑车结构
1—3t 单轮滑车　2—右机起重索　3—横梁　4—左索　5—中索　6—右索
7—纵梁　8—左机起重索　9—5t 双门滑车　10—吊梁　11—吊索

五、工作原理

1）两台机手严格按绞盘机操作规程开机，精力集中，听从指挥，密切配合。特别是吊件起吊，跑车运行和降落对位，应互相协调。同时要经常检查索道各部位的紧固情况，做到安全生产。

2）绞盘机手开动摩擦卷筒，使跑车运行到应吊装肋拱跨的上方。两机同时放起重索，使吊梁落到应吊肋拱中间。

3）捆件（挂钩）工按指定的吊点将肋拱索挂好，同时将两端的转向护索和肋拱就位后的 3~4 条的固定护索等捆好。

4）指挥员检查索道各部位安全，吊件、吊索和护索，以及各种护索临时固定的桩、柱准备和工作人员的岗位等。

5）两机手同时起动绞盘机，拉紧转向索制动卷筒。肋拱起吊时，由于离开木模板的静摩擦力大，加上索道的弹力，在肋拱离位竖起时会翻摆，所以起吊时，先慢速抽紧吊索，快离位竖起时应高速起吊竖起后再中速平稳上升。同时应注意转向索使吊件不靠且不碰撞拱墩。当肋拱超过拱墩顶部高度后，放松转向索或拉紧转向索或调整跑车位置，慢慢降落对位装配。

6）肋拱对位装配后，将左右护索固定好后解掉吊索，落下吊梁，准备吊装第二条肋拱。

7）两条肋拱就位后，即可吊装肋拱柱杆。最后焊接固定成整体。

六、使用效果

在整个渡槽吊装作业期间，索道和跑车的性能良好，吊装作业安全顺利。从吊件的起吊到对位装配，整个过程中均由指挥员指挥和绞盘机手灵活控制。起吊运行平稳，升降灵活，对位装配方便准确；工效高，成本低。

工程队原计划采用渡槽土办法的吊装工艺，计划12000工日，时间1年，搭架用木材200m^3，费用16万元；如果是请外地的大型吊装机械包括道路开设费用预计20万元。而采用索道工程吊装，包括装配技术工、杂工共15人，历时103d，实际工时1250工。工人工资、材料费及设备租借费共开支6万元。与手工对比时间，提前8.5个月，工效提高9倍多，直接费用节约10万元，木材节省200m^3。

索道吊装具有投资少、投产快的特点，不但能为水利、桥梁施工中建材、土石方或吊装预制构件和设备等的起重吊运、安装等服务，更重要的是减轻劳动强度，提高工效，缩短工期，保证工程质量，索道作业既安全又可靠，节约建筑材料和国家投资。通过渡槽吊装作业理论分析，实践总结，综合认为林业索道用于吊装装配式渡槽、桥梁或露天矿区吊运矿石和水坝施工砂石料等，技术可行，经济合理，值得推广与运用。

第三节 特大桥双承载索吊装索道设计

京福高速公路福建三明市境内段（K238+820~K245+300）的上洋需架设两座特大桥，右桥K240+959~K241+169，左桥K240+958~K241+169，均为四桥墩，其工程所需的混凝土、钢筋及钢筋笼、模板等起重运输作业由吊装索道完成。由于浇注混凝土工艺的要求，吊装索道单车有效载荷为25kN（1.5m^3混凝土），最小生产率应满足：浇捣量最大的右桥2号墩面K241+（009~014）要求12h连续浇注量达到130m^3。同时要求利用现有旧钢丝绳和管柱支架。据此进行设计计算。

一、索道选线

根据桥位的地形、地质，索道起点应有支架、锚碇和装卸场地，以及运输距离最短，集散方便的原则，多次实地勘测。经反复比较，最终确定K240+933~K241+288为上洋特大桥右桥索道选线方案，水平距离$l_{01}=355m$，弦倾角$\alpha_1=1.8°$；K240+941~K241+270为上洋特大桥左桥索道选线方案，水平距离$l_{02}=329m$，弦倾角$\alpha_2=2.2°$。

二、设计资料

该地区风力8级，风压强度0.5kPa；气温0~35℃，安装温度25℃；无地震。

承载索：6×19-28-1550（GB/T 8918—1996），钢丝破断拉力总和 $T_{p1}=44900N$；起重索、循环牵引索（简称"循环索"）、落钩索、风缆索：6×19-12.5-1700（GB/T 8918—1996），钢丝破断拉力总和 $T_{p2}=97300N$；上述各索的破断拉力降低系数 $C_T=0.85$；K_8-3 型跑车；闽林 821 型绞盘机；4 单元组合管柱支架。

三、总体布置

1. 索型

结合地形条件采用Ⅲ13型索系。经计算选用新、旧钢丝绳组合（相同规格 $\phi 28mm$ 钢丝绳）按旧索在上方，新索在下方布置。以右桥索道为例（跨距大，左桥索道类似），其缆索吊装布置见图6-6。风缆索在平面上按"×"形对称布置；支架垫木用扒钉将 20cm×20cm×200cm 的枕木钉成整体；支架基础设有碎石层；为了降低起重索、落钩索的下垂挠度，图6-6中有8对托索轮，根据作业要求移动后固定。

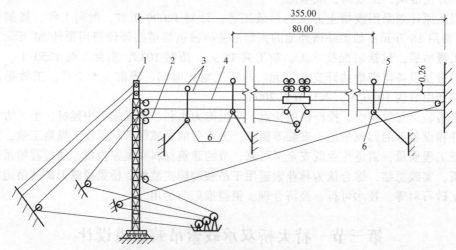

图6-6　右桥缆索吊装布置（尺寸单位：m）

1—双层索鞍　2—落钩索　3—承载索　4—循环索　5—起重索　6—托索

右桥缆索一端支点（福州方向）有420m以上标高的山坡，直接采用地垄形式（卧式）；另一端支点（三明方向）采用支架形式（图6-7）。

2. 支架最低高度

（1）右桥支架最低高度 $H_{支1}$（见文献［28］）

$$\begin{cases} D_0 = C + h_1 + h_2 + h_3 + h_4 + h_5 + F_1 \\ H_{支1} = D_0 - \dfrac{l_{01}}{2}\tan\alpha_1 - A \end{cases} \qquad(6\text{-}20)$$

式中　D_0——弦线中点高程；

　　　A——支架底高程，$A=404.92m$；

　　　C——跨中相应桥面高程，$C=395.69m$；

　　　h_1——吊件的自由高度，取 $h_1=0.5m$；

　　　h_2——吊件（料斗）高度，取 $h_2=1.0m$；

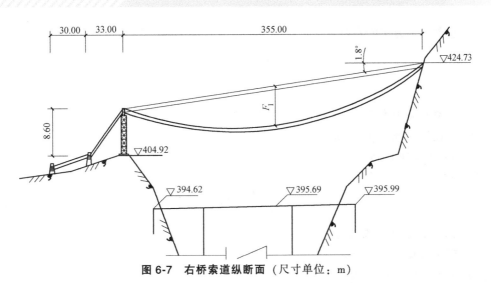

图 6-7 右桥索道纵断面（尺寸单位：m）

h_3——吊件至吊钩间的吊索自由高度，取 $h_3 = 1.0$m；
h_4——动滑轮（吊钩）悬空高度，取 $h_4 = 1.0$m；
h_5——定滑轮上轮槽至承载索高度，取 $h_5 = 0.5$m；
F_1——有荷中央挠度，$F_1 = 18.52$m。

经计算：$H_{支1} = 7.71$m。

右桥支架高拟设计 8.60m（包括基础垫木 0.20m，索鞍 0.40m）。

(2) 左桥支架最低高度 $H_{支2}$ 计算方法与右桥类似，经计算 $H_{支2} = 11.26$m，左桥支架高拟设计 12.0m。

四、技术参数

1. 承载索计算

给定条件数据：无荷中挠系数 $S_0 = 0.036$；跨距等分数 $M = 20$；单根承载索的设计荷载 $F_p = 15000$N；单根承载索跑车轮数 $N_0 = 4$。

单根承载索规格参数：单位长度重力 $q = 27.4$N/m；弹性模量 $E = 100000$MPa；横截面面积 $A = 289.95$mm^2；折旧系数 $C_{T1} = 0.85$。

应用第五章叙述的悬链线理论单跨索道设计，编制计算机辅助设计系统，单根旧索计算结果，见表 6-1。

表 6-1 单根旧索计算结果

设计计算结果	右桥吊装索道	左桥吊装索道
有荷中央挠度/m	$F_1 = 18.52$	$F_2 = 17.21$
第 19 或第 1 等分点的升角/(°)	$\gamma_1 = 19.63$	$\gamma_2 = 8.20$
有荷最大拉力/N	$T_{M1} = 96559$	$T_{M2} = 94676$
承载索拉力与轮压的比值	$C_1 = 25.75$	$C_2 = 25.25$
承载索的实际安全系数	$N_1 = 3.36$	$N_2 = 3.43$

2. 起重索计算

由于右桥索道跨距较大，故起重索、循环索按右桥计算。

(1) 起重索张力 T_1 采用吊点平衡条件法计算（见文献 [27]）

$$T_1 = \frac{Q}{\dfrac{1}{f^3}+\dfrac{1}{f^4}} \tag{6-21}$$

式中　f——滑轮总阻力系数，滚动轴承取 $f = 1.02$；

　　　Q——设计荷载，$Q = 30000\text{N}$。

经计算：$T_1 = 16076\text{N}$。

(2) 起重索安全性验算

$$K_1 = \frac{T_{p2}C_T}{T_1} > 5 \tag{6-22}$$

经计算：$K_1 = 5.41$，安全。

3. 循环索计算

(1) 循环索最大张力 T_2

$$T_2 = W_1 + W_2 + W_3 + W_4 \tag{6-23}$$

1) 坡度阻力 W_1 计算

$$W_1 = Q\sin\gamma_1$$

式中　γ_1——跑车沿承载索运行时最大升角，由承载索计算知 $\gamma_1 = 19.63°$。

$$W_1 = Q\sin\gamma_1 = 10078\text{N}$$

2) 行走轮摩擦阻力 W_2 计算

$$W_2 = f_n Q\cos\gamma_1$$

$$f_n = \mu_1 \frac{r_1}{R} + \mu_0 \frac{1}{R}$$

式中　f_n——跑车运行时摩擦阻力系数；

　　　μ_1——轴承摩擦系数，取 $\mu_1 = 0.01$；

　　　R——行轮半径，$R = 130\text{mm}$；

　　　r_1——行轮轴半径，$r_1 = 13\text{mm}$；

　　　μ_0——行走轮在承载索上滚动摩擦系数，敞露式钢丝绳取 $\mu_0 = 0.5\text{mm}$；

$f_n = 0.0048$，$W_2 = f_n Q\cos\gamma_1 = 136\text{N}$。

3) 循环索松边张力 W_3 计算

$$W_3 = \frac{q_3 l_3^2}{8f_{03}}$$

式中　q_3——循环索单位长度重力，$q_3 = 5.412\text{N/m}$；

　　　l_3——松边循环索的跨度，取托索轮的间距，$l_3 = 44.38\text{m}$；

　　　f_{03}——松边循环索中央挠度，$f_{03} = S_{03}l_3$，S_{03} 为松边循环索无荷中挠系数，取 $S_{03} = 0.02$，则 $f_{03} = 0.89\text{m}$。

$$W_3 = \frac{q_3 l_3^2}{8f_{03}} = 1497\text{N}$$

4) 滑轮滚动阻力 W_4 计算

$$W_4 = (W_1 + W_2 + W_3)(f^{a+b} - 1)$$

式中 a——循环索转动的导向滑轮数目，$a=4$；
　　 b——起重索转动的滑轮数目，$b=5$。

$$W_4 = (W_1+W_2+W_3)(f^{a+b}-1) = 2285\text{N}$$

所以 $T_2 = W_1+W_2+W_3+W_4 = 13996\text{N}$

（2）循环索安全性验算

$$K_2 = \frac{T_{p2}C_T}{T_2} > 5 \tag{6-24}$$

经计算：$K_2 = 5.91$，安全。

4. 支架及风缆验算

由于左、右桥索道线形及基本参数大体相当，而左桥支架高，故仅验算左桥支架。

（1）承载索外侧倾角 β、内侧倾角 γ_2 支架受力及风缆索布置见图 6-8。承载索外侧倾角 $\beta = 17°$；内侧倾角取第1等分点升角，$\gamma_2 = 8.20°$。

（2）最不利工况下的支架荷载 承载索在支架上水平分力 H_1 和垂直分力 V_1 为

$$\begin{cases} H_1 = 2T_{M2}(\cos\gamma_2-\cos\beta) \\ V_1 = 2T_{M2}(\sin\gamma_2+\sin\beta) \end{cases} \tag{6-25}$$

经计算：$H_1 = 6338\text{N}$，$V_1 = 82368\text{N}$。

起重索与循环索在支架上水平分力 H_2 和垂直分力 V_2 为

$$\begin{cases} H_2 = 2(T_1+T_2)(\cos\gamma_2-\cos\beta) \\ V_2 = 2(T_1+T_2)(\sin\gamma_2+\sin\beta) \end{cases} \tag{6-26}$$

经计算：$H_2 = 2013\text{N}$，$V_2 = 26163\text{N}$。

（3）支架自重 M（见文献[29]） 现有管柱支架，4个单元方形组成1节，共3节。经计算单元自重合计 1282N，支架自重 $M = 15384\text{N}$。

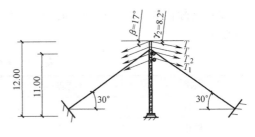

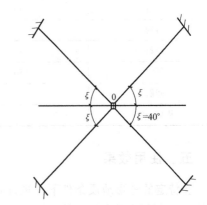

图 6-8 支架受力及风缆索布置

（4）支架稳定性计算 经计算不设风缆索支架倾覆稳定性 $K = 0.50 < [K] = 1.3$（见文献[30]），故应增设风缆索，以保证倾覆稳定性要求。风缆索拉力安全系数 $K_3 = 17.1 > 3.5$（见文献[30]），安全。

（5）支架在总垂直力作用下的强度和稳定性验算 支架总垂直力 $\sum V = 130115\text{N}$；管柱净面积 $\sum F_净 = 4068.8 \times 10^{-6}\text{m}^2$；管柱截面积 $\sum F = 28952.9 \times 10^{-6}\text{m}^2$；挠曲受压折减系数 φ 由支架整体长细比 $\lambda_换$ 决定，查文献[32] 可得 $\varphi = 0.45$。

支架强度 $\sigma = \dfrac{\sum V}{\sum F_净} = 32.0\text{MPa} < [\sigma] = 150$（见文献[31]），故支架强度足够。

支架整体稳定性 $\sigma = \dfrac{\sum V}{\varphi \sum F} = 9.99\text{MPa} < [\sigma]$，故支架整体稳定性足够。

（6）锚碇计算 锚碇锚前土的压应力、滑动和倾覆稳定性，经计算，均满足规范要求。

5. 生产率验算

（1）工作循环周期时间 t

$$t = \frac{T}{n} \tag{6-27}$$

式中　T——总工作时间，运距180m的右桥2号墩面，连续浇筑130m³混凝土时间不得超过12h，$T = 12 \times 60\text{min} = 720\text{min}$；

　　　n——总的车数，$n = V/V_1$，V为浇筑混凝土总方数，$V = 130\text{m}^3$，V_1为单车容积，$V_1 = 1.5\text{m}^3$，故 $n = 130/1.5 = 86.7$。

$$t = \frac{T}{n} = 8.3\text{min}$$

（2）实际作业1个工作循环时间 t'　计算过程见表6-2。$t' = 6.2\text{min} < t = 8.3\text{min}$，满足生产率要求。

表6-2　1个工作循环时间

工序	行程/m	速度/(m/s)	运转时间/s
取物	—	—	30
提升	3	0.96	30
运行	180	2	100
落钩	14	0.96	30
卸料	—	—	60
回空	180	3	60
间歇	—	—	60
周期(t')	—	—	370(6.2min)

五、使用效果

在特定的地形地质条件下，进行有效合理的索道布局，以及主要技术参数的选择，并进行校核。经实地考察，双承载缆索在特大桥施工中安全适用，能满足吊装作业生产率要求。

第四节　特大桥可移动式承载索吊装索道设计

泉州至三明高速公路QA13标段（YK91+825~YK96+900）下岸特大桥，左线大桥桥长548.9m，右线大桥桥长558.9m，全桥共64个桥墩，最高墩高63m，属全线重点工程。常规缆索很难满足全桥吊装，且投资大，施工困难。由于要避开现有房屋和现运营公路，以及特定的地形地质条件所限，业主想尽办法，求助咨询了多家设计、科研单位，均未获得满意的方案。为寻求最佳吊装方案，索道设计以1号和15号墩的连线为中轴线，满足左右横向移动30m的吊装区，每个吊装区各由一条Ⅲ13型索道系承吊，创造性采用可移动式承载索，能照顾到所有桥墩。索道的横向移动，一端沿吊索的鞍座移动，另一端由两条松紧式锚索调整实现；索道的锚固全部采用钢筋混凝土桩式结构，施工时严格控制各锚桩的高程。索道设计计算按两条承载索同时负载的最不利条件进行，从而使整个索道达到安全、可靠和经济合理的目的。

一、索道选线

综合考虑泉三高速公路的下岸特大桥地形地质、特定的装卸场地、运输距离最短、作业安全和集散方便等因素，确定选线方案：索道承载索上支点位于高程 596.00m 处，下支点定于高程 575.08m 处，水平跨距 $l_0 = 800$m，弦倾角 $\alpha_1 = 1.5°$；确定鞍座吊索上支点位于高程 610.00m 处，下支点定于高程 586.00m 处，水平跨距 $l_0 = 410$m，弦倾角 $\alpha_1 = 3.35°$。

二、设计资料

该地区风力 8 级；风压强度 500Pa；安装温度 25℃；无地震。依据《森林工程林业架空索道设计规范》（LY/T 1056—2012）、《货运架空索道安全规范》（GB/T 12141—1989）和《钢丝绳》（GB/T 20118—2006），选用承载索 38 6×19 NFC 1870 B ZZ，破断拉力 $T_p = 829$kN；起重索 12 18×7 NFC 1870 B ZS，破断拉力 $T_{pQ} = 88.3$kN；循环牵引索 12 6×19 NFC 1870 B ZS，破断拉力 $T_{pq} = 82.7$kN；鞍座吊索 44 6×19 NFC 1870 B ZS，破断拉力 $T_{pD} = 1\,110$kN；钢丝绳的弹性模量 $E = 90000$MPa；两个 K_1 跑车；两台 JS_3-3 绞盘机；钢筋混凝土桩式锚锭（主桩+副桩）。

三、总体布置

结合地形条件，上下两支点高差不大，跑车需要往复牵引，采用Ⅲ13型索道索系，鞍座吊索采用Ⅱ02型索道索系。索道纵断面，见图6-9（1为206省道）；索道平面和鞍座吊索纵断面，分别见图6-10和图6-11。

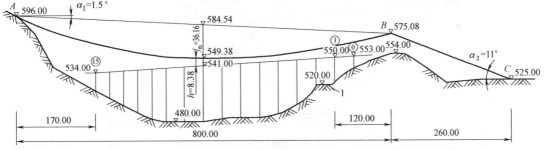

图 6-9　索道纵断面

承载索跨距 $l_0 = 800$m，倾角 $\alpha_1 = 1.5°$，$\alpha_2 = 11°$，无荷中挠系数 $S_0 = 0.04$。为了减少起重索下垂，在索道上支点 100m 处，下支点 60m 处设托索轮；为了减少锚锭工程量及改善其受力条件，各锚桩后 10m 左右设一副桩；索道下支点的横向移动由鞍座横移，上支点 Y 形张紧索的松紧配合实现，可借助两台绞盘机或 5t 手拉葫芦作业，横移前适度放松承载索。

索道放样基准线为 1 号和 15 号墩的连线，各锚桩定位点根据地形条件允许±0.20m 误差；锚锭采用钢筋混凝土立式双联桩锚，后桩布置一律在主桩后方 10m 左右；绞盘机布置朝向上支点，能通视全桥，绞盘机房相互距离 20m 左右；1~14 号均为 HD30 转向滑轮，1、2、11、12、13、14 依桩悬挂，3~10 固定在承载索上，其中 3、4 距上支点约 160m，5、6 距鞍座 100m，边跨靠鞍座 30m 处承载索上悬挂滑轮 9、10，通过起重索，边跨靠鞍座 1m 处

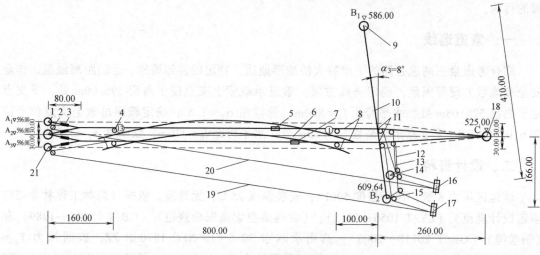

图 6-10 索道平面

1、2、9、14、15、18、21—锚锭（A_1、A_2、B_1、D、B_2、C、A_3） 3—HF300 复式滑车 4—转向滑车（3t，共 14 个） 5、7—K_1 跑车 6—基准线 8、10—承载索 11—索鞍 12、13—起重索 16、17—绞盘机 19、20—循环牵引索

的承载索上悬挂滑轮 7、8，通过牵引索；索鞍由两个托索轮对接而成一个整体，上托索轮可沿吊索行走，下托索轮承托承载索。

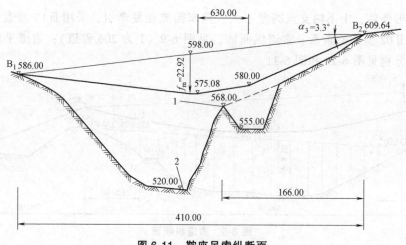

图 6-11 鞍座吊索纵断面

1—基准点 2—206 省道

四、技术参数

1. 承载索计算

应用悬链线理论，编制计算机辅助设计系统，输出设计计算结果：无荷中挠系数 $S_0 = 0.04$，双线设计荷载 $P = 38035\text{N}$，无荷悬索长度 $L_0 = 803.67\text{m}$，有荷水平张力 $H_P = 247615\text{N}$，承载索有荷最大拉力 $T_M = 251695\text{N}$，承载索的耐久性验算 $C = 26.47$，承载索的实际安全系数 $N_1 = 3.29$。

2. 鞍座吊索设计计算

货运索道，当跨距中出现跑车数 $b<3$ 时，$b=2$，则荷载分布系数 Z_Z 为

$$Z_Z = Z_Y = (b-1)\left(1-0.5b\frac{a}{l_0}\cos\alpha\right) = (2-1)\left(1-0.5\times2\times\frac{60}{410}\cos3.3°\right) = 0.854$$

化为集中荷载系数为 1.854。

承载索下支点方向角 θ_B 为

$$\theta_B = \arctan\theta_B = \arctan(\tan\alpha - 4S_0) = \arctan(\tan1.5° - 4\times0.045) = -8.7°$$

鞍座吊索设计荷重 P_d 为

$$P_d = 1.854 T_M(\sin11° + \sin8.7°) = 1.854 \times 251695\text{N} \times (0.191 + 0.151) = 159591\text{N}$$

应用悬链线理论，编制计算机辅助设计系统，输出设计计算结果：无荷中挠系数 $S_0 = 0.045$，无荷悬索长度 $L_0 = 412.88\text{m}$，鞍座吊索有荷最大拉力 $T'_M = 552505\text{N}$，鞍座吊索的耐久性验算 $C = 13.85$，鞍座吊索的实际安全系数 $N_1 = 2.01$。

3. 工作索的计算

（1）起重索计算

1）提升货物时起重索张力 T_2

$$T_2 = T_Q + T_q + T_R + T_a \tag{6-28}$$

式中　T_Q——货物重量产生的拉力，$T_Q = \dfrac{Q}{2\sin\dfrac{\theta}{2}}$，$Q = 25100\text{N}$（货物重+载物钩重），取起重索拉力包角 $\theta = 150°$，代入算得 $T_Q = 12993\text{N}$；

　　　T_q——起重索自重附加在跑车上的分力，$T_q = \pm q_Q h$，由于绞盘机低于承货点，则承货点到绞盘机位置高度差 $h = -29\text{m}$，起重索单位长度重力 $q_Q = 5.62\text{N/m}$，代入算得 $T_d = -163\text{N}$；

　　　T_R——综合阻力，绕过滑轮、贴地运行等产生的摩擦阻力，$T_R = (T_Q + W)f_0$，起重索自重 $W = q_Q L_0 = 5.62 \times 803.67\text{N} = 4517\text{N}$；由于滑轮数多，吊运距较长，取综合摩擦系数 $f_0 = 0.16$，代入算得 $T_R = 2802\text{N}$。

　　　T_a——惯性力，将货物视为匀速上升，$T_a = 0$。

代入式（6-28）算得，$T_2 = 15632\text{N}$，JS_3-3 绞盘机起重卷筒额定牵引力为 30000N，故起重力足够。

2）起重索安全系数 N_2 的校核

$$N_2 = \frac{T_{pQ}}{T_2} \geq 5.0 \tag{6-29}$$

式中　T_{pQ}——起重索的破断拉力，$T_{pQ} = 88300\text{N}$。

$N_2 = \dfrac{88300}{15632} = 5.65 > 5.0$，故所选起重索符合规范要求。

（2）循环牵引索计算

1）跑车运行时牵引索的拉力 T_3。由于 $\alpha = 1.5° < 10°$（缓坡），所以求 T_3。

$$T_3 = T'_Q + T'_R \pm T_q + T_a \tag{6-30}$$

式中　T_a——运行惯性力，$T_a = \dfrac{a}{g}(Q' + W')$，$Q' = $ 货物重+跑车重 $= (25000 + 2000)\text{N} = 27000\text{N}$，牵

引索附加于跑车上的自重 $W' = \dfrac{W_Q}{2} = 5.05 \times \dfrac{803.67}{2}$ N = 2029N，重力加速度 $g = 9.81\text{m/s}^2$，

紧急制动，取加速度 $a = 0.75\text{m/s}^2$，代入得 $T_a = \dfrac{0.75}{9.81} \times (27000+2175)$ N = 2222N；

T_q——牵引索自重附加在跑车上分力，$T_q = \pm q_Q h$，由于绞盘机低于承货点，则承货点到绞盘机位置高度差 $h = -29$m，牵引索单位长度重力 $q_Q = 5.05$N/m，代入算得 $T_q = -146$N；

T'_Q——克服摩擦力时线路坡度及重车荷载产生的拉力，$T'_Q = Q'\sin\gamma - fQ'\cos\gamma$，取跑车运行阻力系数，$f = 0.01$，$\gamma$ 为跑车升角，求牵引索最大拉力时，跑车运动到上支点，由

$$\tan\gamma = \tan\alpha + \dfrac{l_0}{2H_P}\left(\dfrac{P}{l_0} + \dfrac{q}{\cos\alpha}\right) = \tan 1.5° + \dfrac{800}{2\times 247615}\left(\dfrac{38035}{800} + \dfrac{50.7}{\cos 1.5°}\right) = 0.1834$$

算得 $\gamma = 10.39°$，代入得 $T'_Q = 27000 \times (\sin 10.39° - 0.01\cos 10.39°)$ N = 4604N；

T'_R——重车的综合阻力，$T'_R = (T'_Q + W)f_0$，牵引索自重 $W = q_Q L_0 = 5.05 \times 803.67$N = 4059N，代入算得 $T'_R = (4604+4059) \times 0.16$N = 1386N。

代入式（6-30）算得 $T_3 = (4064+1386-146+2222)$N = 7526N，$JS_3$-3 绞盘机的摩擦卷筒额定牵引力为 20000N，故牵引力足够。

2）牵引索安全系数 N_3 的校核

$$N_3 = \dfrac{T_{pq}}{T_3} \geqslant 5.0 \tag{6-31}$$

式中　T_{pq}——牵引索的破断拉力，$T_{pq} = 82700$N。

$N_3 = \dfrac{82700}{7526} = 10.99 > 5.0$，故所选牵引索符合规范要求。

（3）绞盘机功率 N_X 的校核

$$N_X = \dfrac{Fv}{\eta_1 \eta_2} \tag{6-32}$$

式中　F——缠绕在绞盘机主卷筒中层上的工作索的最大牵引力，由于 $T_2 > T_3$，所以选 T_2 作为 F；

v——缠绕在绞盘机主卷筒中层上的工作索的牵引速度，取 $v = 1.5$m/s；

η_1——绞盘机从发动机输出轴至卷筒轴之间的总传动效率，取 $\eta_1 = 0.65$；

η_2——内燃机高山功率降，取 $\eta_2 = 0.9$。

代入式（6-32）算得 $N_X = 40.08$kW < 51.5kW，JS_3-3 绞盘机额定功率为 51.5kW，满足要求。

4. 锚桩验算

采用钢筋混凝土立式双联桩锚，其受力分析见图 6-12。

在整个吊装索道中，鞍座吊索的锚桩受力最大，故取鞍座吊索的下支点锚桩进行验算。双联桩锚的后桩受力占 1/3 ~ 1/2，前桩已知数据：$T = 553$kN $\times 2/3 = 369$kN；$\alpha = 4°$；$d = 1.0$m；$L_1 = 5.0$m；$L_2 = 0.8$m；$a = 2.0$m；$b = 2.0$m；$c = 0.3$m；$h_上 = 4.0$m；$h_下 = 1.0$m。

（1）锚桩直径 d　锚桩设计为钢筋混凝土立桩，但这类结构的立桩目前无现成成熟的计

算公式,故先以相同直径的松木验算进行比较。

$$d \geqslant \sqrt[3]{\frac{10M_{\max}}{[\sigma_W]}} \tag{6-33}$$

$$M_{\max} = T \cdot \left[l + \frac{2}{3}\sqrt{\frac{T}{\gamma h(\lambda_\pi - \lambda_\delta)}} \right]$$

式中 $M_{\max}$——截面弯矩;

l——锚绳至上挡木中心(即 $P_\text{上}$ 作用点)的距离,$l = a+c = 2.3\text{m}$;

γ——土壤重度,取 20kN/m^3;

h——上挡木高度,$h = h_\text{上} = 1.0\text{m}$;

λ_π——被动土压力系数,为 4.58;

λ_δ——主动土压力系数,为 0.22。

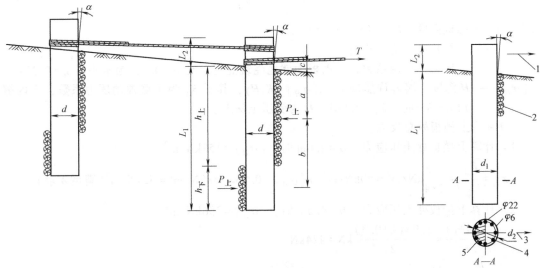

图 6-12 锚桩受力分析

1—承载索方向 2—挡木 3—承载索拉力 4—受压区 5—受拉区

代入算得

$$M_{\max} = T \cdot \left[l + \frac{2}{3}\sqrt{\frac{T}{\gamma h(\lambda_\pi - \lambda_\delta)}} \right] = 369 \times \left[2.3 + \frac{2}{3}\sqrt{\frac{369}{20 \times 1 \times (4.58 - 0.22)}} \right] \text{kN} \cdot \text{m} = 1355 \text{kN} \cdot \text{m}$$

查文献 [27] 松木许可弯曲应力 $[\sigma_W] = 10780 \text{kN/m}^2$,则 $d \geqslant \sqrt[3]{\frac{10 \times 1355}{10780}} \times 100 \text{cm} = 108 \text{cm}$。

本设计为钢筋混凝土立桩 $d = 100 \text{cm}$。钢筋混凝土圆形截面受弯构件的破坏,最终表现为受压区混凝土压碎。所以,只要校核受压区混凝土的强度即可(C30 混凝土轴心抗压设计强度 $[\sigma] = 17.5 \text{MPa}$)。

$$\sigma = \frac{M_{\max}}{W} = \frac{M_{\max}}{\frac{\pi}{32}d^3} = \frac{1355}{\frac{\pi}{32} \times 1^3} \text{kN/m}^2 = 13802 \text{kN/m}^2 < [\sigma] = 17500 \text{kN/m}^2 (安全)$$

(2)锚桩的上拔力(垂直向上分力)

锚桩自重 $G = \dfrac{\pi d^2}{4} \times (L_1 + L_2) \times \gamma = \dfrac{\pi \times 1.0^2}{4} \times (5.0 + 0.8) \times 20 \mathrm{kN} = 91.6 \mathrm{kN}$

垂直向上分力 $V = T\sin\alpha = 369\mathrm{kN} \times \sin 4° = 26\mathrm{kN}$

本设计无论承载索或鞍座吊索，倾角均很小（最大为 11°），上拔力都小于锚桩自重，故安全。

(3) 锚桩入土深度 h

$$h = \sqrt{12T/\gamma h_1 (\lambda_\pi - \lambda_\delta)} \tag{6-34}$$

式中 h_1——挡木高度，本设计为 4.0m。

代入算得 $h = \sqrt{\dfrac{12 \times 369}{20 \times 4 \times (4.58 - 0.22)}} \mathrm{m} = 3.6\mathrm{m} < L_1 = 5.0\mathrm{m}$（安全）

(4) 土壤压应力（见文献 [26]）

$$\sigma = \dfrac{P}{hl} \leqslant \eta [\sigma_H] \tag{6-35}$$

式中 h——挡板高度，$h_上 = 4\mathrm{m}$，$h_下 = 1\mathrm{m}$；

l——挡板长度，为 4.0m；

η——土压力不均匀系数，上挡板为就地浇筑混凝土时 $\eta = 0.9$，为木头时 $\eta = 0.33$；

$[\sigma_H]$——H 深度土壤容许压应力，$[\sigma_H] = K_1 H \gamma$，其中 K_1 为土壤被动压力系数，当内擦角 $\varphi = 35°$ 时，$K_1 = 3.961$，H 为受压土深度；

P——上挡板处总反力。

1) 计算上挡板处土压应力。$H = 2.0\mathrm{m}$ 时，$[\sigma_H] = 158\mathrm{kN/m^2}$。

$\sigma_上 = \dfrac{P_上}{h_上 l} = \dfrac{793}{4 \times 4} \mathrm{kN/m^2} = 50\mathrm{kN/m^2} < \eta[\sigma_H] = 0.33 \times 158 \mathrm{kN/m^2} = 52\mathrm{kN/m^2}$（满足要求）

2) 计算下挡板处土压应力。$H = 4.5\mathrm{m}$ 时，$[\sigma_H] = 356\mathrm{kN/m^2}$。

$P_下 = \dfrac{T(a+c)}{b} = \dfrac{369 \times (2 + 0.3)}{2} \mathrm{kN} = 424\mathrm{kN}$

$\sigma_下 = \dfrac{P_下}{h_下 l} = \dfrac{424}{1 \times 4} \mathrm{kN/m^2} = 106\mathrm{kN/m^2} < \eta[\sigma_H] = 0.33 \times 356\mathrm{kN/m^2} = 117\mathrm{kN/m^2}$（满足要求）

锚桩验算结论：钢筋混凝土锚桩直径的抗弯强度、垂直上拔力、土壤压应力和锚桩入土深度满足要求。因为 $T_M = 552505\mathrm{N}$ 是鞍索 $S_0 = 0.045$ 时受力，当承载索中部桥墩少量的顶部施工，需要张紧承载索或鞍座吊索 $S_0 \leqslant 0.03$ 时，为确保安全，只允许一台绞盘机作业。

五、使用效果

索道吊装施工方法具有结构简单、拆装方便、操作灵活和起吊高度大的特点，不受复杂地形的限制，可节省大量的临时支撑，缩短工期，提高经济效益。泉三高速公路下岸特大桥吊装索道的设计，创造性采用可移动式承载索，是在特定地形地质条件下，进行有效合理的布局，以及主要技术参数的选择，并进行校核。实践证明：该吊装索道在特大桥施工中安全、适用、高效，能满足吊装作业和高强度工作量的要求，取得了很好的经济效益与社会效益。

第五节 武当山特殊吊装索道设计

世界文化遗产、道教圣地武当山，位于鄂西北十堰市境内，东为古城襄樊隆中，南依原始森林神农架，西接车城十堰，北临南水北调水源地丹江库区。南岩为武当山六大景区之一，据记载，唐代时有道士在此修炼。元代曾在此大兴土木，修建宫殿。元仁宗于延佑元年（1314年）赐额"大天一真庆万寿宫"，可惜元末大部分毁于兵火。明永乐十一年（1413年）重建，有宫殿、道房、亭台等大小房间150间，赐额"大圣南岩宫"，到嘉靖三十一年（1552年）南岩宫扩大到460间，到清末大多又被毁废。今仅存元建的石殿，明建的南天门、碑亭、两仪殿等建筑及元君殿、南熏亭、圆光殿等遗址。玄帝殿（大殿）毁于1926年火灾。2003年6月17日，湖北省委、省政府武当山建设现场办公会敲定"保护为主，合理利用、科学规划、严格管理"方针后，修复南岩宫玄帝殿列为"保护为主"的重点工程之一。

玄帝殿修复工程，建筑面积658.19m²，投资641.68万元，所需修复材料总重量约3000t，根据原貌修复原则，特从美国进口特大、特长花旗松金柱36根，其中最长12m，直径800mm，重约5t。为使修复工程所需材料顺利安全的运至南岩宫玄帝殿遗址，同时不能破坏地表、树木、古残存建筑和旅游设施，不能影响游客旅游观光等，业主想尽办法，先后到武汉、南京等地咨询了多家设计、科研单位，均未获得满意的方案。当找到福建农林大学交通学院时已是第5家了，随后该学院组织有关教授、专家和技术人员进行实地踏查、测量及调研，经多种方案比选，最终拟订修建一条由飞升岩至南岩大殿（玄帝殿）西山墙外，沿悬崖深谷无人区，线路跨距约400m，设计荷载6.76t货运吊装索道。进料到材利用飞升崖隧道，有效解决了特大、特长、特重金柱吊装对乌鸦岭、宾馆、饭店、停车场及游客安全造成的隐患。

一、索道选线

综合考虑武当山地形、地质、风景景观和文物保护各个方面，根据索道起点应有支架、锚碇和装卸场地，以及运输距离最短，集散方便原则，经多次实地勘测、反复比较，最终确定索道上支点位于飞升岩（高程988.00m），下支点定于南岩大殿西山墙外（高程970.02m）的选线方案，水平跨距：$l_0=400$m，弦倾角：$\alpha_0=1.7°$。

二、设计资料

该地区风力8级，风压强度0.5kPa；安装温度25℃；无地震。

依据《林业架空索道设计规范》（LY 1056—2012）和《公路桥涵设计通用规范》（JTG D60—2015），钢丝绳查GB/T 20118—2017（文献[33]）选用：承载索6×19-37-1550，起重索6×19-14-1700，循环牵引索6×19-12.5-1550，钢丝绳的弹性模量$E=100000$MPa，破断拉力降低系数$C_T=0.85$；2个K_2-2跑车；闽林821型绞盘机；角钢格支架（∠75mm×75mm×10mm，∠650mm×650mm×3000mm）；ϕ60cm×400cm卧式木地桩锚碇。

三、总体布置

结合地形条件，两支点高差不大，跑车需往复牵引，故索道设计为Ⅲ13型索系，见图6-13。索道上支点附近有一个建造飞升岩水库时修建的隧道，可用作运输货物的通道，索道的装车点位于距隧道出口10m处，索道中线距受国家保护的龙头香水平距离5m，上支点在原飞升岩水库吊装索道的基础上改造而成，下支点采用支架形式，锚碇采用卧桩式。平面、纵面布置见图6-14、图6-15。

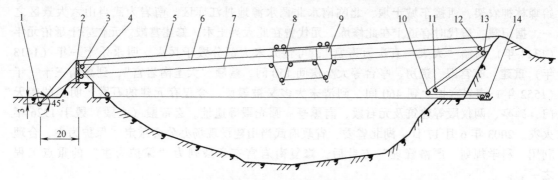

图 6-13　索道总体布置

1—地锚木（φ60cm×400cm）　2—支架（角钢格结构∠75mm×75mm×10mm，∠650mm×650mm×3000mm）
3、4、10、11、12、13—转向滑车（3t）　5—承载索（φ37mm×500m）　6—循环牵引索（φ12.5mm×1000m）
7—起重索（φ14mm×1000m）　8、9—K_2-2 跑车　14—闽林 821 绞盘机

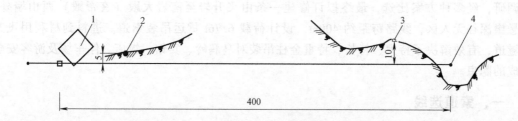

图 6-14　索道平面

1—玄帝殿旧址　2—龙头香　3—隧道口　4—飞升岩索道旧锚址

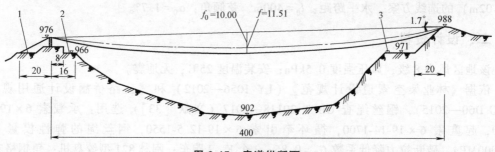

图 6-15　索道纵断面

1—侧殿址　2—玄帝殿旧址　3—隧道口

四、技术参数

1. 承载索计算

应用第五章叙述的悬链线理论单跨索道设计，编制计算机辅助设计系统，输出设计计算结果：无荷中央挠度系数 $S_0 = 0.025$，无荷悬索长度 $L_0 = 400.84$m，承载索有荷最大拉力 $T_M = 345384$N，承载索的耐久性验算 $C = 20.44$，承载索的实际安全系数 $N_1 = 2.16$，距上支点

10m 处的升角：$\gamma = 14.03°$。

2. 工作索计算

（1）起重索计算

1）起重索张力 T_1（见文献 [34]）

$$T_1 = \frac{P}{\beta}\mu \tag{6-36}$$

式中　P——设计荷载，$P = 67600N$（含跑车、吊钩等）；

　　　μ——冲击系数，考虑 2 个吊点力不均衡及起吊时的冲击，取 $\mu = 1.1$；

　　　β——滑轮组系数，起重索采用"走 4"布置，有效绳数 $n = 4$，$\beta = 3.65$。

算得 $T_1 = 20373N$，闽林 821 起重卷筒额定牵引力为 30000N，故起重力足够。

2）起重索安全系数 N_2

$$N_2 = \frac{T_{S2}C_T}{T_1} \tag{6-37}$$

式中　T_{S2}——起重索的钢丝破断拉力总和，$T_{S2} = 123000N$。

算得 $N_2 = \frac{123000 \times 0.85}{20373} = 5.13 > [N_2] = 5$，故所选起重索符合规范（LY/T 1056—2012）要求。

（2）循环牵引索计算

1）牵引索最大张力 T_2（见文献 [34]）

$$T_2 = (T_3 + T_4)\alpha \tag{6-38}$$

$$T_4 = fP\cos\gamma, \quad f = \mu_1\frac{R'}{R} + \mu_0\frac{1}{R}$$

式中　T_3——坡度阻力，$T_3 = P\sin\gamma = 67600N \times \sin14.03° = 16388N$；

　　　T_4——跑车运行的摩擦阻力；

　　　μ_1——轴承摩擦系数，取 0.01；

　　　R——行走轮半径，为 100mm；

　　　R'——轴承半径，为 30mm；

　　　μ_0——轮与钢索的摩擦系数，为 0.5；

　　　α——综合阻力系数，$\alpha = 1.1$。

算得 $f = 0.008$，$T_4 = 525N$，$T_2 = 18604N$，闽林 821 绞盘机的摩擦卷筒额定牵引力为 20000N，故牵引力足够。

2）牵引索安全系数 N_3

$$N_3 = \frac{T_{S3}C_T}{T_2} \tag{6-39}$$

式中　T_{S3}——牵引索的钢丝破断拉力总和，$T_{S3} = 82700N$。

算得 $N_3 = \frac{82700 \times 0.85}{18604} = 4.1 > [N_3] = 4$，故所选牵引索符合规范（LY 1056—1991）要求。

3. 锚碇计算

（1）上支点锚碇　上支点锚碇为原飞升岩水库吊装索道锚碇的基础上改造而成，该锚碴为一整体天然岩石，经中间开凿深1.30m，宽0.6m沟槽，形成沿索道方向的前后两个驼峰形锚碴，其锚固承载索处的基岩直径约2.5m。由于设计荷载大，拟在原槽的基础上加深0.5m，使基岩的直径达到3m，从而增大锚碴的自重，提高抵抗水平滑移的能力。经计算，承载索锚固位置以下0.5m处的基岩自重可达1000kN，加上岩石结构的自身咬合、胶结力，该锚碴安全。

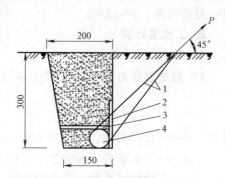

图6-16 锚碴受力分析

1—绷绳（φ28mm） 2—挡木（10cm×10cm×180cm，38块） 3—挡板（10cm×10cm×160cm，38块） 4—卧桩木（φ60cm×400cm）

（2）下支点锚碴 下支点锚碴采用卧桩式，槽坑下底宽1.5m、上底宽2.0m、长4.5m、深3.0m，内埋直径φ60cm、长4m的原木。为改善受力条件，原木上铺10cm×10cm×160cm的木板，原木前铺垫10cm×10cm×180cm木板作挡板，见图6-16（单位：cm）。

1）在水平分力作用下锚前土的压应力验算（见文献[26]）。

$$[\sigma] \geqslant \frac{P_1}{hl\eta} \tag{6-40}$$

式中 $[\sigma]$——深度3m处土壤的容许应力，查《公路桥涵设计通用规范》：$[\sigma]=0.5\sim0.6$MPa；

η——容许应力折减系数，$\eta=0.25$；

h——挡板高度，$h=1.8$m；

l——地垄木长度，$l=4.0$m；

P_1——水平分力，$P_1=P\cos45°$，$P=T_M=345384$N，$P_1=244223$N。

$$[\sigma] \geqslant \frac{P_1}{hl\eta} = \frac{244223}{1.8\times4.0\times0.25}\text{N/m}^2 = 135679\text{N/m}^2 = 0.136\text{MPa}(满足要求)$$

2）在垂直分力作用下锚碴的稳定性验算。

$$G+T \geqslant K_1 P_2 \tag{6-41}$$

式中 T——摩擦力，$T=f_1 P_1$，f_1为摩擦系数，取$f_1=0.5$，$T=0.5\times244223$N$=122112$N；

K_1——安全系数，$K_1 \geqslant 2$。

$G+T=(462000+122112)$N$=584112$N$>K_1 P_2=488446$N（稳定）

3）地垄木抗弯强度验算

$$\sigma_W = \frac{M}{W} \leqslant [\sigma_W] \tag{6-42}$$

式中 M——地垄木所受弯矩，$M=\dfrac{T_M l}{8}=\dfrac{345384\times4}{8}$N·m$=172692$N·m；

W——地垄木抗弯截面模量，$W=\dfrac{\pi d^3}{32}=21195$cm^3；

$[\sigma_W]$——地垄木容许弯曲应力，杉木$[\sigma_W]=10.78$MPa（见文献[27]）。

$$\sigma_W = \frac{172692}{21195}\text{MPa} = 8.15\text{MPa} < [\sigma_W] = 10.78\text{MPa}(抗弯强度合格)$$

4) 地垄木抗剪强度验算

$$\tau = \frac{T_M}{2A} \leq [\tau] \tag{6-43}$$

式中　A——地垄木截面积，$A = \pi d^2/4 = 2826 \text{cm}^2$；

　　　$[\tau]$——地垄木容许剪应力，杉木 $[\tau] = 0.9408\text{MPa}$（见文献[27]）。

$$\tau = \frac{345384}{2 \times 2826 \times 10^2} \text{MPa} = 0.611 \text{MPa} < [\tau] = 0.9408 \text{MPa} \quad （抗剪强度合格）$$

4. 支架计算

承载索通过支（塔）架，忽略摩擦阻力，可认为两边拉力相等，支架内侧倾角为1.7°，支架外侧索的水平夹角为45°。于是，支架顶的垂直力 $V_1 = T_M \sin 45° = 345384\text{N} \times \sin 45° = 244\text{kN}$。

查角钢格结构∠75mm×75mm×10mm，650mm×650mm×3000mm，当塔架高15m时，起重量为300kN（见文献[34]）。本设计塔架高仅12m，则起重量大于300kN，而支架顶的垂直力为 $V_1 = 244\text{kN} < 300\text{kN}$，故支架安全。

5. 缆风索计算

在支架外侧设两根缆风索，由于支架低，缆风索短，故不做验算。缆风索采用 $\phi 14\text{mm}$ 钢丝绳，其上配置3t OU型螺旋扣，以调整张力。

6. 生产率计算

（1）工作循环周期时间 t

$$t = \frac{T}{n} \tag{6-44}$$

式中　T——总工作时间，运距400m，连续运输的原材料重量300t的时间不超过10h，$T = 600\text{min}$；

　　　n——总车数，$n = V/V_1$；V 为运输原材料的总质量，$V = 300\text{t}$；V_1 为单车载质量，$V_1 = 5.5\text{t}$。

$$t = \frac{T}{n} = \frac{600\text{min} \times 5.5}{300} = 11\text{min}$$

（2）实际作业1个工作循环时间 t'　由表6-3计算得，$t' = 9.05\text{min} < t = 11\text{min}$，满足生产率要求。

表6-3　1个工作循环时间

工序	行程/m	速度/(m/s)	运转时间/s
取物			30
提升	3	0.96	30
运行	400	2.00	200
落钩	14	0.96	30
卸料			60
回空	400	3.00	133
间歇			60
周期(t')			543(9.05min)

五、使用效果

在特定的地形地质条件下，进行有效合理的索道布局，以及主要技术参数的选择，并进行校核。实践证明,吊装索道在运送玄帝殿修复工程所需材料中安全、适用、高效,既能保护景区环境与文物,又能满足吊装作业生产率和高强度工作量的要求,取得了很好的生态效益、经济效益与社会效益。

第六节 单索循环式货运索道

一、设计资料

试设计水平距离为 $L=2800\mathrm{m}$,两端高差为 $H=180\mathrm{m}$,$L_1=500\mathrm{m}$,$L_2=2000\mathrm{m}$,$L_3=300\mathrm{m}$,$h_1=40\mathrm{m}$,$h_2=230\mathrm{m}$,$h_3=10\mathrm{m}$,单位小时运量为 $A_k=100\mathrm{t/h}$,选用 DS-10-0.5 型货车自重为 $Q_0=200\mathrm{kg}$,容积为 $V=0.4\mathrm{m}^3$,装载量为 $Q'=700\mathrm{kg}$,名义运送速度为 $v=2.5\mathrm{m/s}$。该单索循环式货运索道见图 6-17。

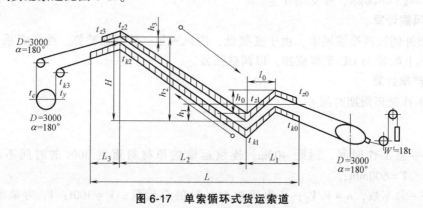

图 6-17 单索循环式货运索道

根据单位小时运量 A_k 和货车的载重量 Q',可算出此索道的发车间隔应为 25.2s,取发车时间为 25s 后,根据运行速度 $v=2.5\mathrm{m/s}$,可算出货车间距 $\lambda=62.5\mathrm{m}$。

索的最大拉力点与最小拉力点的高差 $h_2=230\mathrm{m}$,$L_2=2000\mathrm{m}$,预选牵引索采用 6×7 同向捻的钢丝绳,单位长度质量 q_0' 为

$$q_0' = \frac{n_0\lambda + h_2 - f_0 L_2}{9.4\dfrac{\sigma_B}{n} - (h_2 - f_0 L_2)} q' \qquad (6\text{-}45)$$

式中 σ_B——公称抗拉强度,$\sigma_B=1520\mathrm{MPa}$;

n_0——最小拉力与重车集中荷载之比,$n_0=9$;

n——安全系数,$n=4.5$;

f_0——线路阻力系数,$f_0=0.008$;

q'——单位长度集中载量,$q'=\dfrac{Q_0+Q'}{\lambda}$。

$$q_0' = \frac{9\times62.5+230-0.008\times2000}{9.4\times\dfrac{1520}{4.5}-(230-0.008\times2000)} \times \frac{200+700}{62.5} \mathrm{kg/m} = 3.78\mathrm{kg/m}$$

初选直径为 32mm 的钢丝绳,空索时单位长度重力为 $q_0 = 3.86 \times 9.81 \text{N/m} = 37.87 \text{N/m}$。

二、设计计算

1. 空货车重力 Q_0 与重货车重力 Q

空货车重力:$Q_0 = 200 \times 9.81 \text{N} = 1962 \text{N}$

重货车重力:$Q = Q_0 + Q' = (200 + 700) \times 9.81 \text{N} = 8829 \text{N}$

2. 空索时空车侧、重车侧的单位长度重力 q_K 与 q_Z

空车侧的单位长度重力 q_K 为

$$q_K = \frac{Q_0}{\lambda} + q_0 = \left(\frac{1962}{62.5} + 37.87\right) \text{N/m} = 69.26 \text{N/m} \tag{6-46}$$

重车侧的单位长度重力 q_Z 为

$$q_Z = \frac{Q}{\lambda} + q_0 = \left(\frac{8829}{62.5} + 37.87\right) \text{N/m} = 179.13 \text{N/m} \tag{6-47}$$

3. 配重计算

承载牵引索的最小拉力 $t_{\min}$ 为

$$t_{\min} = n_0 Q = 9 \times 8829 \text{N} = 79461 \text{N} \tag{6-48}$$

所需初拉力 t_0 为

$$t_0 = t_{\min} + q_Z h_1 + f_0 q_Z L_1 = (79461 + 179.13 \times 40 + 0.008 \times 179.13 \times 500) \text{N} = 87343 \text{N} \tag{6-49}$$

重锤的计算质量 W' 为

$$W' = \frac{2t_0}{g} = \frac{2 \times 87343}{9.81} \text{kg} = 17807 \text{kg} \tag{6-50}$$

所取的重锤按 18t 计,则其重力 $W = 18 \times 1000 \times 9.81 \text{N} = 176580 \text{N}$。

4. 特征点的拉力计算

驱动轮和配重游轮的直径为 3000mm,包角为 180°;垂直导向轮的直径为 2000mm,包角为 80°。查有关设计手册,轴承阻力系数 C_Z 见表 6-4,钢丝绳的刚性阻力系数 C_q 见表 6-5。

表 6-4 轴承阻力系数 C_Z

包角	导向轮直径/mm	
	3000	2000
80	0.0018	0.0021
180	0.0029	0.0032

表 6-5 钢丝绳的刚性阻力系数 C_q

直径/mm	导向轮直径/mm	
	3000	2000
32.0	0.0036	0.0055

由表 6-4、表 6-5 可知,驱动轮和配重游轮的阻力系数 C_1 为

$$C_1 = C_{1Z} + C_{1q} = 0.0029 + 0.0036 = 0.0065$$

垂直导向轮的阻力系数 C_2 为
$$C_2 = C_{2Z} + C_{2q} = 0.0021 + 0.0055 = 0.0076$$

承载牵引索各特征点的拉力为：

重车侧

$$t_{Z0} = \frac{W}{2}(1-0.5C_1) = \frac{176580}{2} \times (1-0.5 \times 0.0065) \text{N} = 88003\text{N} \quad (6\text{-}51)$$

$$t_{Z1} = t_{Z0} - q_Z h_1 - f_0 q_Z L_1 = (88003 - 179.13 \times 40 - 0.008 \times 179.13 \times 500)\text{N} = 80121\text{N} \quad (6\text{-}52)$$

$$t_{Z2} = t_{Z1} + q_Z h_2 - f_0 q_Z L_2 = (80121 + 179.13 \times 230 - 0.008 \times 179.13 \times 2000)\text{N} = 118455\text{N} \quad (6\text{-}53)$$

$$t_{Z3} = t_{Z2} - q_Z h_3 - f_0 q_Z L_3 = (118455 - 179.13 \times 10 - 0.008 \times 179.13 \times 300)\text{N} = 116234\text{N} \quad (6\text{-}54)$$

$$t_c = t_{Z3} - C_2 t_{Z3} = 116234 - 0.0076 \times 116234 = 115351 \quad (6\text{-}55)$$

空车侧

$$t_{K0} = \frac{W}{2}(1+0.5C_1) = \frac{176580}{2} \times (1+0.5 \times 0.0065) \text{N} = 88577\text{N} \quad (6\text{-}56)$$

$$t_{K1} = t_{K0} - q_K h_1 + f_0 q_K L_1 = (88577 - 69.26 \times 40 + 0.008 \times 69.26 \times 500)\text{N} = 86084\text{N} \quad (6\text{-}57)$$

$$t_{K2} = t_{K1} + q_K h_2 + f_0 q_K L_2 = (86084 + 69.26 \times 230 + 0.008 \times 69.26 \times 2000)\text{N} = 103122\text{N} \quad (6\text{-}58)$$

$$t_{K3} = t_{K2} - q_K h_3 + f_0 q_K L_3 = (103122 - 69.26 \times 10 + 0.008 \times 69.26 \times 300)\text{N} = 102596\text{N} \quad (6\text{-}59)$$

$$t_\gamma = t_{K3} + C_2 t_{K3} = (102596 + 0.0076 \times 102596)\text{N} = 103376\text{N} \quad (6\text{-}60)$$

5. 安全系数 N 校核

$$N = \frac{T_1 C_T}{T_M} \geq 4.5 \quad (6\text{-}61)$$

式中　T_1——钢丝绳的钢丝破断拉力总和，$T_1 = 62600 \times 9.81\text{N} = 614106\text{N}$；

　　　C_T——钢丝绳的破断拉力降低系数，$C_T = 0.88$；

　　　T_M——索上最大拉力为索上最高点的拉力，$T_M = t_{Z2} = 118455\text{N}$。

$$N = \frac{614106 \times 0.88}{118455} = 4.56 > 4.5 \quad (6\text{-}62)$$

符合我国货运索道用钢丝绳的安全标准。

6. 功率计算

正常情况下，驱动轮阻力 Δt 为

$$\Delta t = \frac{t_c + t_\gamma}{2} \times C_1 = \frac{115351 + 103376}{2}\text{N} \times 0.0065 = 711\text{N} \quad (6\text{-}63)$$

制动圆周力 P_Z 为

$$P_Z = t_c - t_\gamma - \Delta t = (115351 - 103376 - 711)\text{N} = 11264\text{N} \quad (6\text{-}64)$$

因为索道为负力运行，取制动运行速度为 $v_Z = 2.61\text{m/s}$，驱动装置的传动效率为 $\eta = 0.95$，则正常运行时的功率 N 为

$$N = \frac{P_Z v_Z \eta}{1000} = \frac{11264 \times 2.61 \times 0.95}{1000}\text{kW} = 27.9\text{kW} \quad (6\text{-}65)$$

最不利运行出现在 L_1 段中上坡（16%），产生在重车上坡缺车，并按连续缺 5 个货车考虑，缺车段的长度为 $l_0 = 5\lambda = 5 \times 62.5\text{m} = 312.5\text{m}$，缺车段的高差为 $h_0 = l_0 \times 16\% = 312.5\text{m} \times 0.16 = 50\text{m}$，缺车时的附加圆周力 ΔP 为

$$\Delta P = (q_Z - q_0)h_0 - f_0(q_Z - q_0)l_0 = [(179.13 - 37.87) \times 50 - 0.008 \times (179.13 - 37.87) \times 312.5] \text{N} = 6710 \text{N} \tag{6-66}$$

缺车时的最大圆周力 P'_Z 为

$$P'_Z = P_Z + \Delta P = (11264 + 6710) \text{N} = 17974 \text{N} \tag{6-67}$$

由于是制动运行，电动机功率备用系数为 $K = 1.3$，需用电动机功率 N 为

$$N \geqslant \frac{KP'_Z v_Z \eta}{1000} = \frac{1.3 \times 17974 \times 2.61 \times 0.95}{1000} \text{kW} = 57.9 \text{kW} \tag{6-68}$$

所以选用的电动机型号为 JR115-6，额定功率应为 75kW，这种电机产品的过载系数为 $\gamma = 1.9$。

7. 电动机功率验算

取制动时间为 $\tau = 25\text{s}$，重车侧的惯性力 J_Z 为

$$J_Z = \frac{q_Z}{g} L \frac{v_Z}{\tau} = \frac{179.13 \times 2800 \times 2.61}{9.81 \times 25} \text{N} = 5338 \text{N} \tag{6-69}$$

空车侧的惯性力 J_K 为

$$J_K = \frac{q_K}{g} L \frac{v_Z}{\tau} = \frac{69.26 \times 2800 \times 2.61}{9.81 \times 25} \text{N} = 2064 \text{N} \tag{6-70}$$

回转系数的惯性力 J 为

$$J = J_Z + J_K = (5338 + 2064) \text{N} = 7402 \text{N} \tag{6-71}$$

系统的制动功率 N_{ZD} 为

$$N_{ZD} = \frac{(P'_Z + J)v_Z \eta}{1000} = \frac{(17974 + 7402) \times 2.61 \times 0.95}{1000} \text{kW} = 62.92 \text{kW} \tag{6-72}$$

索道要求的安装功率 N_Y 为

$$N_Y = \frac{N_{ZD}}{0.75\gamma} = \frac{62.92}{0.75 \times 1.9} \text{kW} = 44.15 \text{kW} < 75 \text{kW} \text{（安全）} \tag{6-73}$$

8. 牵引索在驱动轮上的防滑验算

选择 DL30-75 型单槽立式驱动机，牵引索在驱动轮上的包角为 180°，取半硬聚氯乙烯衬垫的摩擦系数为 $\mu = 0.2$，有 $e^{\mu\alpha} = 1.87$。而承载牵引索重车上坡段缺车，附着最不利情况下制动时，取附着系数为 $\xi = 1.1$，要求的附着系数为

$$\xi \frac{t_c + J_Z}{t_\gamma - J_K} = 1.1 \times \frac{115351 + 5338}{103376 - 2064} = 1.31 < e^{\mu\alpha} = 1.87 \text{（安全）} \tag{6-74}$$

第七节　双线双索循环式货运索道

福建省厦门市健康步道起于厦门国际邮轮码头，沿狐尾山、仙岳山、园山、薛岭山、虎头山、金山、湖边水库、五缘湾、虎仔山与观音山，终于观音山梦幻沙滩，全长 23.1km。步道施工中主要需吊运 4 种部件：①桥墩（圆形钢柱），最长 8.0m，最大直径 1.0m；②桥梁纵梁，最长 9.0m，宽 0.6m，高 0.63m；③悬臂 T 形板及桥面系，打包宽 1.0m，高度低于 1.5m；④混凝土（钢柱内填充）。另外，还需要运输工器具设备和绿化材料等。

在施工过程中，遇到以下难点：树多密林，树高大部分在 10m 以上，根据施工规定，

不能大量伐树及破坏地貌结构，修建汽车通行施工便道行不通；材料输送最大质量为 3.2t，树密难以转弯，碰撞损坏力大；安装定位精度技术要求高；施工地段地形复杂，坡陡，同时栈桥线形弯曲大。

通过塔式起重机安装、桥面吊机滑行吊运和索道运输等方案比选后，索道运输方案凭借技术可行，经济合理，作业安全可靠等优势胜出。利用沿线 9 个一级平台（汽车运输可到达）架设大型主索道（全悬增力式货运索道），将构件运送至山上拟建桥梁旁或高处的二级平台，而后在栈桥地势较高的一侧沿路架设中型转运索道（双线双索循环式货运索道），可基本覆盖每个工作面。在路线弯曲较多且大中型索道都难以覆盖处，增设小型支线索道或扒杆等其他措施同步施工。

福建农林大学工程索道科研教学团队主导的"厦门健康步道钢构运输索道网设计"，其钢构吊装运输索道索系网技术的规划、设计、论证、评审、安装架设、施工作业与检测验收等遇到的技术问题及解决方案，大中型索道共 51 条，11248m。经实际使用表明，钢构吊装运输索道网建成，为厦门健康步道景观提升民生工程更好地有效服务。索道运输既能保证构件准确就位，还有着经济、高效、环保、安全且能更好保护森林生态的优势。

一、索道选线

厦门健康步道工程所在区域沿线穿过地貌单元主要为低山丘陵，坡积台地貌类型。线路途径山坡林地，地势起伏大，线路途径狐尾山山顶最高处高程 145.0m，线路起点处高程约 5.0m，最大高差 140m。

二维码 6-2
厦门健康步道
吊装钢构索道

二、设计资料

1) 额定运输负荷：3.5t；最大货运距离：2000m，索道最大升角：35°。
2) 索道运输形式：双线双索循环式货运索道。
3) 索的规格：承载索：$2×\phi 20mm$ 钢丝绳；循环牵引索：$\phi 12mm$ 钢丝绳。
4) 支架选择：中间支腿 $2×\phi 168mm$ 圆钢管，壁厚 5mm；调节支腿 $\phi 152mm$ 圆钢管，壁厚 5mm。
5) 横梁：Q235，25a 工字钢，宽 3m，考虑立塔抱杆底座能顺利通过。

三、总体布置

根据索道所需运输能力和现场实际地形，索道索系可分为单跨或多跨双线双索循环式货运索道（图 6-18）。

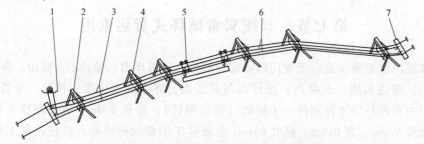

图 6-18 多跨双线双索循环式货运索道
1—绞盘机 2—鞍座 3—承载索 4—塔架 5—跑车 6—循环牵引索 7—地锚

四、设计案例

单跨双线双索循环式货运索道,要求支架不宜过高(无荷中挠系数 $S_0 = 0.02$)。应用第五章叙述的悬链线理论单跨索道设计,编制计算机辅助设计系统,输出结果。

1. 给定参数

水平跨距(m):$L_0 = 78.97$ 索道弦倾角(°):$\alpha = -0.901$

无荷中挠系数:$S_0 = 0.02$ 跨距等分数:$M = 20$

设计荷载(N):$Q = 40000$ 跑车轮数(个):$N_0 = 4$

温度差(℃):$\Delta t = 10$ 支点位移量(m):$\Delta l = 0.1$

物料重量(N):$P_1 = 32000$ 跑车重量(N):$P_3 = 1290$

载物吊钩重(N):$P_2 = 200$ 绞盘机与物料点高差(m):$h = 5$

2. 承载索规格参数

单位长度重力(N/m):$q = 32$ 承载索弹性模量(MPa):$E = 100000$

横截面面积(mm^2):$A = 302.08$ 钢丝绳破断拉力(N):$T_S = 470000$

破断拉力降低系数:$C_T = 1.0$ 钢丝绳的线膨胀系数:$\omega = 0.000011$

3. 循环索规格参数

循环索单位长度重力(N/m):$Q_Y = 5.76$ 循环索钢丝的破断拉力(N):$T_{qY} = 84600$

4. 设计计算结果

无荷索长(m):$L_0 = 79.06$ 有荷索长(m):$L_Y = 79.50$

无荷水平拉力(N):$H_0 = 15804$ 有荷水平最大拉力(N):$H_P = 178751$

无荷平均张力(N):$T_0 = 15823$ 有荷最大张力(N):$T_1 = 179962$

无荷跨中张力(N):$T_C = 15806$ 有荷平均拉力(N):$T_M = 179701$

下支点安装拉力(N):$T_X = 15877$ 振动波往返一次所需时间(S):$S_E = 2.27$

承载索耐久性:$C = 17.97$ 承载索的实际安全系数:$N_t = 2.62$

5. 各等分点的无荷挠度

$f_0[1] = 0.300$ $f_0[2] = 0.569$ $f_0[3] = 0.806$ $f_0[4] = 1.011$ $f_0[5] = 1.185$

$f_0[6] = 1.327$ $f_0[7] = 1.438$ $f_0[8] = 1.516$ $f_0[9] = 1.564$ $f_0[10] = 1.579$

$f_0[11] = 1.564$ $f_0[12] = 1.516$ $f_0[13] = 1.437$ $f_0[14] = 1.327$ $f_0[15] = 1.184$

$f_0[16] = 1.011$ $f_0[17] = 0.805$ $f_0[18] = 0.569$ $f_0[19] = 0.300$ $f_0[20] = 0.000$

6. 各等分点的有荷挠度

$f_K[1] = 1.558$ $f_K[2] = 2.350$ $f_K[3] = 2.943$ $f_K[4] = 3.410$ $f_K[5] = 3.780$

$f_K[6] = 4.070$ $f_K[7] = 4.287$ $f_K[8] = 4.439$ $f_K[9] = 4.528$ $f_K[10] = 4.558$

$f_K[11] = 4.527$ $f_K[12] = 4.437$ $f_K[13] = 4.284$ $f_K[14] = 4.065$ $f_K[15] = 3.775$

$f_K[16] = 3.404$ $f_K[17] = 2.937$ $f_K[18] = 2.343$ $f_K[19] = 1.552$ $f_K[20] = 0.000$

7. 地面可疑点坐标

水平距离(m):$X_Y = 78.97$ 垂直距离(m):$Y_Y = -1.242$

8. 疑点参数计算

有荷挠度(m):$F_Y = 0$ 疑点至有荷线形垂直距离(m):$H_Y = 6$

9. 工作索计算与绞盘机的选择

循环索的最大拉力(N):$T_3 = 6196.29$ 循环索实际安全系数:$N_3 = 13.65$

绞盘机所需要的实际功率(kW):$N_X = 23.88$

五、主要装备

1. 绞盘机

多跨双线双索循环式货运索道采用双向牵引绞盘机。技术参数如下：牵引轮直径为326mm；钢丝绳直径为12mm；柴油机的标定功率为22kW，转速为2200r/min；牵引能力见表6-6。

表6-6 双向牵引绞盘机各档位牵引性能

档位		牵引速度/(m/s)	牵引力/kN
前进档	快速	1.94	10
	慢速	0.56	35
倒档	快速	1.67	12
	慢速	0.50	40

2. 跑车

多跨双线双索循环式货运索道采用轻型跑车，承载力为50kN，上部安装4个行走轮，下部安装载物吊钩，配合手拉葫芦，实现货物的悬挂、提升、装卸与运送，跑车本体形状钳口尺寸与鞍座和循环牵引索直径相匹配。

3. 鞍座

鞍座包含吊架、鞍座体、索盖、鞍板、索槽和循环索滚筒等，吊架部分由上下盖板和8对螺栓组成，吊架通过螺栓固定安装在索道支架上，承载索放置在鞍板和索槽中，并加装索盖防止承载索从索槽中滑脱。

4. 支架

支架系统采用钢管结构方式。在满足运输情况下，支架高度应尽量降低，钢结构支架高度不大于6m。3m以下支架，可采用人工组立；3m以上支架应选择钢管支架进行整体组立。支架高度选择为4~6m，具体根据现场地形条件调整，支架支撑脚选择人字腿结构，夹角不大于60°，人字腿在地面组装好，支腿固定好后，进行横梁安装，安装时应特别注意钢丝绳鞍座的安装位置。索道支架均架设在粉质黏土或残积土上，在架设支架前需垫平夯实，防止支架发生沉降。

支架选择拉线固定，在支架侧面方向设置3道拉线，φ16mm 钢丝套+5t 链条葫芦+5t 地钻（或铁桩），索道支架拉线对地夹角应满足现场布置及安全设计要求，一般不大于45°，在支架两侧各用5根杂木棍，用钢丝绳将木棍绞紧固定在支架上，做上下支架的脚手架，以利于索道安装与维修。拉线设置见图6-19。

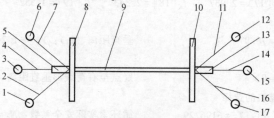

图6-19 支架拉线设置俯视

1、3、6、12、15、17—5t 地钻　2、4、7、11、14、16—5t 链条葫芦　5、8、10、13—支架腿　9—横梁

六、使用效果

厦门健康步道施工工程，利用索道运输系统，通过合理安排大、中、小型索道网，有效解决了大型装备和材料的运输难题，最大程度降低了施工过程中对周边环境的干扰，在保证工程质量的前提下，提高了工效，缩短了工期，同时，索道运输系统的材料可回收利用，节约建筑材料和工程投资，符合生态文明理念。

二维码 6-3
厦门步道步云桥索道吊运

思考题与习题

1. 武当山特殊吊装索道特殊在何处？
2. 特大桥双承载索吊装索道设计，新旧承载索设计是如何考虑的？
3. 单索循环式货运索道设计的主要内容是什么？
4. 索道交通与其他交通方式相比，具有哪些方面的优势？请列举案例说明。
5. 吊装索道与工程索道有何关系？
6. 索道除了在木材集运材、景区客运、柔性吊桥应用外，在一个新的领域应用索道重点要注意什么？如果钢丝绳采用新的材料代替，悬索理论是否还能满足？

第七章

缆索起重机装备与设计

【导读】 缆索起重机具有起升高度大、起重作业跨度大与作业范围广等特点，广泛应用于水电站和桥梁建设、电视塔顶设备吊装、森林采伐、采矿、堆料场装卸、水下疏浚、港口搬运和渡槽架设等方面，根据施工现场确定不同形式和吨位的缆索起重机选用方案。缆索起重机缆索吊装系统的运行安全性直接影响着施工安全和施工工期，应对缆索吊装系统中的缆索进行计算。

【提要】 缆索起重机定义与应用特点，以主索的数量、工作速度、基本类型和复合机型不同类型的缆索起重机说明其应用场合；缆索起重机装备介绍缆索起重机各部分结构。缆索起重机设计侧重于设备选型、布置原则与要求，以福建寿宁坪坑大桥为案例介绍施工装备的配置，重点在缆索吊装系统校核计算。缆索起重机施工工序包括牵引索安装、起重索安装、跑车连接、主索及缆风索调整等，最后通过调试、试吊完成缆索吊装系统架设。

【要求】 学习缆索起重机的概念与系统组成，理解缆索起重机的特点与不同缆索起重机的应用场合。通过工程案例，掌握缆索起重机设备选型及其校核计算；缆索起重机施工顺序、安装工作与试吊要点。

第一节 缆索起重机装备

缆索起重机（简称缆机）是一种以柔性钢丝绳作为大跨距支承构件，兼有垂直运输和水平运输功能的特种起重机械。缆索起重机在混凝土大坝工程常被用作主要的施工装备之一。此外，在渡槽架设、桥梁建筑、码头施工、森林工业、堆料场装卸与码头搬运等方面有广泛用途，可配用抓斗进行水下开挖。与门式或塔式起重机栈桥法施工相比，有以下优越性：

1) 无须架设施工栈桥，不占用直线工期，基坑开挖后即可形成生产能力浇筑混凝土，无施工度汛问题。

2) 缆索起重机的浇筑与导流方式无关，基本上与其他地面施工装备互不干扰。

3) 可采用较高的起升、下降及小车运行速度（横移速度），因而其工效比门式或塔式起重机高得多。

4）必要时可用作沟通两岸的交通工具。

缆索起重机存在一定的局限性：

1）缆索起重机轨道基础的开挖和混凝土浇筑工程量一般都比较大，都位于坝肩以上较高的高程上，基础工程和安装的工作困难较多。

2）缆索起重机是一种比较复杂的专用装备，其设计、制造、安装与调试所需周期较长，必须提前订货和安排，不像门式或塔式起重机通用性较强，制造安装周期较短。

3）使用缆索起重机，必须熟练掌握操作技术，操作人员必须经过较长时间的培训（3~6个月以上）。

4）缆索起重机与门式或塔式起重机相比，单台造价要昂贵得多，而且主索（承载索）目前还需进口。

5）缆索起重机通用性较差，在后续工程中往往需要做不同程度的改造，有时由于工程条件不适宜，被长期搁置或废弃。

能否真正发挥缆机施工的优越性，主要取决于工程的设计及地形地质条件。一般认为峡谷系数（深与宽之比）为1:3以上的峡谷河床中的高坝采用缆机施工较为有利，对于拱坝及重力坝施工尤为适宜。

一、缆索起重机类型

缆索起重机按其主索的数量分有单线、双线及四线缆机，按工作速度又可分为高速、中速与低速缆机等。按主索支点有6种基本类型，由此可派生若干复合机型，见表7-1。最常用的是平移式和辐射式两类。

二维码7-1 缆索起重机概述

表7-1 缆索起重机一览

类型		覆盖范围	适用工程	布置灵活性	基础工程量	造价	备注
基本机型	固定式	直线条带	桥梁、渡槽、碾压混凝土坝与辅助工程	好	小	低	
	摆塔式 单	狭长梯形	桥梁、条形坝、坝顶部位与溢洪道	较好	较小	较低	
	摆塔式 双	狭长矩形					
	平移式	矩形	各种坝型，用于薄拱坝时经济性差	差	较大	高	
	辐射式	扇形	拱坝、重拱坝与条形坝	较差	较大	较高	
	索轨式 单	梯形	中小型工程，覆盖范围比摆塔式宽	较好	较小	较低	难以用于大型缆机
	索轨式 双	矩形、梯形					
	拉索式 单	梯形	小型工程，起重量在4.5t以下				只能用于小型缆机
	拉索式 双	矩形、梯形					

(续)

类型		覆盖范围	适用工程	布置灵活性	基础工程量	造价	备注
派生机与复合机型	H形	狭长矩形	中小型工程			相当2台固定式	只能设置1台
	川字形	狭长矩形					只能设置1台,可利用固定式缆机进行改造
	斜平移式	平行四边形	与平移式相同	优于平移	小于平移式	略高于平移式	
	一侧延长平移式	梯形					
	双弧移式	宽扇形					
	辐射双弧移式	扇形	与辐射式相同	略优于双弧移式	小于双弧移式	低于双弧移式	
	摆塔辐射式			不及辐射双弧移式	略大于辐射式	高于辐射式	同组轨道只能设置1台
坡道	平移式	矩形	与平移式相同	远优于平移式	小于平移式	略高于平移式	支架形式只宜采用低塔架或支承车
	辐射式	扇形	与辐射式相同	远优于辐射式	小于辐射式	略高于辐射式	

二、缆索起重机装备

缆索起重机装备,按其用途和结构可分为主索、起重索、牵引索、结索、扣索、塔架及索鞍、电动卷扬机及手摇绞车和锚固装置等。

1) 主索。主索为承重索或运输天线。它横跨桥墩,支承在两侧塔架的索鞍上,两端锚固于地锚。吊运拱箱(肋)或其他构件的行车支承于主索上。主索断面根据吊运的构件重量、垂度与计算跨度等因素进行设计。一般根据桥面宽度(两外侧拱箱的距离)及装备供应情况可设三组主索。每组主索可由若干根平行钢丝绳组成。

2) 起重索。用于控制吊物的升降(即垂直运输),一端与卷扬机相连,另一端固定于对岸的地锚上。当行车在主索上沿桥跨往复运行时,可保持行车与吊钩间的起重索长度不随行车的移动而改变。

3) 牵引索。用于拉动行车沿桥跨方向在主索上移动(即水平运输),故需一对牵引索。既可分别连接在两台卷扬机上,也可合拴在一台双滚筒卷扬机上,便于操作。

4) 结索。用于悬挂分索器,使主索、起重索与牵引索不致相互干扰。它仅承受分索器重量及自重。

5) 扣索。当拱箱(肋)分段吊装时,需用扣索悬挂端段箱(肋)及中段箱(肋),并可利用扣索调整端与中段箱(肋)接头处标高。扣索的一端系在拱箱(肋)接头附近的扣环上,另一端通过扣索排架或塔架固定于地锚上。为了便于调整扣索的长度,可设置手摇绞车及张紧索。

6）缆风索（也称为浪风绳），用来保证塔架的纵横向稳定及拱肋安装就位后的横向稳定。

7）塔架及索鞍。塔架是用来提高主索的临空高度及支承各种受力钢索的结构物。塔架形式按材料可分为木塔架和钢塔架两类，目前多采用钢塔架。钢塔架可采用龙门架式、独脚扒杆式或万能杆件拼装成的各种形式。塔架顶上设置索鞍，放置主索、起重索与扣索等。索鞍可以减小钢丝绳与塔架的摩阻力，使塔架承受较小的水平力，减小钢丝绳的磨损。

8）电动卷扬机及手摇绞车。用作牵引与起吊等的动力装置电动卷扬机，速度快，但不易控制，一般多用于起重索和牵引索。对于要求精细调整钢束的部位，多采用手摇绞车，以便于操纵。

9）地锚（也称为地垄或锚锭）。用于锚固主索、扣索、起重索及绞车等。地锚的可靠性对缆索吊装的安全有决定性影响，设计与施工都必须高度重视。按照承载能力的大小、地形和地质条件的不同，地锚的形式和构造可以是多种多样的。可以利用桥梁墩作为锚碇，能节约材料，否则需设置专门的地锚。

10）附属装置。附属装置有在主索上行驶的行车（俗称跑马滑车）、起重滑车组、各种倒链葫芦、法兰螺栓、钢丝卡子（钢丝轧头）、千斤绳与横移索等。

三、缆索起重机技术发展

缆索结构作为能充分发挥材料抗拉性能的一种结构形式，在古代就为人们所认识，古人用树皮或藤条等韧性材料编成绳索，做成索道跨越深沟或其他障碍，至今在云南、贵州等地交通不便的山区仍沿用小滑车溜钢索的方式跨越山谷，运送生活必需品。在现代生活中，小到晾衣绳，大到观光缆车、大型桥梁，缆索结构更是得到广泛利用。不仅如此，缆索结构在发展过程中

二维码 7-2
缆索起重机
组成与发展

逐渐按功能分类，在索上固定位置承受荷载导致了悬索桥这种拥有巨大跨越能力的桥型出现，荷载与索相对固定并与索共同移动形成了现在的缆车，而荷载可在索上移动则演化成了用途广泛的缆索起重机。

现在的缆索起重机已远不是一根主索、一个移动荷载那么简单组成，而是发展成由主索、天车、起吊系统、牵引系统、控制系统、塔架系统与辅助系统等组成的复杂整体，由单跨向多跨发展，起重量增加到几十吨、上百吨，主索由单索发展到多组索，位置由固定式发展到可移动式。

株洲石峰大桥采用了吊重 700kN、跨径为 619m+436m 的不等跨双跨缆索起重机进行拱肋吊装；湖南桃源沅水大桥采用了吊重 400kN、跨径为 2×610m 的等跨双缆索起重机作为运输手段；黑石铺湘江大桥采用了吊重 700kN、跨径为 2×653m 的等跨双缆索起重机，钱江四桥则采用了吊重 1300kN、跨径为 250m+700m+650m+250m 的三塔四跨缆索起重机，2006 年 2 月投入使用的重庆菜园坝长江大桥的缆索起重机，吊重达到 4200kN，创全国之最，国际上也属罕见。

随着缆索起重机功能逐步扩展，相关材料、装备有了长足的进步。钢丝绳作为主索的常用材料，有多种直径、多种截面形式与多种强度等级可供选择，异型单丝截面的钢芯封闭索在同直径、同强度的钢丝绳中可提供最大的金属截面，从而抗拉力达到最大；作为动力来源

的卷扬机也成系列发展，大体分为牵引、起重两大类，吨位不断增大，变频启动、远距离线控、无线遥控等技术与动力系统相结合，配合各类传感器，甚至可以微机控制，使动力系统向自动化方向发展。

预应力技术、岩土技术、液压控制与集成电路等各种技术的综合应用，使缆索起重机可以适应各种环境条件，满足各种功能需要。用于施工需要的缆索起重机则相对简单，称为简易缆索起重机。简易缆索起重机的经济性、环境适应性与吊装能力等优势，使其具有强大的竞争力，在桥梁施工尤其是拱桥施工中被普遍采用，有时甚至是唯一的选择。

第二节　缆索起重机设计

一、选型与布置

1. 额定起重与生产能力

缆索起重机生产能力涉及诸多因素，除装备性能、配套设施和可靠性外，施工组织管理水平（包括严格的计划检修制度，减少缆索起重机承担辅助工作的时间，减少待料、等仓面作业等）关系甚大。缆索起重机吊运的一个工作循环时间，包括不变工作时间和可变工作时间两部分。不变工作时间在很大程度上与配套装备的作业情况有关；可变工作时间按吊重升降和小车牵引联合动作（同时动作），取两者所需时间的均值计算。按额定起重量设计的缆机，在特殊起重量工作时，必须减少工作频度，降低工作速度。

2. 工作速度

缆索起重机工作速度（主要指起升速度和小车横移速度）的选定和所需起升扬程及跨距有关。一般起升高度在 150~180m、跨距在 500~100m，其满载起升速度为 120~125m/min，小车横移速度为 450~480m/min。美制高速缆索起重机起升速度为 298~335m/min，横移速度为 640m/min，适用于扬程和跨度较大的工程。至于大车运行速度，对生产能力影响很小，主要要求运行平稳，可取 8~20m/min。

3. 主索垂度和铰点高程

主索垂度 S_{max} 是指满载小车位于跨中时主索的最大垂度（即跨中主索与主索铰点连线中点间的高差），垂度与跨距 L 的比值简称垂跨比 f_{max}，即 $f_{max}=S_{max}/L$，常用百分数来表示。缆索起重机主索的垂跨比 f_{max} 应为 4%~6%。国产缆索起重机新设计时常取垂跨比 $f_{max}=5\%$；国外跨距在 1000m 以上的缆索起重机，垂跨比多在 5.5% 左右。垂跨比较大，主索相应较细，但增加垂跨比将使岸侧主索坡度增大，相应增大主索弯曲应力和小车牵引功率。

主索两端铰点的安装高程由主索中点至所需筑到的高程（常为坝顶）之间的高差 Z 和弦倾角确定（图 7-1）。Z 按下式确定

$$Z = S_{max} + i + k$$

式中　S_{max}——主索垂度；

　　　i——主索至吊物底面的最小距离；

　　　k——吊物底面至浇筑高程间的安全距离。

4. 水平力支承方式

缆索起重机主索的巨大拉力通过支架转递到基础。水平分力则有两种支承方式：一种是

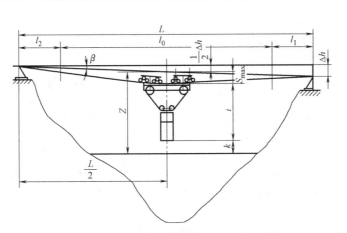

图 7-1　主索支点高差视坡角和正常工作区

L—跨距　l_0—正常工作区　l_1，l_2—非正常工作区　Δh—主索支点高差　β—弦倾角　S_{max}—主索垂度（跨中最大垂距）
i—主索至吊物底面的最小距离　k—安全距离　Z—主索至坝顶最小高差

支架前腿下面行走台车支承在倾斜基础轨道上，斜面与水平为 20°～30°倾角（图 7-2）；另一种是在支架后部设置水平台车，由水平轨道来支承（图 7-3、图 7-4）。低塔架对地形适应性优于无塔架支承车，其主索支点设置在前腿上，主塔高为 3～5m，主塔的机房可设在塔架上；高塔架适用于较平坦的地形，其主索支点设置在支架后腿上，塔高为 10～60m，主塔机房设置在呈锥形的塔架内。轨距和基距都较大，为塔高的 0.45～0.6 倍（塔架高，取小值），配重达数百吨。一般高塔架结构均采取对称于主索中心线的构造形式。为了减小相邻两缆机主索的中心距，可采取不对称的支架形式（多用于副塔）。

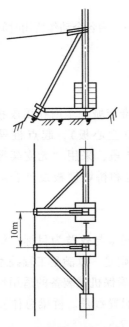

图 7-2　不对称高塔架（副塔，
　　　前腿支承于斜面轨道）

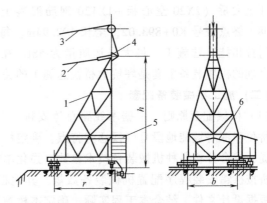

图 7-3　高塔架（主塔）

1—塔架　2—主索　3—牵引索上支点　4—主索支点　5—配重　6—机房

285

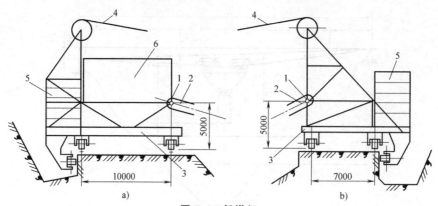

图 7-4 低塔架
a) 主塔　b) 副塔
1—主索支点　2—主索拉板　3—塔架　4—牵引索上支点　5—配重　6—机房

5. 起重机技术生产率 Q_0

$$Q_0 = Q n k_1 k_2 \tag{7-1}$$

$$k_1 = \frac{Q}{Q_{\max}}; \quad n = \frac{3600}{t}$$

式中　Q——起重机额定起重量；

　　　k_1——起重机起重量利用系数；

　　　$Q_{\max}$——起重机最大设计起重量；

　　　k_2——起重机时间利用系数；

　　　n——每小时起重次数；

　　　t——每一工作循环所用时间，$t=t_1+t_2+t_3+\cdots$，t_1，t_2，t_3，$\cdots$，为各个动作所用时间。

二、工程案例

(一) 坪坑大桥施工概况

福建省省道 S202 线寿宁犀溪至湄洲岛公路宁德市境内段，寿宁城关至南托溪段托溪支线，坪坑大桥（2X20 空心板+1X120 钢筋混凝土箱形拱+1X20 空心板），起点桩号 K0+700.08，终点桩号 K0+893.02，全长 192.94m。每条肋单箱分 5 段，采用"无支架缆索吊装，斜拉扣挂"法施工。最大吊运质量为 58t。在施工方案确定和桥墩模板设计合理前提下，合理的机械装备配套是坪坑大桥快速施工的关键。

(二) 施工机械装备配套

(1) 机械配套原则　根据本线路总体安排，以确保工期、安全与效益为目标，结合坪坑大桥位于深谷坡陡地段且气候恶劣特点，确定机械装备配套原则是：以满足工程技术要求为前提，综合分析各种机械装备技术参数，强化单机保障能力，确保机械装备的适用性；坪坑大桥按拱箱安装程序配置机械装备数量，其他根据计算确定配置数量。桥梁总体安装顺序：根据设计文件，结合本工程实际，确定本桥施工流程，见图 7-5。

(2) 拱箱安装程序及工艺

1) 拱箱安装程序为：节段资料检查合格后→运输拱箱到起吊位置、定位→双吊点垂直

图 7-5 施工流程

起吊运输→就位→临时固定→扣索安装、缆风安装→扣索张拉、缆风收紧→调整标高与轴线→松吊点→吊装下一节段。

2) 拱箱安装工艺设计。

① 在吊装前,先将塔架横移至拱箱安装轴线上,然后将待安装拱箱运至起吊平台,两个吊点放下,将待起吊的拱箱用钢丝绳捆绑,钢丝绳与拱箱接触处垫上橡胶或麻布之类的柔软物,避免钢丝绳刮伤拱箱表面。

② 用钢丝绳将拱箱捆绑好后,缓缓提升吊点,在整个节段均离开运梁车后,将运梁车移开,然后做好临时支垫,将节段放至边跨拱箱内侧平台上,重新调整好捆绑的钢丝绳,最后正式起吊安装拱箱节段。

③ 将待安装的拱箱节段吊运至安装位置上方,调整前后吊点高度,然后放下拱箱节段,用链子葫芦调整相邻拱箱节段接头对齐,安装拱箱内法兰接头螺栓、吊装节段的扣索及侧向缆风索,然后逐渐拉紧扣索和缆风索,并放松吊点使拱箱节段就位,在这过程中调整好拱箱轴线,锚固后放松主吊点。

(3) 机械装备选型 根据机械装备的配套原则,在充分调查市场机械装备性能的情况下,确定机械装备,见表 7-2。

表 7-2 主要机械装备配置

序号	机械装备名称	规格型号	单位	数量	备 注
1	主索钢丝绳	6×37-ϕ47.5mm	m	2400	承重主索,共 6 根,单根长为 481m,单位质量为 7.929kg/m,破断拉力为 1153.7kN
2	扣索钢丝绳	6×37-ϕ47.5mm	m	1100	共 8 根,单位质量为 7.929kg/m,破断拉力为 1153.7kN
3	起吊钢丝绳	6×37-ϕ19.5mm	m	1600	2 组吊点,单根长为 478m,单位质量为 1.327kg/m,破断拉力为 193.3kN
4	牵引钢丝绳	6×37-ϕ28mm	m	800	单根长为 800m,单位质量为 1.327kg/m,破断拉力为 403.2kN
5	卷扬机	10t,慢速	台	2	起吊卷扬机,容绳量为 500m
6	绞车	10t,慢速	台	1	牵引用
7	卷扬机	5t,慢速	台	18	主索调整端 6 台,扣索调整端 4 台,侧缆风 4 台,辅助牵引 2 台,2 台备用,容绳量为 300m
8	贝雷片	4m×2.14m	片	112	塔架
9	索 鞍	组件	个	2	
10	吊 点	组件	个	2	吊点包括定滑车组和动滑车组

(续)

序号	机械装备名称	规格型号	单位	数量	备注
11	缆索跑车	40t	台	2	
12	混凝土搅拌车	$8m^3$	辆	6	
13	汽车起重机	25t	辆	1	
14	电焊机	BX1-400	台	5	

（4）锚碇塔架施工 张拉缆风索，确保塔架施工安全，塔架拼装完成后进行全面检查，其各项误差符合下列要求：

1）塔顶标高误差小于30mm。

2）塔架基础和锚碇施工。根据现场地质情况，换填岩渣确保地基承载力不小于200kPa后浇筑钢筋混凝土条形基础，东岸塔架基础采用钢筋混凝土条形基础；西岸塔架直接安装于4号桥台上。钢筋混凝土条形基础底宽3.5m，顶宽1.2m，高度1.5m，长度14m，塔架滑槽宽0.5m。缆索吊装系统锚碇及塔架基础混凝土灌注之前，按要求准确埋置好各自预埋件，并保证预埋件的埋设可靠和位置正确。

3）塔架安装。缆索起重机主塔与基础之间采用铰接，塔架拼装时塔架设置临时支撑，待塔架拼装完毕再转为铰接，塔架拼装初期与汽车起重机配合。随着塔架拼装高度的增加在顶部架设特质摇头杆，通过塔底5t卷扬机提升安装单片贝雷片，摇头杆随着塔架的增高而逐步升高。塔架每拼装12m高度时检查竖直度并及时调整。塔架拼装过程中及塔顶顺桥向偏移小于10mm；塔顶横桥向偏移小于5mm。

4）索鞍安装。塔架拼装完毕并经检查合格后，即可安装塔顶索鞍，索鞍安装后，其弧形表面及挡板光滑，无毛刺，无棱角刃口；穿索时在索鞍与绳索接触面安装四氟板和涂黄油，以减小摩阻和保护绳索。

5）避雷装置安装。塔架高度较高，必须设置避雷装置。按照Ⅱ级结构物避雷要求设置，避雷针的接地电阻小于10Ω。吊塔防雷装置由接闪器、引下线和接地装置等三部分组成。采用ϕ22mm圆钢制作接闪器，其长度为5.0m，每塔的两根立柱上分别设置一根。同时采用ϕ16mm圆钢外套PVC防护管作为引下线，与相应的接地装置相连接。

（5）缆索吊装系统绳索安装

1）缆索穿挂时须先穿挂好导索。缆索穿挂过山谷时，严防缆索坠入水中，尽量避免受到泥土等污染。人工将麻绳从东岸牵引至西岸，再用麻绳将细钢丝绳（ϕ6.2mm）牵引至西岸，后将ϕ19.5mm的钢丝绳牵引至西岸，利用西岸10t卷扬机收紧ϕ19.5mm钢丝绳（此时两岸牵引绳均绕过塔顶的牵引轮并两头全部进入卷扬机）；最后利用两岸10t卷扬机来回牵引其ϕ47.5mm的主索，直至缆索安装完毕。穿挂钢丝绳时主索下方区域禁止人员进出。

2）缆索吊装系统绳索安装前，设计人员及总工程师进行交底，使参加缆索吊装系统绳索安装施工人员对缆索系统的布置、技术要点、绳索种类、功能与作用、型号规格、长度及技术标准与指标等全面了解，以便正确指导现场施工及时解决现场施工中出现的问题。

3）钢丝绳进场时附有出厂合格证和技术证明书，并对钢丝绳的种类、规格、长度数量及重量等进行全面检查。同时对钢丝绳主要力学技术指标进行抽检，检验项目与要求及方法,以国家技术监督局发布的《重要用途钢丝绳》(GB/T 8918—2006)为准。

4)缆索安装技术要求。6根主索应相互平行,垂度误差小于100mm;两对岸的后锚索位于同一平面内,锚扣点位置误差不大于50mm。

5)缆索穿挂完毕组织一次全面检查,检查内容包括卷扬机、滚筒、电动机及刹车是否处于良好状态;缆绳有否损伤和污染,绳索与滑车接触是否吻合;锚固点是否可靠;主索垂度及张弛程度是否一致等。检查结果做详细记录,以便及时处理和备查。

(6)缆索吊装跑车及吊点安装

1)成品跑车和吊点在运输和装卸时注意不要碰伤,运抵工地时应有出厂合格证和抽检技术证明书(含探伤合格证书)及产品使用说明书。跑车及吊点进场后组织有关人员对跑车及吊点部件进行全面检查,并做好记录,办理签证。

2)跑车安装时其各部尺寸符合设计要求,结构紧固,稳定可靠。同一线上的走行轮对正一致,不能出现倾斜与歪扭现象。轮槽与主索钢丝绳吻合,以保证跑车走行时既不受绳索阻挂,也不磨损钢丝绳;同时又顺畅灵活。

3)吊点安装时上下挂架应平行且处于水平状态,钢丝绳的绕向走绳及出头正确,绳索排列有序,无交叉扭结现象,且与轮槽相吻合,起落灵活,互不摩擦。

4)跑车与吊点安装后,对轮系加注钙基润滑脂,钢丝绳涂油,以实施保护和减少摩阻。

5)缆索吊装跑车和吊点安装完毕做全面检查,符合要求后即可进行空载走行;确认无误后即可办理验收手续。

(三)缆索吊装系统校核

首先系统初选参数。主塔采用2.14×4m贝雷片(弦杆为12#槽钢)组合而成,东岸主塔高27m,采用单塔形式,底部铰接便于横向移动,共采用48片贝雷片。西岸主塔高39m,采用单塔形式,底部铰接便于横向移动,共采用72片贝雷片,每个塔架都设有塔顶和塔底三脚架。两塔跨度为200m。东岸边跨跨度为28m,西岸边跨跨度34m。缆索吊装系统参数:主跨为200m,最大垂度为20m,两吊点距离为14m,跑车及吊具质量为14t,最大净吊装质量为58t。

1. 主索

根据《路桥施工设计手册》,主索垂度可根据施工经验而定,一般可取主索跨度的1/14。相同吊重情况下主索垂度增大可以减小主索受力,但会增加跑车牵引绳的拉力。根据以往多个施工案例,垂度可取主索跨度的1/10,即主索垂度取20m,主索与拱顶最小距离9m,吊具起升空间充足。

主索初选6根$\phi47.5$mm钢丝绳,截面$F_1=843.47$mm²。钢丝破断拉力总和$T_a=1433$kN,换算系数为0.82,单根$\phi47.5$mm钢丝绳破断拉力为1153.7kN。主索钢丝绳总破断力:$[T]=6\times1153.7$kN$=6922.2$kN。单根主索单位质量为7.9kg/m,根数6,因此主索单位质量47.4kg/m,再加上主跨内牵引和起重钢丝绳质量,主跨内主索单位质量取值$g=56.91$kg/m。

1)主索张力计算。主索最大净吊装质量为58t,当跑车运行至主跨跨中时,主索张力最大,以下计算该工况下主索的各个受力值。主索的水平张力H可由下式计算

$$H = \frac{\frac{P(L-a)}{4} + \frac{gL^2}{8}}{f_{max}} = \frac{\frac{(58+14)\times 9.81\times(200-14)}{4} + \frac{56.91\times 9.81\times(200)^2}{8}}{20} \text{kN} = 1781.5\text{kN} \quad (7\text{-}2)$$

式中 f_{max} ——主索垂度；

  a ——两吊点间距离。

主索在索鞍处的垂直分力 V 可由下式计算

$$V = \frac{1}{2}gL + \frac{1}{2}P = \left[\frac{1}{2}\times 56.91\times 9.81\times 200 + \frac{1}{2}\times(58+14)\times 9.81\right]\text{kN} = 409.1\text{kN} \quad (7\text{-}3)$$

当跑车运行至跨中处时，主索张力 T_{max} 可由下式计算

$$T_{max} = \sqrt{H^2 + V^2} = \sqrt{1781.5^2 + 409.1^2}\text{kN} = 1827.6\text{kN} \quad (7\text{-}4)$$

主索安全系数 $K = \frac{[T]}{T} = \frac{6922.2}{1827.6} = 3.8 > [K] = 3.5$ （主索强度满足要求） $\quad (7\text{-}5)$

2）主索拉应力 σ_{max} 计算

$$\sigma_{max} = \frac{T_{max}}{F} + \frac{Q}{n}\sqrt{\frac{E_k}{T_{max}F}}$$

$$= \frac{1827.6}{843.47\times 10^{-6}\times 6}\text{kPa} + \frac{(58+14)\times 9.81}{12}\times\sqrt{\frac{79.8\times 10^6}{1827.6\times(843.47\times 10^{-6}\times 6)}}\text{kPa}$$

$$= 534\text{MPa}$$

$$(7\text{-}6)$$

式中 Q ——荷载总重，为最大净吊重和跑车重量之和；

  E_k ——主索弹性模量，取 $E_k = 79800\text{MPa}$；

  F ——主索截面总面积；

  n ——跑车轮数。

安全系数 $\eta = \frac{[\sigma]}{\sigma_{max}} = \frac{1700}{542.7} = 3.13 > [\eta] = 2$（满足要求） $\quad (7\text{-}7)$

3）主索接触应力计算

$$\sigma_{max} = \frac{T_{max}}{F} + E_k\frac{d}{D_{min}} = \frac{1827.6\times 10^{-3}}{843.47\times 10^{-6}\times 6}\text{MPa} + 79800\times\frac{2.2}{600}\text{MPa} = 653.7\text{MPa} \quad (7\text{-}8)$$

安全系数 $\eta = \frac{[\sigma]}{\sigma_{max}} = \frac{1700}{660.7} = 2.57 > [\eta] = 2$ （满足要求）

2. 起重索

起重索选用 $\phi19.5\text{mm}$（$6\times 37 + 1$）钢丝绳。起重跑车 2 个，每个跑车的定滑轮组滑轮片 6 片，动滑轮组滑轮片 5 片。最大净吊装质量为 58t，每个配重块质量约为 6t，因此每个动滑轮组受力

$$F_{动} = \left(\frac{58}{2} + 6\right)\times 9.81\text{kN} = 343.35\text{kN} \quad (7\text{-}9)$$

5 片动滑轮组由 10 根钢丝绳共同承重，起重索拉力 $F_{起}$ 由下式计算

$$F_{起} = \frac{F_{动}}{\mu + \mu^2 + \cdots + \mu^{10}} = \frac{343.35\text{kN}}{0.98 + 0.98^2 + \cdots + 0.98^{10}} = \frac{343.35\text{kN}}{9.94} = 34.63\text{kN} \quad (7\text{-}10)$$

$\phi 19.5$mm 钢丝绳破断拉力 $[F] = 193.26$kN。

起重索安全系数：$K = \dfrac{[F]}{F_起} = \dfrac{193.26\text{kN}}{34.63} = 5.6 > [K] = 5$（满足要求） (7-11)

起重索布置方式见图 7-6（1-卷扬机）。

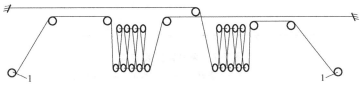

图 7-6　起重索布置方式

3. 牵引索

跑车起重量越大，离塔架越近，牵引索受力越大。当跑车吊装质量为 58t 且离塔架 20m 距离时为牵引索最不利工况。该工况牵引力大小，需求出跑车在距塔架 20m 时，跑车的升角 γ。牵引索的总牵引力由三部分组成：

（1）跑车的运行阻力

$$W_1 = P\sin\gamma + fP\cos\gamma = (72 \times 9.81 \times \sin14° + 0.01 \times 72 \times 9.81 \times \cos14°)\text{kN} = 177.6\text{kN} \quad (7\text{-}12)$$

式中　γ——跑车升角；

　　　P——总重力；

　　　f——钢丝绳与跑车间的运动阻力系数，取 0.01。

（2）起重索运行阻力

$$\begin{aligned}
W_2 &= 2(1-\eta^{11})\dfrac{(58/2+14/2)\times 9.81}{\eta+\eta^2+\cdots+\eta^{10}}\text{kN} \\
&= 2\times(1-0.98^{11})\times\dfrac{(58/2+14/2)\times 9.81}{0.98+0.98^2+\cdots+0.98^{10}}\text{kN} \\
&= 15.7\text{kN}
\end{aligned} \quad (7\text{-}13)$$

（3）后牵引索松弛张力

$$W_3 = \dfrac{g'x^2}{8f} = \dfrac{2.77\times 9.81\times(180)^2}{8\times 8}\text{kN} = 13.7\text{kN} \quad (7\text{-}14)$$

式中　g'——牵引索的换算自重荷载强度，近似取值为牵引索单位长度重力；

　　　x——后牵引索的跨度；

　　　f——后牵引索的跨中垂度，拟定 8m。

牵引索总牵引力

$$W = W_1 + W_2 + W_3 = (177.6 + 15.7 + 13.7)\text{kN} = 207\text{kN} \quad (7\text{-}15)$$

选用 $\phi 28$mm 钢丝绳，其破断拉力为 $[T] = 403.2$kN，每个方向牵引力由 2 根 $\phi 28$mm 钢丝绳共同承受，因此每根牵引绳拉力

$$F = \dfrac{W}{2} = \dfrac{207\text{kN}}{2} = 103.5\text{kN} \quad (7\text{-}16)$$

牵引索安全系数：$K = \dfrac{[T]}{F} = \dfrac{403.2}{103.5} = 3.9$（可以使用） (7-17)

牵引索安装方式见图 7-7。

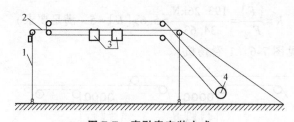

图 7-7　牵引索安装方式

1—塔架　2—承载索　3—起重跑车　4—卷扬机

4. 扣索计算

（1）工况一　第Ⅰ节段拱箱扣挂后且第Ⅱ节段拱箱未安装　设人员和机具在拱箱上作业时所产生荷载 $F_{施工}=88.29\text{kN}$，东、西岸第Ⅰ节段扣索受力见图 7-8 和图 7-9。

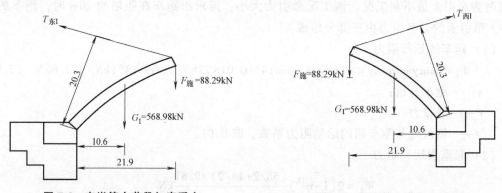

图 7-8　东岸第Ⅰ节段扣索受力　　　　　图 7-9　西岸第Ⅰ节段扣索受力

东岸第Ⅰ段扣索扣挂角度见图 7-8，根据力矩平衡原理可得

$$T_{东I}\times 20.3 = G_I \times 10.6 + F_{施工}\times 21.9 \tag{7-18}$$

因此，$T_{东I}=\dfrac{568.98\times 10.6+88.29\times 21.9}{20.3}\text{kN}=328.64\text{kN}$

同理，可求得 $T_{西I}=387.50\text{kN}$。

（2）工况二　第Ⅰ节段拱箱和第Ⅱ节段拱箱均已扣挂　东、西岸第Ⅰ节段和第Ⅱ节段拱箱扣挂受力见图 7-10 和图 7-11。

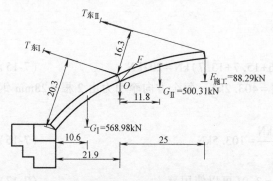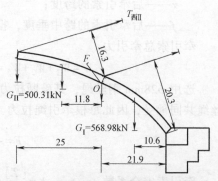

图 7-10　东岸第Ⅰ节段和第Ⅱ节段扣挂　　　　图 7-11　西岸第Ⅰ节段和第Ⅱ节段扣挂

在斜拉扣挂时，第Ⅰ节段拱箱与第Ⅱ节段拱箱连接方式可视为铰接，铰接点为 O 点。根据第Ⅱ段拱箱力矩平衡可得

$$T_{东Ⅱ} \times 16.3 = G_Ⅱ \times 11.8 + F_{施工} \times 25 \tag{7-19}$$

因此，$T_{东Ⅱ} = 407.12 \text{kN}$。

$T_{东Ⅱ}$、$G_Ⅱ$ 和 $F_{施工}$ 三个力生产合力：$F = \sqrt{T_{东Ⅱ}^2 + (G_Ⅱ + F_{施工})^2} = 667.08 \text{kN}$。

第Ⅰ节段拱箱重力 G_1、第Ⅰ段扣索拉力 $T_{东Ⅰ}$ 和 F 的共同作用。由图 7-10 可求得：$T_{东Ⅰ} = 327.65 \text{kN}$。

同理，可求得 $T_{西Ⅱ} = 430.66 \text{kN}$，$T_{西Ⅰ} = 498.35 \text{kN}$。全部扣索的索力值汇总，见表 7-3。

表 7-3　全部扣索的索力值汇总　　　　　　　　　　（单位：kN）

工况	东岸		西岸	
	第Ⅰ扣索	第Ⅱ段扣索	第Ⅰ扣索	第Ⅱ段扣索
第Ⅰ段拱箱扣上且第Ⅱ段拱箱未安装	327.65	/	387.50	/
第Ⅰ段拱箱和第Ⅱ段拱箱均安装	416.93	407.12	498.35	430.66

5. 两岸塔架计算

东岸塔架见图 7-12（1-塔架）。塔架受到主索和背索对塔架竖直向下的压力，同时受到第Ⅱ段扣索对塔架竖直向下的压力。其中，主索和背索对塔架竖直方向的力 $F_{v1} = 1981.62 \text{kN}$，第Ⅱ段扣索对塔架竖直方向的力 $F_{v1} = 421.83 \text{kN}$。每片贝雷片自重约 4.91kN，东岸塔架共 6 节 48 片，塔顶与塔底三脚架各约 19.62kN。因此，东岸塔架自重 $G_塔 = (48 \times 4.91 + 19.62 \times 2) \text{kN} = 274.68 \text{kN}$。塔架断面由 8 片贝雷片组成，每片贝雷片由 4 根 12a 槽钢组成弦杆，塔架截面如图 7-13 所示。

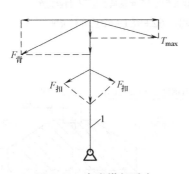

图 7-12　东岸塔架受力

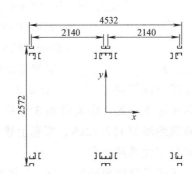

图 7-13　塔架截面

该截面几何参数见图 7-14。

塔架稳定性，由长细比衡量，图 7-14 可知，x 轴向稳定性差于 y 轴向，x 轴向回转半径 $i_x = 1129.5 \text{mm}$。对应长细比为

$$\lambda = \frac{H_塔}{i_y} = \frac{27000}{1506.08} = 17.93 < [\lambda] = 150（长细比满足要求） \tag{7-20}$$

贝雷片屈服强度 345MPa，塔架按 b 类截面考虑，稳定系数 $\varphi = 0.957$。塔架许用轴压力

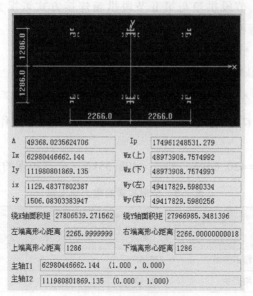

图 7-14 截面参数

$$[F_{塔}] = A_{塔}\varphi[\sigma] = 49368 \times 10^{-6} \times 0.957 \times \frac{345 \times 10^6}{1.34} \text{N} = 12163.87 \text{kN} \quad (7-21)$$

分析可知,当起吊合拢段时,塔架最底层贝雷片受力 $F_{底层层贝雷}$ 最大,包括牵引索拉力对塔架的垂直分力 $F_{牵引垂值}$、起重索对塔架的垂直分力 $F_{起重绳}$、背索对塔架的垂直分力 $F_{背索垂直}$、侧缆风绳对塔架的垂直分力 $F_{侧缆风垂直}$ 和第 2 节段拱箱扣索对塔架的垂直分力 $F_{扣索垂直}$ 构成。

$$\begin{aligned} F_{底层层贝雷} &= G_{塔} + F_{牵引垂值} + F_{起重绳} + F_{背索垂直} + F_{侧缆风垂直} + F_{扣索垂直} \\ &= (274.68 + 98.1 + 4.91 + 1981.62 + 981 + 421.83) \text{kN} \\ &= 3806.28 \text{kN} \end{aligned} \quad (7-22)$$

因此,$F_{底层层贝雷} < [F_{塔}]$,塔架稳定性满足要求。

西岸塔架除了塔架贝雷片增加 2 节外,受力情况与东岸基本一致。塔架增加 3 节共 24 片贝雷片,即自重约增加 117.72kN,根据上述计算结果,西岸塔架稳定性满足要求。

东岸塔架基础截面见图 7-15(1-钢筋网)。

东岸地基保证承载能力在 200kPa 以上,若达不到要求,则采用岩渣换填,直至基底承载能力达到 200kPa 以上(查《公路桥涵地基与基础设计规范》,岩渣承载力容许值为 200kPa)。钢筋混凝土基础底宽 3.5m,顶宽 1.2m,高 1.5m,塔架滑槽宽 0.5m,长 14m,混凝土扩散角为 40°。基底受到的压力

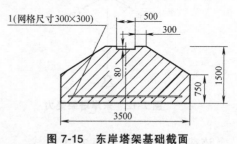

图 7-15 东岸塔架基础截面

$$\begin{aligned} F_{基底} &= F_{底层层贝雷} + G_{基础} \\ &= 3806.28 \text{kN} + 1.5 \times 3.5 \times (4.6 + 2 \times \tan 40 \times 1.5) \times 2.5 \times 9.81 \text{kN} \\ &= 4718.61 \text{kN} \end{aligned} \quad (7-23)$$

岩渣顶部许用承载力

$$[F_{岩渣顶}] = 200 \times 3.5 \times (4.6 + \tan 40° \times 1.5 \times 2) \text{kN} = 4970 \text{kN} \tag{7-24}$$

可知 $F_{基底} < [F_{岩渣顶}]$，满足使用要求。

由于西岸塔架直接安装于 4#桥墩上，因此不需要再设计其塔架基础。

6. 缆风索计算

(1) 塔架顺桥向风荷载及缆风索　计算时取迎风面积为顺桥方向的塔架迎风面积，不计缆索的风压。塔架迎风面积按外轮廓面积乘以折减系数 0.4。顺桥向塔架外廓尺寸为：宽 4.6m，高 27m。风力作用点在迎风面积形心上。顺桥向风力为

$$H_{风} = k_1 k_2 W_0 A_{顺桥向} = 1.42 \times 1.2 \times 0.4 \times (4.6 \times 27 \times 0.4) \text{kN} = 33.86 \text{kN} \tag{7-25}$$

式中　k_1——风压高度变化系数；

　　　k_2——地形地理条件系数；

　　　W_0——基本风压值，查阅"全国各气象站台的基本风速和基本风压值"，寿宁 50 年一遇基本风压 $W_0 = 0.4 \text{kN/m}^2$。

风力作用点位于形心，即塔架中部，该风力产生的倾覆力矩为

$$M = H_{风} \frac{H_{塔高}}{2} = 33.86 \times \frac{27}{2} \text{kN} \cdot \text{m} = 457.11 \text{kN} \cdot \text{m} \tag{7-26}$$

需要背索提供平衡力为

$$T_{背风} = \frac{M/H_{塔高}}{\cos 22°} = \frac{457.11/27}{\cos 22°} \text{kN} = 17.66 \text{kN} \tag{7-27}$$

背索使用 6 条 $\phi 47.5\text{mm}$ 钢丝绳和 2 条 $\phi 28\text{mm}$ 钢丝绳，单根破断拉力各为 1095.78kN 和 382.59kN，背索安全系数

$$K = \frac{T_p}{T_{背} + T_{背风}} = \frac{6 \times 1095.78 + 2 \times 382.59}{1929.63 + 17.66} = 3.77 > 3.5 \quad (符合要求) \tag{7-28}$$

(2) 塔架横桥向风荷载及缆风索　计算时取迎风面积为横桥方向的塔架迎风面积，不计缆索的风压。塔架迎风面积按外轮廓面积乘以折减系数 0.4。横桥向塔架外廓尺寸为：宽 2.57m，高 27m。风力作用点在迎风面积形心上。同理，横桥向风力与倾覆力矩为

$$H_{风} = k_1 k_2 W_0 A_{横桥向} = 1.42 \times 1.2 \times 0.4 \times (2.57 \times 27 \times 0.4) \text{kN} = 18.92 \text{kN} \tag{7-29}$$

$$M = H_{风} \frac{H_{塔高}}{2} = 18.92 \times \frac{27}{2} \text{kN} \cdot \text{m} = 255.42 \text{kN} \cdot \text{m} \tag{7-30}$$

在横桥向竖直平面内，塔架底部并非铰接，为保守和简化起见，忽略塔架自重产生的稳定力矩，将风力产生的倾覆力矩全部由侧缆风来平衡。则需要侧缆风提供平衡力为

$$T_{侧缆风} = \frac{255.42/27}{\cos 45°} \text{kN} = 13.15 \text{kN} \tag{7-31}$$

考虑到起吊物有时候需要侧拉，将侧缆风绳的安全储备设置较高。塔架侧缆风采用 3 根 $\phi 24\text{mm}$ 钢丝绳，其钢丝绳破断拉力为 288.41kN，侧缆风与塔架夹角 45°。

7. 风荷载计算

计算取迎风面积为拱箱侧面积，拱箱侧面尺寸为 26m×1.8m。横桥向风力为

$$H_{风} = k_1 k_2 W_0 A_{横桥向} = 1.42 \times 1.2 \times 0.4 \times (26 \times 1.8) \text{kN} = 31.90 \text{kN} \tag{7-32}$$

拱箱侧缆风采用 2 根 $\phi 24\text{mm}$ 钢丝绳作为侧缆风绳，每根拱箱侧缆风预紧力设

为49.05kN。

8. 锚碇计算

（1）东岸主索地锚　东岸背索地锚和扣索地锚共用，其布置方式见图7-16。地锚在水平方向为梯形形状（上底长6m，下底长9m，高10m），地锚深3m，采用C25混凝土浇筑，地锚自重 $G_{地锚}=[(6+9)\times10\div2\times3\times2.5]\times9.81\text{kN}=5523.03\text{kN}$。地锚上下部用 $\phi18\text{mm}$ 螺纹钢筋铺设钢筋网，网格尺寸为400mm×400mm，底部为500mm×500mm，竖直方向按2m×2m的间距均布 $\phi18\text{mm}$ 螺纹钢筋。东岸地锚顺桥向侧视见图7-17。

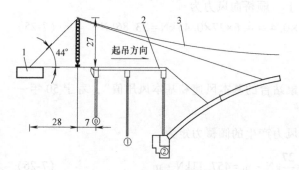

图7-16　东岸塔架及地锚布置
1—锚碇　2—起吊平台　3—承载索

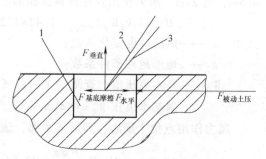

图7-17　东岸地锚顺桥向侧视
1—东岸地锚　2—背索　3—扣索

东岸背索和扣索对地锚产生的合力可以分解为水平方向的力 $F_{水平}$ 和垂直方向的力 $F_{垂直}$。其中，$F_{水平}=2305.35\text{kN}$；$F_{垂直}=1962\text{kN}$。

1）抗滑稳定性　地锚与基底的摩擦系数 $\mu=0.35\sim0.5$，此处取 $\mu=0.45$。
地锚基底摩阻力为

$$F_{基底摩擦}=\mu(G_{地锚}-F_{垂直})=0.45\times(5523.03-1962)\text{kN}=1599.03\text{kN} \tag{7-33}$$

地锚受到的基坑坑壁被动土压力，取地锚周围土壤内摩擦角 $\varphi=20°$，土壤重度为 20kN/m^3，被动土压力为

$$F_{被动土压}=\frac{1}{2}l\gamma H^2\tan^2\left(45°+\frac{20°}{2}\right)=\frac{1}{2}\times9\times20\times(3)^2\times\tan^2(55°)=1650\text{kN} \tag{7-34}$$

地锚的抗滑移稳定性

$$K=\frac{F_{基底摩擦}+F_{被动土}}{F_{水平}}=\frac{1599.03+1650}{2305.35}=1.4（满足要求） \tag{7-35}$$

2）上拔力安全系数计算。

$$K=\frac{G_{地锚}}{F_{垂直}}=\frac{5523.03}{1962}=2.8>2（满足要求） \tag{7-36}$$

3）倾覆稳定性验算。
倾覆力矩 $M_{倾}=(F_{背索}+F_{扣索})\times5.5\text{m}=3060.72\times5.5\text{kN}\cdot\text{m}=16833.96\text{kN}\cdot\text{m}$ （7-37）
稳定力矩 $M_{稳}=G_{地锚}\times5\text{m}=5523.03\times5\text{kN}\cdot\text{m}=27615.15\text{kN}\cdot\text{m}$ （7-38）
稳定系数　$K=\dfrac{M_{稳}}{M_{倾}}=\dfrac{27615.15\text{kN}\cdot\text{m}}{16833.96}=1.64>1.4$（满足要求） （7-39）

（2）西岸主索地锚　西岸背索地锚和扣索地锚共用，其布置方式见图7-18。

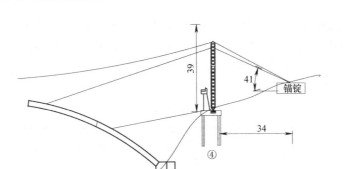

图 7-18 西岸塔架及地锚布置

西岸地锚布置方式及尺寸与东岸接近,背索仰角略小于东岸,因此可以略微减小西岸地锚尺寸,地锚在水平方向仍为梯形形状(上底长 6m,下底长 8.5m,高 10m),地锚深 3m。

(四)坪坑大桥缆索吊装主要装备

缆索吊装系统是由主索、跑车、起重索、起重滑车组、牵引索、起重及牵引卷扬机、锚碇、塔架及风缆等组成。根据现场条件和计算结果,缆索跨分布由东岸至西岸依次为:28m+200m+34m。采用双线吊重,塔架横移,跨中最大吊装质量58t,两个塔架分别设在 0#、4#墩外侧地面上,扣索塔与主塔合一,塔架与基础之间采用铰接。东岸塔架高 27m,塔顶标高 482.3m;西岸主塔高 39m,塔顶标高 484.8m。主塔用 4.0×2.14m 贝雷片拼成单塔形式,贝雷片由特制骑马螺栓及直角螺栓连接。塔架横桥向宽度 4.53m,顺桥向宽度 2.57m。主塔按压杆稳定校核。

1. 索的选型

1) 钢丝绳,见表 7-4。

表 7-4 钢丝绳一览

序号	名称	规格型号/mm	数量/m	备 注
1	主索	6×37-φ47.5	2400	承重主索,6根,单根长481m,单位长度质量7.929kg/m,破断拉力1153.7kN
2	扣索	6×37-φ47.5	1100	8根,单位长度质量7.929kg/m,破断拉力1153.7kN
3	起吊	6×37-φ19.5	1600	2组吊点,单根长为478m,单位长度质量1.327kg/m,破断拉力193.3kN
4	牵引	6×37-φ28	800	单根长800m,单位长度质量1.327kg/m,破断拉力403.2kN
5	缆风	6×37-φ24	3000	前缆风、后缆风(背索)和侧缆风塔架风缆
6	其他	各种规格	3000	备用绳

2) 主索(承重索)。由 6 根 φ47.5mm 麻芯钢丝绳组成。最大吊重时垂度20m,垂跨比 $f/L=1/10$,主索最大索力 1830.6kN,安全系数 3.8;塔顶最大位移小于 15cm。主索通过索鞍支承于塔顶,连接至主地锚处。主索上设有 2 台 40t 的起吊跑车,并设有独立的牵引及起重系统。

3) 扣索、牵引索和起重索。扣索分 4 组,东西两岸各 2 组,每组由 2φ47.5mm 麻芯钢丝绳组成。第Ⅱ段拱箱扣索经塔架两侧平行轮接于后锚处,第Ⅰ段拱箱扣索直接锚固于桥台处。牵引索采用 $\phi 28$mm 钢丝绳走"2"的方式穿绕,全桥配 10t 绞车一台。在两跑车间连 4 根 $\phi 19.5$mm 的短钢丝绳,使 2 台跑车同步行走。起重索采用 $\phi 19.5$mm 钢丝绳,每台跑车动滑轮组滑轮片 5 片,因此承重钢丝绳 10 根。全桥配起重卷扬机 2 台。缆索规格及施工张力数值,全部满足安全要求,见表 7-5。

表 7-5 缆索规格及施工张力

名称	规格/mm	受力根数	单根破断力/kN	施工张力/kN	安全系数	许可安全系数
主索	$\phi 47.5(6\times37+1)$	6	1153.7	1827.6	3.8	3.5
起重索	$\phi 19.5(6\times37+1)$	10	193.3	34.6	5.5	6
牵引索	$\phi 28(6\times37+1)$	2	403.2	103.5	3.9	4
第Ⅰ段扣索	$\phi 47.5(6\times37+1)$	2	1153.7	249.2	4.6	3.5
第Ⅱ段扣索	$\phi 47.5(6\times37+1)$	2	1153.7	231.5	5	3.5
拱箱缆风索	$\phi 24(6\times37+1)$	2	288.41	49.05	5.9	3
主塔横向缆风索	$\phi 24(6\times37+1)$	3	288.41	49.05	5.9	3

4) 缆风绳。缆索吊装系统的塔架风缆分为前缆风、后缆风(背索)和侧缆风。所有缆风绳一端固结于塔顶,另一端固结于重力式地锚。每段拱箱侧缆风为上下游各布置 2 根 $\phi 24$mm 钢丝绳,2 根不联通,而是各自独立,目的在一根侧缆风出现问题时,另一根侧缆风可保证拱箱稳定。

2. 缆索装备

起重滑轮组分为上下两组。上滑轮组由定滑轮构成,与跑车联系在一起。下滑轮组为动滑轮组,与吊点联系在一起。滑轮规格见表 7-6。

表 7-6 滑轮规格

名称	30~50t (5~6门)	15~20t (3~4门)	5t 单门开口滑轮	5~10t 牵引索、起重索在塔架上转向滑轮	50t 扣索转向滑轮	20t 卸甲转向滑轮	其他滑轮	总数
数量(个)	40	100	150	32	4	30	100	456

3. 钢丝绳收紧装置

1) 卷扬机。卷筒缠绕钢丝绳或链条提升或牵引重物的轻小型起重装备,又称绞车。工作原理:由人力或机械动力驱动卷筒、卷绕绳索来完成牵引工作的装置。垂直提升、水平或倾斜曳引重物的简单起重机械。卷扬机可以垂直提升、水平或倾斜曳引重物。卷扬机规格数量及主要技术参数见表 7-7 和表 7-8。

表 7-7 卷扬机规格数量

名称	牵引起重	扣索收紧	预制场牵引	总数
数量(台)	8	10	6	24

2) 手拉葫芦。手拉葫芦通过拽动手动链条,使手链轮转动,将摩擦片棘轮与制动器座压成一体共同旋转,齿长轴转动片齿轮、齿短轴和花键孔齿轮。装置在花键孔齿轮上的起重链轮就带动起重链条,从而平稳地提升重物。采用棘轮摩擦片式单向制动器,在荷载下能自

行制动，棘爪在弹簧作用下与棘轮啮合，制动器安全工作。手拉葫芦 1~5t，用作风缆与扣索收紧，共 40 个。

表 7-8 卷扬机主要技术参数

	卷扬机/t	3	5
卷筒	钢丝绳额定拉力/kN	30	50
	总传动比 I	88.6	119.34
	直径×长度	219mm×570mm	325mm×625mm
钢丝绳	钢丝绳容绳量/m	150	200
	规格	6×19	6×19
	直径/mm	15.5	19.5
	提升速度/(m/min)	16	9
电动机	型号	Y160M-4	Y160L-6
	功率/kW	11	11
	转速/(r/min)	1440	970
	制动器型号	TJ2-200	YZW300/45
	外形尺寸(长×宽×高)	1130mm×1020mm×550mm	1330mm×1135mm×800mm
	整机质量/kg	550	800

4. 跑车

跑车具有无须依靠止动器即可在索道沿线任意点自动起落吊钩的功能。跑车支承于主索，并能在主索上移动，是缆索吊装中的起吊与运送预制构件的起重工具，主索上设有 2 台 40t 起吊跑车，并设有独立的牵引及起重系统。起重跑车共 2 个，每个跑车定滑轮组滑轮片 6 片，动滑轮组滑轮片 5 片，最大净吊重 580kN，每个配重块约 60kN 且 5 片动滑轮组由 10 根钢丝绳共同承重。在跑车中，主索、牵引索与起重索分三层布置，互不干扰。由于主索跨度较小（200m）根据以往施工经验，不必设支索器。吊装跑车参数见表 7-9。

表 7-9 吊装跑车参数

额定装载质量/t	3	5	10
试验荷载/kN	4.413	6.129	12.258
通过最小弯道半径/m	1.3	1.4	1.7

5. 运梁车

运梁车（两台）为自行式，运输不受距离限制，工作可靠，安全设施齐全，整机结构合理，运转平稳，操作舒适，维修方便，外形美观，抗倾覆稳定性好，生产效率高等特点。运梁车主要技术参数见表 7-10。

6. 塔架

两个塔架分别设在 0#与 4#墩外侧地面上，扣索塔与主塔合一，塔架与基础之间采用铰接。东岸主塔架高 27m，塔顶标高 482.3m；西岸主塔高 39m，塔顶标高 484.8m。主塔用 4.0m×2.14m 贝雷片拼成单塔形式，贝雷片由特制骑马螺栓及直角螺栓连接。塔架横桥向宽度 4.53m，顺桥向宽度 2.57m。主塔按压杆稳定校核。

表 7-10 运梁车主要技术参数

项目	技术参数	项目	技术参数
车辆自重/t	3	外形尺寸(长×宽×高)	43.500m×6.900m×3.626m±0.300m(中位)
额定装载质量/t	50	工作形式	直行、斜行、八字转向或驻车
轴距/m	1	轮距/m	5.00/1.20
最小转弯半径/m	4.9/6	轴线/悬挂数量	2/4
车速(满载/空载)/(km/h)	空载 0~15,满载 0~5	轮胎规格/数量	26.5R25/8
爬坡能力(%)	纵坡5,横坡4	满载接地比压/MPa	≤0.6
轮辋规格/数量	26.5R25/8	垂直轴线补偿/mm	±300
发动机功率/kW	50kW×2 台		

贝雷架的组成部分：

（1）桁架　桁架由上下弦杆、竖杆及斜杆焊接而成，上下弦杆端部有阴阳接头，接头上有桁架连接销孔。桁架弦杆由 2 根 10 号槽钢（背靠背）组合而成，在下弦杆上，焊有多块带圆孔的钢板，在上下弦杆内有供与加强弦杆和双层桁架连接的螺栓孔，在上弦杆内有供连接支撑架用的 4 个螺栓孔，其中间的 2 个孔是供双排或多排桁架同节间连接用的，靠两端的 2 个孔是跨节间连接用的。多排桁架作梁或柱使用时，必须用支撑架加固上下 2 节桁架的接合部。在下弦杆上，设有 4 块横梁垫板，其上方有凸榫，用以固定横梁在平面上的位置；在弦杆端部槽钢的腹板上还设有 2 个椭圆孔，供连接抗风拉杆使用。桁架竖杆均用 8 号工字钢制成，在竖杆靠下弦杆一侧开有一个方孔，是供横梁夹具固定时使用的。桁架构件的材料为 16Mn，每片桁架质量为 270kg。

（2）桁架连接销及保险销　桁架连接销供连接相邻两桁架用。质量为 3kg，在锥度一端有一个插保险销用的小孔。

（3）加强弦杆　主要用来加强桁架弦杆的承载能力。材料、断面与桁架上弦杆相同，构造与桁架上弦杆对比，弦杆螺栓孔座板与桁架弦杆上孔的座板高低位置不同外。一根加强弦杆由两根弦杆螺栓与桁架弦杆相连。

（4）弦杆螺杆　用以加强弦杆与桁架间的连接栓规格杆螺栓 M36×18，材质为 16Mn，抗剪力为 150kN，拉力为 80kN。

（5）桁架螺栓　用以上下层桁架的连接，比弦杆螺栓长，其构造均与弦杆螺栓相同。参数：国产贝雷梁其桁节用 16Mn，销子采用铬锰钛钢，插销用弹簧钢制造，焊条用 T505X 型，桥面板和护轮木用松木或杉木。材料容许应力按基本应力提高 30%，个别钢质杆件超过上述规定时，不得超过其屈服点的 85%，设计时采用容许应力如下：木料顺木纹弯应力、压应力及承压应力为 16.2MPa；受弯时顺木纹剪应力为 2.7MPa。弹性模量 $E = 98.5 \times 10^5$ MPa。钢料 16Mn 拉应力、压应力及弯应力为 1.3×210MPa $= 273$MPa；剪应力为 1.3×160MPa $= 208$MPa。30 铬锰钛拉应力、压应力及弯应力为 0.85×1300MPa $= 1105$MPa；剪应力为 0.45×1300MPa $= 585$MPa。

第三节 缆索起重机施工

一、施工工序

缆索起重机施工包括土建部分混凝土锚碇、塔架基础施工、缆索部分施工与万能杆件塔架拼装等,缆索部分包括主索、起重索、牵引索与天车安装等。缆索起重机施工工序见图 7-19;缆索起重机架设工序见图 7-20。

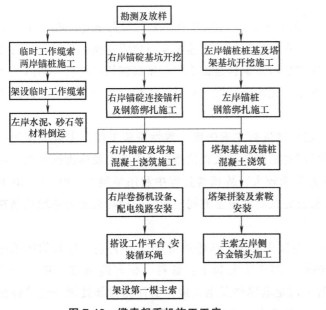

图 7-19 缆索起重机施工工序

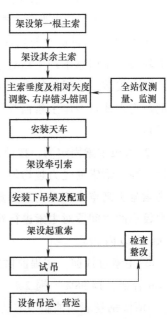

图 7-20 缆索起重机架设工序

二、安装工作

1. 准备工作

安装绳索前,除地锚、塔柱、索鞍与缆风索安装完毕并检查合格外,还要做好塔顶施工平台、绳索转向装备、挂索施工的卷扬机及其锚碇设施、滑车组、绳索连接件及夹具、放索架、滑轮架以及钢索检验等准备工作。缆索起重机所用钢丝绳应有出厂质量证明书,进场后由试验人员逐根进行检验,其技术要求符合国家相关标准的规定。

2. 缆索架设顺序

缆索起重机"三索"挂设顺序:主索→安装跑车→牵引索→起重索。

3. 缆索架设方法

(1) 承重主索架设 主索挂设前先架设临时承重索和临时牵引索。

1) 架设临时承重索。

① 承重索架设前,在右岸缆索起重机上游侧约 6m 位置处安置卷扬机一台,两岸锚桩采用锚固于基岩上直径 1.5m 的圆柱形钢筋混凝土锚桩,将钢丝绳端头做成一个套环与锚桩进

行连接，钢丝绳套环用索夹卡接。

② 先导索采用细尼龙绳人工坐溜索直接牵引过江，再用先导索牵引 ϕ10mm 钢丝绳过江。钢丝绳过江后一端穿过左岸转向滑轮再牵引到右岸卷扬机，一端与 ϕ16mm 钢丝绳连接，利用卷扬机将 ϕ16mm 钢丝绳牵引过江，然后将 ϕ22mm 钢丝绳牵引过江，通过左岸转向滑轮将绳索两端与右岸卷扬机相连形成往返连续牵引系统，最后将 ϕ37mm 临时承重索钢丝绳牵引过江。采用卷扬机调整其垂度后，两端固定在圆柱形钢筋混凝土锚桩上，完成临时承重索架设。

2）临时牵引索。临时承重索架设完毕后，将 ϕ22mm 先导索通过左岸转向滑轮与右岸卷扬机相接，形成往返连续牵引系统。该索架设时应按≥2 倍的跨径长度下料。

3）安装滑轮架，架设主索。

① 将主索通过滑轮架悬挂于临时承重索上，牵引索与滑轮架用索夹捆扎，在牵引过程中滑轮架与牵引索不产生相对移动。人工在右岸根据前进速度及时放索，在牵引过程中每隔一定距离安装一个滑轮架承托主索，过江后将主索合金锚头与左岸锚桩拉杆连接，然后用手拉葫芦走六线将右岸主索锚头与拉杆连接，完成第一根主索过江工作。其余五根用相同的方法进行。

② 六根主索固定后，按照设计空索垂度进行主索矢度一致性调整工作。主索矢度的一致性越高，诸索的受力越均匀。现场采用免棱镜全站仪直接测量主索跨中及标志处矢度，由于主索悬于高空中相对高差测量受风力影响较大，故调整过程中利用早晨 6：30~9：30 时风力较小的时间段对主索进行观测。架设完成后六根主索同一断面处相对矢度公差均控制在 ±100mm 以内。

③ 主索过江前，需提前做好主索合金锚头工作。锚杯采用 45 号钢铸造，锚杯铸体采用 Zn-Cu 合金，锌 98%，铜 2%，合金热铸。制作工艺如下：备料→钢丝绳整理（散丝和直丝）→清洗钢丝表面油脂→酸洗→浸锌→固定套筒体及钢丝绳→套筒体根部处理→套筒体预热→熔融合金与测量温度→浇注合金→补注合金→冷却→质量检查。

(2) 安装跑车 跑车通过临时承重索吊运到江右岸锚桩处，利用工作架滑车组吊装。跑车可分为三大吊装进行安装，先吊装一组走行轮置于主索上，并稳妥捆绑固定，防止跌落；后吊装另一组走行轮置于主索上，并用型钢将两组走行轮连接；再吊装上挂架及起重定滑轮组。安装跑车时，注意使同索上的走行轮对正一致，各走行轮对应平行并对齐，不得有歪扭现象，轮槽与钢索应吻合。

(3) 挂设牵引索 缆索起重机在跑车两端走行轮下方纵向连接工字钢上各安装一个滑轮，ϕ28mm 牵引索一端穿过滑轮及左岸转向滑轮后固定在左岸锚桩上；另一端穿过右岸 16t 卷扬机固定在右岸锚碇预留的锚环上，卷扬机卷筒、跑车及两端固定端形成一个闭合环，由右岸 16t 卷扬机做循环牵引。

(4) 挂设起重索 穿绕起重索在右岸塔顶工作平台上进行，下挂架吊钩置于右岸下方便道上，起重索一端按设计穿绕下挂架起重滑轮组后将绳头引入右岸 16t 起重卷扬机，并在卷筒内余留圈数不小于 3 圈；另一端用临时牵引索连接牵引至江左岸临时固定，起动起重卷扬机收放起重钢丝绳，长度调整合适后，切断左岸多余部分，穿过塔架固定在锚桩上，解除临时固定装置，安装限位装置，上下挂架净距不得小于 1m，起重索挂设完成。

(5) 下挂架安装平衡重 开动牵引卷扬机,使跑车移至靠近右岸塔架位置,将起重索下挂架用脚手架固定在离地 1~2m 位置处,下挂架调至水平状态然后穿起重绳,安装平衡重。为减少平衡重体积,采用铸铁块进行配重,两侧用螺栓和销轴可靠连接固定,对个别位置采用加钢板进行焊接。配重箱体要摆放对称,受力均衡,使下挂架起落时平稳自如。

(6) 全面检查调整 缆索起重机安装完毕,对两岸锚桩与塔架安全可靠性,绳索连接、绳夹规格、数量与间距进行检查。滑轮应转动灵活,与钢丝绳吻合良好,制动可靠,容绳量满足要求,钢丝绳松放至最大使用状态,滚筒上不得少于 4 圈;同组钢丝绳要相互平行,跑车走行顺畅、不偏斜、不摩擦钢丝绳;下挂架起落自如并保持水平。卷扬机与电力线路等全面进行检查调整。

三、试吊

试吊工作在塔架及地基基础、索鞍、缆风索、锚碇设施、主索、牵引索、起重索、跑车、卷扬机及其电气装备等经全面检查,并在天车空载往返运行一次确认合格签证后进行。试吊前,在主索、塔架、跑车及锚碇装备上标记出观察点与位移点等,并观测初始数据,做好记录。

1. 试验荷载

(1) 静载试验 最大起吊重量为 1.25 倍的额定荷载,离地面 10~20cm,悬空不少于 10min,考核起重机的强度及其结构承载力,卸载后起重机不允许出现裂纹、永久变形、连接松动及对起重机性能和安全有影响的损坏。

(2) 动载试验 最大起吊重量为 1.1 倍的额定荷载,进行起升、天车运行及根据设计要求进行组合动作。各机构动作灵活,制动性能可靠,结构和机构不应损坏,连接无松动。

上述试验不得少于 3 次,缆索试吊按 75%Q—100%Q—(110) 125%Q (Q 为设计吊重)进行加载,按不同重量分 3 次试吊过江,试吊采用自制型钢加工而成的铁笼 (4m×2m×2m),50kg 袋装水泥进行配重,偏差不大于 0.5%,其中吊笼质量为 1.7t。

2. 试吊步骤

(1) 空载试运转 跑车空载往返运行一次,检查塔架螺栓、主索、缆风绳、锚桩、电力装备及卷扬机运转情况是否正常。

(2) 荷载试吊 试吊按 75%Q—100%Q—(110) 125%Q 将静载与动载同时各进行一次往返,即先按不同配重将吊物提高离地面 10~30cm 高度,置于跨中静载 30min 左右,检查主索垂度、塔顶位移、拉杆套筒、滑车与钢丝绳有无跳槽,卷扬机齿轮有无裂纹与断齿,吊钩有无裂纹等。确认符合规范要求无异常后,起动电动机,做重复起重、运行、停车与反转等动作往返一次。各部件应动作灵活,工作平稳可靠、各零部件无裂纹与松动现象,电气装备灵敏可靠,主索垂度符合设计要求,然后进行下一吊重试验。

跑车在右岸原地起升、跨中与距左岸塔架 50~30m 位置时,必须加强观测塔柱及地锚位移,并做好记录。

3. 现场检测项目

在试吊过程中,技术人员负责对缆索起重机各部件进行检查与监测,缆索起重机试吊主要检测项目见表 7-11。

表 7-11 缆索起重机试吊主要检测项目

项目	检验内容与要求	检验方法
主索垂度	承载索垂度与安装垂度变化值,6根主索的垂度应相同	每级动载试吊前后,用全站仪直接观测
左岸塔架	塔架垂直度偏差应小于0.5‰,允许位移为塔高的1/400~1/600	用全站仪直接观测
主要受力构件	主要受力构件(塔架、塔架基础与地锚)不得有明显可见的连接缺陷和腐蚀、变形、位移和开裂等	外观检查,必要时用涂红油漆法检查表面裂纹
	主要受力构件和重要部位(梯子、栏杆和走台)或关键部位(钢丝绳套筒、减速器与制动器)的连接和固定螺栓不得松动;卷扬机基座连接焊缝无明显可见的裂纹等	目测或用钢尺检查
吊钩	吊钩固定牢靠;转动部位应灵活,表面光洁,无裂纹和剥裂,有缺陷不得焊补	外观检查,手动实验
钢丝绳	钢丝绳规格与性能应符合设计要求,穿绕正确;钢丝绳断丝数不得大于总根数的5%,钢丝绳直径减少量应不大于公称直径的7%;钢丝绳不允许有扭结、压扁、死折、笼状变形、断股与波浪弯,钢丝、绳股或绳芯挤出;绳芯损坏等,钢丝绳应润滑良好,运动中不应与金属构件摩擦;卷扬机卷筒内余留圈数不小于3圈,卷筒壁不应有裂纹或其他缺陷	外观检查,用游标卡尺在垂直绳断面测,相互交叉两个方向绳径,取最小值
滑轮	轮缘无缺损,滑轮槽表面应光滑不应有损伤钢丝绳的缺陷;润滑良好,转动灵活;应有防止钢丝绳跳出轮槽的装置,不得损坏;槽底直径磨损减少量不大于钢丝绳直径的50%	外观检查,目测或用钢尺检查
制动器与齿轮	制动器杆件应无变形,零件无磨损,弹簧表面不得有裂纹、伤痕与锈蚀;液压制动器不应漏油;制动轮摩擦面与摩擦片间应接触均匀,不得有影响制动性能的缺陷或油污;制动器调整适宜,开闭灵活,制动平稳可靠;制动轮应无裂纹或破损,与摩擦片压合良好,不应有固定摩擦片铆钉引起的划痕;摩擦垫片磨损量不大于原尺寸的50‰;齿轮应啮合平稳,无裂纹,无断齿	外观检查,目测或用游标卡尺检查

二维码 7-3 拱桥缆索吊装施工设备与工艺

思考题与习题

1. 何谓缆索起重机?它有何优越性与局限性?
2. 缆索起重机如何分类?
3. 缆索起重机由哪些部分组成?
4. 缆索起重机设计计算包含哪些内容?
5. 缆索起重机施工内容有哪些?

第八章

工程索道试验

【导读】 通过工程索道试验教学,既能帮助学生巩固理论,又能培养学生解决实际问题的实践能力和创新能力。福建省工程索道工程技术研究中心已建成我国规模最大、设备最全、实验项目最多、集遥控索道和滑索于一体的工程索道特色实验室。工程索道课程实践,一方面是实践成才,加深学生理解和掌握工程索道原理、方法和步骤等理论知识,培养学生解决工程索道复杂问题的实践技能,强化学生创新实践能力,为学生今后从事工程索道设计、架设和管理打下坚实基础;另一方面是实践育人,引导学生综合素质全面发展,感化学生的心灵(吃苦耐劳、踏实肯干、团结互助、合作共赢与善于沟通等),引领学生亲身参与工程实践,提升就业适应能力。

【提要】 工程索道课程设计包括设计目的、任务、要求和评分依据;索道钢丝绳试验包括钢丝绳短插、长接、无损检测和承载索张力及张紧度测试;索道跑车试验包括 $YP_{0.5}$-A、K_2 和 GS_3 三种型号跑车拆装;索道绞盘机试验包括 JSX_2-0.8、红旗和 SJ-23 三种型号绞盘机拆装,以及闽林 821、武夷、$JSD_{3.2}$ 和 JSX_2-0.8 四种型号绞盘机驾驶实训和噪声测试;索道虚拟仿真试验包括景区客运索道、货运吊装索道、林业架空索道和桥梁缆索吊装四个虚拟仿真动画模块,以及索道安装架设与集材虚拟仿真交互模块。

【要求】 系统掌握工程索道完整设计计算方法;掌握索道钢丝绳短插和长接方法、钢丝绳无损检测方法、承载索张力和张紧度测试方法、索道安装架设与集材关键技术与装备运用。

第一节 索道课程设计

一、设计目的

学生通过工程索道课程设计,加深理解和掌握所学理论知识,增强实践技能,正确掌握工程索道的一般原理、方法和步骤,为今后从事工程索道的设计、架设和管理打下坚实基础。

二、设计任务

某伐区架设一条3跨（$N=3$）单线3索增力式集材架空索道。已知参数见表8-1。

表8-1 索道已知参数

跨号 I	倾角 $X_0(I)/(°)$	跨距 $L_0(I)/m$
1	11.27	404
2	14.18	287
3	10.35	200

试选牵引索 13 6×19 NFC 1570 B ZS，其单位长度重力 $Q_Q=5.93N/m$，钢索许可破断拉力 $T_{pq}=81500N$；承载索 28 6×19 NFC 1670 B ZZ，其单位长度重力 $Q_S=27.5N/m$，横截面面积 $A=289.95mm^2$，钢索许可破断拉力 $T_p=402000N$；钢索弹性模量 $E=1×10^5MPa$。木捆重力 $P_1=20000N$。

初选 K_1 跑车：跑车轮数 $N_0=4$ 个，跑车自重 $P_2=1450N$，载物钩重 $P_3=100N$，鞍座处设置有托索器。初选闽林821绞盘机：额定功率为51.5kW，绞盘机位置低于集材点73.2m；起重牵引速度 $v=1.5m/s$。

初定无荷中挠系数 $S_{0M}=0.0355+$学号后两位数字$/10000$，各跨线形按 $M=20$ 等分计算；计算跨支点位移量 $D_L=0.2m$；温差 $D_T=10℃$。索道下支点坐标（0，0.5）。

地面总变坡点数 $S=9$，测量得地面变坡点坐标，见表8-2。

表8-2 变坡点坐标

跨号 I	变坡点数 $N(I)$	地面变坡点坐标 $XY(J)$、$YY(J)/m$
1	4	(0,0)；(166,−49)；(280,20)；(404,70)
2	3	(518.8,32)；(576.2,50)；(691,148)
3	2	(791,100)；(891,184)

三、设计要求

1）要求完成一条3跨增力式货运（集材）索道完整的设计计算，并绘制索道侧型图和确定集材方式方法，具体包括：索道设计计算书，索道侧型图，索道索系图、设计说明书和索道施工预算书。

2）计算书和图纸格式规范，均须用计算机打印，装订成册，每人交一份，每份应有封面和目录。

四、参考资料

1）周新年. 架空索道理论与实践［M］. 北京：中国林业出版社，1996.

2）周新年. 工程索道与柔性吊桥—理论 设计 案例［M］. 北京：人民交通出版社，2008.

3）周新年. 工程索道与悬索桥［M］. 北京：人民交通出版社，2013.

4）周新年，周成军，郑丽凤，等. 工程索道［M］. 北京：机械工业出版社，2020.

5）索道图册．日本、中国和福建各1册，1984．

6）中华人民共和国国家林业局．林业架空索道 设计规范：LY/T 1056—2012 [S]．北京：中国标准出版社，2012．

7）中华人民共和国国家林业局．林业架空索道 使用安全规程：LY/T 1133—2012 [S]．北京：中国标准出版社，2012．

8）中华人民共和国国家林业局．林业架空索道 架设、运行和拆转技术规范：LY/T1169—2016 [S]．北京：中国标准出版社，2016．

五、评分依据

评分依据为：设计计算方法正确，内容完整；图形布置合理，符合索道设计要求；说明书内容完整清楚；全部材料均用计算机打印，格式规范，装订成册，外表美观。具体见表8-3。

表8-3 评分依据

设计资料的完整性(%)							设计文件质量(%)							合计
封面目录	设计说明书	设计计算书	施工预算书	侧型图设计	索系图设计	小计	封面目录	设计说明书	设计计算书	施工预算书	侧型图设计	索系图设计	小计	
2	2	5	5	3	3	20	10	10	20	20	10	10	80	100

二维码8-1 福建农林大学工程索道实验室简介

二维码8-2 工程索道实践技能与创新培养

第二节 索道钢丝绳试验

一、钢丝绳短插

1. 试验目的

熟悉钢丝绳结构性能，正确掌握钢丝绳短插方法，并能动手完成钢丝绳短插。

2. 试验工具

钢丝绳剪断钳、插索刀、铁锤、螺丝刀（12#）、老虎钳、尖嘴钳、剪刀、细铁丝和木槌等。

3. 试验步骤

钢丝绳短插的一般要求是：同类型、同直径、同捻距；挠性好、软丝、纤维芯；强度适宜，能承受较大拉力；通常以6股钢丝绳为主。

以1根长度为3m、直径d为10mm的6×19+1普通钢丝绳为例。

二维码8-3 钢丝绳短插

方法一：

1)短插的接头长度视钢丝绳直径大小取 40~50d（重要部位使用时，可放大至 80~100d），在插前先用相应号数的卡子，从接头腰部卡住，留出钢丝绳短端，把钢丝绳 6 股分成两大股，一股是 3 小股，另一股是 4 小股（包含一芯股，即麻芯）。

2)钢丝绳放在地板上，把两大股合编成环。

3)把一股分为股 1、股 2、股 3 三小股，每小股顶端用细铁线或黑胶布缠好，以防钢丝松散。

4)把靠环后面的股 3 用插索刀穿进环与直绳各一股，股 2 在股 3 穿的前一股穿进，股 1 在股 2 穿的前一股穿进，这样一边即完成。每次必须穿越两股。

5)将绳翻转后，再把另一股分为股 4、股 5、股 6 三小股，每股顶端用细铁线或黑胶布缠好，以防钢丝松散，去除麻芯，按股 1、股 2、股 3 穿插的方法将股 4、股 5、股 6 穿进。穿插好后，再依次股 1、股 2、股 3、股 4、股 5、股 6 反复穿插，每小股插过"三刀半"，共 21 股次。每次穿插后，应将绳头收紧，并用木槌敲打顺股。

6)编插好后，应将散股的剩余的钢丝剪除。

方法二：

1)根据实际需要，截取一段钢丝绳，选择适当长度用细铁线扎紧（此长度可根据绳扣周长加上成环扣后用于插接的预留长度 40~60d 进行预估）。在钢丝绳的端头按对半散开成两半绳股至扎有细铁线的位置（扎细铁线位置为散开的两半绳股的分叉处），一半为三股绳股（分别为股 1、股 2、股 3）和麻芯，各绳股和麻芯仍按原捻绕顺序缠绕（三股绳股和麻芯不再散开）；另一半为另外三股绳股（分别为股 4、股 5、股 6），各绳股仍按原捻绕顺序缠绕（三股绳股不再散开）。

2)将散开的两半绳股交叉成环扣，按原钢丝绳捻绕顺序缠绕回去（散开的两半绳股缠绕成绳环后的钢丝绳与原钢丝绳保持一样）；将两半绳股缠绕到分叉处为止，把钢丝绳环扣平放地上，以人面对的一面为正面（股 1、股 2、股 3 和麻芯），贴地的一面为背面（股 4、股 5、股 6），在两半绳股的分叉处，两半绳股都还有预留长度 40~60d；解开分叉处的细铁丝，将两半绳股的预留长度部分，按各股绳股全部散开，剪去麻芯。

3)首先开始正面插接，在环扣交叉处，选择主绳上紧靠的左右两边各一股用插索刀穿过去，选择正面散开的三股绳股（按捻绕顺序分别为股 1、股 2、股 3）中的"股 1"，将"股 1"从插索刀凹槽反向穿过去，用力拉紧。用插索刀在"股 1"之前穿过的主绳两股的中间以及再前一股（主绳捻绕顺序前进方向）穿过去，将"股 2"从插索刀凹槽反向穿过去，用力拉紧；用插索刀在"股 2"之前穿过的主绳两股的中间以及再前一股（主绳捻绕顺序前进方向）穿过去，将"股 3"从插索刀凹槽反向穿过去，用力拉紧；正面的三股绳股穿插完后，即完成正面的第一个"半刀"穿插。

4)穿插完正面的第一个"半刀"后，翻转一面（原先贴地的背面），穿插原背面的第一个"半刀"。原背面的第一个"半刀"的三股绳股（股 4、股 5、股 6）穿插方法，与原正面的第一个"半刀"的三股绳股（股 1、股 2、股 3）穿插方法一致；原背面的股 4 穿插；股 5 和股 6 依次穿插，正面和背面各三股绳股都穿插完后，即完成"第一刀"穿插。

5)后续，按"第一刀"的插接方法和步骤，依次插接完成剩余的"三刀"，总共插接完"四刀"后还有多余长度的绳股；将多余长度的绳股剪断，得到钢丝绳一端插接好的环扣。钢丝绳另外一端的环扣用同样的方法步骤完成插接，得到两端带绳扣的钢丝绳。

4. 试验结果

绘制短接的钢丝绳编插图，注明要点。

短插钢丝绳实物评分：以2人为一组，每人插一个头，2人成绩一致。短插钢丝绳实物重新编号，选派3~4名学生代表、指导老师1~3人，根据短插质量共同评分，以均值作为短插成绩。

5. 短插用途

钢丝绳短插法，也称变直径插接法。在接头范围内，是两根绳子的绳股合在一起，因此直径变粗。它的接头长度较短。钢索的短插法一般常用在悬挂滑轮的钢丝绳、捆木索、绷索和吊索等。

二、钢丝绳长接

1. 试验目的

熟悉钢丝绳结构性能，正确掌握钢丝绳长接方法，并能动手完成钢丝绳长接。

2. 试验工具

钢丝绳剪断钳、插索刀、铁锤、螺丝刀（12#）、老虎钳、尖嘴钳、剪刀、细铁丝和木槌等。

3. 试验步骤

钢丝绳长接同样要求钢丝绳同类型、同直径、同捻距；挠性好、软丝、纤维芯；强度适宜，能承受较大拉力；通常也以6股钢丝绳为主。

以2根长度为15m、直径 d 为10mm的6×19+1普通钢丝绳为例。

方法一：

钢丝绳长接时，单股插接长度一般为 $180d$。如果一根钢丝绳头，按三股算，破头长度应保证大于钢丝绳直径的 $540d$，两端破头总长度大于钢丝绳直径的 $1080d$。因此，不同用途钢丝绳的接头长度要求，林业或临时用钢丝绳接头长度为钢丝绳直径的 $800\sim1000d$，客运索道不低于 $1200d$，货运索道不低于 $1000d$。

二维码8-4 钢丝绳长接

1）将两根长度15m的钢丝绳，分别编号为甲和乙两根钢丝绳。

2）量取甲、乙两根钢丝绳的破头长度为6m，用细铁线扎紧。

3）将甲、乙两根钢丝绳破头段的6股绳股散开，每股顶端用细铁线或黑胶布缠好，以防钢丝松散；切除麻芯。

4）将甲、乙破头段散开的绳股，按每间隔一股砍短，保留一定长度，约30cm。

5）在相接的甲乙两端按股的绕向顺序选定第1股，各股放置位置按"以短压长"互相对插，并使两端切断的麻芯头互相对靠在一起。

6）解开细铁线，从扎头处开始，让甲绳1股前进，迫使乙绳A股后退；甲绳1股捻进乙绳取代A股，直至甲端1股距股端仅有 $85d$ 长度时为止。再将A股只留85倍 d，其余的均切除，其他各股也按上述方法进行捻接，但每对股绳捻接位置要留有间距，间距长度为 $170d$。

7）插索头处理：用插索刀把钢丝绳从交股处别开，对中穿过（包括对方接头），然后割断麻芯，并取出麻芯绳头，用一把螺丝刀顺钢丝绳的缠绕方向向前绞，一面抽出麻芯，一面将绳股别进绳索中以代替麻芯位置，把抽出的麻芯在接头终止处割断，使麻芯紧连接头，最后用木槌把不平齐的部分槌平。

方法二：

1）将待插接的两根钢丝绳放置左右两边（左边称为甲绳，右边称为乙绳），甲乙两根钢丝绳留出插接端（长度一般为 $40\sim60d$），然后紧靠在一起，用细铁线扎紧扎牢（在细铁线扎牢位置，左边是甲绳主绳和乙绳插接端紧靠，右边是乙绳主绳和甲绳插接端紧靠；扎紧前确保两根钢丝绳位置摆放正确，以插接人员站在插接端的一侧来看，主绳钢丝绳捻绕方向、插接端钢丝绳捻绕方向和插接前进方向保持一致）。

2）开始一边的插接，这里先进行左边的插接。将乙绳插接端的绳股（6股）按股散开至细铁线扎紧处，剪去麻芯；在细铁线扎紧处，乙绳插接端散开的6股绳股中最靠近甲绳主绳的称为乙绳插接端散开的股1，其余5股按捻绕顺序依次称为股2、股3、股4、股5、股6。

3）进行"第一刀"插接，用插索刀穿插最靠近"乙绳插接端股1"的甲绳主绳的两股绳股，将"乙绳插接端股1"从插索刀凹槽顺着甲绳主绳捻绕方向穿过去（此为右捻钢丝绳，向右穿过去），然后用力拉紧；用插索刀在"乙绳插接端股1"之前穿过的甲绳主绳两股的中间以及再前一股（主绳捻绕顺序前进方向）穿过去，将"乙绳插接端股2"从插索刀凹槽顺着甲绳主绳捻绕方向穿过去；"乙绳插接端股3、股4、股5、股6"依次按顺序穿插，"第一刀"乙绳插接端6股绳股穿插完后，用铁锤敲实绳股之间的间隙。

4）翻转一面，进行"第二刀"插接，也是从"乙绳插接端股1"开始，6股绳股依次穿插；第二刀开始时，在"乙绳插接端股1"穿出甲绳主绳的位置，沿插接前进方向（也是甲绳主绳捻绕方向）向前的甲绳主绳两股绳股，用插索刀插过去，"乙绳插接端股1"从插索刀凹槽顺着甲绳主绳捻绕方向穿过去，"乙绳插接端股2、股3、股4、股5、股6"依次按顺序穿插，"第二刀"乙绳插接端3股绳股穿插完后，"第二刀"乙绳插接端6股绳股穿插完后。

5）乙绳插接端每插完一刀（6股穿插完）翻转一面，依次进行第三刀插接、第四刀插接……至少需插完三刀，才能解除扎紧的细铁线，进行另外一边的插接（右边甲绳插接端）。

6）进行另一边（右边）插接。插完三刀后，解开细铁线，将甲绳插接端股绳（6股）按股散开至原扎细铁线处，剪去麻芯；甲绳插接端散开的6股绳股被乙绳主绳的其中一股绳股分开两边，一边是两股绳股（为甲绳插接端的股6和股5，保持不动），另一边是四股绳股（为甲绳插接端的股4、股3、股2和股1，这四股要往回退一刀）。

7）将甲绳插接端的股4、股3、股2和股1依次往回退一刀；退完后，甲绳插接端散开的6股绳股，沿插接前进方向（乙绳主绳捻绕方向）从股1~股6依次排列在同一侧（插完一刀后的状态）；按照插接方法和步骤依次进行每一刀的插接。

8）甲乙两绳插接端分别往两边进行插接，直至达到插接长度要求时为止，将两边多余的绳股剪断，得到运用短插法进行长接的钢丝绳。

4. 试验结果

绘制钢丝绳长接的编插图，注明要点。

长接钢丝绳实物评分：一般以8~10人为一小组，每组完成1根，同组每人成绩一致。长接钢丝绳实物重新编号，选派3~4名学生代表、指导老师1~3人，按长接质量共同评分，以均值作为长接成绩。

5. 长接用途

钢丝绳长接的不变直径插接法（方法一），是将两个绳头的绳股各剪去一半，然后将两个绳头对在一起插接，它的接头长度较长，用这个方法接出的绳子，直径保持不变，表面上看不出接头的位置。钢丝绳长接的变直径插接法（方法二）是运用短插进行长接，在接头范围内，是两根绳子的绳股合在一起，直径变粗，但短插法长接钢丝绳不允许有局部绳股明显突起。在实际使用中，钢丝绳长接主要用于承载索与工作索（起重索、牵引索、回空索和循环索等）。

三、钢丝绳无损检测

1. 试验目的

熟悉钢丝绳无损检测仪，正确掌握钢丝绳无损检测方法，通过钢丝绳无损检测，判断钢丝绳截面积损失和断丝，评估钢丝绳使用寿命。

2. 试验仪器

俄罗斯 INTRON 钢丝绳无损检测仪见图 8-1。检测范围 $d = 6 \sim 40mm$（MH6~24mm 和 MH20~40mm 双磁头完成覆盖，d 为钢丝绳直径）；检测速度 $0 \sim 2m/s$；LMA 测量范围 $0 \sim 30\%$，灵敏度 1%，测量精度 $\pm 1\%$；LF 灵敏度 $32/d\%$；可存储 32000m 的钢丝绳检测数据，数据导体连接到电脑的 RS-232 或 USB 接口。

图 8-1 钢丝绳无损检测仪
1—主机 2—MH6~24mm 3—MH20~40mm

3. 试验步骤

1）INTRON 主机开机，确认电池电量足量，如果无法正常开机，请开启主机底部底盖更换电池。

2）组装好 INTRON 探头体，安装探头套到被测钢丝绳上，在预定测试钢丝绳长度上来回移动探头体，不少于 3 个来回程，从而完成钢丝绳的完全磁化。

3）连接好仪器电缆、主机及探头体，开机设置被测钢丝绳直径值，以及预定被测钢丝绳长度值。

4）取下探头体在空气中（注意：仪器附件有铁质体，会影响标定结果）完成探头体的最大磁损值（依据仪器手册及使用探头规格选取对应标定值）标定操作。

5）在选定作为标准的完好钢丝绳段（长度不少于 50cm）上完成仪器探头的零位值标定操作。

6）完成仪器标定后，即可开始进行测试，在测试开始前，按仪器〈REC〉键启动测试记录。

7）移动钢丝绳或仪器探头体进行测试，到达预定测试长度后，再次按仪器主机〈REC〉键完成测试记录，从而完成整个测试。

8) 数据导出：使用仪器自带的 USB 电缆连接仪器主机及计算机，启动 WINSTROS 软件选择〈DOWNLOAD〉键进行数据下载，分析。

9) 完成数据分析及测试报告输出。

4. 试验结果

记录所测钢丝绳检测数据，处理数据并判断钢丝绳的截面损失。

四、承载索张力及张紧度测试

1. 试验目的

正确掌握钢丝绳张力及张紧度测定方法和技巧。

2. 试验工具与仪器

秒表、木棍、机械式拉力表；钢丝绳张力测试仪，见图 8-2。

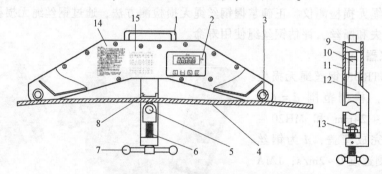

图 8-2　SL-10T 型索张力仪的结构

1—张力仪提手　2—显示操作面板　3—钢索定位轮　4—被测钢索　5—推索轮　6—丝杠　7—手轮　8—限位挡块　9—底板　10—测力传感器　11—上板　12—机架　13—轴承　14—测力说明　15—索号对照表

3. 试验步骤

（1）振动波法测定无荷中挠系数　在支点附近，安装好拉力器，然后用木棍敲击钢索，使之振动，用秒表测出其在某距离传波一个往复所需要的时间 t 秒，按下式求得所测定的无荷中挠系数 S_0

$$S_0 = \frac{0.306 t^2}{l_0} \tag{8-1}$$

式中　l_0——跨间水平距离。

（2）振动波法测定钢索拉力　在支架附近敲打钢索，使之振动，以秒表测定其传波速度 v。此时承载索是在无荷情况下测定，则所测的无荷索拉力 T_0 为

$$T_0 = 0.408 q \frac{l^2}{t^2} \tag{8-2}$$

式中　q——钢索单位长度质量；

l——索道弦长，$l = \dfrac{l_0}{\cos\alpha}$，α 为索道弦倾角。

（3）机械式拉力表测定承载索张力　在索道安装时，将机械式拉力表安装在承载索上，承载索张紧后，可从机械式拉力表直接读取数值。

(4) SL-10T 型索张力测试仪测定承载索张力

1) 按〈ON/OFF〉键即进入前次测力的索号测力状态，可以直接测量相同索号钢索。

2) 长按（MODEC）"索号/设定"键进入索号选定程序，选择需要检测的索号 1-7 各个型号请参照索号对照表，按〈ENTER/ZERO〉（确认/清零）键确认。

3) 钢索卡入轮槽并按〈ENTER/ZERO〉（确认/清零）键清零。长按〈PEAK/VALUE〉（峰值/单位）键根据用户需求，可实现 kg 与 kN 的单位切换（请看显示屏的箭头指示）。按〈PEAK/VALUE〉（峰值/单位）键，可实现所测得绳索最高峰值（请看显示屏的箭头指示）。

4) 旋紧手轮至钢索顶到限位，即显示钢索拉力。

5) 没有任何操作，30min 自动关机。

6) 检测完毕，按〈ON/OFF〉键关掉电源。

4．试验结果

1) 根据实际架设的索道，测量和绘制索道的侧型图。

2) 记录承载索张力及张紧度测试数据，见表 8-4。

表 8-4　承载索张力及张紧度测试记录

机械式拉力表读数/kN	测定次数	张力测试仪读数/kN	振动波法测试结果		
			秒表读数/s	相应的 S_0 值	相应的 T_0 值/kN
	1				
	2				
	3				
	……				

3) 计算出平均 S_0 和 T_0 值。

4) 比较机械式拉力表读数（理论值）与实测值的误差值，并分析其误差。

第三节　索道跑车试验

一、试验目的

掌握索道跑车工作原理，熟悉索道跑车主要结构、构造和功能，以达到对索道跑车正确合理的运用。

二、试验工具与设备

各组配备工具专用柜，包括梅开扳手（10～32）、梅花扳手（12-14～24-27）、圆头锤（2磅）、八角锤（3磅）、尖嘴钳、老虎钳、螺丝刀（十字 6 寸和一字 6 寸）与活动扳手（200、250、300、375）等。$YP_{0.5}$-A 型遥控跑车、K_2 型半自动跑车和 GS_3 型半自动跑车。

三、试验步骤

(1) $YP_{0.5}$-A 型跑车拆装

1) 用螺丝刀拧下继电器上螺钉，取下导线，打开遥控跑车遥控系统所在的箱子，取出相应的电池组和遥控系统。

2）拆卸行走轮总成。

3）了解握索机构和液压传动系统（制动工作油缸与握索工作油缸）。

跑车需装回复原时，按拆卸步骤的相反顺序逐件装回。

(2) K_2 型跑车拆装

1）将跑车倒置、直立地面。

2）拆卸吊托，取下开闭杠杆。

3）拆卸托架，取下夹杆。

4）拆卸前下壁板。

5）拆卸冲击筒总成。装卸时，应注意顺坡或逆坡集材缓冲弹簧的位置调换和销钉孔位的变更。

跑车需装回复原时，按拆卸步骤的相反顺序逐件装回。

(3) GS_3 型跑车拆装

1）用双头螺杆压缩冲击筒弹簧，卸下摩擦卷筒，取下制动机构。

2）拆卸行走轮总成。

3）拆卸冲击筒总成，并利用双头螺杆卸下冲击弹簧。

4）了解止动器工作原理，熟悉结构。

跑车需装回复原时，按拆卸步骤的相反顺序逐件装回。

四、试验结果

1）绘制 $YP_{0.5}$-A 遥控跑车结构总图，并叙述其工作原理。

2）绘制 K_2 跑车结构总图、顺坡或逆坡集材时冲击筒上缓冲弹簧及销钉变位图，并叙述其工作原理。

3）绘制 GS_3 跑车结构总图和传动系统图，并叙述其工作原理。

第四节　索道绞盘机试验

一、索道绞盘机拆装

1. 试验目的

熟悉索道绞盘机主要构造，掌握索道绞盘机结构性能和作用。

2. 试验工具与设备

各组配备工具专用柜，包括梅开扳手（10~32）、梅花扳手（12-14~24-27）、圆头锤（2磅）、八角锤（3磅）、尖嘴钳、老虎钳、螺丝刀（十字6寸和一字6寸）和活动扳手（200、250、300、375）等。JSX_2-0.8 轻型绞盘机、红旗绞盘机和 SJ-23 绞盘机。

3. 试验步骤

(1) JSX_2-0.8 绞盘机拆装　拆牙嵌式卷筒离合器与内胀蹄式卷筒制动器。

(2) 红旗绞盘机拆装

1）正倒齿轮箱。

拆除轴承盖──→上盖板──→取出正倒齿轮。

2) 拆卸下卷筒。拆卸传动齿轮，取出螺纹推杆，单锥形离合器，并了解其工作原理和结构。

（3）SJ-23 绞盘机拆装

1) 油压系统。

① 卷筒离合器：拆下主油管──→轴承盖──→杠杆臂──→工作油泵──→卷筒──→离合带。

② 制动机构：A. 拆下主油管──→工作泵──→外抱制动带；B. 拆下主油管──→工作泵──→凸轮──→轴承盖──→上轴承──→取下内胀制动蹄。

③ 工作总泵拆卸 1 个，了解工作原理和结构。

2) 变速箱。从机座上取下变速箱；打开箱盖和轴承盖；卸下花键轴和变速齿轮。

4. 试验结果

绘制 JSX_2-0.8 轻型绞盘机、红旗绞盘机、SJ-23 绞盘机的传动系统图、卷筒制动器、卷筒离合器及操纵系统简图。

二、索道绞盘机驾驶实训

1. 试验目的

熟悉索道绞盘机操作方法步骤和注意要点，以达到正确使用。

2. 试验设备

闽林 821 绞盘机、武夷绞盘机、JSD_3-2 电动轻型绞盘机和 JSX_2-0.8 轻型绞盘机。

3. 试验步骤与注意事项

（1）开机前准备工作

1) 检查三油（汽油、机油、机械油）、水电（电路系统、电瓶连接线等）。

2) 检查所有手柄都应放在空档位置上。

（2）开机注意事项

1) 打开起动开关，脚踩下主离合器，打开油门起动。

2) 起动后，挂档空转，注意观察各仪表工作是否正常，机械有否不正常声响；油路系统是否漏油；挂档后检查制动系统是否灵活可靠，如有不正常现象应立即停机检查、调整。

3) 挂档时应先踩下主离合器，再挂档（主变速箱、副变速箱或正倒齿轮箱），根据要求进行操作。

4) 严禁违章操作，空车运转不宜开大油门，并要精力集中，注意手脚正确配合。

（3）停机注意事项

1) 将机器擦洗干净。

2) 将全部手柄放回空档位置。

3) 拆下电瓶中搭铁线。

4. 试验结果

绞盘机驾驶操作考试，根据操作规范现场评分。

三、绞盘机噪声测试

1. 试验目的

通过索道绞盘机声级测试实践，判断绞盘机是否会造成噪声污染，并思考绞盘机降噪措施。

2. 试验设备

JSX_2-0.8 轻型绞盘机、闽林 821 绞盘机、武夷绞盘机和 JSD_3-2 电动轻型绞盘机。

AWA 5680Ⅱ型多功能声级计（图 8-3），相关指标见表 8-5。

图 8-3　AWA 5680Ⅱ型多功能声级计

表 8-5　AWA 5680 声级计相关指标

主要功能	测量指标	物理意义
噪声数据采集	$L_{Aeq,T}$	等效 A 连续声级
	T_d	持续时间
	L_{max}	最大声压级
	L_{min}	最小声压级
噪声统计分析	LN	$N\%$的声压级超过此声压级
	SD	均方偏差
	E	个人声暴露

3. 试验步骤

1) 校准仪器。使前后示值差不大于 0.5dB（A）。手持传声器离地竖向约 1.5m、距绞盘机横向约 2m 水平放置，加防风罩。以声级计"慢档"预测观察驱动机噪声变化。

2) 修正声级。随机测背景值及绞盘机正常工况下的噪声值，若两者差值均大于 10dB（A），无须修正声级，否则反之。若噪声较小，需剔除个人声暴露显著异常值。

3) 测点选择。据现场实际情况设点，每个点以 A 计权、间隔 1s、连续 1min 等效测 n 次。

4. 试验结果

1) 记录每点所测数据，处理数据并计算绞盘机等效连续声级、暴露噪声水平与噪声污染等级。

2) 分析噪声分布特性，并思考绞盘机降噪措施。

第五节　索道虚拟仿真试验

一、试验目的

通过工程索道技术与装备虚拟仿真模块，学生戴上沉浸式 VR 头盔置身于景区客运索道、货运吊装索道、林业架空索道和桥梁缆索吊装的虚拟现实场景中，熟悉不同类型工程索道应用领域、工作原理和工作过程，掌握各类型工程索道的关键技术与装备运用，增强学生的生态意识、工程意识和综合素质。

通过索道安装架设与集材虚拟仿真模块，以林业集材索道为例，构建索道集材 VR 虚拟现实场景，学生戴上沉浸式 VR 头盔置身于伐区索道集材作业虚拟现实场景中，完成索道安装架设、集材作业和拆卸转移的交互操作训练，掌握索道上下支点确定及锚固、钢丝绳铺设、绞盘机安装、跑车安装，集材作业过程和工作循环，以及索道拆卸转移等关键技术，提高学生动手能力和创新能力。

二、试验要求

1) 明确试验目的。
2) 预习相关试验内容，掌握对应的试验方法。
3) 熟悉和掌握工程索道类型、技术装备和工程应用。
4) 了解国内外各种不同型号的索道跑车与绞盘机的结构组成、工作原理和技术参数。
5) 熟悉和掌握索道安装架设、运行验收、集材作业和拆卸转移等工艺流程、关键技术和安全技术规程。
6) 团结协作，试验测试，互动讨论和试验报告。

三、试验条件

硬件系统：包括环幕立体投影系统（工程投影机 2 台、图形工作站 1 台、专业金属投影幕 1 台、图像拼接控制器 1 套，专业音响 1 套，学生台式机 12 台）、VR 头盔式沉浸系统（数字头盔 3 台，图形工作站 3 台，液晶电视 3 台）。

软件系统：工程索道技术与装备虚拟仿真包括景区客运索道、货运吊装索道、林业架空索道和桥梁缆索吊装；索道安装架设与集材交互虚拟仿真等 VR 资源及系统集成。

四、试验原理

工程索道虚拟仿真试验项目，包括工程索道技术与装备虚拟仿真模块和索道安装架设与集材虚拟仿真模块。

工程索道技术与装备虚拟仿真模块，借助虚拟现实技术真实再现试验场景，为学生全面掌握工程索道技术与装备专业知识提供服务，包括了景区客运索道、货运吊装索道、林业架空索道和桥梁缆索吊装等的工作过程、关键技术和装备运用；教师可通过曲面大屏幕的大画面和宽阔的视野范围很好地为学生进行虚拟仿真试验演示，学生可通过单机和完成不同索道类型的工作过程和装备运用的虚拟仿真试验，还可以戴上 VR 头盔沉浸在虚拟现实场景中进行体验。

索道安装架设与集材虚拟仿真模块，为 VR 虚拟交互操作模块。林业集材索道安装架设因地形条件复杂、机械装备重、高危险、高投入等难题，教学中无法让学生独立完成索道安装架设。以轻型集材索道为例，学生可戴上 VR 头盔沉浸在索道安装架设虚拟现实场景中，通过操作手柄实现交互，完成索道选线、人工卧桩埋设、绞盘机位置选择及安装、钢丝绳铺设、复式滑车和绳夹板的安装、跑车安装、承载索张紧、起重索和回空索安装、索道试运行、工作循环和索道拆卸等等一系列操作，掌握索道安装架设、集材作业和拆卸转移的关键技术和安全注意事项，可反复进行集材索道安装架设与集材作业交互试验操作。

二维码 8-5　虚拟仿真：景区客运索道

五、试验步骤

(1) 工程索道技术与装备虚拟仿真

1) 景区客运索道。客运索道类型选择、关键技术、装备运用和工作过程等。

2）货运吊装索道。货运吊装索道类型（大型、中型）、关键技术、装备运用、吊运过程、大型与中型索道转运过程、钢丝绳无损检测和承载索张力测试等。

3）林业架空索道。林业架空索道类型（全悬增力式、GS3拐弯索道和遥控索道）、关键技术、装备运用和集材作业过程等。

二维码 8-6　虚拟仿真：厦门步道吊运钢构索道网

二维码 8-7　虚拟仿真：林业架空索道

二维码 8-8　索道交互：安装架设与集材

4）桥梁缆索吊装。悬索桥钢桁加劲梁缆索吊装施工和拱桥拱肋缆索吊装施工工艺、关键技术、装备运用和吊装过程等。

（2）索道安装架设与集材虚拟仿真

1）索道安装架设前准备（包括选择待集材伐区、索道选线、索道类型选择、设计计算、所需设备和材料等）。

2）确定索道上、下支点位置（起点、终点位置）。

3）确定绞盘机安装位置。

4）索道起点、终点人工卧桩埋设。

5）绞盘机安装。

6）人工背细绳上山，铺设循环索。

7）铺设起重索。

8）铺设承载索，承载索上支点固定。

9）铺设回空索道。

10）铺设张紧索，下支点安装复式滑车，穿复式滑车，复式滑车拉开到预留位置，安装绳夹板。

11）安装跑车。

12）张紧承载索。

13）试运行。

14）索道集材作业过程（工作循环）。

15）索道拆卸。

六、试验结果

首先，通过工程索道技术与装备虚拟仿真试验，熟悉不同类型工程索道应用领域、工作原理和工作过程，掌握各类型工程索道的关键技术与装备运用，完成相关知识点测试。

其次，通过索道安装架设与集材虚拟仿真试验，要求学生索道安装架设、集材作业和拆卸转移的交互操作训练，掌握索道上下支点确定及锚固、钢丝绳铺设、绞盘机安装、跑车安装、集材作业过程和工作循环，以及索道拆卸转移等关键技术。

试验结束后，学生按照指导教师的要求完成试验测试，互动研讨，撰写试验报告。

参考文献

[1] 单圣涤. 工程索道 [M]. 北京：中国林业出版社，2000.
[2] 周新年. 架空索道理论与实践 [M]. 北京：中国林业出版社，1996.
[3] 张恭林. 令人神往的月球"太空索道" [J]. 中国索道，2001，1（3）：38.
[4] 杨福新. 国外客运架空索道的进展 [J]. 起重运输机械，1998（1）：13-23.
[5] 汪会邦. 大桥施工与大跨径缆索起重机设计 [J]. 华东公路，1997（2）：48-52.
[6] 吴鸿启. 客运架空索道安全技术 [M]. 北京：人民交通出版社，1996.
[7] 王庆武. 中国索道建设的现状与发展趋势 [J]. 中国索道，2001，1（2）：1-6.
[8] 王红敏. 新型货运索道研究与设计 [J]. 中国索道，2002，2（1）：27-29.
[9] 张立忠. 我国矿山载人索道现状及发展前景 [J]. 中国索道，2002，2（5）：1-4.
[10] 程兆荣. 我国客运索道的发展及索道人才培养战略 [J]. 中国索道，2001，1（5）：20-27.
[11] 杜盖尔斯基. 架空索道及缆索起重机 [M]. 孙鸿范，译. 北京：高等教育出版社，1955.
[12] 中国有色工程有限公司. 架空索道工程技术标准：GB 50127—2020 [S]. 北京：中国计划出版社，2007.
[13] 中国建筑工业出版社. 工程建设规范汇编（道路与索道工程规范）[S]. 北京：中国建筑工业出版社，1991：385-424.
[14] 嵇焕章. 单跨往复式索道的设计与研究 [J]. 中国索道，2001，1（3）：18-27.
[15] 中华人民共和国国家质量监督检验检疫总局. 滑索安全技术要求（试行）[Z]. 2002.
[16] 周军宏. 滑索的安全性能分析 [J]. 起重运输机械，2001（1）：10-12.
[17] 沈勇. 滑索设计的理论基础 [J]. 中国索道，2001，1（2）：33-38.
[18] 杨学春，董希斌. 单跨溜索最低点位置的计算及跑车的动力学分析 [J]. 东北林业大学学报，2003，33（3）：38-40.
[19] 东北林学院. 林业索道 [M]. 北京：中国林业出版社，1985.
[20] 刘银春. 大学物理新教程：上册 [M]. 厦门：厦门大学出版社，2001.
[21] 王京，滕锦程. Visual Basic 6.0 程序员伴侣 [M]. 北京：人民交通出版社，2000.
[22] 堀高夫. 悬索理论及其应用 [M]. 张育民，译. 北京：中国林业出版社，1992.
[23] 加藤诚平. 林业架空索道设计法 [M]. 张德义，关承儒，译. 北京：农业出版社，1965.
[24] 国家林业局. 森林工程 林业架空索道 设计规范：LY/T 1056—2012 [S]. 北京：中国标准出版社，2012.
[25] 中华人民共和国交通运输部. 公路桥涵设计通用规范：JTG D60—2015 [S]. 北京：人民交通出版社，2015.
[26] 洪毓康. 土质学与土力学 [M]. 北京：人民交通出版社，2000.
[27] 段良策. 简易架空缆索吊 [M]. 北京：人民交通出版社，1988.
[28] 湖南省交通规划勘察设计院. 公路双曲拱桥无支架施工 [M]. 北京：人民交通出版社，1977.
[29] 徐灏. 机械设计手册：第1卷 [M]. 北京：高等教育出版社，1999.
[30] 周继祖. 缆索吊车 [M]. 北京：中国铁道出版社，1981.
[31] 干光瑜，秦惠民. 材料力学 [M]. 北京：人民交通出版社，1995.
[32] 邵容光. 结构设计原理 [M]. 北京：人民交通出版社，1995.
[33] 中华人民共和国国家质量监督检验检疫总局. 钢丝绳通用技术条件：GB/T 20118—2017 [S]. 北京：中国标准出版社，2018.

[34] 杨文渊. 起重吊装技术手册 [M]. 北京：人民交通出版社，1981.

[35] 国家林业局. 森林工程 林业架空索道 使用安全规程：LY/T 1133—2012 [S]. 北京：中国标准出版社，2012.

[36] 国家林业局. 森林工程 林业架空索道 架设、运行和拆转技术规范：LY/T 1169—2016 [S]. 北京：中国标准出版社，2016.

[37] 冯建祥，罗才英. 悬索工程 [M]. 厦门：厦门大学出版社，2010.

[38] 周新年. 林业生产规划 [M]. 北京：北京科学技术出版社，1994.

[39] 史济彦，周新年，涂庆丰，等. 中国森工采运技术及其发展 [M]. 哈尔滨：东北林业大学出版社，1998.

[40] 王立海，王永安，周新年，等. 木材生产技术与管理 [M]. 北京：中国财政经济出版社，2001.

[41] 郭建钢，周新年，杨玉盛，等. 山地森林作业系统优化技术 [M]. 北京：中国林业出版社，2002.

[42] 周新年. 工程索道与柔性吊桥——理论. 设计. 案例 [M]. 北京：人民交通出版社，2008.

[43] 周新年. 科学研究方法与学术论文写作——理论. 技巧. 案例 [M]. 北京：科学出版社，2012.

[44] 周新年. 工程索道与悬索桥 [M]. 北京：人民交通出版社，2013.

[45] 周新年. 山地森林生态采运理论与实践 [M]. 北京：中国林业出版社，2018.

[46] 周新年. 科学研究方法与学术论文写作 [M]. 2版. 北京：科学出版社，2019.

[47] 王学让，周新年. J_3绞盘机回空卷筒总成及其传动系的改进设计 [J]. 福建林业科技，1983，10 (1)：30-33.

[48] 周新年，黄岩平. 悬索无荷中央挠度系数的误差分析 [J]. 福建林学院学报，1984，4 (2)：67-74.

[49] 周新年. 微型电子计算机在多跨索道设计中应用 [J]. 福建林业科技，1985，12 (1)：45-53.

[50] 周新年. 索道的侧型设计研究 [J]. 福建林学院学报，1985，5 (2)：27-32.

[51] 王学让，周新年，黄斌. 连根拔树和全树集材的试验研究 [J]. 林业科技，1985 (3)：48-50.

[52] 周新年. 多跨索道设计的微机程序简介 [J]. 林业科技，1985 (5)：50-51；1985 (6)：51-54.

[53] 周新年，黄岩平. 悬索无荷索长的误差分析 [J]. 森林采运科学，1986，2 (2)：35-40.

[54] 王学让，周新年. 山地林区松树全树采集新工艺试验 [J]. 福建林业科技，1986，13 (2)：27-32.

[55] 周新年. 架空索道有效承载能力的确定 [J]. 国外林机，1986 (2)：17-20；1986 (3)：25-29，32.

[56] 周新年. 单跨索道承载索安装的索长计算程序 [J]. 广东林业科技，1986，2 (3)：19-22.

[57] 周新年，蔡志伟，黄岩平. 无荷悬索的实用精度探讨 [J]. 林业科学，1986，22 (3)：270-279.

[58] 周新年，王学让，潘仁钊. J_3绞盘机的改进设计 [J]. 林业机械，1986，14 (4)：37-40.

[59] 周新年. 悬链线理论及其应用研究 Ⅰ. 悬链线法作单跨索道设计的微机程序 [J]. 福建林学院学报，1987，7 (1)：35-44.

[60] 周新年. 索长法指导承载索安装 [J]. 林业建设，1987 (2)：45.

[61] 周新年，陈杰，黄斌，等. 松根采集试验与调查研究 [J]. 广东林勘设计，1988 (1)：29-33.

[62] 周新年. 摄动法作单跨索道设计软件 [J]. 林业机械，1988，16 (1)：8.

[63] 周新年. 悬索无荷弹性伸长的误差分析 [J]. 浙江林学院学报，1988，5 (1)：48-57.

[64] 周新年. 三角形集材索道 [J]. 福建林学院学报，1988，8 (3)：300-308.

[65] 周新年. 斜齿轮最小齿数的探讨 [J]. 林业机械，1988，16 (5)：23.

[66] 周新年. 用悬索曲线理论设计单跨索道的微机程序 [J]. 中南林学院学报，1988，8 (2)：155-164.

[67] 周新年. 林业索道承载索优化设计及其应用 [J]. 林业勘察设计（福建），1989 (1)：40-47.

[68] 周新年. 我国林业索道的发展与展望 [J]. 林业科技，1989 (5)：58-61.

[69] 周新年. 林业索道承载索的优化设计 [J]. 林业科学，1989，25 (2)：127-132.

[70] 周新年. 半悬空伐倒木集材的捆木过程研究 [J]. 森林采运科学，1990，6 (2)：37-41.

[71] 周新年. 索道纵断面图的程序设计 [J]. 福建林学院学报，1990，10 (2)：104-111.

[72] 周新年. 摄动法作单跨索道设计的微机程序 [J]. 东北林业大学学报, 1990, 18 (3): 74-82.

[73] 周新年. 林用绞盘机卷筒的标准化 [J]. 林业科技, 1990 (5): 56-58.

[74] 周新年, 陈杰, 黄斌, 等. 松根采掘与集根研究 [J]. 林业科技开发, 1990, 4 (4): 55-57.

[75] 周新年. 给定设备的林业索道优化设计 [J]. 南京林业大学学报, 1990, 14 (3): 77-83.

[76] 周新年. 间伐集运材索道障碍树处理范围 [J]. 林业机械, 1991, 19 (6): 28.

[77] 周新年, 吴佐仁. 福建省林业委托生产研讨 [J]. 林业经济问题, 1992, 12 (4): 54-57, 35.

[78] 周新年, 邱仁辉. 福建省天然林择伐研究 [J]. 福建林业科技, 1992, 19 (4): 56-60.

[79] 周新年. 我国采运机械化生产现状及其发展对策 [J]. 林业科技开发, 1992, 6 (4): 10-11.

[80] 周新年. 试论我国南方林区采运机械系统现状及其发展 [J]. 林业建设, 1992 (4): 25-28.

[81] 周新年. 林业索道设计系统 [J]. 林业科学, 1992, 28 (1): 47-51.

[82] 周新年. 林业索道优化设计系统 [J]. 南京林业大学学报, 1993, 17 (1): 73-77.

[83] 周新年. 索道集材发展史 [J]. 四川林勘设计, 1993 (2): 72, 75.

[84] 周新年. 采运成本分析 [J]. 四川林勘设计, 1993 (3): 58-59; 1993 (4): 55-60; 1994 (1): 61-63.

[85] 粟金云, 周新年. 南方森林采伐更新设计诸问题研究 [J]. 森林采运科学, 1993, 9 (2): 11-16.

[86] 周新年. 两端固定式半悬空集材索道设计 [J]. 福建林学院学报, 1993, 13 (3): 223-229.

[87] 周新年. 固定式装车方法 [J]. 林业建设, 1993 (4): 39-40.

[88] 周新年. 微机绘制索道侧型图的研究 [J]. 西南林学院学报, 1993, 13 (3): 190-198.

[89] 周新年, 邱仁辉, 蒋瑞良. 国营林业采育场机械设备管理浅析 [J]. 林业科技开发, 1993, 7 (4): 47-48.

[90] 周新年, 陈江火, 方金武. 福建省采运机械化的发展与展望 [J]. 森林采运科学, 1993, 9 (4): 18-23.

[91] 周新年, 蔡志伟. 无荷悬索计算精度与悬空条件的研究 [J]. 林业科学, 1993, 29 (4): 350-354.

[92] 周新年. 两端固定式半悬空集材索道设计理论推导 [J]. 福建林学院学报, 1994, 14 (1): 45-52.

[93] 周新年, 张正雄. 我国林业计算机应用的发展与展望 [J]. 林业建设, 1994 (3/4): 30-36.

[94] 周新年. 造纸材装卸车 [J]. 四川林勘设计, 1995 (1): 61-63.

[95] 周新年. 架空索道工程设计系统 [J]. 林业资源管理 (北京), 1995 (2): 58-60.

[96] 周新年, 王文卷, 罗立强. 我国森林采伐更新的发展与展望 [J]. 森林工程, 1995, 11 (3): 7-15.

[97] 周新年. 直升飞机集材 [J]. 四川林勘设计, 1995 (4): 60-61.

[98] 周新年. 我国林业索道设计模型 [J]. 林业建设, 1995 (3): 8-14.

[99] 周新年. 集材杆与钢塔架的安装 [J]. 林业勘察设计 (江西), 1996 (2): 29-30.

[100] 周新年, 林圣万, 吴沂隆. 影响伐区作业的生态因子分析研究 [J]. 森林工程, 1996, 12 (3): 1-4.

[101] 周新年. 考虑生态的伐区作业探讨 [J]. 中南林学院学报, 1996, 16 (3): 71-75.

[102] 周新年. 两端固定式半悬空集材索道设计的应用 [J]. 林业建设, 1996 (5): 6-9.

[103] 周新年. 我国林业索道规范设计系统 [J]. 东北林业大学学报, 1996, 24 (1): 92-95.

[104] 周新年. 从科技成果的发表评述我国林业索道科技的发展 [J]. 森林工程, 1997, 13 (2): 1-5.

[105] 周新年. 多跨架空索道设计规范系统 [J]. 林业资源管理 (北京), 1996 (特): 3-6.

[106] 周新年. 抛物线法 (堀氏) 多跨索道设计模型 [J]. 四川林勘设计, 1996 (4): 32-37.

[107] 邱仁辉, 周新年, 杨玉盛, 等. 架空索道集材对林地土壤影响的研究 [J]. 福建林学院学报, 1997, 17 (2): 102-106.

[108] 邱仁辉, 周新年. 不同强度的择伐作业对保留木与幼树幼苗的影响 [J]. 森林工程, 1997, 13 (3): 5-7.

[109] 周新年. 抛物线法 (堀氏) 多跨索道设计系统 [J]. 计算机应用研究, 1997, 14 (3): 168-170.

[110] 郭建钢, 周新年, 丁艺, 等. 不同集材方式对森林土壤理化性质的影响 [J]. 浙江林学院学报,

1997, 14 (4): 344-349.

[111] 邱仁辉, 周新年, 杨玉盛, 等. 闽北常绿阔叶林采集方式选择多目标决策 [J]. 福建林学院学报, 1997, 17 (4): 340-343.

[112] 张良弓, 周新年. 阔叶林不同采育方式生态经济效益的试验研究 [J]. 森林工程, 1997, 13 (4): 1-5.

[113] 周新年. 林业索道优化设计理论及其工程应用 [J]. 计算机应用研究, 1997, 14 (4): 206-209, 189.

[114] 周新年. 架空索道设计理论及其工程应用 [J]. 计算机应用研究, 1998, 15 (1): 27-30.

[115] 邱仁辉, 周新年, 杨玉盛. 半悬索道集材对林地土壤理化性质的影响 [J]. 浙江林学院学报, 1998, 15 (1): 37-41.

[116] 周新年, 邱仁辉, 杨玉盛, 等. 不同采伐、集材方式对林地土壤理化性质影响的研究 [J]. 林业科学, 1998, 34 (3): 18-25.

[117] 周新年, 郑丽凤, 邱仁辉, 等. 半悬空集材索道计算机辅助设计系统 [J]. 林业建设, 1998 (2): 18-21.

[118] 周新年, 郑丽凤, 谢建文, 等. 半悬空集材索道系统 [J]. 森林工程, 1998, 14 (3): 37-38.

[119] 周新年. 抛物线法 (杜氏) 多跨索道设计系统 [J]. 林业建设, 1998 (6): 8-12.

[120] 罗桂生, 周新年, 吴沂隆. 悬链线理论及其应用研究Ⅲ. 悬链线精确算法单跨索道设计模型 [J]. 福建林学院学报, 1999, 19 (2): 110-113.

[121] 周新年, 冯建祥. 森林采运工程音像教学片创作及其教学效果 [J]. 森林工程, 1999, 15 (3): 14, 21.

[122] 周新年, 罗桂生, 吴沂隆, 等. 悬链线理论及其应用研究Ⅳ. 悬链线精确算法单跨索道设计系统 [J]. 福建林学院学报, 1999, 19 (3): 205-208.

[123] 周新年. 架空索道优化设计理论与实践 [J]. 林业资源管理 (北京), 1999 (特): 163-169.

[124] 周新年, 詹正宜. 抛物线法 (加氏) 多跨索道设计系统 [J]. 浙江林学院学报, 2000, 17 (1): 50-55.

[125] 郭建钢, 周新年, 刘小锋. 森林生态采运技术与森林可持续经营 [J]. 福建林学院学报, 2000, 20 (2): 189-192.

[126] 张利明, 周新年, 郑丽凤. 柔性吊桥设计理论及其应用研究Ⅱ. 简易钢索吊桥悬索系统设计模型 [J]. 福建林学院学报, 2000, 20 (1): 12-16.

[127] 周新年, 邓辉平, 詹正宜, 等. 客运索道设计理论及其应用研究Ⅰ. 我国客运索道现状与福建省客运索道开发研究 [J]. 福建林学院学报, 2000, 20 (2): 110-113.

[128] 周新年, 阙树福, 毛云灿, 等. 伐区调查设计计算机辅助系统 [J]. 北京林业大学学报, 2000, 22 (3): 52-57.

[129] 郭建钢, 周新年, 王国良, 等. 不同采集方式对马尾松林天然更新影响的研究 [J]. 福建林学院学报, 2000, 20 (4): 302-305.

[130] 周新年, 邓辉平, 高智, 等. 客运索道设计理论及其应用研究Ⅱ. 各类客运索道分析与建设客运索道应考虑问题 [J]. 福建林学院学报, 2000, 20 (3): 207-210.

[131] 周新年, 郭建钢. 伐区采育作业系统综合效益评价的研究 [J]. 林业科学, 2000, 36 (6): 28-34.

[132] 周新年, 郑丽凤, 冯建祥, 等. 柔性吊桥设计理论及其应用研究Ⅰ. 福建省简易柔性悬索桥分析研究 [J]. 福建林业科技, 2000, 27 (4): 1-5.

[133] 邱荣祖, 周新年, 龚玉启. "3S" 技术及其在森林工程上的应用与展望 [J]. 林业资源管理 (北京), 2001 (1): 66-70.

[134] 周新年, 邓辉平, 郑丽凤, 等. 客运索道设计理论及其应用研究Ⅲ. 客运索道的开发与研究 [J]. 中国索道, 2001, 1 (1): 3-8.

[135] 周新年, 郑丽凤, 冯建祥, 等. 客运索道设计理论及其应用研究 Ⅳ. 单线循环吊椅式客运索道设计模型 [J]. 福建林学院学报, 2001, 21 (1): 10-17.

[136] 罗才英, 周新年, 冯建祥, 等. 以手扶拖拉机为原型机的集材绞盘机系列研究 [J]. 林业机械与木工设备, 2001, 29 (3): 14-16.

[137] 郑丽凤, 周新年, 冯建祥, 等. 柔性吊桥设计理论及其应用研究 Ⅲ. 简易柔性悬索桥主索张力的研究 [J]. 福建林学院学报, 2001, 21 (2): 105-108.

[138] 邱荣祖, 周新年. 基于GIS的优选作业伐区决策支持系统 [J]. 遥感信息, 2001 (3): 37-40, 插页4.

[139] 周新年, 郑丽凤, 游明兴, 等. 柔性吊桥设计理论及其应用研究 Ⅳ. 简易柔性悬索桥总体设计方案研究——福建省建瓯市慈口悬索桥例析 [J]. 福建林学院学报, 2001, 21 (3): 203-206.

[140] 周新年, 游明兴, 邱仁辉, 等. 我国南方集体林区伐区采集作业模式选优 [J]. 林业科学, 2001, 37 (4): 99-106.

[141] 周新年, 郑丽凤, 郭建钢, 等. 客运索道设计理论及其应用研究 Ⅴ. 单线循环吊椅式客运索道设计系统 [J]. 中国索道, 2001, 1 (5): 31-37.

[142] 邱仁辉, 周新年, 杨玉盛. 择伐对林地土壤物理性质影响及作业技术 [J]. 福建林学院学报, 2001, 21 (4): 301-303.

[143] 周新年. 客运索道的侧型设计研究 [J]. 中国索道, 2001, 1 (4): 24-26.

[144] 周新年. 架空索道设计系统 [J]. 中国索道, 2001, 1 (6): 15-25, 28.

[145] 郑丽凤, 周新年. 悬链线理论及其应用研究 Ⅴ. 单跨索道多荷重悬链线算法理论推导 [J]. 福建林学院学报, 2002, 22 (1): 13-16.

[146] 邱仁辉, 周新年, 杨玉盛. 森林采伐作业环境保护技术 [J]. 林业科学, 2002, 38 (2): 144-151.

[147] 郑丽凤, 周新年, 胡永生, 等. 悬链线理论及其应用研究 Ⅵ. 单跨索道多荷重悬链线算法数学模型 [J]. 福建林学院学报, 2002, 22 (2): 109-112.

[148] 周新年, 沈宝贵, 游明兴, 等. 伐区采集作业综合效益评价的研究 [J]. 山地学报, 2002, 20 (3): 331-337.

[149] 张正雄, 周新年, 吴能森, 等. 柔性吊桥设计理论及其应用研究 Ⅴ. 生态旅游景区简易悬索桥设计研究 [J]. 东北林业大学学报, 2002, 30 (2): 66-68.

[150] 周新年, 邱荣祖, 张正雄, 等. 基于VB的伐区生产工艺平面图设计系统 [J]. 北京林业大学学报, 2002, 24 (3): 83-88.

[151] 郑丽凤, 周新年, 王树宏, 等. 悬链线理论及其应用研究 Ⅶ. 单跨索道多荷重悬链线算法设计系统 [J]. 福建林学院学报, 2002, 22 (3): 205-208.

[152] 周新年. 林业索道优化设计理论及其应用 (Ⅰ) [J]. 中国索道, 2002, 2 (4): 33-35. 2002, 2 (5): 24-28; 2002, 2 (6): 22-25.

[153] 周新年. 林业索道优化设计理论及其应用 (Ⅱ) [J]. 中国索道, 2002, 2 (5): 24-28.

[154] 周新年. 林业索道优化设计理论及其应用 (Ⅲ) [J]. 中国索道, 2002, 2 (6): 22-25.

[155] 邱仁辉, 周新年, 杨玉盛. 森林采伐作业的环境影响及其保护对策 [J]. 中国生态农业学报, 2003, 11 (1): 130-132.

[156] 周新年, 张正雄, 郑丽凤, 等. 林业索道在山区水利吊装工程上的应用 [J]. 林业科学, 2003, 39 (2): 140-144.

[157] 周新年, 冯建祥, 罗仙仙, 等. 受限地段过河索道设计研究 [J]. 福建林学院学报, 2003, 23 (1): 1-4.

[158] 罗仙仙, 周新年, 胡永生, 等. 双承载缆索在特大桥吊装工程上的设计与应用 [J]. 福建林学院学报, 2003, 23 (4): 305-308.

[159] 罗仙仙,周新年,罗桂生,等. 滑索的滑速理论研究 [J]. 福建林学院学报, 2004, 24 (1): 17-20.
[160] 罗仙仙,周新年,刘永川,等. 滑索的悬索设计数学模型 [J]. 福建林学院学报, 2004, 24 (3): 211-214.
[161] 周新年,林炎. 我国旅游交通现状与发展对策 [J]. 综合运输, 2004 (11): 49-52.
[162] 周新年,罗仙仙,罗桂生,等. 牛顿迭代法悬索线形与拉力的研究 [J]. 林业科学, 2004, 40 (5): 164-167.
[163] 周新年,郑丽凤,邓盛梅,等. 我国工程索道的发展与展望 [J]. 福建林学院学报, 2005, 25 (1): 85-90.
[164] 郑丽凤,周新年,黎宗禄,等. 柔性吊桥设计理论及其应用研究 Ⅵ. 柔性吊桥悬索系统设计数学模型 [J]. 东北林业大学学报, 2005, 33 (1): 49-51.
[165] 罗仙仙,周新年,官印生,等. 基于VB的滑索悬索设计系统 [J]. 泉州师范学院学报, 2005, 23 (2): 28-32.
[166] 周新年,张正雄,姚泽华,等. 我国滑索的发展与展望 [J]. 起重运输机械, 2005 (7): 1-5.
[167] 官印生,周新年,郑丽凤,等. 柔性吊桥设计理论及其应用研究 Ⅶ. 基于VB的柔性吊桥悬索设计系统 [J]. 东北林业大学学报, 2006, 34 (2): 73-75.
[168] 周新年,张正雄,陈玉凤,等. 人工林伐区木材运输作业模式选优 [J]. 林业科学, 2006, 42 (8): 69-73.
[169] 官印生,周新年,潘瑞春,等. 柔性吊桥设计理论及其应用研究 Ⅷ. 基于VBA的柔性吊桥桥型成图系统 [J]. 森林工程, 2006, 22 (4): 32-34.
[170] 张正雄,周新年,陈玉凤,等. 不同采集作业方式对森林景观生态的影响 [J]. 中国生态农业学报, 2006, 14 (4): 47-50.
[171] 周新年,张正雄,官印生,等. 滑索理论及其应用研究 [J]. 林业科学, 2006, 42 (9): 83-88.
[172] 张正雄,周新年,陈玉凤. 人工林伐区不同集材方式对林地土壤的影响 [J]. 山地学报, 2007, 25 (2): 212-217.
[173] 周新年,张正雄,巫志龙,等. 森林生态采运研究进展 [J]. 福建林学院学报, 2007, 27 (2): 180-185.
[174] 周新年,官印生,张正雄,等. 武当山特殊吊装索道设计研究 [J]. 林业科学, 2007, 43 (3): 108-112.
[175] 周新年,巫志龙,郑丽凤,等. 森林择伐研究进展 [J]. 山地学报, 2007, 25 (5): 629-636.
[176] 官印生,周新年,郑丽凤,等. 抛物线理论多跨索道设计模型 [J]. 起重运输机械, 2007 (7): 12-17.
[177] 周新年,邱荣祖,张正雄,等. 环境友好型的木材物流系统研究进展 [J]. 林业科学, 2008, 44 (4): 132-138.
[178] 张正雄,周新年,赵尘,等. 南方林区人工林生态采运作业模式选优 [J]. 林业科学, 2008, 44 (5): 128-134.
[179] 周新年,巫志龙,罗积长,等. 人工林生态采运研究进展 [J]. 山地学报, 2009, 27 (2): 149-156.
[180] 巫志龙,周新年,邓盛梅,等. 基于集对分析的天然次生林伐后10年的效益研究 [J]. 安全与环境学报, 2009, 4 (4): 97-101.
[181] 张正雄,周新年,邓盛梅,等. 人工林伐区索道集材对土壤理化性状的影响 [J]. 南京林业大学学报, 2009, 33 (5): 151-154.
[182] WU Z L, ZHOU X N, ZHENG L F, et al. The species diversity and stability of natural secondary community with different intensity cutting ten years later [C]//Proceedings of the International Conference on

Logging and Industrial Ecology. 哈尔滨：东北林业大学出版社，2009（10）：80-85.

[183] HU X S, ZHOU X N, QIU R Z. Research advance in effects of harvesting on forest landscape ［C］// Proceedings of the International Conference on Logging and Industrial Ecology. 哈尔滨：东北林业大学出版社，2009（10）：92-98.

[184] ZHOU X N, WU Z L, ZHENG L F. Comprehensive benefits evaluation of natural secondary forest with cutting 10 years later based on multi-object decision model ［C］//Proceedings of the International Conference on Logging and Industrial Ecology. 哈尔滨：东北林业大学出版社，2009（10）：118-122.

[185] ZHENG L F, ZHOU X N, WU Z L. A quantitative study on environmental costs of forest cutting operation ［C］//Proceedings of the International Conference on Logging and Industrial Ecology. 哈尔滨：东北林业大学出版社，2009（10）：123-128.

[186] 巫志龙，周新年，张正雄，等. 工程索道实验室凸显创新建设［J］. 福建农林大学学报（哲学社会科学版），2009，12（Z）：103-107.

[187] 郑丽凤，周新年. 山地森林采伐作业的环境成本定量研究［J］. 山地学报，2010，28（1）：31-36.

[188] 周新年，沈嵘枫，郑丽凤，等. "工程索道"网络课程教学平台组织设计［J］. 森林工程，2010，26（1）：93-96.

[189] 郑丽凤，周新年，巫志龙. 悬索的理论计算与实测误差分析［J］. 北华大学学报，2010，11（2）：162-168.

[190] 沈嵘枫，周新年，景林，等. 工程索道课程建设静态树形菜单设计［J］. 福建电脑，2010（2）：113-114.

[191] 周新年，巫志龙，林燕紫，等. 我国吊装索道研究进展［J］. 起重运输机械，2010（3）：1-5.

[192] 巫志龙，周新年，张正雄，等. 工程索道特色实验室建设［J］. 实验室研究与探索，2010，29（4）：148-150, 154.

[193] 周新年，巫志龙，官印生，等. 移动式承载索应用于特大桥吊装工程的设计［J］. 林业科学，2010，46（6）：107-112.

[194] 郑丽凤，周成军，巫志龙. 无荷悬索拉力系数的迭代算法［J］. 福建林学院学报，2010，30（3）：193-197.

[195] 罗才英，周新年，冯建祥. 柔性吊桥缆索吊装施工技术［J］. 福建林学院学报，2010，30（4）：375-379.

[196] 周新年，蔡瑞添，巫志龙，等. 天然次生林考虑伐后环境损失的多目标决策评价［J］. 山地学报，2010，28（5）：540-544.

[197] 周新年，巫志龙，周成军. 我国工程索道技术装备及其发展趋势［J］. 林业机械与木工设备，2010，38（12）：4-12, 23.

[198] 沈嵘枫，周新年，周成军，等. 工程索道课程网络教学模式研究［J］. 森林工程，2010，26（6）：92-94.

[199] 周新年，张正雄，郑丽凤，等. "工程索道"国家精品课程建设［J］. 福建农林大学学报（哲学社会科学版），2011，14（3）：86-90.

[200] 周新年，陈辉荣，巫志龙，等. 山地人工林择伐技术研究进展［J］. 山地学报，2012，30（1）：121-126.

[201] 周新年，巫志龙，周成军，等. YP1.0-A遥控跑车及其遥控系统设计［J］. 林业科学，2012，48（2）：144-149.

[202] 王小桃，周新年，冯辉荣，等. 基于VB 6.0的悬链线理论单跨索道侧型图设计［J］. 福建农林大学学报（自然科学版），2012，41（2）：149-152.

[203] 周新年，郑端生，沈嵘枫，等. 遥控跑车的遥控液压技术研究进展［J］. 福建林业科技，2012，

[204] 王坤, 周新年, 巫志龙, 等. "工程索道"课程教学资源网络共享平台的设计与开发 [J]. 中国林业教育, 2012, 30 (3): 76-78.

[205] 周新年, 沈嵘枫, 周成军. 学术论文写作流程与写作技巧 [J]. 吉林农业科技学院学报, 2012, 21 (2): 67-70.

[206] 王小桃, 周成军, 周新年, 等. 基于VB 6.0的抛物线理论多跨索道设计系统 [J]. 起重运输机械, 2012 (6): 73-76.

[207] 周新年, 冯辉荣, 周成军. 科学研究与学术论文的选题方法及课题构思 [J]. 中国研究生, 2012, (7): 32-35.

[208] 周新年, 巫志龙, 周成军, 等. 基于VB 6.0的抛物线理论多跨索道侧型图设计 [J]. 福建林学院学报, 2012, 32 (3): 208-212.

[209] 冯辉荣, 周新年, 李闽晖, 等. 轻型索道集材与开路集材三大效益对比分析 [J]. 林业科学, 2012, 48 (8): 129-134.

[210] 周新年, 张正雄, 郑丽凤, 等. 林业架空索道设计规范修订研究 [J]. 林业机械与木工设备, 2012, 40 (8): 40-43.

[211] 周成军, 巫志龙, 周新年, 等. 学术论文选题类型、原则与途径 [J]. 成都师范学院学报, 2013, 29 (4): 43-48.

[212] 郑端生, 沈嵘枫, 周新年, 等. YP2.0-A型遥控跑车减速机构仿真及优化 [J]. 福建林业科技, 2013, 40 (1): 81-84, 102.

[213] 周成军, 巫志龙, 周新年, 等. 抢险救灾应急遥控索道遥控系统研发 [J]. 福建林学院学报, 2013, 33 (3): 200-206.

[214] 巫志龙, 周成军, 周新年, 等. 森林作业与规划动态仿真实验室建设 [J]. 实验技术与管理, 2013, 30 (8): 117-220.

[215] 冯辉荣, 周成军, 周新年. 埃特金加速迭代法及其在单跨悬索状态方程中的应用 [J]. 福建农林大学学报 (自然科学版), 2013, 42 (3): 333-336.

[216] 沈嵘枫, 周成军, 周新年. 集材索道遥控跑车及其液压系统设计 [J]. 林业科学, 2013, 49 (10): 135-139.

[217] 周成军, 周新年, 吴能森, 等. 基于VB的缆索吊装设计系统 [J]. 林业机械与木工设备, 2013, 41 (11): 22-28.

[218] 吴能森, 龚灿宁, 周成军. 某拱桥缆索吊装施工塔架设计分析 [J]. 工程建设与设计, 2013 (12): 145-147, 151.

[219] 周新年, 邱荣祖, 张正雄, 等. 森林工程创新人才培养综合改革与实践 [J]. 森林工程, 2013, 29 (6): 171-175.

[220] 黄扬雄, 林境川, 周成军. 缆索起重机主索垂度与主索及牵引索张力关系 [J]. 木工机床, 2013 (4): 19-22.

[221] 冯辉荣, 周成军, 周新年, 等. 单跨架空索道货物脱钩跳跃弦振动响应分析 [J]. 力学与实践, 2014, 17 (2): 190-194, 189.

[222] 周新年, 巫志龙, 周成军, 等. 以创新人才培养的工程索道课程考试改革实践 [J]. 福建农林大学学报 (哲学社会科学版), 2014, 36 (2): 94-98.

[223] 沈嵘枫, 周成军, 周新年, 等. YP2.0-A遥控跑车虚拟样机设计与仿真 [J]. 福建林业科技, 2014, 41 (2): 67-69, 89.

[224] FENG H R, LIM C W, CHEN L Q, etal. Sustainable deforestation evaluation model and system dynamics analysis [J]. The Scientific World Journal, 2014: 1-14.

[225] 周新年，巫志龙，周成军，等. 工程索道创新训练平台的规划建设［J］. 森林工程，2014，30（4）：192-196.

[226] 周新年，巫志龙，周成军，等. "工程索道"国家级精品资源共享课建设［J］. 长沙大学学报（自然科学版），2014，28（5）：120-124.

[227] 陈泳鹏，吴能森，龚灿宁，等. 山区拱桥缆索吊装施工模拟仿真设计分析［J］. 福建建筑，2014（6）：91-95.

[228] 周媛，郑丽凤，周新年，等. 基于行业标准的木材生产作业系统碳排放［J］. 北华大学学报，2014，15（6）：815-820.

[229] 周成军，周新年，吴能森，等. 基于VB的缆索拱桥吊装设计系统工程应用［J］. 林业机械与木工设备，2014，42（12）：10-14.

[230] 郑丽凤，周媛，周新年，等. 山地森林采伐后生态服务功能恢复动态［J］. 林业经济问题，2015，35（1）：1-6，12.

[231] 周新年，赖阿红，周成军，等. 山地森林生态采运研究进展［J］. 森林与环境学报，2015，35（2）：185-192.

[232] 吴传宇，周成军，张正雄，等. 便携式绞盘机结构优化设计［J］. 福建农机，2015（1）：36-39.

[233] 卢秀琳，周成军，周新年，等. 客运索道噪声特性与控制分析［J］. 北华大学学报，2015，16（3）：404-409.

[234] 卢秀琳，周成军，周新年，等. 国内外客运索道事故现状及分析［J］. 起重运输机械，2015（5）：1-7.

[235] 卢秀琳，周成军，周新年，等. 景区客运索道影响及建设需求分析［J］. 森林工程，2015，31（3）：97-100.

[236] 沈嵘枫，张小珍，周新年，等. 森林工程采运装备虚拟实验示范中心建设［J］. 实验科学与技术，2015，13（5）：163-165，168.

[237] 卢秀琳，周成军，周新年，等. 集材绞盘机噪声及其对环境的影响［J］. 森林与环境学报，2015，35（3）：225-229.

[238] ZHOU X N, ZHOU Y, ZHOU C J, et al. Effects of cutting intensity on soil physical and chemical properties in a Mixed Natural Forest in Southeastern China［J］. Forests, 2015（6）：4495-4509.

[239] ZHOU Y, ZHENG L F, ZHOU X N, et al. Greenhouse Gas（GHG）emissions and the optimum operation model of timber production systems in Southern China［J］. Fresenius Environmental Bulletin, 2015, 24（11a）：3743-3753.

[240] FENG H R, CHEN L Q, ZHOU X N, et al. Generalized variational principle of an elastic body with voids and their applications［J］. Journal of Vibration Engineering & Technologies, 2015, 3（5）：653-666.

[241] FENG H R, CHEN L Q, YUAN T C, et al. Modeling and analysis of coupled vibration of a carriage and skyline［J］. Journal of Vibration Engineering & Technologies, 2015, 3（6）：779-792.

[242] 陈泳鹏，吴能森，龚灿宁，等. 寿宁坪坑拱桥缆索吊装系统方案研究［J］. 西华大学学报（自然科学版），2016，35（1）：108-112.

[243] 张小珍，沈嵘枫，周成军，等. 前悬架刚柔耦合建模及仿真分析［J］. 陕西科技大学学报，2016，34（1）：143-147.

[244] 沈嵘枫，张小珍，粘雅玲，等. 基于尺寸、形状联合优化的握索支架设计［J］. 机械设计，2016，33（5）：40-43.

[245] 张小珍，沈嵘枫，周成军，等. 夹爪结构的设计与分析［J］. 福建农林大学学报（自然科学版），2016，45（3）：356-360.

[246] 周成军，巫志龙，周新年，等. 多跨索道的可移动中间支架设计［J］. 森林与环境学报，2016，36（1）：104-110.

[247] 张小珍,沈嵘枫,周成军,等.基于MotionView的前悬架试验与优化分析[J].福建农林大学学报（自然科学版），2016，45（5）：607-610.

[248] 周成军,巫志龙,周新年,等.林业架空索道架设、运行和拆转技术规范修订[J].林业机械与木工设备，2016，44（8）：36-40.

[249] 吴传宇,周成军,周新年,等.集材绞盘机新型摩擦卷筒试验与仿真分析[J].福建农林大学学报（自然科学版），2016，45（5）：611-616.

[250] 张小珍,沈嵘枫,林曙,等.南方丘陵地区CFJ20H 8W采伐机底盘初步结构确立[J].鸡西大学学报，2016，16（12）：63-67.

[251] 巫志龙,周成军,周新年,等."工程索道"创新人才培养实践教学体系构建[J].实验科学与技术，2016，14（5）：178-182，189.

[252] WU C Y,ZHOU C J,ZHOU X N,et al. Optimization design of friction drum of farm winch[J]. Chemical Egineering Transactions,2016（55）：199-204.

[253] WU C Y,ZHOU C J,ZHOU X N,et al. Test and analysis of a skidding winch drum with combined shaped groove[J]. International Journal of Simulation Systems,Science & Technology,2016（17）：11.1-11.5.

[254] 张小珍,周成军,沈嵘枫,等.混合动力林木联合采伐机底盘动力系统设计[J].森林与环境学报，2017，37（1）：107-113.

[255] 沈嵘枫,许浩,胡喜生,等.交互性教学模式下林业智能机械教学效果分析[J].安徽农业科学，2017，45（6）：253-255.

[256] 蓝丽姗,冯辉荣,李正红,等.基于FAHP的客运索道综合竞争力评价[J].海峡科学，2017（8）：42-44，49.

[257] 周成军,卢秀琳,周新年,等.山岳型景区客运索道支架对景区植物的干扰[J].北华大学学报（自然科学版），2017，18（5）：676-682.

[258] 周成军,卢秀琳,黄晓丽,等.基于沉积学的客运索道支架处土壤重金属评价[J].森林工程，2017，33（6）：31-35.

[259] 冯辉荣,周成军,周新年,等.重刚比对悬索静态位形影响的建模与分析[J].森林与环境学报，2017，37（3）：302-308.

[260] 吴传宇,周成军,周新年,等.基于功能模块化的轻型绞盘机研发.森林与环境学报，2018，38（2）：247-251.

[261] 周成军,巫志龙,周新年,等.基于创新能力培养的工程索道类课程改革[J].福建医科大学学报（社会科学版），2018，19（2）：37-40.

[262] 沈嵘枫,纪敏,谢诗妍,等.新工科背景下"人工智能+林业机械"研究生课程教学改革[J].西部素质教育，2018（22）：135-137.

[263] 吴传宇,周成军,周新年,等.可移动装配式林业索道支架受力分析[J].森林与环境学报，2019，39（4）：362-366.

[264] 周成军,刘富万,周新年,等.穿轮配重轻型跑车及其轻量化设计[J].福建农林大学学报（自然科学版），2019，48（6）：819-824.

[265] 巫志龙,周成军,周新年,等.基于典型工程案例的工程索道类课程实践影音教学系统——以桥梁结构缆索吊装为例[J].安阳工学院学报，2019，18（2）：125-128.

[266] 刘富万,周成军,周新年,等.便携式木材绞盘机新型卷筒离合器设计[J].森林与环境学报，2020，40（1）：106-112.

[267] 周成军,刘富万,周新年,等.无卷筒离合器的轻型绞盘机设计[J].森林与环境学报，2020，40（2）：218-224.